한국의 사회서비스

정책 및 실천

| 김영종 저 |

학지사

이 저서는 2015년 정부(교육부)의 재원으로 한국연구재단의 지원을 받아 수행된 연구임
(NRF-2015S1A6A4A01013829)

머리말

이 책은 사회서비스에 대한 이론을 기술하고 있다. 근래 우리나라에서는 '사회서비스'라는 이름의 정책과 실천 현장이 급속히 확대되어 왔으며, 이에 대한 정리된 설명을 필요로 하고 있다. 그간 사회서비스와 관련된 법제도나 실천 영역들에서는 숱한 혼선이 나타나고 있는데, 나는 이를 사회서비스 자체가 혼란스러운 현상이라기보다는 그에 대한 우리의 인식이 부족했기에 초래된 일이라 여겼다.[1] 사회서비스의 이론서가 필요하다는 나의 생각은 여기에서 비롯되었다.

나는 이제까지의 사회서비스에 대한 규명 노력들이 한계를 가질 수밖에 없었던 것을 '개념화'의 실패 때문으로 본다. 즉, 사회서비스와 관련된 제반 개념들의 어휘가 지배하는 의미론적 작용에 대한 이해가 부족했다는 것인데, 그것이 마치 사회서비스 현상 자체가 혼란한 것처럼 여겨지게 했을 수 있다. 이 말이 뜻하는 바에 대해서는 이 책에서 자세히 설명하겠지만, 단순하게는 이렇게 말할 수 있다. 이제까지

1) 이전에도 우리나라에서 '사회서비스'의 개념을 정돈하기 위한 노력들이 부재했던 것은 아니다. 사회서비스를 여타 개념들과의 관계를 통해 구분하거나, 이를 근거로 사회서비스의 범주나 문제, 서비스 생산의 특성을 규명해 보려는 노력들이 시도되어 왔다. 참고: 박세경 외(2009). 사회서비스 인력선진화 방안 연구[보건복지가족부/한국보건사회연구원/한국노동연구원 보고서]. 그럼에도 이러한 노력들이 여태까지도 사회서비스의 정책과 실천을 둘러싼 혼란을 해소하는 데 크게 도움이 되지 않았던 것으로 보인다. 참고: 김용득 · 김은정 · 유태균(2017). "사회서비스 10년: 경험, 쟁점, 미래(55-82)" [2017년 한국사회복지학회 추계학술대회 발표문].

사회서비스의 혼란으로 여겨지는 대부분은 우리의 설명, 즉 이론적 노력이 미흡했기 때문이다.

나는 이러한 이론적 실패를 우리나라 사회서비스가 당면한 현안이라고 보았고, 그 이유를 찾기 위해 노력해 왔다. 이 과정에서 사회서비스 현상에 대한 우리의 이해를 가로막는 인식방법의 문제를 찾아냈다. 그것은 대부분의 연구자가 '사회서비스'를 마치 우리의 인식 작용과 별개로 존재하는 어떤 것으로서 규명하려 했다는 것이다. 만약 우리나라에서 사회서비스라는 일정한 현상이 충분히 오랫동안 안정되어 있고, 그로 인해 '사회서비스' 용어로 식별되는 바가 제도적으로 정착되어 있다면, 개념 자체를 인식론적으로 규명할 필요는 크지 않다. 이런 경우에는 연구자들 사이에 이미 공통된 인식의 범주가 선행되어 있기 때문이다. 그로 인해 대부분은 사회서비스 현상에 대한 연구를 전형적인 경험인식—비교론—에 치중할 수 있다.

나는 이와 같은 공시적 비교분석 접근들이 이제까지 우리나라 사회서비스의 현상적 이해를 가로막은 원인이었다고 본다. 우리나라에서 '사회서비스'는 안정되어 있기보다는 그 범주와 성격이 빠르게 변화하고 있는 현상이다. 그로 인해 제도 자체가 하나의 틀 안에서 인식되기도 어려운 형편이다. 예를 들어, 빈곤대상에 대한 공적 지원으로서의 요양원 서비스가 사회적으로 조성되어 전달되는 것과 일반 인구가 보험 수급권으로서 서비스를 이용하는 맥락은 단일 제도적 기제에서 다루어지기 힘들다. 그럼에도 이것이 하나의 어휘적 개념 작용에 묶여 있다면, 마치 우리는 사회서비스 현상 자체가 혼란스럽고 복잡한 것인 양 인식하게 되는 것이다.

이와 같은 사회서비스의 개념화 문제는 우리나라에만 해당하는 것이 아닌 것 같다. 우리가 흔히 비교의 기준으로 삼는 유럽에서도 근래에 'social service' 용법에 대한 일정한 개념적 혼선이 초래되고 있다.[2] 그것은 우리나라와 마찬가지로 새로운 양상의 사회서비스, 즉 보편적 돌봄의 대인적 서비스 영역이 급속히 확장되면서 기존의 '복지' 개념으로 구축되어 있던 사회서비스 인식에서 부조화가 발생하고 있

2) 2000년대 중반 EU에서는 사회서비스에 대한 통계를 수집하고 정책의 가이드라인을 공통적으로 가지기 위해 노력했다. 이 과정에서 사회서비스 혹은 사회서비스 일반(Social Service of General Interests: SSGI)에 대한 개념이 국가마다 상이하게 받아들여질 수 있음을 인정하게 되었던 바 있다.

음을 뜻한다.

한편으로 우리나라에서 '사회서비스'의 개념이 형성, 변화 혹은 새롭게 사용되는 맥락은 유럽 국가들의 경우와도 또 다르다. 비록 유사한 영역에서 사용되는 용어를 가져왔더라도 그것이 받아들여지고 자체적으로 정책과 실천의 범주가 획정되는 과정, 즉 일종의 정책 개념들 간 영역합의(domain consensus)에 대한 사회적 과정은 사뭇 다르게 진행될 수밖에 없기 때문이다. 그런 의미에서 우리나라에서 사회서비스에 대한 개념의 이해는 기존 연구들에서와 같은 공시적(synchronic) 비교분석의 방법을 벗어날 필요가 있다.

동시대의 합리적 비교 기준을 통해 사회서비스의 개념을 규명하려는 작업은 언어적 기호로서의 역사성을 고려하지 못하는 한계가 있다. 특히 우리나라 사회서비스와 같이 그것이 형성되는 역사적 상황과 맥락이 비교 대상들과 상이한 경우에는 그러한 한계가 더욱 뚜렷하다. 기존 사회서비스 관련 연구들의 문제는 공시적 비교를 위한 경험적 자료나 분석들이 부족해서 초래되는 바가 아니다. 오히려 그들의 범람으로 인해 사회서비스에 대한 설명은 더욱 혼란스러워지기도 한다. 이는 대개 '사회서비스' 개념에 대한 이론적 구성의 실패를 간과해서 생기는 일이다.

나는 이 책을 통해 우리나라 사회서비스의 현상을 역사적 제도주의의 관점에서 개념사(conceptual history)적 흐름으로 설명하려 한다. 역사적 제도주의에서는 역사적 사건들의 경과나 독특한 문화적 특수성으로 현안 제도를 들여다보는 것을 강조한다. 우리나라 사회서비스를 제도로서 이해하고자 할 때, 특히 이처럼 고유한 역사적 경로의 궤적을 통해 이해해야 할 부분이 커진다. 모든 제도적 발전은 일정한 역사적 경로의존성을 띠고 있기 때문이다.

우리나라 사회서비스 현상을 역사적 제도주의의 관점에서 다루는 것은 이 개념이 형성되고 진전된 고유성을 강조하려는 것이다. 그럼에도 이러한 접근이 우리나라 사회서비스를 산업사회 혹은 탈산업사회적 생산 양식에 대한 공통적 이론 기반을 부정하려는 것은 아니다. 우리나라의 사회서비스 현상 자체가 특수한 것인지 아니면 보편적인 것인지를 일반적으로 가늠해 보는 것은 무의미하다. 그것은 현상을 다루는 시점 틀(time-frame)에 따라 달라지는 것이기 때문이다. 즉, 장시간의 틀에서 본다면 산업사회 혹은 후기산업사회의 공통된 문제 압력들(소득이나 돌봄)에 대응하는 사회적 양식들(사회서비스 포함)이 공통적으로 수렴하는 것으로 여겨질 수 있으나, 한정된 시간 틀에서 본다면 각각에는 사회마다의 고유한 경로에 의존해서 나타나는 대응 양식이 큰 차이를 보일 수 있다.

시간적 틀의 범위 외에도 사회서비스 현상에 대한 각 사회의 고유성과 보편성은 문제들의 성격에 따라서도 차이가 난다. 대체로 산업사회의 위험에서 발생하는 문제들(주로 임금과 소득의 상실)에 대한 대응 양식은 사회들마다 큰 편차를 발생시킬 소지가 적다. 대부분 사회보험이나 사회부조라는 제도적 기제를 마련한다는 점에서도 공통적이다. 제도적 기제의 구체적인 구성 요소들이나 강조 방식에서는 사회들마다 각기 차이가 있지만, 적어도 산업사회의 공통적인 문제 압력에 따른 제도적 수렴화는 비켜 가기 어렵다.

한편, 21세기 후기산업사회의 문제로서 이른바 신사회위험이 본격화되면, 이러한 산업사회적 공통된 문제와 정책적 수렴화 경향이 약화된다. 저출산과 고령화, 가족 기능의 변화 등에 기인한 보편적 인구에 대한 돌봄의 위기와 같은 새로운 사회문제들은 이를 다루기 위해 특정 사회에서의 역사적이고도 문화적인 배경과 가치 측면들에 대한 이해가 강조된다. 예를 들어, 아이들을 누가 어디에서 어떤 생각과 태도, 행동으로 키우는 것이 바람직한지는 한 사회 내에서도 역사적·문화적 배경에 따라 달리 판단될 수 있다. 사회정책에서 현금-이전(cash transfer) 제도까지는 사회문화적 가치나 규범에 의한 영향이 최소화될 수 있지만, 그것을 넘어서는 순간부터는 사회마다의 고유성 맥락이 중요하게 드러나게 되는 것이다.[3)]

그로 인해 사회보장 혹은 보다 확대된 개념의 사회적 보호(social protection)의 제반 정책 구도들 가운데서도, 특히 사회서비스는 영역 범주나 실천 방법 등이 자체로서 명확하게 합의되기 어려운 한계가 있다. 그로 인해 각 사회는 각기 다른 범주의 활동과 방법에 대해 이를 적절히 개념화하지 못하거나 상이하게 취급하는 경우

3) 각 사회(국가, 지역 혹은 집단)는 사람들 간의 관계에 의해서 이루어지는 사회적 문화 양식 속에서 사회적 돌봄에 대한 범주와 그 실천 방법이 다를 수밖에 없게 된다. 사회마다 이것은 서비스 대상에 대한 합의나 선정에서부터 서비스 제공의 기술 선택에 이르기까지 폭넓은 편차를 만들어 낸다.

도 많다. 다만 근래 전통적으로 가족이 중심이 되어 시장 기제를 활용하거나 가족 구성원들 간에 행해져 왔던 돌봄(아동 양육, 장애인 자립 및 돌봄, 노인 돌봄 등)이 가족 바깥으로 나가게 되면서, 이것을 '사회서비스'라는 명칭에 둔다는 정도에서 넓은 합의가 있다.

우리나라의 경우에는 이와 같은 사회서비스의 일반 개념 정립 문제에 더해서, 역사적 맥락에서 여타 개념들과의 관계를 통해 '사회서비스'가 이해될 필요도 있다. 이미 우리나라에서는 돌봄과 관련된 서비스들이 '사회복지' 혹은 '사회복지서비스'라는 명칭으로 형성되어 왔다. 1950년대 이래 우리나라의 '사회복지'라는 명칭의 서비스들은 대부분 돌봄을 중심으로 했다. 아동과 장애인, 노인 돌봄이 오히려 우리나라에서는 일찌감치 대규모로 행해져 왔다. 다만 그것은 특정 저소득 계층의 개인이나 가족에 대한 다른 사회보장 기제의 뒷받침이 적절히 이루어지지 못한 상태에서 이들을 사회적으로 보호하는 대표적인 방법이었다. 우리나라는 2000년대 이전까지도 저소득층에 대한 주된 사회적 보호 정책이 공공부조의 현금 급여보다는 사회복지서비스 급여에 치중되어 있었다.

그만큼 우리나라의 사회서비스는 다른 복지국가들과는 진행 경로가 현격히 달랐다는 것이다. 단순히 비교하자면 우리나라에서는 광의의 사회서비스 혹은 사회보장에서 사회복지서비스가 과도한 비중을 차지하고 있었다. 이것은 사회복지서비스에 대한 과다한 투자였다기보다는, 상대적으로 다른 분야에 대한 사회적 투자가 과소했기에 나타난 결과였다. 우리나라에서 왜 이와 같은 사회복지서비스 중심의 사회보장 혹은 사회적 보호가 일찍부터 이루어졌는지에 대해서는, 복지국가의 제반 단층적 요인들을 투입, 비교해 보아서는 알 수가 없다. GDP 대비 사회서비스에 대한 투자의 비중을 국가별로 비교, 유형화해 보더라도 그것이 한 사회에 대한 이전까지의 경과나 향후에 대한 예측적인 설명력을 충분히 제시하기 어렵다.

이러한 관점에서 우리나라 사회서비스는 역사적 맥락에서 제도가 형성되고 변화되어온 경로를 통해 분석하고 이해해야 할 필요가 크다. 이것은 단순히 사회서비스의 개념을 둘러싼 혼란을 정리하는 의미에 그치지 않는다. 이러한 작업 과정에서 우리나라에서 이제까지 형성되어 발전해 왔던 유관 개념들과 이에 부속된 현상, 예를 들어 '사회복지'에 대한 고유한 현상에 대한 설명들도 함께 진전될 수 있다. 어쩌면 우리나라에서 '사회서비스' 개념의 혼란 극복을 위한 시도는 곧 우리나라에서 고유하게 형성되었던 '사회복지' 개념에 대한 현재 시점에서의 정리를 의미하는 것일 수도 있다.

나는 이 책에서 한국의 사회서비스가 가지는 고유성을 확인하고, 그것을 제도적 맥락에서의 정책과 실천으로 설명해 보고자 한다. 이를 위해 책의 내용은 다음과 같이 구성했다. 첫째, 사회서비스의 개념을 보편적 의미 차원에서 다루어 본다. 사회서비스의 범주와 특성, 제도화 등에 대한 설명이 이와 결부된다. 둘째, 사회서비스의 개념 정리에서 도출되는 중심 이슈들이 유럽이나 미국, 일본과 같은 나라에서는 어떻게 다루어지는지를 살펴본다. 이를 바탕으로 우리나라의 사회서비스에 대한 제도적 형성과 경로를 역사적 제도주의의 관점에서 기술해 본다. 셋째, 우리나라의 사회서비스 공급체계를 산업-제도의 차원에서 분석해 본다. 이를 위해 먼저 공급체계의 구성 틀을 제시한다. 이에 근거해서 체계를 작동시키는 규제와 기제, 체계의 주요 역할자로서 우리나라의 서비스 생산자 조직, 전문직에 대해 설명한다. 마지막으로, 우리나라 사회서비스에 관한 현안 쟁점과 대안적 정향에 대한 함의를 제시한다. 서비스 평가나 질에 관한 이슈, 공공성과 거버넌스, 사회서비스의 커뮤니티 접근에 대해 기술해 보는 것이다.

이 책에서 기술된 내용의 상당 부분은 내가 기존에 발표했던 연구물에서 추출한 것들이다. 이 책은 하나의 독립된 연구의 결과가 아니라, 기존에 작업되었던 이론들을 하나의 큰 틀에서 이론으로 정립해 본 것이다. 물론 내가 발표했던 연구들도 모두 앞선 수많은 연구자들의 노력이 바탕이 되었기에 가능했던 것이다. 결국 이 책은 현재 시점까지 사회서비스 현상을 연구했던 우리 시대 연구자들의 설명을 나의 능력이 미치는 한도 내에서 종합해 정리한 것이다. 이들 연구자에 대한 감사의 마음은 이 책의 참고문헌으로 표한다.

이 책을 저술하는 4년이라는 긴 시간 동안 가까이에서 도움을 준 몇 분에게는 특별한 감사를 드리고 싶다. 언제나처럼 이 책을 기술하는 과정에서도 역시 의욕이 앞섰다는 점을 곧 깨닫게 되었다. 나의 연구 여력을 벗어나는 어떤 내용이 이 책의 구성 취지에서는 다루어져야 함을 알게 된 때가 그러하다. 특히 이 책 제4장(주요 국가의 사회서비스 동향)과 같은 주제에서는 주어진 시간하에서 막연함과도 같은 어려움을 겪었다. 다행히 좋은 선행 연구의 도움을 얻을 수 있었는데, 성공회대학교 김용득 교수님과 부경대학교 김은정 교수님에게는 그 도움에 감사했다는 말씀을 전하고 싶다.

방대한 분량의 책 내용을 몇 차례나 읽고 교정을 보아 준 경성대학교 박사과정의 김정예, 권수정, 김윤경 선생에게도 특별한 고마움을 표한다. 이들에게는 이것이 나의 마지막 '갑질'로 기억되었으면 한다. 한결같이 책 쓰기를 독려하시는 학지사의 김진환 사장님과 세세하게 편집을 챙겨 주신 이영봉 대리님께도 감사드린다. 이 외에도 내가 교류하는 모든 학회의 동료들이나 실천 현장의 선생님들, 그리고 강연이나 수업 등에서 미처 정제되지 않고 나오는 생각들에 적절히 반응해 주었던 수많은 수강생에 이르기까지 비록 일일이 언급하지는 못하지만 이들 모두의 도움이 이 책에 절실하게 담겨 있다는 것만은 알리고 싶다.

마지막으로, 나는 이 책이 사회서비스에 대한 이해의 혼란을 줄이는 데 기여할 것으로 믿고 싶다. 그것이 내가 이 책을 쓰고자 했던 의도였기 때문이다. 그럼에도 한편으로는 이 책 역시 기존의 혼란에 하나를 더 보태는 것이 아닐지에 대한 일말의 두려움도 있다. 두렵기는 하지만, 이 책이 적어도 다음의 더 좋은 연구자들이 도약하는 데 쓰일 디딤돌은 될 거라는 위안으로 원고를 넘긴다.

황령산에 문득 찾아온 어느 봄날에,

김영종

차례

제1부

사회서비스의 이해

제1부는 총 3장으로 구성된다. 먼저, 1장에서는 사회서비스가 무엇인지에 대해 다룬다. 산업사회적 맥락에서 사회서비스가 공통적으로 등장하는 배경, 그럼에도 각 사회의 역사적 배경에 따라 일정한 차이를 보이는 사회서비스 개념의 문제를 기술한다. 2장에서는 사회서비스의 고유한 범주와 특성에 대해 구체적으로 기술한다. 사회적으로 공급되는 대인적 휴먼서비스라는 사회서비스의 범주, 그에 따른 생산 특성들을 제시한다. 3장에서는 제도로서의 사회서비스를 설명한다. 사회적 제도가 가지는 목적과 가치, 규범의 측면에서 사회서비스를 조명한다.

제1장 사회서비스란

사회서비스(social service)란 '사회적'으로 조성되어 이루어지는 '서비스'를 뜻한다. 여기에서 사회적(social)이 무엇을 뜻하는지, 서비스(service)란 어떤 특성을 의미하는지를 둘러싸고 사회마다 사회서비스에 대한 다양한 개념 정의와 해석들이 존재해 왔다.[1] 이를 고려하자면, 사회서비스에 대한 본격적인 설명에 앞서 개념 규정부터 명확히 할 필요가 있다. 사회서비스의 개념 정의는 또한 그 자체로서도 충분한 학구적(heuristic) 가치를 제공한다.

1. 사회서비스의 등장 배경

사회서비스는 근대 사회의 출현과 함께 등장했다. 이전에는 오랜 인간의 역사에

1) 특히 '사회적'의 의미에 대해서는 다양한 견해가 있지만, 사회서비스가 개인적인 선호나 필요에 대한 사적(private)인 이유가 아니라 사회적(social)으로 필요하기 때문에 사회적으로 조성 · 공급되는 것이라는 점에서는 합의된다. 참고: 김은정(2013). "사회서비스 정책 현황 분석과 정책적 과제". 한국사회와 행정연구, 24(1), pp. 111-136.

서 곤경에 처한 사람을 보호하고, 아이를 키우고, 아프거나 힘든 사람을 돌보고, 노인을 부양하는 일의 대부분이 가족에 의해 수행되었다. 가족은 구성원들 간의 세대 순환 상호의존 관계를 통해 이러한 기능을 자연스레 수행해 왔다. 그러나 근대 산업-후기산업사회에서의 삶의 양식 변화는 이러한 가족공동체에 의한 보호와 돌봄 기능이 수행되기 어렵게 한다. 그에 따라 가족 외부의 어떤 '사회'가 이러한 기능을 맡아야 하는데, 그 결과 사회적으로 이루어지는 서비스, 즉 사회서비스가 등장한다.[2)]

1) 산업사회에서 사회서비스의 필요성

어떤 사회의 어떤 사람도 의식주를 비롯한 제반 욕구 충족을 위해 상호의존할 수 있는 공동체가 필요하다. 사람들은 서로 돌보면서 상호의존하며 살 수밖에 없다. 사람에게 사회(society)가 필요한 첫 번째 이유도 이 때문이다. 이를 '상호부조(mutual support)'의 사회(공동체) 기능이라 하는데, 원시공동체 사회에서부터 현대 후기산업사회에 이르기까지 사람들의 삶에서 변함없이 필수적인 것이다.

어떤 사회에서든 공동체적 사회가 기능을 유지하기 위해서는 세대 내 구성원들 간 위험 분담과 함께 세대 간 돌봄에 관한 약속이 성립되고 지켜져야 할 필요가 있다. 사람들은 살아가면서 아프거나 곤경에 처하는 등 다양한 삶의 위험에 노출되어 있으므로, 그러한 경우에 서로 돕는다는 보장이 필요하다. 또한 성인 세대가 아이 세대를 키우고, 성장한 아이 세대가 노년이 된 성인 세대를 돌본다는 규약도 필요하다. 인류 역사에서는 오랫동안 가족이나 씨족과 같은 혈연사회가 그와 같은 기능과 규약을 수행하는 일차적인 사회제도였다.

이와 같은 가족의 기능은 근대 산업사회의 경제 양식이 등장하면서부터 현저히 쇠퇴하게 된다. 서구 사회를 기준으로 17~18세기 즈음 사회적 양식이 급격하게 바뀌는 현상이 나타나는데, 보통 이를 근대 사회라고 부른다. 이때부터 자급자족의

2) 일반적으로 우리가 사회서비스라고 할 때의 '사회'는 '가족'의 범주를 넘어선 사람들 간 관계를 의미한다.

농경 생산에서 임금노동의 산업 생산으로 경제사회적 양식이 급격히 바뀐다. 산업화된 사회에서 사람들은 가족공동체에서 일하는 것이 아니라, 공장에서 임금을 받기 위해 일을 한다. 그 임금으로 삶에 필요한 제반 상품들을 소비하면서 살아간다. 사람들의 경제적 삶은 가족의 기능적 범주를 벗어나서 가족 외부의 영향력에 의해 지배되는 부분이 커지게 된다.

공장제 노동으로 사는 사람이나 부양가족들은 삶의 위험이 노동 임금의 획득 여부와 관련된다. 자신의 노동은 일종의 '상품(commodity)'이 되는데, 이 노동 상품을 팔 수 없는 경우, 즉 장해나 질병, 고령, 실업 등의 상황으로 일을 할 수 없으면 삶이 즉각적인 위험에 처하게 된다. 산업사회에서 대부분의 사람이 가지는 이와 같은 삶의 위험 확률은 가족이나 친족과 같은 소규모 공동체 차원에서 해결되기 어렵다. 그러한 규모의 상호의존 시스템으로는 사람들을 산업사회적 삶의 위험으로부터 보장해 주기 어렵다. 그래서 보다 큰 사회적 단위, 즉 경제적 생산과 분배의 기능이 수행되는 단위의 거시 사회적 차원에서 상호부조의 공동체 기능이 작동될 필요가 나타난다.

이러한 사회적 기능의 필요성이 제도화된 것을 보통 사회복지 혹은 사회보장이라 한다. 이때 사회서비스란 그러한 제도하에서 구체적인 형태를 갖추어 실행되는 '서비스'들을 일컫는다. 넓은 의미에서 이것은 사회복지 혹은 사회보장 제도가 제공하는 모든 서비스를 포괄하고, 좁은 의미에서는 그 가운데서도 돌봄과 같은 대인적(personal) 혹은 휴먼서비스의 사회적 실천을 뜻한다.

2) 후기산업사회와 신사회 위험, 사회서비스

21세기를 전후로 해서 새로운 사회적 위험이 더해진다. 이른바 후기산업사회의 성격이 만들어 내는 신사회 위험으로 인해 사회서비스에 대한 새로운 필요성이 추가된다. 후기산업사회도 대부분의 사람이 가족 외부의 임금노동으로 생계를 잇는다는 점에서는 이전 산업사회와 다를 바가 없다. 그러나 경제와 생활 기반의 여타 양상들은 확연히 달라지는데, '굴뚝 산업'이 아닌 지식서비스 산업을 중심으로 하는 신경제 방식이 등장하기 때문이다.[3] 여기에 인구사회적 문제인 저출산·고령화라는 현상까지 겹치게 되면, 사회적으로 계약된 세대 간 돌봄 기능이 약화될 수밖에 없다.

21세기 후기산업사회의 특성에 따라 나타나는 사람들의 삶의 위험, 즉 신사회적 위험은 대체로 다음처럼 요약된다.[4]

첫째, **노동 소득의 불안정**이다. 새로운 기술이 계속 출현하면서, 이를 따라잡기 어려운 노동 인구는 자신들의 (노동) 상품의 가치가 하락하고 안정된 직장을 유지하기도 어렵게 된다. 정규직 일자리는 줄고, 비정규직이나 임시직 일자리가 증가한다. 대부분 사람의 임금 소득이 구조적으로 불안정해지는 것이다. 그로 인해 안정된 임금 소득자 계층에 기반을 둔 사회보험 제도와 같은 보편적 사회적 안전망이 붕괴되기 쉽다.[5] 이는 사회적 양극화와 중산층의 붕괴라는 현상과도 밀접히 관련된다.

둘째, **의존인구의 증가에 따른 보육과 돌봄의 문제**이다. 인구의 고령화로 인해 돌봄이 필요한 노인층 의존인구의 비중이 증가한다. 이른바 저출산·고령화로 대표되는 인구 구조의 급속한 변화 때문이다. 의존인구의 증가는 보육과 돌봄의 필요성을 확대한다. 그런데 전통적으로 이를 감당해 왔던 여성과 가족의 기능은 현저히 축소된다. 여성의 경제활동 참여가 증가하면서, 여성이 중심이 되어 가족 단위로 책임이 맡겨져 있던 아동, 노인, 장애인 등의 의존인구에 대한 돌봄이 문제가 된다. 여성의 역할 변화는 또한 혼인 기피, 이혼율 증가, 저출산, 한부모 가정의 증가와 관련되고,

3) 굴뚝 산업이란 대규모 공장 제도를 기반으로 하는 2차 산업을 상징한다. 2차 산업과 3, 4차 산업은 생산 양식이 달라지는데, 3, 4차 지식서비스 산업에서는 대규모의 획일적인 노동 형태가 불필요하게 되고, 로봇 등의 등장으로 사람들의 노동 상품의 가치에 대한 변화도 일어난다. 이를 신(新)경제 방식이라 한다.

4) 참고: 이혜경(2008). 세계화와 복지국가의 재편 [기획예산처 강연자료 2008. 2. 25.]; 이재원(2010). "사회서비스 정책의 지향가치와 활성화 과제". 사회서비스연구, 1, pp. 33-81; 김영종(2017). 사회복지행정(4판). 학지사.

5) 지식서비스를 생산하고 유통하는 신경제에서는 대규모 공장제 노동에 적합한 안정된 정규직 노동계층이 약화된다. 그로 인해 이를 기반으로 성립된 사회보장 제도는 그 기반이 취약해진다. 사회보험은 안정된 임금이 보장된 노동자들이 납입하는 장기적인 보험료 계약 관계에 의해 작동되는데, 임금노동의 수요 자체가 감소하거나 고용이 불안정해지면 이 같은 사회보험 제도는 취약해진다.

이 자체로도 보육과 돌봄에 대한 사회적 대안을 필요로 한다.

셋째, **사회통합의 문제**이다. 세계화 경제의 확산으로 인해 이민/이주자 집단이 증가하고, 다민족 · 다문화 사회로의 진입에 따른 사회적 대응의 필요성이 나타난다. 외국인 이주노동자나 결혼이주여성이 증가하면서 다문화 가족층이 확대되고, 이들 개인과 가족을 사회화를 통해 사회적으로 포용(inclusion)해야 할 필요성이 증가한다. 이 같은 사회통합의 필요가 충족되지 않으면, 사회 불안과 같은 막대한 비용을 감당하기 어렵게 된다.

우리나라를 포함한 대부분의 사회는 이 같은 후기산업사회의 신사회적 위험에 대응할 필요를 가진다.[6] 그럼에도 전형적인 복지국가의 사회보장 제도, 예를 들어 연금이나 건강보험, 공공부조를 통한 소득 지원만으로는 신사회적 위험에 대응하기에 한계가 있다. 그에 따라 다양한 대안이 모색되어 왔는데, 우리나라에서는 2000년대 중반을 기점으로 사회서비스 정책으로의 이행이 이러한 맥락에서 등장한다. 이 과정에서 제시된 논거들을 정리해 보면 다음과 같다.[7]

첫째, **사회적 책임 구조의 정합성**을 고려하자면 사회서비스 중심으로의 정책 이행이 적절하다. 민주사회에서는 다수가 정치적 결정을 좌우하는데, 우리나라는 고령화 등으로 인해 비생산 인구가 다수가 되고 이들이 소수의 생산 인구가 만들어 낸 사회적 생산물의 배분에 관한 정치적 결정을 주도하게 된다. 이는 사회적 책임 구조의 비생산화를 유발하는데, 생산자보다는 비생산 인구에 의해 사회적 의사결정이 이루어지기 때문이다. 예를 들어, 정치적으로 다수의 힘을 가진 퇴직자 인구가 연금지급액의 수준에 대한 결정에 영향을 행사하는 것이다. 이와 같은 사회적 책임 구조의 비생산화가 복지국가의 구조적 문제를 유발하는 문제로 인해서, 확보된 자원의 할당에만 초점을 맞추는 기존의 복지 급여 방식에서 탈피할 필요가 나타난다. 사회서비스를 사회적 투자의 관점에서 접근할 필요성도 이런 맥락에서 제기된다.

6) 그럼에도 이것이 전통적인 산업사회의 구사회적 위험이 소멸되었음을 뜻하는 것은 아니다. 그보다는 새로운 위험이 오래된 위험들에 더해 쌓이게 됨을 의미하고, 보편적인 상호의존 돌봄의 필요를 해결할 새로운 사회보장 제도와 그에 부합되는 사회서비스들이 요구된다는 것이다.

7) 참고: 이재원, "사회서비스 정책의 지향가치와 활성화 과제".

예를 들어, 생산적 일자리 창출 정책과도 맞물린 사회적 돌봄 서비스의 공급을 확대하는 것이다.

둘째, **사회복지의 발달 단계**에 맞추어 사회서비스 중심으로 이전할 필요가 있다. 잔여적에서 보편적 복지로 변화하는 과정에서 공공부조와 사회보험 중심의 복지체계가 사회서비스를 확대하는 체계로 변화할 필요성이 나타난다. 복지국가의 이행 과정에서는 사회서비스가 빈곤 관점의 공공부조에서 분리되어 보편적 돌봄의 사회적 기능과 범주로 확대되는 시점이 나타난다. 복지국가들에서 사회서비스 정책에 대한 일반적인 관심이 이로 인해 등장한다.[8] 전통적 현금 급여 중심의 복지체제는 소득상실이라는 전통적 위험 외에도 고용 불안정, 가족에 의한 돌봄의 한계, 인구 고령화 등의 위험에 적절히 대응하는 데 한계가 있기 때문에, 사회서비스 중심의 복지체제로 확대될 필요가 있다고 본다.[9]

셋째, **신경제, 사회적 일자리**와 관련해서도 사회서비스 중심 정책으로의 이행이 필요하다. 사회서비스의 수요 확대는 세계화와 IT 발전에 의해 초래되는 고용절약 현상으로 인한 시장 낙오자의 증가와 밀접한 관련이 있다. '고용 없는 성장'이 지속되면서 실업자와 비정규직 등 시장 낙오자에 대한 정책적 대안으로 사회적 경제 방식이 등장한 것도 이와 같은 맥락이다. 사회적 경제가 제공하는 서비스를 사회서비스로 규정하는 경우도 있다.[10] 사회적 경제 일자리 분야에서 고용이 빠르게 증가한다는 것이 사회서비스 중심의 필요성을 나타낸다.

넷째, **여성의 사회적 노동 참여**와 관련해서 사회서비스 중심 정책이 강조된다. 1980년대 전후로 돌봄 영역이 여성주의 연구의 핵심주제가 된 이래, 여성의 가정에서의 돌봄 책임을 사회적으로서 분담하고, 여성이 경제 · 사회 활동에 참여하는 것을 가능케 하는 주요 지원 수단으로서 사회서비스가 간주되어 왔다. 사회서비스의

8) 이는 사회서비스에 대한 수요 증대가 신사회 위험의 등장에 따른 시대적 산물이라는 맥락과도 일치한다. 참고: 이현주 외(2003). 공공부조와 사회복지서비스의 체계분석 및 재편방안 [한국보건사회연구원 보고서].

9) Taylor-Gooby, P. (Ed., 2004). *New Risks, New Welfare: The Transformation of European Welfare State*. Oxford Univ. Press.

10) 임혁백 외(2007). 사회적 경제와 사회적 기업. 송정, p. 18.

확충은 곧 여성의 가정 내 자녀 양육 및 노인 부양의 부담을 분담하고, 여성 돌봄노동의 경제적 가치에 대한 직간접적인 사회적 보상을 제공하는 정책과 일맥상통한다.[11)]

다섯째, 앞서 제시된 이유들은 대부분 사회투자국가의 관점에서 예방적 사회서비스를 확대할 필요성을 제시한다. 사회투자국가란 보육, 케어, 교육, 재활 등 제반 사회적 돌봄과 관련된 국가의 행위를 자선이나 소비, 배분이 아니라 사회문제의 예방을 위한 선제적 투자로 간주하는 것이다. 이는 기존 현금 급여-소득보장 중심의 복지국가론에 대한 한계에서 비롯된 대안의 일종이기도 했다. 우리나라에서는 이러한 사회투자국가론이 2000년대 중반 이후 등장하면서, 국가가 사회서비스 정책을 적극적으로 추진해야 할 필요성을 뒷받침했다.

대부분의 복지국가에서는 기존의 현금-이전 급여 중심으로 감당하기 어려운 신사회 위험에 대한 대응으로 대인적 휴먼서비스 위주의 사회서비스 정책으로의 전환이라는 경향이 일반화되고 있다.[12)] 우리나라도 2000년대 중반 이후에 주로 신사회 위험에 대응하는 복지정책을 지칭하는 것으로 '사회서비스'라는 개념이 정책 현장에 본격적으로 등장한다.

2. 사회서비스의 개념

사회서비스란 사회적으로 이루어지는 서비스라는 단순한 정의가 있지만, 여기에서 '사회적'과 '서비스'가 각기 어떻게 규정되는지에 따라 사회서비스의 개념은 상당히 다양하게 분화된다. 이는 특정 사회마다 사회서비스에 관한 역사적, 문화적 맥락이 다르기 때문에 나타나는 결과다.[13)] 사회서비스란 무엇인가에 대한 질문은

11) 이재원, "사회서비스 정책의 지향가치와 활성화 과제".

12) 강혜규 외(2007). 사회서비스 공급의 역할분담 모형개발과 정책과제: 국가, 시장, 비영리민간의 재정분담 및 공급참여방식 [한국보건사회연구원 연구보고서 2007-12].

13) 예를 들어, 어떤 사회는 사회서비스의 '사회적'을 정부나 공공 부문의 역할 범주에 국한하고, 어떤 사회는 영리를 포함한 민간 부문 전반까지도 포함하는 것으로 규정하기도 한다. '서비스'에 대한 개념 역시

그래서 개별 사회들마다의 시대적 배경과 역사적 맥락을 통해서만 답해질 수 있다.

1) 개념 정의가 중요한 까닭

개념(concept)이란 특정한 개체나 현상들에서 공통된 추상적 관념을 추출하여 그것에 언어적 기호를 부여한 것이다.[14] 이러한 개념은 사람들에게 공통된 인식을 초래할 목적으로 쓰이는데, 경우에 따라서는 그러한 목적 달성이 쉽지 않을 수도 있다. '사회복지'나 '사회서비스'와 같은 개념은 '키'나 '몸무게'와 같은 개념들과는 다르게 사람들 간 인식의 변이가 클 수 있다.

'사회서비스' 개념에서 인식 변이가 크게 나타나는 이유는 이것이 사람들이 보편적으로 인식할 수 있는 추상적인 심리(예, 행복감)가 아니라, 특정 사회마다 사람들에 따라 달리 인식될 수 있는 역사적, 문화적 맥락이 연관되어 있기 때문이다. 유사한 이유로 '사회복지' 'social welfare' '사회보장' 'social security' 등의 개념에서도 마찬가지의 어려움이 나타난다. 그래서 이들 개념을 규명하는 작업은 그 자체로서 하나의 연구 분야가 존재할 정도라고도 본다.[15]

특히 사회서비스의 범주를 둘러싼 개념적 혼선은 많은 나라에서 여전히 지속되고 있다. 이는 근래 제반 사회서비스 영역이 확장되면서 다양한 서비스 유형과 공급 방식들이 등장하고, 이들을 포괄하는 개념에 대한 사회적 합의가 미처 이루어지

'대인적' 서비스에 국한하는지 혹은 일반적 '급여' 서비스를 포괄하는지 등으로 큰 차이를 보인다.

14) 사물이나 사건, 상태 등을 지칭하는 데 사용되는 대부분의 일반 명사들은 개념을 구분하는 언어적 기호라고 볼 수 있다. 예를 들어, 책상, 연필, 젓가락, 막대기 등은 모두 개념이다. 또한 이들 모두는 나무라는 개념과 관련이 있다. 행복, 공동체, 복지 등도 개념이다.

15) '사회서비스'라는 용어를 사용하는 개념은 학문적, 정책적으로 합의된 바 없다. 국가마다 상당히 다른 역사적 맥락에서 용어 사용에 관한 경로를 따라왔다는 점을 감안한다면, '사회서비스'의 개념을 일관적으로 정의하는 것 자체가 하나의 도전이 될 수도 있다고 보는 것이다. 개념 정의에 관련된 논의는 다음을 참고: 윤영진 외(2011). **사회서비스 정책론**. 나눔의 집; 김용득 · 김은정 · 유태균(2017). 사회서비스 10년: 경험, 쟁점, 미래(55-72) [2017년 한국사회복지학회 추계학술대회 발표문]; 김은정(2014). "주요 국가의 사회서비스 공급 주체 성격변화와 정책적 쟁점". **한국사회와 행정연구**, 25(1), pp. 169-195; 이봉주 · 김용득 · 김문근(2008). **사회복지서비스와 공급체계: 쟁점과 대안**. EM커뮤니티; 정경희 외(2006). 한국의 사회서비스 쟁점 및 발전전략 [한국보건사회연구원 연구보고서 2006-18].

지 못했기 때문인 것으로 여겨진다.[16] 사회서비스 현상 자체가 혼란스럽다기보다는, 언어적 기호로서의 '사회서비스'가 표방하는 개념과 그에 수반된 담론을 적절한 수준으로 규명하지 못한 채 실천이 진행되어 왔던 탓이 크다는 것이다.[17]

비록 사회서비스를 명료하게 개념 정의하는 것은 어렵지만, 그럼에도 어떤 사회서비스에 관한 논의에서도 이는 반드시 전제되어야 한다. 개념이란 사물(대상)에 대한 어떤 생각이나 관념을 지칭하는 것으로, 이를 언어적으로 용어라고 할 때 개념 정의에는 두 가지 혼란이 발생할 수 있다. 하나는 용어상의 혼란이며, 다른 하나는 경험 세계의 영향에 의한 속성 범위상의 혼란이다. 개념 정의가 필수적인 이유는 이러한 혼란을 정돈하기 위한 전제가 되기 때문이다. 특히 작금의 사회서비스에 대한 이해에서 이것이 더욱 필요하다.[18]

'사회서비스'라는 용어는 각 시대와 사회들마다의 특수한 역사, 문화적 상황에서 각기 다른 형태와 성격으로 이루어졌던 서비스들(대상과 범주, 조직, 체계, 실천 방법)을 두루 지칭하는 데 사용되어 왔다. 그러므로 사회서비스라는 고유의 개념적 속성이 무엇인지를 한 사회의 관점에서 단선적으로 규정해 보려는 시도는 적절치 못하다. 그보다는 사회서비스의 개념 규정은 일종의 구성개념(construct) 접근에 따른 기준을 먼저 제기하고, 이를 근거로 여러 사회에서 나타나는 사회서비스 현상에 적용해 보는 것이 적절하다.[19]

16) Huber, M., Maucher, M., & Sak, B. (2006). 'Study on Social and Health Services of General Interest in the European Union' [Final Synthesis Report. DG EMPL/E/4, VC/2006/0131].

17) 김영종(2017). "우리나라 '사회복지' 전달체계와 담론적 작용: 역사적 형성과 경로, 쟁점". 한국사회복지학, 69(1), pp. 175-197.

18) 윤영진 외, 사회서비스 정책론.

19) 구성개념(construct)이란 특정 현상을 설명하기 위해 조작적으로 만들어 낸 개념을 말한다. 사회서비스를 구성개념의 측면에서 보자면, 사회서비스가 무엇인지를 알기 위해서는 무엇보다도 구성개념의 속성을 적절히 합의적 방식으로 정돈하는 것이 필요하다. 그렇게 만들어진 구성개념으로 특정 경우들을 포착하고 설명하는 것이 혼란을 배제하는 인식 방법이 된다.

2) 사회서비스 개념의 구성 기준

사회서비스의 개념은 다양한 속성 기준으로 구성되어 있다. 개념 정의를 단순하게 하려면 특정한 속성 기준을 선택하는 것이 좋지만, 이는 사회서비스의 다차원적인 속성을 적절하게 다룰 수 없게 한다. 그러므로 사회서비스의 개념은 다양한 속성 기준들이 포괄되는 방식으로 정의되는 것이 바람직하다. 윤영진 등(2011)은 사회서비스 개념을 구성하는 기준을 크게 네 가지로 제시한다.[20]

첫째, **주체**에 의한 기준으로 서비스를 제공하는 주체가 공공과 민간, 영리, 비영리 등인지를 식별한다. 둘째, **대상자**에 의한 기준으로 서비스의 대상이 되는 인구가 노인이나 장애인, 아동 · 청소년, 여성, 가족, 노숙인, 미혼모, 국제결혼이주자, 외국인노동자 등인지를 식별한다. 셋째, **서비스 분야**에 따른 기준으로 교육, 보건, 사회복지, 환경 및 문화 분야 등과 같은 서비스의 목적과 내용에 따른 구분이다. 넷째, **공급 특성**에 의한 기준으로 사회서비스가 생산, 공급되는 방식의 유형들로 분간한다.

국가들마다 시대적으로 사회서비스의 개념은 각기 다른 속성 기준들의 조합에 의해 규정되어 왔다. 가령 어떤 국가에서는 사회서비스의 개념이 현금 급여를 포함하는 반면, 다른 국가에서는 이들이 제외되어 있는 등이다.[21] 우리나라에서 '사회서비스'라는 용어가 2000년대 중반쯤 정책 현장에 본격 등장했는데, 이때의 개념은 아동보육, 장기요양 등의 보편적 돌봄서비스 대상에 대한 바우처(voucher) 방식의 공급 특성 유형이라는 기준이 적용된 것이었다.[22]

우리나라에서 이 시기에 그와 같은 사회서비스의 개념 형성이 가능했던 것은 이

20) 윤영진 외, 사회서비스 정책론.

21) Munday, B. (2007). 'The United Kingdom's approach to a mixed economy of social services' [International Symposium, Social Service Provision System: The issues of public-private Partnership in Korea].

22) 그 결과 현재까지 우리 사회의 상당 부분에서, 심지어는 많은 연구자 사이에서도 사회서비스라는 명칭의 개념은 보편적 돌봄과 바우처, 즉 특정 서비스 내용 중 하나와 특정 공급 방식 중 하나의 결합을 의미하는 보편적 돌봄(인구사회적 기준의 보편 인구 대상자에 대한 돌봄)의 서비스를 이용권 방식으로 제공하는 것이라는 인식이 있었다.

전에는 사회서비스로 지칭되는 정책 현장과 실천이 존재하지 않았기 때문이다. 비록 학술 문헌들에서는 서구사회의 역사를 통해 광의의 사회서비스라는 개념이 소개되어 왔지만, 실천 현장에서의 용례는 찾아보기 어려웠다. 기존의 현장에서는 '사회복지서비스'와 '사회복지사업'이라는 용어가 충분히 일반화된 개념으로 실천에 활용되고 있었다. 그로 인해 오히려 사회서비스는 기존의 사회복지서비스라는 개념이 구성하고 있던 '선별적(주로 빈곤대상) 돌봄 대상자에 대한 전문적 제공 서비스'라는 기준들과 차별화될 수 있는 구성개념으로 여겨질 수도 있었다.

이것은 유럽 각국에서 최근에 '사회서비스(social service)'라는 용어에 대해 새로운 관심에서 이를 개념화하려고 했던 것과도 유사한 맥락이다. 다만 유럽 국가들에서는 '사회서비스'라는 개념을 이전부터 폭넓게 사용해 오고 있었으므로, 현재 새롭게 시도되는 서비스 성격들도 자연스레 이 안에 내포될 수 있다. 예를 들어, 영국에서는 과거에 'social service'는 개인들의 삶의 질에 직접 영향을 미치는 공공서비스의 개념(보건, 돌봄, 교육, 고용, 주택을 포함)과 유사할 만큼 폭넓은 영역으로 사용되어 왔었고,[23) 여기에 보편적 돌봄의 바우처 방식의 서비스를 강화하면서 이를 그 개념에 포함시키는 것이 무리가 아니었다.

유럽 국가들에서는 사회서비스를 정의할 때, 비록 돌봄서비스의 실천 활동에서 보건과 교육, 고용, 주택의 영역들이 중첩될 수밖에 없지만, 주된 관심 영역은 '돌봄'으로 하고 이와 관련해 다른 영역들이 함께 다루어지는 것을 포괄적으로 지칭해서 'social service'라고 부르는 경향이 있다. 유럽연합(EU)에서도 회원 국가들에서 새로운 사회문제에 대한 대응으로 이러한 돌봄을 중심으로 하는 제반 사회적 서비스들을 묶어서 이를 'social service'의 합의된 개념으로 설정하려 한다. SSGI(Social Service of General Interests)라는 명칭으로 이루어지는 연구와 논의들이 대부분 이에 해당하는 것이다.

23) 현재에도 이러한 개념으로 social service를 사용하는 사람들이 있다.

3. 사회서비스 유관 개념들

사회서비스의 개념을 보다 구체적으로 규명하려면, 다른 유관 개념들과의 비교를 통해 식별해 보는 방법이 유용하다. 사회서비스와 사회복지서비스, 사회보장, 사회복지, 사회적 돌봄, 사회적 보호, 사회부조, 대인적 사회서비스, 휴먼서비스, 사회복지사업 등의 용어는 비록 각기 지칭하는 바는 조금씩 다르지만, 현실적으로 특정 사안에는 이들 모든 개념이 중첩되어 나타는 것이 보통이다. 사회서비스 개념 규정의 현실적 혼란은 상당 부분 이들 용어와의 분간에 따른 어려움에서 기인하는 것이므로, 이를 정리해 볼 필요가 있다.

1) 사회보장과 사회복지

사회보장은 대체로 제도적인 용어로서 쓰인다. 우리나라에서는 사회보장이 국가를 중심으로 하는 국가공동체의 제도적 장치로서 규정되고, 제도의 구체적인 형태는 「사회보장기본법」에서 사회보험, 공공부조, 사회서비스라는 세 가지 방식 유형으로 제시된다. 여기에서 사회서비스는 사회보장의 영역 혹은 방식 중 하나로서 사회보험이나 공공부조와는 차별되는 어떤 것을 뜻한다. 다만 아직까지도 「사회보장기본법」에서 사회서비스의 그 차별되는 영역과 방식이 구체적으로 무엇을 의미하는 것인지에 대해서는 논란의 여지가 남아 있다.

우리나라에서 '사회복지' 개념은 그간 사회보장과 중복되면서 한편으로 연계되어 규정되어 왔다.[24] 근래에 사회보장의 개념이 제도적으로 강화되면서, 이와 구분되는 사회복지의 개념 규정에 대한 논의가 새롭게 나타나고 있다. 김영종(2017)은

24) '사회복지'의 용법은 1980년대 제한된 분배 담론이 등장하는 과정에서 최소한의 국가 책임주의를 표방하는 기제로서 확산되었다고 본다. 그럼에도 1987년 개정 「헌법」 제34조에는 '국가는 사회보장 · 사회복지의 증진에 노력할 의무를 진다'고 규정하는데, 여기에서 사회보장과 사회복지의 의미가 무엇인지는 여전히 논란의 대상이 되고 있다.

'사회복지' 용법의 개념을 1960년대 개발주의 담론이 등장하면서 국가의 의무를 '사회보장(복지국가의 의미가 강한)'과는 다른 어떤 것을 표명하는 데 쓰였던 기호와 관련된 것이라 보았다.[25] 사회복지와 사회서비스 개념 간의 관계는 우리나라 사회서비스의 발달 과정을 이해하는 핵심이다. 이에 대해서는 뒤에 보다 상세하게 설명한다.

2) 사회(복지)사업과 사회복지서비스

사회복지라는 용법의 개념은 우리나라에서 고유하게 발달해 왔으며, 그에 부속된 사회복지사업이나 사회복지서비스의 개념도 마찬가지였다. 사회복지라는 용어가 쓰이기 이전에는 이와 유사한 활동에 관한 개념은 주로 '사회사업'으로 통용되었다. 사회사업은 이론적인 측면에서 사회복지와 분명히 구분될 수 있는 개념이지만, 현실적으로는 혼동되어 쓰여 왔다. 사회사업(social work)은 비록 자원(volunteering) 영역을 포함하지만 대부분 전문적 활동이나 전문직 분야를 뜻한다. 마치 의료나 간호가 특정 전문직 분야를 의미하는 것과 같은 것이다. 우리나라에서는 사회사업의 활동이 1950년대에 외원단체의 구호활동과 함께 본격적으로 도입되어 각종 수용시설의 서비스에 내포되면서, 당시 사회복지 활동이 대부분 이러한 사회사업서비스로 점철되어 있었던 까닭에 사회사업가(social worker) 혹은 소셜워커로 불리던 전문적 활동이 곧 사회복지라고도 인식되었다. 이후 1970년 「사회복지사업법」 제정을 통해 사회복지의 용법이 공식화되고 나서는, 사회사업과 구분되는 사회복지사업이나 사회복지서비스의 개념들이 일반적으로 사용된다.[26]

'사회복지서비스'는 오랫동안 '사회복지'의 개념과 굳이 분리가 필요 없을 만큼 밀접하게 붙어 있었다.[27] 사회복지의 활동과 영역이 협소했던 시기에는 사회복지

25) 김영종, "우리나라 '사회복지' 전달체계와 담론적 작용".

26) 이 책의 제5장(일본의 사회서비스)에서 '사회사업'이 '사회복지사업'이 되는 맥락을 설명한다. 우리나라의 경우도 그와 유사한 이유에서, 예를 들어 당시 사회사업의 부정적인 이미지 등으로 인해 사회복지사업이라는 용어가 사회사업을 대체한다. 적어도 정부의 법제적 용법에서 그러했고, 후에 대학교육 등에서도 1980년대에 이르기까지 교과목이나 학과명을 대체한다.

27) 이에 대해서는 이 책의 6장(우리나라 사회서비스의 역사)에서 상세하게 설명한다.

란 곧 선별적 복지대상자에 대한 수용이나 이용시설을 통한 대인적 서비스 제공, 즉 사회복지서비스가 대부분의 실천 개념을 구성하고 있었기 때문이다. 그러다 사회복지의 제도적 영역과 활동이 확장되면서부터는 사회복지의 개념 안에서 사회복지서비스의 성격 규정에 대한 인식의 분리가 나타나게 된다.

근래에는 이러한 사회복지서비스가 일명 '사회서비스'와는 어떻게 구분되는지에 대한 논의가 다시 진행되고 있다. 이는 '사회사업' '사회복지' '사회복지사업' '사회복지서비스'가 비록 유사한 성격과 실천 활동으로 중첩되어 왔지만 그럼에도 새로운 개념 규정을 추가하면서 인식의 확장과 분리가 이루어져 왔던 역사적 맥락과도 일치하는 바가 있다. 새롭게 등장한 '사회서비스'라는 용어로 식별이 되는 개념이 다른 것들과 어떻게 구분되는지를 밝히는 것은 정책이나 실천 현장의 차원에서도 중요한 일이다. 여기서는 일단 사회서비스란 사회복지서비스를 포함하는 보편적인 대인적 서비스라고 규정해 두고, 이에 대한 자세한 설명을 뒤에 계속해서 진행한다.

3) 휴먼서비스와 대인적 사회서비스

휴먼서비스(human service)라는 용어는 1970년대 미국 연방정부의 관료들이 임의적인 필요성(보조금 지급에서 공통된 분야의 통제 목적)에서 사용하기 시작한 범주적 개념이다.[28] 이 시기 미국에서는 다양한 유형의 사회복지서비스들이 연방정부의 지원하에서 크게 늘어나면서, 한편으로는 서비스 통합에 대한 관심이 비례해서 나타났다.[29] 통합 대상으로 간주되는 이러한 서비스들에 대한 전달 과정을 검토하는 과정에서, 이들 간에 상당한 유사점이 발견되었으며 이들을 'human service'로

28) 참고: Austin, D. (1995). 'Management overview'. *Encyclopedia of Social Work(19th)*, vol.2, pp. 1642-1658.

29) 하나의 지역사회에 수많은 각기 특화된 범주의 프로그램 유형들을 투입하는 과정에서 개인이나 가족 중심의 통합된 서비스를 제공하고 관리해야 할 필요성이 커졌기 때문이다. 참고: Austin, D. (2002), *Human Services Management: Organizational Leadership In Social Work Practice*. Chichester, NY: Columbia University Press, pp. 41-42; Gans, S., & Horton, G. (1973). *Integration of Human Services*. NY: Praeger.

명명하게 되었다. 그 유사성이란 '대인적 서비스'의 특성, 특히 인간을 직접적인 서비스의 대상으로 하는 데 수반되는 공통적인 속성을 뜻한다.[30] 사회서비스, 보건 및 정신보건서비스, 교육서비스, 교정서비스 등은 비록 생산 기술이나 서비스 생산물들이 각기 달랐지만, 적어도 이들 휴먼서비스 생산과 다른 유형의 서비스 생산 간에는 상당한 차이가 존재함이 인식된 것이다.

현재에도 휴먼서비스 개념의 유용성은 정책 현장뿐만 아니라, 학문 분야에서도 지속적으로 검토되고 있다. 이때 휴먼서비스 개념의 초점은 '인간과 인간의 상호작용' 관계를 통해 생산되고 소비, 전달되는 특성을 가진 서비스에 있다. 그래서 학문이나 전문적인 실천 개념에서는 휴먼서비스는 대인적 서비스의 특질을 강조하는 전문서비스의 개념으로 사용되기도 한다.[31] 물론 미국의 휴먼서비스도 '사회적으로 제공되는' 서비스 개념을 벗어나지 않는다. 그럼에도 이를 굳이 대인적 사회서비스로 지칭하지 않았던 이유는 미국 사회의 이념적 성향이 '사회적'에 내포된 개념에 대한 거부감 때문이었던 것으로 여겨진다.[32]

이와 같은 미국에서의 휴먼서비스 개념에 관한 범주는 영국에서는 '대인적 사회서비스'와 유사하다.[33] 영국에서는 1968년 「지방정부 사회서비스법(LASSA)」이 제정된 이후, 국민건강 서비스나 소득유지 프로그램 등과는 구별되는 서비스를 식별하기 위해 'personal social service'라는 용어를 사용해 오고 있다.[34] 이는 지방정부,

30) 병원에서의 환자 돌봄, 어린아이들의 교육, 아동학대 피해자의 입양 등의 구체적인 서비스들은 각자의 특성 차이에도 불구하고, 비영리 일반병원, 공공초등학교, 가족서비스기관, 지역사회서비스 센터, 공공 아동복지기관 등에서 조직 과정과 관리 과업에서 상당한 유사성이 발견되었다. 참고: Hasenfeld, Y., & English, R. (1974). *Human Service Organizations: A Book of Readings*. Ann Arbor, MI: Univ. of Michigan Press; Austin, *Human Services Management*.

31) 애초에 휴먼서비스라는 용어의 개념이 미국에서 구성되었을 때, 이미 그러한 서비스들은 전문적 실천의 형태로 발전해 왔던 것들이었기 때문이다. 그로 인해 휴먼서비스라는 용어는 사회사업 전문직의 특수한 영역으로 하는 것이 바람직하다는 견해들이 대두되기도 했다. 참고: Weiner, M. (1990). *Human Services Management: Analysis and Applications* (2nd). Belmont, CA: Wadsworth Publishing; Edwards, R., & Yankey, J. (1991). *Skills for Effective Human Services Management*. Silver Spring, MD: NASW Press.

32) 참고: Austin, 'Management overview'.

33) 윤영진 외, 사회서비스 정책론.

34) LASSA는 Local Authority Social Service Act의 약자다.

민간 비영리, 자원 단체를 통해 사회적 보호와 돌봄의 필요를 충족시키는 방식이면서, '개인을 직접 대상으로 하는 서비스'라는 범주에 한정된 것이다.

우리나라에서는 휴먼서비스라는 개념이 1980년대 이후 사회복지학에서 다루어지기 시작했고, 실천적 개념으로는 대인적 사회(복지)서비스의 개념과 동일시되는 경향을 보여 왔다. 사회복지행정 분야에서는 휴먼서비스의 고유한 속성이 관료제적 조직 전달체계의 맥락에서 작동되는 것과 관련된 이슈들을 중심으로 개념을 구성해 왔다.

4) 공공서비스와 사회서비스

사회서비스를 공공서비스(public service)와 유사한 개념으로 간주하는 경우가 있다. 이때 공공서비스란 공공적 방식으로 운영되는 서비스를 의미하는 것이다. 넓은 의미에서는 국방이나 치안 등도 포함하는 것이지만, 대체로 대인적 서비스를 의미하는 사회서비스를 공공의 방식으로 운영하는 것을 지칭하는 의미로 쓰인다. 사회서비스에서 말하는 '사회적' 방식으로 서비스를 공급한다는 것의 대부분이 공공 방식을 뜻하므로, 사회서비스를 공공서비스라고 해도 무방할 수도 있다. 그럼에도 엄밀하게는 사회적 방식이란 공공 부문만에 제한되지는 않는다. 민간 부문의 활동 구성도 사회적 방식에 해당될 수 있는 것이다.[35)]

사회들에 따라서는 용어 사용에서 '사회적(social)'과 '공공(public)'을 혼용하는 경우도 있다. 유럽 국가들에서도 각 나라의 역사적 사회 구성의 배경 차이에서 이 같은 용법 사용이 다르게 나타난다. 우리나라의 경우에 '사회적'과 '공공적'은 대체로 넓은 범주를 공통적으로 가지고 있지만, 그럼에도 사회서비스 혹은 사회복지서비스 분야에서는 '공공'과 대응하는 적어도 '공공만이 아닌 민간 포함'이라는 영역에 대한 구분 인식이 역사적으로 강했다. 그래서 현재도 '사회서비스'를 '공공서비스'

35) 이러한 차이는 마치 공공부조(public assistance)와 사회부조(social assistance)를 구분하는 경우에서도 같다. 전자는 단지 공공 기구에 의한 활동만을 뜻하지만, 후자에서는 민간 부문의 개입이나 자원 활동에 의한 지원이나 도움 등도 포괄하는 것으로 쓰인다.

와 동일시해서 다루기는 어렵다.

4. 사회서비스 개념의 프레임 접근

사회서비스의 개념은 제도적으로 다양한 기제가 각기 채용하는 프레임(frame)의 관점 차원에서 규정될 수 있다. 이를 정리하자면 [그림 1-1]과 같다. 이와 같은 프레임 방식의 개념 규정은 다음을 전제로 한다. 첫째, 프레임은 특정한 지향을 가진다. 둘째, 프레임은 일정한 방향으로 확장/축소된다. 셋째, 사회서비스의 개념 규정은 각기 다른 프레임의 역사적 형성과 경로를 통해 파악될 수 있다. [그림 1-1]에서는 사회서비스의 개념 규정과 관련된 네 가지 대표적인 프레임이 나타나 있다.

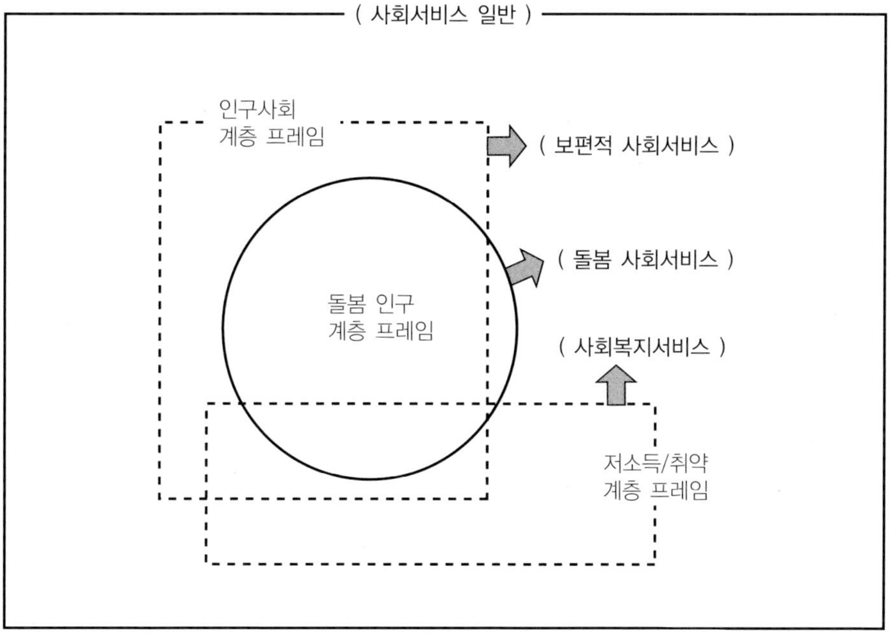

[그림 1-1] 사회서비스의 개념적 프레임

1) 사회복지서비스 프레임

이 프레임은 전형적인 사회복지서비스의 개념 규정의 맥락을 나타낸다. 우리나라를 비롯한 대부분의 나라에서 저소득/취약 인구계층에 대한 사회적 서비스 제공은 이러한 프레임으로 움직인다. 사회보장에서 보편적 사회서비스에 대한 필요가 지배적이지 않을 때 대인적 서비스들은 주로 이러한 사회복지서비스의 프레임에 갇혀 있었다. 즉, 사회서비스 개념의 대부분은 사회복지서비스를 중심으로 규정되었던 것이었다. 이 프레임은 주로 빈곤 문제를 중심으로 하는 저소득/취약계층을 중심으로 형성되었던 것으로, 국가들마다 사회서비스가 이 프레임을 통해 확장된 역사가 대부분이다.[36]

사회복지서비스 프레임에서 사회적 돌봄이 필요한 인구들은 저소득/취약 인구계층이라는 이유에서 사회적 서비스가 제공된다. 이러한 프레임의 사회서비스 확장은 곧 사회적 돌봄이 필요한 저소득/취약계층의 대상이 확대되는 것을 의미한다.[37] 미국을 비롯해서 일본, 한국이 이러한 프레임을 중시했던 경우에 일반적으로 해당한다. 우리나라는 특히 이러한 사회복지서비스의 프레임에서 사회적 돌봄에 필요한 인구에 대한 문제 접근에 치중했던 경로가 뚜렷하다. 그러나 근래에 들어 대인적 사회서비스가 저소득 대상의 범주를 넘어 보편적으로 확장되는 과정에서 사회복지서비스 프레임의 사회서비스 개념의 주도력은 약화되고 있다.

2) 보편적 사회서비스 프레임

이 프레임은 보편적 인구사회적 계층에 대한 사회서비스의 필요성이라는 맥락을 구성한다. 근래 저출산 · 고령화라는 보편적 인구 전체의 사회적 상호의존의 문제

36) 사회복지서비스 프레임에서 사회서비스에 대한 개념은 영미계통의 국가들에서 사용하는 사회부조(social assistance)와 유사한 측면으로 이해된다. 참고: 강혜규 외, 사회서비스 공급의 역할분담 모형개발과 정책과제.

37) 우리나라에서 보육 서비스가 소득 기준 하위 10%에서 90% 대상으로까지 확대되었던 과정은 사회서비스의 개념이 이러한 프레임을 벗어나지 못했기 때문에 나타났던 현상이다.

에 봉착해서, 사회문제로서의 사회적 돌봄에 대한 필요성이 일반인구 계층 프레임에 의거한 보편적 사회서비스 개념을 형성시켰다. 우리나라에서는 이 프레임하에서 정책화되는 서비스들이 초기에는 주로 바우처 방식의 기제를 활용했기 때문에, 이를 '바우처 사회서비스' 혹은 '사회서비스'라고 명명되었다.

이 프레임을 적용하게 되면 비록 저소득 프레임의 인구 대상과 중첩될 수 있으나(실제로 상당 부분), 적어도 프레임의 특성이 다르므로 이를 동일한 정책적 접근으로 간주하기는 어렵다. 이 프레임에서는 일차적 대상 기준을 인구사회적 조건에서 비롯되는 돌봄이나 보호의 필요성에 둔다. 비록 이 프레임에서 작동되는 보편적 사회서비스의 경우에도 요금이나 이용료 등을 소득 기준에 따라 차별적으로 적용할 수는 있다. 그럼에도 이것은 서비스 운용의 부수적인 기준에 불과하다. 소득 기준을 서비스 필요성의 일차적 기준으로 삼는 사회복지서비스 프레임과는 반대로 보편적 사회서비스 프레임은 인구사회적 기준이 일차적으로 적용되고 소득 기준은 부차적인 것이 된다.

사회복지서비스와 보편적 사회서비스의 프레임은 둘 다 사회적 돌봄의 필요에만 한정된 것이 아니다. 정신건강이나 재활, 치료, 교육 등의 분야에서 나타나는 대인적 서비스의 수요와 공급 확장에도 작용한다. 그럼에도 사회복지서비스와 보편적 사회서비스 프레임은 대상을 식별하는 관점에서 분명한 차이가 있다. 예를 들어, 정신건강과 관련해서 일반 인구도 사회적 문제의 대상이 될 가능성을 똑같이 가지고 있음을 인정하는 경우에는 보편적 사회서비스의 프레임으로, 이를 빈곤대상 인구에 주로 나타나는 문제로 간주하는 경우에는 사회복지서비스의 프레임을 적용하는 것이다.

3) 돌봄 사회서비스 프레임

이 프레임은 사회적 돌봄이 필요한 대상 인구 계층을 기준으로 작용한다. 저소득/취약 계층의 문제나 여타 보편적인 인구사회 문제들에도 사회적 돌봄의 필요성 관점으로 접근한다. 예를 들어, 정신건강과 돌봄 문제의 경우, 이 프레임에서는 사람들의 정신건강 문제가 사회적 돌봄의 필요를 만들어 내는 측면보다는 사회적 돌봄이 충족되지 못해서 사람들에게 스트레스와 같은 정신건강 문제가 유발된다고 보는 측면이 우세하다고 본다. 즉, 사회적 돌봄의 필요 자체를 중심으로 제반 사회문제들에 확장 접근하는 방향성을 가진다.

이 프레임에서 사회서비스란 '사회적 돌봄' 기능을 위한 대인적 서비스로 한정하지만, 이것이 역사적으로도 그리고 현재에도 사회서비스라는 용어의 개념에서 가장 통상적인 의미에 가깝다. 영국이나 유럽에서도 '사회서비스'라는 용어를 현실적으로는 사회적 돌봄의 필요성과 그에 대응하는 대인적 서비스 활동들로 보편적으로 간주하는 경향이 있다. 우리나라의 경우에도 보육이나 노인장기요양 등과 같이 근래에 확장된 서비스들뿐만 아니라 기존에 있던 아동이나 노인, 장애인 거주시설 서비스들도 모두 사회적인 돌봄의 필요성에 대응하는 대인적 서비스들이었다.

이처럼 개념적으로는 돌봄 프레임의 사회서비스가 여타 프레임 개념들과 구분 가능하지만, 현실적으로는 어떤 사회서비스 프로그램을 굳이 하나의 프레임에 특정하는 것이 쉽지 않다. 돌봄이라는 행위는, 예를 들어 '사람과 사람 사이의 정서적 유대관계에 기초하여, 돌봄을 제공하는 사람이 대상사자의 복지와 안녕에 책임을 느끼고 돌봄의 제공 과정에서 정신적, 정서적, 육체적 노동을 수행하는 것'[38]으로 여타 행위들과 구분될 수 있지만, 이를 사회적 과정을 통해 사회적 행위로서의 서비스가 이루어질 때는 여러 프레임이 중첩적으로 개입되는 것이 보통이다.

4) 사회서비스 일반

[그림 1-1]에서 가장 넓은 의미의 사회서비스 개념은 그림의 네모 영역 전체를 프레임으로 하는 것이다. 빈곤이나 돌봄과 같은 문제들 외에도 교육, 건강, 주택 혹은 주택에서의 생활, 고용(상담 혹은 알선, 자활) 영역 등과 관련되어 사회적으로 제공되는 서비스들을 모두 포괄하는 것이다, 일반적으로 '사회서비스'라고 할 때 특정

38) 민현주 · 강민정 외(2007). 사회서비스 분야 여성일자리 창출을 위한 정책 과제 [한국여성정책연구원 2007-7].

프레임을 염두에 두지 않는다면, 이 개념 규정에 가까운 것이 된다. 굳이 이를 다른 사회서비스 개념과 차별되게 명명하자면, 유럽의 경우와 마찬가지로 이를 사회서비스 일반(social service general)이라 할 수 있다.

원래 'social service'라는 용어는 영연방권에서 많이 사용되어 왔던 것으로, 영국의 경우 소득보장, 보건, 고용, 주거, 교육 등을 포함하는 광의의 사회정책 영역에 대한 실천 개념과 같았다. 사람들에게 제공되는 사회부조, 사회보험, 아동복지, 교정, 정신위생, 공중보건, 교육, 오락, 노동보호, 주택 등과 같은 서비스들이 모두 이에 해당된다. 그 가운데 돌봄을 중심으로 하는 대인적 사회서비스(personal social service)의 영역이 확장되면서, 사회서비스의 용어가 특히 이를 중심으로 사용되는 경향이 나타난다. 한편, 이러한 경향은 여타 영역의 서비스들이 이를 굳이 사회서비스로 명명하지 않음에 따라 공고하게 된다.

우리나라에서는 사회서비스 정책을 추진하는 과정에서 이 같은 광의의 사회서비스 개념을 원용했던 바가 있는데, 2000년대 중반 당시 기획예산처의 사회서비스 확충 전략에는 '사회서비스란 개인, 사회 전체의 복지증진 및 삶의 질 향상을 위해 사회적으로 제공하는 서비스'라고 정의했던 경우다.[39] 현재에는 이러한 사회서비스 일반의 개념 프레임은 「사회적기업육성법」에서 사회서비스를 '교육, 보건, 사회복지, 환경 및 문화 분야의 서비스, 그 밖에 이에 준하는 서비스'로 규정하는 등에 남아 있다.[40]

사회서비스의 개념 규정을 프레임의 관점에서 접근하는 목적은 굳이 개별 사회서비스 실천을 특정 프레임별로 구분하려는 데 있지 않다. 그보다는 사회서비스가 확장되는 사회적 힘의 원천을 분석해 볼 수 있게 하는 데에 프레임 접근의 유용성이 있다. 각각의 프레임은 사회문제에 대한 독특한 관점과 그에 대한 사회적 지지

39) 여기에는 4가지 영역의 서비스가 포함되어 있다. 사회복지서비스(보육, 아동, 장애인, 노인 보호 등), 보건의료서비스(간병, 간호 등), 교육서비스(방과후 활동, 특수교육 등), 문화예술서비스(도서관, 박물관 운영 등)이다. 참고: 윤영진 외, 사회서비스 정책론.

40) 이때 대통령령이 정하는 분야의 서비스에는 보육서비스, 예술 · 관광 및 운동서비스, 산림보전 및 관리서비스, 간병 및 가사지원서비스 등이 포함된다.

세력을 구축한다. 시대적으로도 각각의 프레임이 소유하는 정치적 지지력에 의해 사회서비스의 공급 목적과 내용, 방식 등이 접근되는 성격도 달라진다.

어떤 사회서비스의 개념에서도 해당되는 인구의 경우에는, 즉 [그림 1-1]의 내부 세 가지 사회서비스 프레임의 공통 영역에 속한 사람들의 경우에는 사회서비스가 제공되어야 할 필요성이 부인되지 않는다. 각자 프레임을 견지하는 지지세력 간의 이해 상충에 따른 영향을 받지 않기 때문이다. 예를 들어, 저소득 독거노인에 대한 돌봄을 목적으로 하는 사회서비스는 어떤 경우에도 최우선 필요 순위가 될 것이다. 그러나 예를 들어, 저소득, 독거노인, 돌봄의 필요 중 하나라도 빠지면 그만큼의 프레임 지지력은 약화된다.

이러한 프레임에 의한 사회서비스의 개념 정의가 유용한 것은 기존에 다루어져 왔던 사회서비스 개념 규정의 한계를 통해서도 드러난다. 기존의 광의와 협의 혹은 최협의 등으로 구분하는 사회서비스의 개념 규정들은 그 자체로서 현실적인 유용성이 크게 없다. 여기에서 제시된 새로운 프레임 접근은 사회서비스를 보다 포괄적이면서, 한편으로는 분석이 용이한 개념으로 재구조화하는 데 도움을 줄 수 있다.

5. 우리나라 사회서비스의 법제적 정의

우리나라 사회서비스에 대한 현실적으로 유용한 정의는 제도적 규정에 근거할 수 있다. 비록 세부적인 제도 요소들 간에 '사회서비스' 용어 사용에 대한 정리가 미처 이루어지지 못한 데 따르는 혼란은 남겨져 있으나, 큰 틀에서는 우리나라에서 사회서비스의 범주를 규정하는 기준은 대개 법제적 정의가 제시한다.

우리나라에서 '사회복지서비스'라는 용어가 법제에 등장한 것은 2003년이었는데, 이전까지는 이 개념을 1970년 「사회복지사업법」 제정 당시에 쓰이던 용어 '사회복지사업'이 대신하고 있었다. 사회복지사업이란 「생활보호법」(빈곤자), 「아동복지법」(고아), 「윤락행위등방지법」(여성)이 대상으로 하는 문제와 대상들을 포함해서,

이들에 대한 '각종 복지사업 및 복지시설의 운영 등을 목적으로 하는 사업'이었다. 2017년 현재 「사회복지사업법」에서도 '사회복지사업'이란 '각종 복지사업과 이와 관련된 자원봉사활동 및 복지시설의 운영 또는 지원을 목적으로 하는 사업'이라는 규정으로 남아 있다.

2003년 「사회복지사업법」 개정에서 '국가와 지방자치단체는 사회복지서비스와 보건의료서비스를 함께 필요로 하는 사람에게 이들 서비스가 연계되어 제공되도록 노력하여야 한다'라는 조항이 신설된다. 그러면서 여기에 등장하는 사회복지서비스가 무엇인지를 규정해야 할 필요가 생겼는데, 그에 따라 동법 제2조에서 '사회복지서비스'라 함은 '국가 · 지방자치단체 및 민간 부문의 도움을 필요로 하는 모든 국민에게 상담 · 재활 · 직업소개 및 지도, 사회복지시설의 이용 등을 제공하여 정상적인 사회생활이 가능하도록 제도적으로 지원하는 것을 말한다'로 규정했다.

사회복지서비스가 구체적으로 어떤 내용의 성격인지는 적용되는 법제들마다 다소 다르기는 하지만, 「사회복지사업법」에 열거된 법률의 첫째에 들어 있는 「국민기초생활보장법」의 규정에서 사회복지서비스의 일반적 개념이 파악될 수 있다. 여기에는 시장 · 군수 · 구청장은 수급자의 취업활동으로 인하여 지원이 필요하게 된 해당 가구의 아동 · 노인 등에게 사회복지서비스를 지원할 수 있다'는 규정이 있다. 이때 '사회복지서비스'란 현금 급여 등의 서비스가 아니라, 앞서 설명되었던 바와 같은 사회복지서비스 프레임에서의 아동 보육이나 노인 돌봄을 뜻하는 대인적 서비스를 말한다.

우리나라에서 사회복지서비스가 '사회서비스' 용어의 개념과 혼선을 빚기 시작한 것은 2000년대 중반 이후 이른바 '돌봄 바우처 사회서비스'가 본격 등장하면서부터다. 돌봄 혹은 보편적 사회서비스의 프레임들이 새롭게 확장되는 과정에서 기존 사회복지서비스 프레임의 관점과의 충돌이 일어난 것이었다. 이에 대해 2011년 제정 「사회서비스이용권법」에서 일단의 정리가 시도된다.[41] 이 법에서는 '사회서비스'란 「사회복지사업법」에서 규정하는 사회복지서비스, 「보건의료기본법」에서 규

41) 「사회서비스 이용 및 이용권 관리에 관한 법률」의 약칭.

정하는 보건의료서비스, 그 밖에 이에 준하는 서비스를 뜻하는 것으로 규정한다. 이때 사회복지서비스란 '국가 · 지방자치단체 및 민간 부문의 도움을 필요로 하는 모든 국민에게 상담, 재활, 직업 소개 및 지도, 사회복지시설의 이용 등을 제공하여 정상적인 사회생활이 가능하도록 제도적으로 지원하는 것'이고, 보건의료서비스란 '국민의 건강을 보호 · 증진하기 위하여 보건의료인이 행하는 모든 활동'을 뜻하는 것으로 규정된다.[42)]

이렇듯 2011년「사회서비스이용권법」 제정부터 시작되는 바와 같이, '사회서비스'의 법제적 규정은 사회복지서비스를 비롯한 제반 서비스들을 포괄하는 개념으로 된다. '복지' 용법의 탈락에서 보이는 바와 같이 선별적에서부터 보편적으로의 사회서비스 프레임의 전이가 나타나는 것이다. 이는「사회보장기본법」과 같은 상위법에도 반영이 되어, 이 법의 2012년 개정 시에 사회보장의 요소 규정을 변화시킨다. 개정「사회보장기본법」에서는 사회보장을 '출산, 양육, 실업, 노령, 장애, 질병, 빈곤 및 사망 등의 사회적 위험으로부터 모든 국민을 보호하고 국민 삶의 질을 향상시키는 데 필요한 소득 · 서비스를 보장하는 사회보험, 공공부조, 사회서비스를 말한다'로 규정한다.

이제까지 사회서비스와 사회복지서비스의 개념적 진행 경과를 감안하면서 현재「사회보장기본법」의 제도적 범주에서 보자면,[43)] 사회서비스란 사회복지서비스를 포괄하는 것으로 국가와 지방자치단체의 입장에서는 사회보장의 한 범주에 속하는 역할이나 책임 혹은 그를 수행하는 방식 유형으로 정의될 수 있다. 즉, 사회서비스란 사회보험이나 공공부조와는 구분되는 공급 특성을 가지는 사회보장의 한 유형

42) 여기에서 '사회복지서비스'와 '보건서비스'에 대한 개념 규정의 차이가 발견될 수 있다. 이 두 서비스는 대상이나 목적이 다른 것이 아니나라, 서비스 생산의 조직화, 즉 생산 방식의 사회적 구성이 뚜렷하게 다르다는 점을 확인할 수 있다. 사회복지서비스는 '제도적으로 지원하는 것'이고, 보건서비스는 '보건의료인이 행하는 모든 활동'으로 규정되어 있는 것이다. 사회복지서비스에 대한「사회복지사업법」상에서의 이와 같은 개념 규정은 현재에도 유효하며, 이것이 곧 사회복지서비스 현장을 여타 분야들과 구분하는 기준이 된다.

43) 이전에는 사회보장이 '사회보험, 공공부조, 사회복지서비스'로 규정되어 있었으며, 이때 '사회복지서비스'라 함은 이전까지의「사회복지사업법」 맥락의 전통적 합의에서 그에 저촉을 받는 제도적 서비스를 지칭하는 것이었다.

으로 간주된다. 비록 그 유형에 대한 구분 기준이 여전히 간명하게 정립되지는 못했지만, 적어도 대상자에게 최종 전달되는 시점에서의 급여 형태가 '대인적 서비스'라면 이를 사회서비스로 규정하는 정도의 합의는 있다.

제2장 범주와 특성

사회서비스는 사회적 맥락으로 조성되는 대인적 휴먼서비스로 규정된다. 이에 따르면 사회서비스는 보건과 교육, 보육, 케어, 정신보건, 개인 및 가족 문제 상담 등의 제반 대인적 서비스 영역을 포괄한다.[1] 이들은 휴먼서비스 생산에 따르는 고유한 속성을 공유하지만, 특정 사회가 규정하는 사회서비스의 실천적 범주는 각 사회마다의 독특한 문화적, 역사적 맥락에 의거해서 결정된다.

---

1) Cimmino, P. (2004). Basic concepts and definitions of human services. In H. Harris (Ed.), *Human Services: Contemporary Issues and Trends*. Boston, MA: Allyn & Bacon. 이를 휴먼서비스라는 용법으로도 쓰는데, 이는 인간적 상호작용을 본질적 속성으로 하는 조직이나 서비스를 통칭하는 데 쓰이기도 하고(참고: Hasenfeld, Y. (1983). *Human Service Organizations*. Englewood Cliffs, NJ: Prentice-Hall), 보건, 복지, 교육, 고용 등과 같이 현실적으로 기구축된 분야들에서의 프로그램이나 서비스들을 묶어 내기 위한 방편으로 동원되기도 한다(참고: Austin, D. (1988). *The Political Economy of Human Service Program*. Greenwich, Connecticut: JAL Press).

1. 사회서비스의 범주

사회서비스가 다른 서비스들과 비교해서 어떤 특성 차이가 있는지를 파악하려면, 우선 사회서비스의 범주를 설정해 보아야 할 필요가 있다. 바흐(Bahle, 2002)는 몇몇 선행 연구[2)]에 기초해서 사회서비스의 경계를 짓는 기준을 사회서비스에 내포된 특성들에서 찾는데, 이는 대인적 특성, 사회적 상호작용, 사회적 필요, 사회적 중요성으로 요약된다.[3)]

대인적 특성이란 물질적 재화(goods)의 생산이나 분배에 관련된 서비스라기보다는 사람에 대한 직접적인 서비스에 초점을 둔다는 것이다. **사회적 상호작용**이란 사회서비스들이 서비스 제공자와 소비자 간 사람들의 관계로 작동되는 특성을 말한다. **사회적 필요**란 특정 개인에 귀속된 신체나 지적인 필요보다는 사회적 차원에서의 필요를 충족시키는 특성을 가리킨다. 신체나 지력, 정신에 관한 문제 자체보다는 그것을 안고 있는 사람이 수행하는 사회적 기능이나 역할 문제에 초점을 둔다. 이 점에서 개인적 차원의 건강과 교육, 심리적 지지로부터 사회서비스를 구별한다.

마지막으로 **사회적 중요성**이란 사회서비스에서 '사회적'이 의미하는 바를 함축하는 특성인데, 사적(private) 의미를 넘어서서 서비스가 사회적으로 중요한 바를 지향해야 한다는 것이다. 이 특성으로 인해 사회서비스는 사회적 가치와 규범에 의해 규제를 받는 보다 넓은 사회적 맥락의 범주에서 작용한다. 사회서비스의 행태를 규정하는 규제들은 서비스 생산자의 역할이나 수급자의 지위와 관련되어 있다. 그로 인해 사회서비스는 비록 생산과 전달 과정에서는 서비스 제공자나 수급자의 대인

2) Badura, B., & Gross, P. (1976). *Sozialpolitische Perspektiven. Eine EinFuhrung in Grundlagen und Probleme sozialer Dienstleistungen*. Muenchen: Piper; Kahn, A., & Kamermans, S. (Eds., 1976). *Social Services in International Perspective: The Emergence of the Sixth System*. Washington, D.C.: Government Printing Office; Munday, B., & Ely, P. (Eds., 1996). *Social Care in Europe*. London: Prentice Hall.

3) Bahle, T. (2002). Changing social service systems in england, france and germany: towards de-institutionalisation or institutionalisation? [EUI Working Paper SPS No. 2002/8].

적 관계가 중심이지만, 이에 이르기까지의 조성 과정이나 서비스 통제, 재정지원은 '제3자' 관계의 맥락이 동원된다.

바흐가 제시하는 이 같은 사회서비스의 범주 기준은 일반적으로 다른 개념적 정의들과도 충돌 없이 받아들여진다. 이 기준에서 볼 때도 사회서비스는 사회적(방식)과 서비스(대인적)의 결합으로 구분되는 경계가 뚜렷이 드러난다. 대부분의 사회는 이러한 사회서비스의 범주 기준을 중심으로 사회서비스 공급에 관한 가치와 목적을 형성하고, 실행에 필요한 규범들을 정착시키는 이른바 제도화의 과정을 따른다.[4)]

2. '사회적' 서비스

사회서비스의 범주를 결정하는 일차적인 기준은 이것이 '사회적'으로 이루어진다는 점에 있다. 사회적(societal)이란 본질적으로 사람들의 관계를 의미하는 것이다. 그러므로 사회서비스란 어의적으로만 보자면 사람들이 관계해서 만들어 내는 모든 유형의 서비스들이 포함될 수 있지만, 현실적으로는 사회들마다 그러한 사회적 관계를 제도적으로 규정하는 과정에서 각 사회의 사회서비스에 대한 범주가 달리 결정된다.

1) 호혜적 사회관계

사회란 단순히 사람들이 모여 있는 상태가 아니라 사람들의 관계를 본질로 하는데,[5)] 사회적 관계란 사람이나 그들이 구성한 집단, 조직이 일단의 목적을 위해 연결

---

4) 제도화(institutionalization)란 특정한 사회적 기능이 안정적으로 수행되는 데 필요한 가치와 행위 규범들이 집합되는 것으로, 사회서비스에서의 사회적 기능은 상호부조가 대표한다. 이에 대해서는 이 책의 3장에서 자세히 다룬다.

5) 사회(society)를 명목론으로 보는 입장에서는 사람들이 존재하는 것을 단지 지칭하는 것에 불과하다고 보지만, 사회실재론에서는 사람들이 서로 간 관계를 하거나 그를 통해 나타내는 현상이 분명히 존재한다고 본다.

된 것을 뜻한다. 예를 들어, 사람들은 가족 내에서의 자연스럽고도 비공식적인 관계를 통해 구성원들 간 상호 돌봄이라는 사회적 욕구를 충족한다. 국가 차원에서는 세금이나 기여금, 법 제정 등과 같은 공식적인 관계의 방식을 통해 국민들 간 상호 돌봄의 사회적 기능이 수행되게 한다.

사회서비스에서뿐만 아니라 모든 사회적인 관계는 기능주의적 입장에서 보면 호혜성을 근거로 한다. 상호부조(mutual support)라는 사회적 기능을 위해 형성되는 사람들 간의 사회적 관계로서의 사회서비스 역시 이 같은 호혜성에 기반한다. 상호부조란 사람의 생애 주기 어느 때는 누군가로부터 돌봄을 받고, 어느 때는 누군가에게 돌봄을 주면서 서로 돕는 것을 말한다. 그래서 상호부조적 돌봄의 사회적 관계인 사회서비스는 호혜성에 입각한 사회적 편익(benefits)의 가치를 창출하는 것이다.

어떤 사회서비스는 이 같은 호혜성의 원칙이 적용되지 않는 것처럼 여겨질 수 있는데, 예를 들어 중증장애인을 사회적으로 돌보더라도 그들이 직접 경제적 편익을 되돌려 주지는 않지만, 그럼에도 이것 역시 일방적인 편익 관계로 볼 수는 없다. 공동체 사회에 대한 믿음이라는 사회심리적 편익을 사회구성원 전체에게 제공해 주기 때문이다. 심지어는 시혜자가 수혜자에게 일방적으로 도움을 주는 것처럼 여겨지는 자선 관계조차도, '자애로운 사회에 대한 믿음'이 사람들에게 전파되거나 혹은 적어도 시혜자의 '심리적 자기 만족감'이 편익으로 발생한다는 점에서 일방적이 아닌 호혜적인 사회관계라 할 수 있다. 그런 점에서 사회서비스는 서비스 대상자에 대한 일방적인 편익을 넘어서는 사회적 관계의 가치를 보편적으로 가진다.

2) 사회적 관계의 유형

사회서비스는 사회적 편익을 의도한다는 점에서 사회적 관계의 영역이 사적 관계와는 차별되는 어떤 영역으로 규정된다. 일반적으로 넓은 의미에서 사회적 관계라고 하면, 여기에는 개인들 간이나 가족, 친족 관계 등과 같은 이른바 사적(private) 차원의 사회적 관계들도 모두 해당된다. 그러나 사회서비스의 의미가 '사회적 차원에서 제공되는 서비스'라고 할 때,[6] 이것은 사적 차원과 대비되는 공적(public) 차원에서의 사회적 관계와 편익을 뜻하는 것이다.[7]

그럼에도 앞서 설명했듯이, '공적'이란 용어의 의미가 흔히 공공 혹은 정부 부문의 영역에 한정된 협소한 뉘앙스를 띠는 경우가 많다. 그래서 정부 부문을 포함해서 비영리조직이나 사회적 연대, 지역공동체 등과 같이 넓은 의미의 공적 영역의 관계를 포괄적으로 나타낼 때는 '사회적'이라고 하는 경우가 많다. 우리나라에서 사회서비스를 굳이 공공서비스라 부르지 않았던 까닭도 이와 같다.

〈표 2-1〉 사회적 관계의 유형

구분		편익 차원	
		사적	공적
관계 방식	공식적	시장	정부/비영리조직
	비공식적	가족/친구	커뮤니티

〈표 2-1〉은 사회적 관계의 유형을 크게 4가지로 제시하는데, 편익이 발생하는 차원과 관계의 방식 차이를 각기 구분해 본 것이다. 관계의 방식에서 공식적(formal)이란 관계에 대한 규정이 성문화된 규정이나 계약 등으로 정형화된 방식을 추구하는 것을 의미하고, 비공식적(informal)이란 그와 반대의 경우를 뜻한다. 사적 관계도 공식적, 비공식적 방식 모두 가능하다.

사적 편익 사회서비스를 사회적 관계로 제공한다는 것은 개인이 필요로 하는 것을 스스로 지불하거나 구입하지 않는다는 것이다. 예를 들어, 노인장기요양서비스처럼 개인이 필요로 하는 서비스를 조직화된 사회적 기제를 통해 얻도록 하는 것이다.[8] 이를 위해서는 공공 부문이나 커뮤니티의 직간접적 개입을 필요로 한다. 이

6) 김은정(2013). "사회서비스 정책 현황 분석과 정책적 과제". 한국사회와 행정연구, 24(1), pp. 111-136.

7) '공과 사를 구분한다'고 할 때의 구분 의미와 같다.

8) 그렇다면 왜 어떤 서비스는 개인에게 맡겨 두지 않고, 사회적 방식으로 제공되어야만 하는가라는 의문이 제기될 수 있다. 일반적으로 사회서비스는 긍정적 외부효과를 가지기 때문에 대다수 성원에게 제공되는

에 비해 사적 서비스는 가족구성원에 의해 직접 제공되거나 시장을 통해 구매되는 서비스로서, 서비스 제공과 소비에 대한 의사결정이 전적으로 사적 편익에 대한 판단에 의거해서 이루어지는 것이 특징이다. 사회서비스의 사회적 관계 유형에서는 시장이나 가족/친구와 같은 독자적인 사적 편익 차원은 배제된다.

정부/비영리조직 유형 시장 방식의 사회적 관계는 개인이나 가족이 사적인 편익을 추구하기 위해 생산자와 소비자의 역할을 공식적인 관계의 방식으로 맺는 것이다. 이에 반해 정부/비영리조직 유형의 사회적 관계는 공적-사회적 편익을 위한 공식적 관계 방식인데, 정부 유형이 주로 세금 등을 통한 강제적 관계 방식이라면 비영리조직은 자발적 결사를 강조하는 방식을 따른다. 이들 유형의 관계는 대개 공동선 혹은 공공재(public goods)의 근거에서 다수의 개인에게 편익이 결과적으로 발생하게 되는 것을 추구한다.

커뮤니티 유형 커뮤니티 관계 유형이 정부 유형과 다른 점은 추구하는 관계 방식에서 비공식성을 특징으로 한다는 것이다. 관계의 양식을 정형화된 규범의 틀보다는 호혜적 관계를 유발하는 신뢰(trust)와 그로 인한 사회적 자본(social capital)을 강조해서 거래 비용을 줄일 수 있다고 보는 것이다. 여기에는 행복론과 인간 소외에 대한 비판적 관점도 동원된다. 대개 사회 조직 방식에서 비영리 부문이나 사회적 연대, 사회적 경제, 지역복지공동체 접근 등에서 이러한 유형이 강조된다.

사회서비스에서 말하는 사회적 관계 유형이란 정부/비영리조직이나 커뮤니티와 같은 공적 차원을 주로 포함한다. 시장 유형은 그 자체로는 해당되지 않지만, 정부나 공동체 유형 등과 얽히는 과정에서 사회적 차원으로 활용되는 경우가 가능하다. 근래에 유럽의 복지국가들에서 전개되고 있는 사회서비스의 민영화 혹은 상업화

것이 사회에 유익하기 때문이다. 대표적으로 교육서비스, 고용서비스, 건강관리서비스 등은 필요한 경우 누구에게나 서비스가 주어지도록 하는 것이 전체 사회에 중장기적으로 유익하다. 또한 시장서비스의 지나친 품질 편차가 사회적 연대성을 저해할 가능성이 있는 경우, 사회적 방식으로 서비스를 제공함으로써 사회연대감을 높이는 것이 바람직하다. 대표적으로 보육서비스나 의료서비스의 경우 누구나 일정한 품질의 서비스를 이용하도록 하는 것이 사회적 통합성 증진에 기여하며, 사회정의적 측면에서도 바람직하다. 이상과 같은 이유로 인해 사회서비스에 대해서는 국가(혹은 지역사회)의 직간접적 개입이 요구되며, 정당화될 수 있다고 본다. 참고: 김은정, "사회서비스 정책현황 분석과 정책적 과제".

등과 같은 복지다원주의나 복지혼합으로 불리는 제반 경향들이 그와 같다. 그럼에도 근래의 시장화 복지혼합의 경향이 사회서비스의 사회적 관계 차원을 퇴보시킨다는 증거는 없다. 그보다는 정부 유형의 사회적 관계에 의한 서비스 생산에서 시장 방식을 활용한다는 쪽에 가깝다. 마찬가지로 정부 유형이 가족/친구 방식을 서비스 생산에 활용한다면 그것 역시 사회적 관계에 의한 서비스에 속할 수 있다.

3) '사회적' 범주의 의미와 결정

사회서비스에서 사회적 관계란 서비스 조성의 맥락을 주로 의미하지만, 한편으로는 '사회적 관계'가 서비스의 내용적 특성을 의미할 수도 있다. 사람들 간의 관계 자체가 서비스의 내용이 된다는 의미인데, 이를 사회서비스의 범주 결정에서 중요하게 간주하는 사회들도 있다.[9] 흔히 노인돌봄이나 장애인활동지원, 아동보육과 관련해서는 이를 다른 서비스 범주(예, 의료나 교육, 특수치료)에 두지 않고, 사회서비스 범주에 두는 경우가 많은 이유도 이와 관련된다.

예를 들어, 노인돌봄서비스가 의료서비스가 아니라 사회서비스라고 할 때, 여기서 사회서비스의 '사회'는 서비스 내용을 주로 의미한다. 돌봄서비스의 주된 내용은 노인이 생활하는 데 필요한 사람 간 관계를 지원하거나 제공하는 데 있다. 이때의 관계란 의료나 간호 처치 등이 이루지는 대인적 서비스 제공 관계, 노인이 주변이나 가족, 외부인들과 인간적 교류를 유지하게 하는 사회적 지지 관계, 공적 제도 기구(예, 보험공단이나 동사무소 등)와의 공식적 관계 등을 모두 포함한다.

즉, 사회적 관계의 서비스 내용물 자체를 사회서비스의 '사회' 범주에 대한 규정에서 중요하게 고려한다는 것이다. 우리나라에서도 사회서비스에 대한 국가의 정책적 대응방식을 전반적으로 검토해 보면, 고령화의 심화와 함께 이전에는 시설 수

9) 정경회 외는 사회서비스를 '이윤추구를 일차적 목적으로 하지 않으면서, 사회적 욕구 충족에 초점을 두는 집합적이고 관계지향적인 활동'으로 정의하는데, 이는 사회적 관계를 서비스의 내용적 속성에 두고 사회서비스의 범주를 규정하는 것이다. 참고: 정경희 외(2006), 한국의 사회서비스 쟁점 및 발전전략 [한국보건사회연구원 연구보고서 2006-18].

용이나 의료서비스의 범주에 머물던 정책 접근들이 돌봄에 필요한 사회적 관계를 중시하는 사회서비스 개념의 범주로 이동하는 경향을 보인다. 이 과정에서 시설 중심의 의료서비스가 커뮤니티 돌봄 중심의 사회서비스로 개념이 전환되는 추세가 나타난다.[10)]

비록 사회서비스의 '사회적' 범주를 서비스의 내용물 특성에 기준해서 규정할 수도 있지만, 그럼에도 이것이 일차적 기준은 될 수 없다. 사회적 차원에서 제공되는 서비스란 그것이 어떤 활동인지보다는 어떤 사회적 관계로서 조성되는지가 우선적으로 중요하기 때문이다. 이러한 차원에서의 '사회적' 범주는 개별 사회들마다 역사적 경험이나 문화적 특성, 기반이 되는 사회정책의 틀 등에 따라 매우 큰 편차를 보인다. 어떤 서비스가 사회적 차원에서 제공되어야 하는지는 선험적인 정의(justice)의 문제라기보다는, 특정 시대와 사회에서 형성되는 구성원들 간 합의라는 차원에서 이해될 필요가 있다.

우리나라에서는 사회서비스란 보건복지부의 정의 '개인 또는 사회의 복지증진 및 삶의 질 제고를 위해 사회적으로 제공하는 서비스'에서처럼,[11)] 사회적으로 제공되는 것이라는 의미를 분명히 한다. 어떤 사회들에서는 이러한 '사회적'을 주로 '공적(public)'이라는 용어와 가까운 정부 및 준정부 조직의 방식을 의미하는 것으로 두지만, 우리나라는 초기 사회서비스 생성 시기부터 '민간 참여나 활용'의 의미를 강조하기 위해 '공적'이 아닌 '사회적'이라는 용어를 사용했던 흔적이 뚜렷하다.[12)]

---

10) 이와는 대조적으로 아동에 대한 보육서비스는 과거 돌봄 중심의 사회서비스에 포함되는 대표적 서비스였으나, 최근 유럽의 많은 국가에서는 이러한 아동보육서비스를 교육서비스 영역으로 전환하여 전문성을 증대시키려고 하는 경향도 있다.

11) 이재원(2010). "사회서비스 정책의 지향가치와 활성화 과제". **사회서비스연구**, 1, pp. 33-81.

12) 미국이나 일본, 우리나라와 같은 북미 계통의 영향을 받아 근대 사회복지 개념이 형성된 나라들에서의 '사회적'이란 '사회복지'라는 용어가 반드시 '공적'인 방식이 아니라 민간의 자발적 활동이나 연대 등도 상대적으로 큰 비중을 포함하는 것으로 이해되는 맥락에서 쓰인다. 우리나라에서는 1960년대에 '사회복지'가 당시의 지배적인 정치경제적 담론에서 받아들여졌을 때, '사회적으로 제공하는' 것이라는 뜻은 정부 등의 공적 방식이 일차적이 아닌 민간이나 국제기구 등의 자원 활동들을 포괄하는 의미였다고 본다. 참고: 김영종(2017). "우리나라 '사회복지' 전달체계와 담론적 작용: 역사적 형성과 경로, 쟁점". **한국사회복지학**, 69(1), pp. 175-197.

4) 사회적 서비스 생산의 특성

사회서비스는 비록 휴먼서비스의 본질에 따라 서비스 제공자와 이용자 간 긴밀한 대인적 관계가 핵심이지만, 그것이 외부 사회의 영향과 무관하게 독립적으로 이루어질 수는 없다. 사회서비스는 사회적으로 조성되고 제공되는 특성에 의해 그러한 과정 전반에 내포된 사회적 환경의 영향력을 전제로 하는 것이다. 그로 인해 다음과 같은 생산의 특성이 나타난다.

첫째, **도덕적 결정이 사회적 맥락에서 고려**되는 특성이다. 사회서비스 생산에 관한 온갖 결정들은 일반 사회의 도덕적 맥락에서 자유로울 수 없다. 예를 들어, 신체적 장애를 가진 미숙아의 삶을 연장시키는 결정과 같은 것들은 도덕적으로 중요한 가치를 다룬다. 이들은 중립적이지 않고, 가치에서부터 자유로운 결정도 아니다. 이를 다루기 위해서는 일반 사회의 가치나 문화적 고려뿐만 아니라 그러한 결정이 이루어지는 조직적 맥락에서 일선 담당자들이 행사하는 권한들에 대한 규명도 필요하다.

둘째, **혼합재 편익**에 따른 특성이다. 사회서비스의 생산은 서비스 이용자들에 대한 편익 목표와 함께 지역, 국가, 일반 사회에 대한 편익을 동시에 추구해야 한다는 특성이 있다.[13] 이를 구분하자면 '사유재'와 '공공재' 편익으로 나눌 수 있는데, 사유재(private goods)란 서비스의 효용이 소비자 개인에게 귀속되는 부분이고, 공공재(public goods)란 그 개인의 소비를 통해 특정 혹은 불특정 다수의 타인이 효용을 얻는 부분이다. 사회서비스의 생산 과정에서는 두 가지 성격의 재화 특성이 섞여서 이루어지므로, 이를 혼합재(mixed goods) 생산의 특성이라 한다. 문제는 이로 인해 사회서비스 생산에서 가치 관점의 상충이나 갈등이 보편적으로 나타나게 된다는 것이다.[14] 이것이 사회서비스 생산에서의 '난해함(enigma)'을 초래하는 근원으로 지

13) Austin, D. (2002), *Human Services Management: Organizational Leadership In Social Work Practice*. Chichester, NY: Columbia University Press, pp. 41-42.

14) Austin, *The Political Economy of Human Service Program*.

적된다.[15)]

셋째, 서비스 생산을 둘러싼 **사회적 환경의 복잡함과 책임성 제시가 어렵다**는 특성이 있다. 사회서비스의 수요자는 수급자와 수혜자의 개념으로 분리되어 존재할 수 있다. 특정한 수요자에게 서비스가 제공되었다 해도, 그로 인한 효용은 수급 당사자로서의 수요자에게만 나타나는 것이 아니라, 부정적 외형(negative externality)의 감소 등을 통해 불특정 다수의 수요자에게도 발생할 수 있기 때문이다.[16)] 다원화된 수요자 개념은 하나의 서비스에도 다수의 이해당사자가 성립됨을 의미하는데, 각각의 이해집단들은 각기 독특한 관심, 목표, 책임성에 대한 기준을 제시할 수 있다.[17)] 그로 인해 사회서비스 생산에 따른 책임성 제시의 요구는 한층 더 복잡하게 되는 경향이 있다.

보건, 교육, 복지 부문 등에서 이루어지는 대인적 사회서비스에는 이처럼 사회적 방식으로 생산해야 하는 데 따르는 특성들이 깊숙이 내재해 있다. 이들 특성은 사회서비스의 생산이 제도화되는 과정에서 다양한 규제들로 나타난다. 대부분의 규제는 휴먼서비스의 가치를 제도화하거나(예, 저소득자에 대한 서비스 우선순위), 다원적 조성자들의 이해관계에 따른 영향을 구체적으로 서비스 목표나 생산 과정 및 방식 등에 반영하는 것과 관련되어 있다.[18)]

15) Hasenfeld, Y. (1992). *Human Services as Complex Organizations*. Newbury Park, CA: Sage.

16) 이를 외부효과 혹은 외부성(externality)이라고도 하는데, 이는 특정한 재화나 서비스를 누군가가 소비하지만, 그로 인해 다른 사람들이 의도하지 않은 영향을 입게 되는 것을 말한다. 이 효과는 긍정적일 수도, 부정적인 것일 수도 있다. 예를 들어, 국가에서 제공하는 장애인돌봄서비스를 특정 장애인이 받아 혜택을 보지만, 그것을 보는 일반인(장애인이 될 확률을 늘 가지고 있는)들이 사회적 안전망에 대해 안심하게 되는 등의 긍정적인 외부효과가 발생할 수 있다. 한편, 같은 경우에서도 과도한 국가 복지에 대한 불만을 가진 사람들에게는 부정적인 외부효과를 발생시킬 수도 있다.

17) Austin, *The Political Economy of Human Service Program*. pp. 41-42.

18) 정치경제학적 관점의 논리에 따른 설명이다. 참고: 상게서, pp. 41-42.

3. '대인적' 서비스

사회서비스의 범주를 결정하는 또 하나의 차원은 대인적 서비스의 속성이다. 이는 보통 급여의 형태나 휴먼서비스(human service)의 고유성과 관련되는데 어떤 사회에서든 사회서비스가 제도화되는 과정에서 이로 인해 다른 서비스들과 구분되는 범주적 경계를 설정하게 된다.

1) 급여 형태로서의 대인적 서비스

사회서비스의 '서비스'를 급여의 형태로 보자면, 이에 따라서도 사회들마다 사회서비스에 대한 범주 규정이 각기 달라질 수 있다. 보통 광의의 사회서비스 범주에서는 서비스란 현금과 현물, 대인적 서비스 등의 모든 급여 형태를 포괄하는 사회적 방식의 급여 제공 자체를 뜻하는 것으로 쓰인다.[19] 근래 신공공서비스(new public service) 접근에서 강조하는 공공의 서비스 역할 강화가 곧 이러한 개념과 결부되어 있다.[20] 여기에서 공공의 서비스란 급여를 조성해서 전달할 수 있는 공적인 체계의 작동 자체를 서비스라고 간주하는 것이다.

대부분 사회에서 일반적으로 쓰이는 협의적 범주의 사회서비스는 급여 형태를 대인적 서비스에 한정하는 것이 보통이다. 이때 대인적 서비스란 주로 돌봄 실천의 방법으로서의 휴먼서비스 특성을 뜻한다. 여기에서도 돌봄을 직접 수행하는 서비스인지 아니면 간접 지원하는 서비스인지에 따라 구체적인 대인적 서비스 급여의 성격은 달라질 수 있다. 일반적으로는 돌봄 사회서비스에서 대인적 서비스라는 급

19) 공공주택의 제공이나 관리와 같은 현물 급여, 바우처(voucher)나 직접 지불(direct payment) 방식의 급여, 저소득자에 대한 공공부조 현금 급여, 주간보호서비스 시설 이용 등이 모두 '사회적으로 제공된다는 것' 자체로 사회서비스라고 불린다. 이때 사회서비스를 정부가 중심이 되어 제공하는 경우에 서비스는 곧 공공서비스(public service)의 의미와도 같다.

20) 신공공관리론(new public management)이 야기한 공공의 정당한 역할 회피와 그에 따른 문제들이 제기되면서, 근래 신공공서비스 접근이 대안으로 나타나고 있다.

여의 의미는 '사람에게 직접 제공되는, 사람이 하는 일'로서의 휴먼서비스 급여라는 특성을 기본으로 한다.[21)]

대인적 서비스는 큰 틀에서 현물 급여에 속한다. 이때의 현물(in-kind) 급여는 현금(cash) 급여와 대조되는 성격을 띤다. 사회들마다 사회서비스가 제도화되는 과정에서는 서비스를 어떤 형태의 급여로 공급할지가 중요한 고려사항이 된다. 일차적으로는 현금과 현물 급여에 대한 선택이 필요한데, 이들은 각기 장단점이 명확히 대비되어 나타나기 때문이다.[22)]

현금 급여 현금 급여는 광의의 사회서비스에서 사회가 개인들을 사회적 위험으로부터 보호하는 데 써 왔던 대표적인 수단이다. 현대 도시사회의 사람들이 살아가는 데 일차적인 위험은 소득(주로 임금)의 중단이나 상실로 인한 문제이다.[23)] 그래서 대부분 산업화된 사회는 그런 위험 확률을 가진 모든 사회구성원을 대상으로 임금 소득을 사회적으로 보전해 줄 서비스가 필요하다. 이런 경우에 사회서비스는 소득과 유사한 형태의 현금 급여를 제공한다.

현금 급여의 장점은 개인이 자신에게 최대한의 효용(utility)을 선택할 수 있다는 것이다. 그러므로 '개인의 최대 선이 사회의 최대 선'이라는 공리주의(utilitarianism) 관점의 이익이 극대화된다. 반면에 현금 급여의 단점은 수급자에 대한 통제가 불가하다는 것에 있다. 일단 현금이 개인들에게 이전되고 나면, 공급자는 더 이상 그들에게 바람직한 소비를 유도할 수 있는 통제력을 상실한다.[24)] 그래서 사회서비스에

---

21) 예를 들어, 아이들을 대상으로 하는 서비스일지라도 아이들의 교육을 위해 책을 주거나 공부하는 데 필요한 환경을 지원해 주는 것과 구분해서, 아이들을 '직접 가르치는' 과정과 활동이 이러한 휴먼서비스 급여의 특성에 더 가깝다.

22) 급여의 유형 중에는 현금과 현물 급여의 성격이 섞여 있는 것도 있다. 시간권 급여가 그러한 경우인데, 이는 일정한 시간을 급여로 제공한다는 것이다. 육아나 노인돌봄을 위한 목적을 특정해서 유급 혹은 무급으로라도 일정 기간의 시간을 허가하는 경우에는 현물 급여의 성격을 띠는 것으로 여겨지지만, 엄밀하게는 그것도 급여의 내용적 측면이 특정된 것은 아니므로 일종의 현금과 같이 사용될 수 있는 시간으로 간주될 수도 있다. 단순히 육아나 돌봄에 대한 사회적 의무를 지는데 대한 인정(merit)의 의미에서 지급되는 공동선 급여의 수단으로서는 이를 현금 급여의 특성에 가까운 것으로 볼 수도 있다.

23) 이것은 과거 농경사회의 사람들에게 가족의 중단이나 상실과도 같은 정도의 위험이다. 둘 다 생계에 직접적인 영향을 미치는 것이기 때문이다.

24) 예를 들어, 보육료를 부모에게 주었을 때, 아동에게 가장 바람직한 소비(예, 건강 식단)를 할 것이라는

서 현금 급여의 전략은 대개 급여의 수급자가 정당한 권리로서, 사회에 대한 기여의 대가(merit-base)로서 인정될 때 채택되는 경우가 많다.[25)]

현물 급여 현물 급여는 교환의 자유가 보장되는 금전(현금) 대신에 특정한 현물을 지정해서 직접 급여로 제공하는 것이다. 현물 급여 전략은 현금 전략과는 달리, 사회적 효용성이 극대화될 수 있는 조치를 공급자의 관점에서 제공하는 데 유리하다.[26)] 현물 급여는 수급자의 개인적 효용성 극대화와 무관할 수 있다. 수급자에게 자신이 원하는 것을 소비할 수 있는 효용성 선택이 주어져 있지 않기 때문이다. 그럼에도 현물 급여는 사회적 편익의 관점에서 유리할 수 있다. 사회 전체의 편익을 위해서는 개인들에게 자신이 원하는 것을 소비하도록 하는 것보다는 특정 내용의 서비스를 강제해야 할 필요도 있기 때문이다.

현물 급여 전략은 공급자 관점에서 욕구사정을 실시하고, 급여 제공의 의도가 실현되었는지를 평가할 필요도 있다. 그에 따라 현물 급여 전략을 실행하는 데는 상당한 비용 부담(예, 행정비용)이 초래된다. 그럼에도 공급자가 수급자에게 강제해야 할 효용(예, 교정이나 치료 등)이 사회적 관계에서 발생한다면, 사회서비스의 전략 선택은 추가적인 비용 부담과 함께 수급자 관점의 효용감 저하를 무릅쓰고서라도 현물로 귀결될 수밖에 없다.

보장이 없다. 부모와 아동이 건강하지 못한 음식(예, 비만 식품)을 소비했더라도, 그들 자신은 그것으로 최대한의 효용을 느꼈다면 공리주의 입장에서는 여전히 최대한의 선이 추구된다. 문제는 개인이 만족하는 소비를 왜 사회가 지원해야 할 것인지의 문제다.

25) 사회보험의 수급권이 대표적인 경우다. 사회보험의 대부분은 현금 급여의 수단을 채택한다. 정당하게 보험료를 지불한 대가로 받은 것이다. 그러므로 수급 급여에 대한 활용은 개인의 최대한의 행복 추구에 맡겨질 수 있게 된다.

26) 현물 급여라는 수단은 그래서 효용에 대한 판단과 선택이 공급자의 관점에서 이루어진다. 비록 소비자의 의견을 듣는다 하더라도, 급여의 내용이나 수준에 대한 결정은 역시 공급자에게 달려 있다. 그래서 선택된 특정 현물 급여가 수급자의 효용 극대화와는 거리가 있을 수 있다. 이것은 또한 수급자의 원함(wants)과 일치하지 않을 경우도 많아서, 수급자로서는 가급적이면 현금 급여를 원한다. 예를 들어, 스스로 생계유지가 어려운 사람에게 필요한 음식을 제공한다. 이때 공급자는 수급자가 다른 많은 필요한 것 중에서도 왜 음식 제공이 효용성 가치가 제일 높은지를 판단하고(이를 흔히 '욕구사정'이라 한다), 어떤 사회적 관계를 통해 그 욕구가 인정되어 어떤 조직 체계적 맥락으로 수급자에게 전달되도록 할 것인지 등을 결정한다. 흔히 이러한 욕구사정과 서비스 수급 계획을 세우는 것 자체로도 이를 사회서비스의 일종이라고 본다.

현물 급여는 내용물의 성격에 따라 물품, 이용권(바우처), 서비스 등으로 다양하게 나누어진다.[27] 세금 혜택이나 조세 지출도 일종의 현물 급여에 해당하는 수단이다. 개인들이 특정 재화나 서비스를 소비하도록 하는 방법이기 때문이다. 예를 들어, 연말세금정산에서 특정 교육을 이수하는 데 지불했던 비용은 세금을 감면하거나 면제해 주는 등을 말한다.[28]

근래 대부분 사회에서 규정하는 협의적 개념의 사회서비스는 현물 급여를 주된 유형으로 삼는다. 사회적 돌봄과 같은 상호부조의 호혜적 사회적 기능을 강제하기 위한 수단으로서는 현금 급여의 전략이 부적절하기 때문이다. 현금 형태의 급여는 최종 소비 시점에서 수급자가 개인적 효용을 자유롭게 선택할 수 있지만, 대인적 서비스를 포함하는 현물 급여는 공급자가 의도하는 사회적 효용이 최종 소비되도록 설계될 수 있다.[29]

대인적 서비스 급여 대인적 서비스는 현물 급여의 일종이다.[30] 급여의 수급자가 스스로 효용이나 목적을 선택할 수 있는 폭이 제한되기 때문이다. 현물 급여 중에서도 물품 제공과 같은 급여와는 다르게, 대인적 서비스 급여는 사람에게 직접 의도된 변화를 발생시키는 대인적 활동으로 규정된다. 굳이 현물과 서비스를 분리된 급여의 유형으로 간주한다면, 이때의 서비스란 '대인적 서비스'의 특성을 의미하고, 현물이란 그 외의 물품 등을 지정하는 것을 뜻한다.[31]

---

27) 이용권이란 현물 혹은 서비스 모두에 대해 적용될 수 있는 것으로 현물이나 서비스의 공급 내용물을 대체하는 증서로서의 의미만을 가지므로, 모두가 넓은 의미에서의 현물(in-kind)로 묶인다.

28) 이러한 급여 방식은 행정 비용이 적게 든다는 장점이 있다. 현물 급여를 시행하기 위해 세금을 걷고, 이를 다시 대상이 될 사람들을 찾아서 연락하고 지불해 주는 데는 방대한 조직 기구를 운영해야 하는 비용이 발생한다. 세금 혜택의 방식은 그와 같은 막대한 처리 비용을 생략할 수 있게 한다. 문제는 이것은 세금을 내는 사람들에게만 적용될 수 있는 수단이라는 것이다. 사회서비스 수급자의 상당 몫을 차지하는 저소득자나 공공부조 대상자들에게는 이러한 수단이 적용되기 어렵다.

29) 참고: 김은정(2014). "주요 국가의 사회서비스 공급 주체 성격변화와 정책적 쟁점". **한국사회와 행정연구**, 25(1), pp. 169-195.

30) 이렇게 보는 이유는 현금과의 효용성 선택의 주체에 대한 차이 때문이다. 소비자의 입장에서 뚜렷한 급여의 차이는 소비의 재량권에 달려 있다. 현금 급여와는 달리 현물과 서비스는 공히 효용 선택의 주체가 공급자다.

31) 예를 들어, 노인급식서비스의 경우에 쌀을 살 돈을 주는 것은 현금 급여, 쌀을 주면 현물 급여, 식사를 수발해 주는 것은 대인적 서비스의 급여 유형에 해당한다.

사회서비스의 급여 유형에 대한 전략적 선택에서는 각 전략마다 발생하는 행정비용의 차이도 고려된다. 현금 급여 전략은 행정비용이 가장 적게 든다는 장점이 있지만, 사회적 효용성을 강제할 수 있는 방법이 부재하다는 단점을 가진다. 현물 급여 전략은 행정비용이 현금 전략에 비해서는 많이 들고, 대인적 서비스 전략에 비해서는 적게 든다. 사회적 효용성을 강제할 수 있는 장점은 이들 가운데 대인적 서비스 전략에서 가장 높게 나타난다.

전체 사회정책의 관점에서 보자면 대인적 서비스라는 급여 특성을 띠는 사회서비스는 현금이나 현물(비서비스) 급여 특성의 정책들과는 효용성이 발생하는 기제와 맥락에서 현격한 차이를 가지는 것이다. 그로 인해 사각지대의 해소나 권리 확보 등이 주된 쟁점이 되는 현금 위주의 소득보장 급여 정책들에서와는 달리, 사회서비스 정책 설계에서는 서비스 급여의 유형이나 방식에 대한 결정에서부터 서비스 전달 기제의 관리(인력, 시설, 네트워크)나 성과나 품질의 관리 등에 이르는 제반 세세한 쟁점들이 중요하게 다루어진다.

제도적 차원에서 보자면, 우리나라에서 사회서비스의 '서비스' 용법은「사회보장급여법」[32]을 통해 파악될 수 있다. 법에서는 '사회보장 급여'를 '보장기관이 제공하는 현금, 현물, 서비스 및 그 이용권'으로 규정하는데, 여기에서 서비스는 현물과 구분되는 급여의 유형으로 구분된다. 이용권이란 단지 서비스 급여의 제공 방식을 뜻한다.[33] 사회보장 급여의 내용 모두는 '사회적'이라는 성격, 그 가운데서도 '공적'인 성격을 범주로 하는 것으로 전제한다면, 여기에서 규정하는 '서비스'는 현금과는 분명하게 구분되고, 현물 중에서도 물품 등은 제외한 '대인적 서비스'를 의미하는 것이라고 볼 수 있다.

2) 휴먼서비스의 고유성

휴먼서비스(human service)란 인간에 대한 직접 서비스들을 포괄하는 개념이

---

32) [시행 2016. 8. 4.] [법률 제13994호, 2016. 2. 3., 일부개정]

33) 이용권 중에서도 서비스를 명시하는 것이 이에 해당한다.

다.[34] 휴먼서비스의 핵심적 본질은 서비스의 대상이 '인간 존재' 자체라는 점에 있다. 사람을 대상으로 하는 서비스들은 무수히 많지만, '사람과 함께 사람에 대해 직접적으로(directly with and on people)' 이루어지는 서비스라는 점이 휴먼서비스의 차별적인 영역이 된다.[35] 인간은 기술이나 과학적으로 판단될 수 없는 도덕적 존재로서의 특성 부분을 가진다. 그러므로 이 같은 존재의 특성을 다루는 휴먼서비스는 인간에 대한 특별한 가치를 전제로 해야만 한다.[36]

사회들마다 인간에 대한 가치를 바라보는 관점이나 기준이 다를 수는 있다. 이들은 시대에 따라 달라질 수 있고, 동시대에서도 지역이나 집단, 개인들마다 차이를 보일 수 있다. 그럼에도 어떤 시대나 사회에서도 인간 존중에 대한 공통된 가치로서의 '휴머니즘' 만큼은 부인되기 어렵다.[37] 휴머니즘(humanism, 인본주의)이란 〈표 2-2〉에서 제시된 바와 같은 가치를 믿는 것이다.[38] 어떤 사회에서도 적어도 사회서비스는 이 같은 휴머니즘 가치에 기대지 않는 한 휴먼서비스 공급을 위한 사회적 이유와 합의를 찾기 어렵다.휴먼서비스가 지향하는 휴머니즘 가치는 예를 들어 중증장애인 한 사람과 재벌 한 사람이 사람으로서의 가치는 같다고 보는 것으로, 이를 전제로 해야만 사회적 휴먼서비스가 성립될 수 있다.

34) 이때에도 휴먼서비스의 의미는 가족이나 개인들에 의해 생산되는 것을 제외하고, 산업사회들에서 공식 조직에 의해 사회적으로 생산되는 서비스를 의미한다. 이 책의 앞 장에서 설명했듯이 휴먼서비스의 용어가 도출되었던 맥락이 기존 제도적 차원의 대인적 서비스들을 통합적으로 다루기 위한 것에서 비롯되었기 때문에, 휴먼서비스 개념은 당연히 사적 차원의 대인적 도움이나 관계는 배제된다. 참고: Austin, D. (1995). 'Management overview'. *Encyclopedia of Social Work(19th)*, vol. 2, pp. 1642-1658.

35) Hasenfeld, Y., *Human service organizations*, p. 1. 단순히 사람을 '위하는' 서비스라 해서 그것을 휴먼서비스라 하지 않는다는 것이다. 도로나 공원을 만들고, 거리를 청소하는 등의 여타 행정 서비스들도 사람들의 복리를 위하는 것이기는 하지만, 사람들을 대상으로 '직접' 서비스가 이루어지지 않는다는 점에서 휴먼서비스라 하지 않는다.

36) Weiner, M. (1990). *Human Services Management: Analysis and Applications* (2nd). Belmont, CA: Wadsworth Publishing.

37) 사회복지의 실천 원리가 '다양한 클라이언트 집단의 가치를 존중하는 데 있다'는 것이 '휴머니즘이라는 통일된 가치를 추구한다'는 것과 상반되지 않는다. 오히려 휴머니즘의 가치 기반에서부터 그러한 '독특하고 상이한 가치들을 인정해야 한다'는 가치도 나올 수 있다.

38) 이에 대해서는 〈김영종(2017). 사회복지행정(4판). 학지사, pp. 39-42〉의 정리를 차용한다.

〈표 2-2〉 휴머니즘의 가치

가치	믿음
존재지향적 인간관	휴먼서비스 실천의 핵심 가치로서, 인간의 가치를 '사물'이나 '외형'으로서가 아니라 '존재' 그 자체에 두는 것이다. 존재하는 것만으로 인간은 다른 모든 인간과 동등한 가치를 가진다고 믿는다.
성장 잠재성과 인간 존재의 고귀함	인간 존재는 지속적인 성장이 가능하다고 믿는 것이다. 인간 존재가 고귀하다는 가치는 이런 믿음에서 비롯된다.
개성(個性)의 추구	모든 인간 존재는 자신만의 독특함을 추구해야 한다고 믿는다. 인간으로 존재하는 가치와 보람은 도구로서의 사회적 지위나 역할이 아니라, 개별 인간으로서의 독특한 내면적 자아를 추구하는 데 있다는 것이다.
삶의 의미 추구	모든 인간 존재는 삶의 의미를 찾는 일이 중요하다고 믿는다. 사람들이 건설적인 삶을 꾸려 나가는 데는 삶의 의미 찾기가 일차적인 조건이기 때문이다.
인간 존재의 창조적 잠재성	대다수 인간은 자신의 능력과 잠재력을 극히 일부분만을 활용한다. 모든 인간은 각자의 잠재력을 배양하고 이를 창의적으로 활용할 수 있음을 믿어야 한다.

사회서비스를 대인적 급여의 서비스라고 할 때, '대인적'이란 단순히 사람의 특정 신체적이나 물질적인 측면을 의미하는 것이 아니다. 그보다는 휴머니즘의 가치에 입각해서 인간 존재 자체를 서비스의 대상으로 한다는 의미에 가깝다. 인간 존재로서의 사람은 항시 다면적(多面的)이어서 이를 바라보는 관점이나 지식 역시 다양하게 제시되어 왔다. 그럼에도 대체로는 20세기 후반 이후로 인간의 문제를 쪼개서 이해하려는 환원주의적 접근에 대한 반성이 나타나고 있고,[39] 이를 보다 통합 혹은 통섭(統攝, consilience)적으로 접근해야 한다는 관점이 우세해지고 있다.

39) 환원주의(reductionism)는 전체를 각각의 부분으로 나누어 명확하게 이해할 수 있다고 보는 입장이다. 이런 접근에서는 사람을 그 구성 부분들(변수)로 나누고 세분화해서, 각 부분에 적합한 지식과 기술을 보다 효과적으로 개발할 수 있다고 믿는다. 마치 의료전문직에서 사람의 신체를 부위별로 나누어서 특화(전문화)된 치료 기술을 개발해 왔던 것과도 같다. 환원주의는 인간의 세부적인 부분들에 대한 지식은 심화시켰지만, 통합된 존재로서 인간을 이해하고 문제를 해결하려는 노력에는 오히려 지장을 초래해 왔던 측면도 있었다. 이는 특히 휴머니즘의 가치에 입각한 휴먼서비스와 사회복지의 지식 발전과 상충되는 경향도 있었다.

'대인적' 특성의 사회서비스에서는 이와 같은 통섭적 관점이 휴머니즘 가치와도 본질적으로 들어맞는다. 대인적 서비스의 특성이란 곧 사물이 아닌 사람을 다룬다는 점에서 비롯된다. 비록 실천의 정도에서 차이가 있겠지만, 어떤 경우에도 대인적 서비스에서는 인간 존재 자체를 하나의 통합된 개체이자 각자가 고유성을 가진다는 점을 인정한다. 이를 사회서비스의 전일성과 개성화의 원칙이라 하고, 이것 역시 사회서비스의 범주를 결정하는 데 있어서 중요한 기준으로 간주될 수 있다.[40)]

전일성(holism, 全一性) 서비스의 대상인 인간 존재를 부분적이 아니라 전체적인 상태로서 이해하고 접근해야 한다는 원칙이다. 사람이 가지는 제반 문제들(예, 질병, 실업, 가난, 정신건강, 가족관계)은 서로 밀접히 연관되어 있다. 비록 나누어 볼 수는 있지만, 하나의 문제도 다른 문제들과 연관시켜 보지 않으면 제대로 이해되거나 해결되기 어렵다. 비록 제도적으로는 하나의 사회서비스 실천이 특정한 부분의 문제를 쪼개서 다루기는 하겠지만(이를 분업화라 한다), 그럼에도 지향은 언제나 그것이 전일적 차원에서 사람의 문제가 해결되었는지에 둔다.

개성화(individualization, 개별화) 모든 사람은 각자 고유한 개성(個性)을 가진 인간 존재로서 간주한다는 것이다. 사람을 전일적으로 이해하게 되면, 이것이 곧 개성화된 인간 존재로서의 인식을 만들어 낸다. 사회서비스에서의 개성화 접근이란 인간의 문제나 욕구를 일괄적 기준으로 유형화시키는 '표준화' 접근과 상반된 것이다. 표준화는 20세기 산업사회의 전형적인 생산 양식으로 대량의 인간 욕구를 효율적으로 처리하는 데는 유용했었다. 그러나 인간 존재를 개성적으로 다루려는 현재의 대인적 휴먼서비스 지향에서는 '맞춤형' 생산 양식에 해당하는 개성화 접근을 지향한다.

40) 이 부분은 〈김영종, 사회복지행정, pp. 40-42〉를 주로 참고했다.

3) 대인적 서비스의 생산 관계

대인적 서비스가 생산, 전달되는 과정은 일반 행정이나 대물적 서비스들과는 다른 특성을 가진다. 여기에는 휴머니즘의 고유한 가치를 기반으로 전일성과 개성화 접근이 어떤 형태로든 서비스 과정에 구현되어야 한다. 이 같은 대인적 혹은 휴먼서비스를 생산하는 데 수반되는 특성들이 이를 가지지 못한 다른 서비스들과 사회서비스를 구분 짓게 하는 범주를 형성한다.

가치-지향적 대인적 서비스의 생산은 가치-지향적이다. 휴먼서비스 생산을 위해 필요한 충분한 기술적 지식이 부족하다는 한계와 함께 인간 존재의 이해에 가치성과 윤리성 개입이 불가피하다는 이유 등으로 인해, 대인적 서비스의 생산 과정은 가치와 윤리적 판단들이 개입될 수밖에 없는 특성을 띤다.

과정-지향적 대인적 서비스 생산은 생산과 소비가 동시에 발생하고, 성과는 무형이면서 장기적으로 드러나는 경우가 많다. 휴먼서비스는 생산과 이용의 과정이 대개 함께 이루어지는데,[41] 생산되면서 곧바로 이용되어 버리기 때문이다. 예를 들어, 심리 상담이나 장애인신체수발, 복지관시설의 이용 서비스 등이 모두 그렇다. 그로 인해 휴먼서비스 생산은 '재고 관리'가 이루어지기 어렵다. 휴먼서비스는 상품 생산과는 달리 서비스 대상자의 내면적 변화를 수반하는 무형적인 것이어서 객관적인 식별과 측정도 쉽지 않다. 또한 서비스로 인한 궁극적인 성과는 장기적으로 드러나는 것이 대부분이어서, 서비스 제공과 성과(outcome) 발생의 시차 간격이 길다. 이로 인해 외부 평가자나 재정-공급자로부터 요구되는 성과 책임성의 제시 압박에 취약하기 쉽다.

불확정적 성과와 기술 대인적 서비스는 서비스 전달의 핵심 과정을 서비스 제공자와 수급자 간의 긴밀한 대인적 관계에 의존한다. 인간은 무한한 개별성을 갖는 존재이며, 이들의 문제 역시 천차만별로서 사전에 유형화해두기가 어렵다. 예를 들

41) Fitzsimmons, J., & Fitzsimmons, M. (1994), *Service Management for Competitive Advantage*. NY: McGraw-Hill.

어, 휴먼서비스의 상담자는 내담자와의 상담 결과나 효과를 미리 예상하기 어렵다. 그것은 과정을 통해 매번 새로운 형태로 진전되어 가기 때문이다. 이를 휴먼서비스 기술의 불확정성이라 하는데, 이는 생산 과정을 조직적으로 통제하는 데 많은 어려움을 초래하는 원인으로 작용한다.[42)]

공동생산 대인적 서비스는 노동집약적 관계에서 공동생산의 특성을 띤다. 휴먼서비스의 생산 과정은 사람들 간의 관계로 구성되는데, 제공자와 수급자 간의 긴밀한 대면적 상호작용으로 이루어진다. 서비스의 효과성은 대개 수급자의 변화(상태 혹은 조건)로 측정되는데, 이는 이용자로서의 수급자가 서비스 과정에 얼마나 적극적으로 참여하는지를 통해 담보된다. 이를 휴먼서비스의 '공동생산(co-production)' 특성이라 하는데, 휴먼서비스 생산의 고유한 성격을 형성한다. 이러한 특성이 다음에 설명하는 서비스 생산을 위한 사회적 조직화에 독특한 영향을 미치게 된다.

4. 조직적 생산의 특성

현대 산업사회는 조직적 사회다. 사람들 간의 공식적 관계가 대부분 '조직'을 중심으로 이루어진다는 것이다. 현대사회에서 사회서비스 역시 그러한 조직 차원에서 생산되고 소비된다. 비록 휴먼서비스로서의 생산은 그 핵심 과정이 서비스를 주고받는 사람들 간의 대인적 상호작용 관계에 있지만, 이 관계가 사회적으로 성립되는 것은 조직적 맥락의 차원을 필요로 한다.

예를 들어, 노인돌봄서비스의 직접 실천은 요양보호사와 노인 간의 대인적 관계로 이루어지지만, 그것은 제도와 조직적 맥락의 틀에서 조성되고 운영된다. 특히 공공이나 비영리 부문과 같은 공식적이면서 공적 차원에서 이루어지는 사회서비스는 조직(organization)을 기반으로 생성, 전달, 실천된다. 비록 대인적 인간관계가

42) Austin, 'Management overview'.

중심이 되는 휴먼서비스일지라도, 사회적으로 생산되는 과정은 조직적 맥락에 의거할 수밖에 없다는 뜻이다. 이에 따라 다음과 같은 사회서비스의 조직적 생산 특성이 나타난다.[43]

1) 생산의 변이성에 대한 대응

사회서비스는 휴먼서비스로서 개별적인 가치와 특성을 가진 사람들로서의 서비스 제공자와 이용자 간 관계로 성립된다. 그러므로 양쪽 모두에서 개인적 특성들에서 나타나는 변이성(variability)을 통제하기가 쉽지 않다. 개인적인 성향이나 성격, 가치, 행동에서부터 매일같이 변화하는 기분들까지를 고려한다면, 서비스 생산 과정에서 나타나는 변이성은 확정적인 기술로서는 통제되기 어려울 만큼 클 수 있다. 특히 서비스 제공자와 이용자 간 대인적인 관계를 통해 공동생산되는 휴먼서비스의 특성을 함께 고려할 때, 서비스 생산 과정은 예측되기 어려운 불확실성에 놓이기 쉽다.

이에 대응하기 위해서는 사회서비스의 조직적 생산 과정은 현장적, 즉응적이면서도 복잡한 의사결정을 필요로 한다. 예를 들어, 위기개입을 위해 개인에 대한 상담 서비스를 실시하는 과정에서 이 같은 필요가 확연히 나타난다. 대체로 생산 변이성의 특성이 높게 나타나는 사회서비스를 수행하는 조직들은 그래서 대개 가두관료제 혹은 일선관료제의 특성이 나타나기 쉽다. 가두관료제(street-level bureaucracy)란 표준화된 절차를 사전에 마련해 두고서 집행하기 어렵고, 설령 가능하더라도 일선 업무자들의 행동을 상위 관리자가 직접 통제하기 어렵다는 특성을 뜻한다.[44]

그럼에도 조직 단위의 차원에서 서비스의 과업과 책임성의 문제를 부과받는 조직화된 사회에서, 서비스 품질관리 등을 위해 일선 업무자들의 행동을 어떤 형태로

43) 상게서.

44) Lipsky, M. (1980). *Street-level Bureaucracy: Dilemmas of the Individual in Public Service*. NY: Russell Sage Foundation.

든 제어해야 할 필요는 여전히 있다. 서비스 생산의 가변성이 높은 상황에서도 일정한 수준의 일관성을 유지하는 것은 조직 차원에서 늘 필요로 하기 때문이다.[45)] 이 같은 가변성 상황은 한편으로는 휴먼서비스에서의 성과 측정에 대한 한계와도 관계가 있다. 예를 들어, 동일한 이용자의 관점에서도 어제와 오늘의 동일한 서비스에 대한 평가가 '기분'에 따라 현저하게 달리 나타날 수 있다. 이러한 상황을 직접 통제하기 어려운 사회서비스 생산 조직들에서는 그럼에도 서비스 질에 대한 최대한의 일관성을 확보하기 위해 대개 서비스 제공자 측면의 인적자원 선발과 관리에 치중하기 쉽다.[46)]

2) 생산의 전문직화

사회서비스의 조직적 맥락은 다양한 방식으로 구성될 수 있다. 전형적인 관료제 조직의 방식은 구성원들의 명확한 역할 분담과 조정(통제)을 기본적인 원리로 삼는다. 문제는 휴먼서비스 상황에서는 불확정적 기술의 특성으로 인해 이러한 엄격한 기계적 조직 방식이 적용되기 힘들다는 데 있다. 그 결과 휴먼서비스를 조직하는 방법으로는 대개 '전문직' 방식을 선호하는 경향이 있다.

사회서비스의 노동은 보통 전문직에 의한 조직 과정으로 수행된다. 휴먼서비스 업무자들은 인간에 대한 불확실한 지식체계에도 불구하고 대상자에게 치명적인 결과를 초래할 수 있는 판단을 내리도록 요구받는다. 교육현장, 수술실, 정신상담, 아동학대 케이스 등의 예에서와 같이 무수히 많은 휴먼서비스 현장의 결정들은 사전에 확정된 지식 체계에 의지하기 어렵다. 이런 경우에 현장 조직은 대개 '전문직' 개념의 업무자들을 선호하는데, 이들은 서비스 조직의 일원으로서뿐만 아니라 소속 전문직의 일원으로서의 이중적 책임성을 동시에 갖는다. 그러므로 이들을 주요 서비스 제공 인력으로 하는 전문적 조직은 일반 관료제 조직 체계와는 다른 조직적

45) Austin, *Human Services Management*.

46) Chism, S. (1997). Measuring Customer Perceptions of Service Quality in Human Services [Dissertation, University of Texas at Austin].

특성(예, 가두관료제)을 띠기 쉽다.

전문직(profession)이란 사회적으로 필요한 특정한 가치와 지식, 기술을 행사할 수 있도록 권한을 위임받은 집단이다. 전문가란 이러한 전문직에 소속되어 있으면서, 전문직의 가치와 교육을 이수한 사람을 말한다.[47] 사회복지사, 교사, 의사, 간호사, 각종 상담가 및 치료사 등이 모두 그런 경우다. 휴먼서비스를 수행하는 조직에서는 대개 서비스의 질이나 효과성의 통제를 전문가에게 의존하기 쉽다. 이를 관료제적 조직 통제와 대비해서 전문적 조직 통제라 한다.

문제는 이들 전문직 역시 현대산업사회의 특성인 조직화로 인해 조직 차원에서 몸담고 활동해야 한다. 조직은 대개 조직을 운영하는 원리와 규칙이 있는데, 대개는 관료제의 요소를 가지며 조직 통제는 대개 사전에 설정된 규칙에 조직 구성원들이 따라서 행동하도록 해서 가능해진다. 문제는 이러한 조직 원리가 전문직이 활동하는 방식과 충돌하기 쉽다는 점이다. 그로 인해 조직에서 일하는 휴먼서비스 제공자들은 조직의 직원인 동시에 전문직의 일원으로서의 이중적인 가치와 행동 규범을 요구받기 쉽다. 이 같은 이중적 충성의 문제나 권한의 혼돈뿐만 아니라, 한 조직 내 각기 다른 전문직 영역들 간에도 서로 다른 가치와 행동 규범을 보유함으로써 빚어지는 갈등까지도 나타날 수 있다. 사회서비스 생산에서는 이처럼 전문직 방식의 개입 등으로 인해 조직이나 체계를 관리하는 데 그에 상응하는 고유한 관리적 지식과 기술이 요구된다.

3) 분업과 통합의 갈등

휴먼서비스의 조직적 생산에는 세분화와 통합화의 갈등이 내재한다. 인간을 대상으로 하는 휴먼서비스의 결정적인 특성은 인간 문제에 대해 개성화와 전일성 원

47) 전문직은 확정적인 지식과 기술을 보유한 기술자나 엔지니어 집단과 다르다. 의사를 기술자나 엔지니어라고 하지 않는 이유는, 환자의 상태와 치료하는 방법이 고정되기 힘들기 때문이다. 확정적이지 않다는 것이 지식의 열악함을 의미하는 것은 아니다. 오히려 전문직은 인간 문제의 개별성과 전일성, 비확정성 등에 대처하기 위해 보다 폭넓은 지식과 깊이 있는 숙련을 필요로 한다.

칙으로 접근한다는 데 있다. 이러한 휴먼서비스의 특성들이 종종 서비스 생산을 조직화하는 과정에서는 표준화와 세분화를 앞세운 조직성 논리와 충돌된다. 세분화된 서비스는 비록 세분화된 목표들에서는 효과성이나 효율성을 높일 수 있지만, 개별화되고 전일적 관점에서의 통합적인 인간 문제의 해결은 오히려 더 요원해질 수 있다. 그런 점에서 휴먼서비스의 조직 과정에서는 끊임없이 특수성을 앞세운 스페셜리스트(specialist)의 관점과 통합성을 내세운 제너럴리스트(generalist)의 관점이 충돌하고 이슈화된다.

4) 대상자의 생산 참여

사회서비스는 대인적 휴먼서비스의 특성에 따라 서비스를 제공하는 전문가의 일방적인 서비스 제공만으로 생산이 이루어지기 어렵다. 서비스 생산의 본질적인 부분은 서비스 제공자와 이용자 간의 긴밀한 직접 상호작용 관계의 질에 달려 있기 때문이다. 상호작용이란 양쪽의 역할이 동시에 필요함을 의미한다. 휴먼서비스의 실천 과정에서 수급자의 역할은 결코 수동적이지 않다. 서비스 제공자와 수급자 모두 '사물'이 아닌 주체적으로 반응하는 '인간'들이기 때문이다. 그러므로 서비스 대상자나 이용자가 반응과 자기주도적 행동을 통해 서비스 생산에 능동적으로 참여해야만 서비스의 성과가 담보될 수 있다. 예를 들어, 지역복지 서비스의 효과성은 대상자인 지역주민이 얼마나 자발적으로 서비스 과정에 참여하는지에 좌우된다.

이러한 이유에서 사회서비스의 조직적 생산에 대한 효과성은 상당 부분 수급자 측면에서 좌우된다.[48] 서비스 생산 과정에 대상자의 상호작용과 참여가 중시되는 이 같은 공동생산의 특성을 감안하자면,[49] 서비스 생산 조직은 이용자의 생산 과정

48) 교사와 학생, 상담가와 내담자, 의사와 환자의 관계와 같은 모든 휴먼서비스 생산 과정에서 서비스 제공자의 일방적 처치(treatment)만으로 효과성이 결정되지 않는다. 학생, 내담자, 환자는 결코 '나무 토막'과 같은 수동적인 처치의 대상이 되지 않는다. 교사의 말을 듣는 것도, 상담자를 신뢰하는 것도, 의사의 처방을 따르는 것도 모두 대상자의 몫이다. 이들은 스스로 반응하면서, 서비스 효과성의 상당 부분을 결정한다.

49) Austin, *Human Services Management*.

에 대한 참여가 활성화되는 조직 구조와 과정을 갖추어야 할 필요가 있다. 이것이 앞서 말한 전문적 조직 통제와 반드시 배치되는 것은 아니다. 오히려 사회서비스 생산 조직에서 전문직과 그들이 보유하는 가치와 기술의 상당 부분은 이용자의 참여를 조장하는 것과 관련되어 있다.

공동생산이란 단지 가치의 문제가 아니라, 사회서비스 생산의 고유한 조직 기술(technology)에 해당할 만큼 중요한 것이다. 이용자의 참여와 반응성이 사회서비스의 질이나 서비스 경로(trajectory) 등을 평가하는 데 중요한 근거가 되어야 하는 이유도 이러한 특성에서 비롯된다. 이는 또한 서비스 조직을 구조하는 방식에 대한 결정(예, 수직적 혹은 수평적)이나, 서비스 대상자의 조직 활동에 대한 참여 범위(예, 의사결정 전반 혹은 최소 수준), 서비스 프로그램에서의 이용자 역할 규정에 이르기까지 사회서비스 생산 조직의 전반에 영향을 미친다.

5. 제도적 실천의 함의

사회서비스는 단순히 개인들 간의 사적 교환관계로 이루어지는 것이 아니다. 한 사회에서 특정 사회서비스가 제도화되는 것은 그로 인해 해결되어야 할 특정 사회문제와 사회적 기능의 필요가 있다는 것을 의미한다. 그러므로 사회서비스는 비록 실천 과정에서는 마치 개인들 간의 관계인 것처럼 보이지만, 거기에는 사회적 목적과 기능 수행의 필요성에 의해 사회적으로 조성된 것이라는 맥락이 존재한다. 이러한 전제하에서 한 사회가 그러한 문제와 기능을 무엇으로 두고, 그것을 수행하는 가치나 방법 체계를 어떻게 규정하는지가 해당 사회에서의 사회서비스를 규정하는 범주가 된다.

비록 사회들마다 각기 다른 맥락과 정의를 가지지만, 일반적으로는 사회서비스란 사회적으로 조성되어 조직적 체계를 통해 생산, 전달되는 대인적 휴먼서비스로 규정된다. 이러한 사회서비스의 범주를 통해 전체 사회 제도에서 사회서비스 제도가 차지하는 위상과 작동 환경, 내부 생산 체계와 같은 특성들이 드러날 수 있다.

이는 또한 사회서비스라는 현상을 단순히 가치나 이념적 재단의 대상으로만 보지 않고, 현실적으로 작동 가능한 정책이나 실천을 구성하는 데 필요한 요소들의 관점에서 다룰 수 있게 한다.

사회서비스의 조성과 생산, 전달의 과정을 구성하는 사회적 체계, 즉 공급체계는 휴먼서비스의 내재적 고유성으로 인해 여타 산업 생산이나 일반 행정 서비스 체계들과는 뚜렷하게 구분된다. 그로 인해 한 사회에서의 사회서비스 공급에 따른 유효성, 즉 사회적 문제 해결(예, 돌봄 기능)을 담보하기 위해서는 그러한 고유한 체계적 속성이 적절히 발현되는 제도적 방안을 강구하는 것이 필요하다. 이를 위해서는 우선 제도적 관점을 통해 사회서비스 공급을 분석하고 이해할 수 있는 개념적 틀을 구축하는 것이 중요하다.

제3장 사회서비스 제도

한 사회에서 사회서비스의 필요성과 기능이 인정되고, 생산과 소비가 지속되는 과정에서 그것은 제도화된다. 사회 제도(institution)란 사회적으로 특정한 기능 수행과 관련된 가치와 규범의 체계를 뜻한다. 사회서비스의 제도 역시 상호부조와 돌봄과 같은 사회적 기능을 둘러싼 문화적 가치나 실천 관습, 법 등의 규범이 고유한 조합을 이룬 것이다. 한 사회에서 사회서비스가 다루는 사회문제와 목적, 부여된 역할, 허용된 실천 기술과 전략 등은 모두 그러한 제도적 범주 내에서 이루어진다.

1. 사회서비스의 가치와 목적, 수단

사회서비스의 목적은 사회적 필요에 대응해서 개인의 삶을 하나의 사회적 관계 안에 연결시키는 역할에 있다.[1] 그러한 연결을 통해 아동이나 노인, 장애인이 가정

1) Huber, M., Maucher, M., & Sak, B. (2006). 'Study on Social and Health Services of General Interest in the European Union' [Final Synthesis Report. DG EMPL/E/4, VC/2006/0131].

이나 시설, 지역사회에서 돌봄을 받고, 실업이나 빈곤, 건강 등의 사회적 위험에 처한 사람들도 지원이나 보호를 받아 자활을 꾀할 수 있다. 사회서비스가 제도로서 필요한 까닭은 사람들이 사회에서 살아가면서 겪게 될 많은 위험(risks)들이 개인 차원에서의 임시적 대응으로 감당될 수 없기 때문이다. 그래서 사회적 차원에서 그러한 위험에 대응하는 보호와 돌봄, 지원에 대한 가치와 규범들이 정착되는 제도화가 이루어진다.

1) 공동선과 공유재

사회 제도적 차원에서 사회서비스의 필요성을 유럽 등의 국가에서는 '일반 이익'이라고 부른다. 일반 이익(general interest)이란 공유재 혹은 '일반인에 대한 복지'의 개념으로, 특수인에 대한 사적 차원의 자선 개념 등과는 구분되는 것이다. 이에 의거해서 일반의 복지(welfare in general)란 표현은 공동선 추구라는 사상을 나타내는 것이다. 이러한 사상은 미국「헌법」에서도 엿보이는데, '일반의 복지(general welfare)를 증진하기 위하여'라는 조항에서 나타난다.[2] 즉, 이때의 일반이라는 의미

2) 비록 다양한 해석의 논란이 있지만, 이러한 '일반의 복지'라는 의미가 중요한 까닭은 이 용어가 제2차 세계대전 이후 일본의 패망으로 미군정이 관여했던 전후 일본「헌법」의 제정에 영향을 미쳐 일반의 복지가 사회복지(social welfare)라는 조항으로 산입되었고, 그것이 다시 우리나라의 해방 후 제정「헌법」과 사회복지 제도의 이념에도 영향을 미쳤기 때문이다. 참고: 김영종(2017). "우리나라 '사회복지' 전달체계와 담론적 작용: 역사적 형성과 경로, 쟁점". 한국사회복지학, 69(1), pp. 175-197. 미국「헌법」제1조 제8항은 "The Congress shall have Power to lay and collect Taxes, Duties, Imposts and Excises, to pay the Debts and provide for the common Defence and general Welfare of the United States"로 적혀 있다. 이를 흔히 미국「헌법」의 'General Welfare' 조항이라 하고 현재도 그 의미를 둘러싼 많은 논란이 있다. 일본「헌법」제25조는 우리나라「헌법」제34조 제1항 및 제2항과 매우 유사하다. 일본「헌법」제25조 제1항은 "모든 국민은 건강하고 문화적인 최저한도의 생활을 영위할 권리를 가진다"고 하고 제2항에서는 "국가는 모든 생활영역에서 사회복지, 사회보장 및 공중위생의 향상 및 증진에 노력하여야 한다"고 하고 있다. 일본「헌법」제25조는 본래 제2차 세계대전 패전 이후 연합군 점령 당국(GHQ)이 작성한 원안(1946년 2월 23일 작성) 제24조를 바탕으로 한 것이다. 원안 제24조의 각 조항의 내용은 다음과 같다. 제1항은 "모든 생활 영역에서 법률은 사회복지, 자유, 정의 및 민주주의의 향상과 발전(promotion and extension of social welfare, and of freedom, justice and democracy)을 위하여야 한다", 제2항은 "자유롭고 보편적이며 의무적인 교육제도를 창설해야 한다", 제3항은 "아동의 착취는 금지된다", 제4항은 "공공 위생(public health)을 향상시켜야 한다", 제5항은 "사회보장을 제공할 의무를 진다

는 공동선의 사상을 나타내는 '사회적'이라는 의미와 같다.[3)]

사회서비스에서 이와 같은 '사회적' 의미는 경제학에서 다루는 가치재로서의 특성과 결부시켜 설명될 수 있다. 이에 따르면 재화(goods)의 성격은 '경합성'과 '배제성'이라는 기준을 통해 판단될 수 있는데,[4)] 이 두 가지 기준의 유무에 따라 모든 재화는 네 가지 유형의 가치—사유재, 요금재, 공공재, 공유재—로 구분될 수 있다.[5)]

이 가운데 사회서비스의 공급은 일반적으로 공유재로 설정되는 경우가 많다. 공유재(common-resource goods)란 경합적이면서 비배제적인 성격의 가치재를 말한다. 공유재란 누군가가 그것을 소비하면 다른 사람의 소비를 줄이게 되는, 즉 경합성은 있지만 자원 사용을 배제하지는 못하는 특성을 가진 것이다.[6)] 공유재에서

(Social security shall be provided)", 제6항은 "근로조건, 임금, 근로시간의 기준을 확정할 의무를 진다"고 되어 있었다. 여기에서 사회복지는 자유, 정의 및 민주주의와 병렬적인 개념으로 제시되어 있었다. 참고: 정영훈(2015). 사회보장에 대한 헌법상 권리의 참여 여부에 관한 심사기준 [헌법재판연구원 보고서(헌법이론과 실무 2015-A-8)].

3) 그럼에도 'social'이라는 용어를 피한 것은 미국의 개척시대 이래 이어져 온 개인적 자유주의 때문으로, 현재에도 미국에서 '사회적'이라는 용어는 선호되지 않는 단어다. 불가피한 경우가 아니면 사회서비스를 휴먼서비스라고 불렀던 경우에도 나타나듯이, '사회적'이 나타내는 '공동선'의 추구를 위한 집합주의적 필요성을 우회해서 표현하려는 경향이 있다. 그러므로 'welfare in general'도 'common goods'을 위한 공동체 사회 속 개인들의 안녕을 의미하는 것이라고 여겨진다.

4) 경합성(rivalness)이란 한 사람이 어떤 재화를 소비하면 다른 사람이 그것을 소비할 수 없게 되는지를 뜻한다. 배제성(excludability)이란 사람들이 정당한 대가를 지불하지 않고 소비하려는 것을 막을 수 있는지를 뜻한다.

5) 사유재(private goods)란 경합적이면서 배제적인 성격의 재화를 말한다. 개인이 돈을 지불하고 사는 밥, 옷, 자동차, 주차, 아파트 모두 사유재의 가치에 해당한다. 요금재(club goods)란 비경합적이면서 배제적인 성격의 재화를 뜻한다. 사람들이 특정 재화에 대한 소비에 접근하는 것을 배제할 수 있는 반면, 한 사람의 소비가 다른 사람의 소비를 저해하지는 않는다. 예를 들어, 위성방송의 수신이나 영화 관람 등이 이러한 가치재에 해당한다. 공공재(public goods)란 비경합적이면서 비배제적인 성격의 가치를 의미한다. 자연 상태의 공기를 마시는 것이나 달을 감상하는 것도 그렇다. '대동강의 물'도 공공재여야 했으나, 김선달이 그것을 배제적으로 만들면서 요금재가 되었다. 국방, 가로등, 등대, 공중파 방송 등이 공공재로 설정된다. 공공재의 문제는 무임승차(free-riding)의 문제가 발생하기 쉽다는 점이다. 재화 소비에 대한 의도적인 배제가 어렵기 때문이다.

6) 넓은 자연 상태의 공기는 공공재, 좁은 방 안의 밀집 상태에서의 공기는 공유재의 가치가 된다. 누군가가 숨 쉬는 만큼 다른 사람이 마실 산소는 그만큼 줄어들지만, 그가 숨 쉬는 것을 막을 수는 없는 상황이라면 방 안의 공기는 공유재로 평가되는 것이다. 지하수, 바다의 물고기, 산림 이용 등에서 이러한 상황이 나타나기 쉽다. 공유자원 재화의 특성으로 인해 공유재의 이용에 관한 공동선 사상이나 규범이 없다면, 사람들의 비용 회피와 과잉 소비 등의 문제가 발생하기 쉽다. 하딘(Hardin)이 말하는 '공유지의 비

는 공동체를 위해 노력하는 것이 구성원들에게 선하다는 공동선(公共善, common good)의 사상을 필요로 하는데, 그렇지 못하면 이른바 공유재의 비극이라는 현상이 초래되기 쉽다. 근대 사회 이후에는 대체로 사회서비스가 공동선의 사상과 공유재 가치로서 설정되는 경향을 보인다.[7)]

현대 도시사회에서 살고 있는 모든 사람은 특정한 서비스들에 대해 개인이나 가족이 스스로 해결할 수 없는 의존성을 띤다. 이전의 농경사회 등에 비교해 보자면, 특히 사람들을 보호하고 돌보는 것과 관련된 서비스들에서 그러한 경향이 크게 나타난다. 이 경우 시장(market)만으로는 이런 서비스들을 적절히 제공할 수 없는데, 시장의 불완전성 혹은 실패 때문이다. 가능하더라도 사회적으로 바람직한 방식으로 제공될 수 없는 성격을 띠는 경우가 많다. 예를 들어, 노인돌봄서비스와 같은 경우 시장 기제만으로는 충분한 양과 질, 가격, 적정한 수준의 신뢰도, 접근성과 활용도가 담보되는 방식으로 제공되기 어렵다. 노인들이 서비스 소비에 필요한 재원의 자유도가 부족한 탓도 있지만, 있더라도 정보나 인지력 등의 문제로 인해 서비스 교환관계의 신뢰가 담보되기 어렵기 때문이다.

이러한 경우에 대개 국가가 위임된 책무를 가지게 되는데, 개인이 사유재 방식으로 시장을 통해 소비하는 데 따르는 결함을 회피하거나 제거하는 역할을 맡는다. 서비스들이 적절한 방식과 질로서 공급되도록 해야 하는데, 공동선의 사회적 방식에 입각해서 국가가 공공 기구들을 통해 서비스를 직접 제공하거나 혹은 서비스 구매나 위탁, 이전 등의 방식으로 서비스 소비가 이루어지게 할 수도 있다. 여기에서 공동선이나 일반 복지의 사상이 기여한 바는 사회적 책임과 권한의 필요성을 인정하게 만드는 것이다. 이때 사회적이란 국가나 공공기관 등과 같이 법령과 규제에 기반하는 제도적 조직 방식, 자원주의나 자발적인 연대에 기초해서 이루어지는 공동체나 연대적 조직 방식 등을 포괄적으로 수용하는 것이다.

복지국가에서는 이러한 사회적 공동선의 추구를 위한 기제로서 '국가 기구'를 강조했다면, 현재는 여타 방식의 기제들에 대한 가능성이 활발하게 나타나고 있다.

극'이 이를 의미한다.

7) Huber, et al., Study on Social and Health Services.

국가 기제를 선호했던 입장에서 본다면(대부분 서유럽 국가들의 경우), 이는 복지국가의 후퇴로 여겨지는 것이다. 복지국가의 후퇴가 복지의 후퇴가 아니라고 할 때는, 국가 이외의 여타 기제를 통해 복지의 공동선은 유지되거나 혹은 오히려 강화될 수 있다고도 보는 것이다. 유럽의 대부분 국가들에서 근래 사회서비스 제도와 관련해 목격되는 현상도 그러한 경향을 따른다. 국가는 모든 시민에 대해 모든 종류의 사회적 인프라를 담보하기 위해 사회권의 보증인(guarantor)의 역할을 주로 취하고, 현금이나 현물, 대인적 사회서비스 급여 등을 정부 조직뿐만 아니라 민간 비영리나 영리, 지역 등의 다원화된 기제를 통해 조직하는 방식으로 사회적 공동선을 추구하는 것이다.

2) 사회적 포용과 사회권

대부분의 유럽 국가는 사회서비스가 사회적 응집을 위한 사회정책의 핵심 부분이고, 경제적 및 사회적 통합을 조성하는 중요한 도구임을 인정한다.[8] 이때 사회적 응집(cohesion)이란 사회 구성원들 간 격차의 최소화와 양극화 회피를 위해 시민 혹은 연대들 간 사회적 결속을 통해 복지를 담보해 내는 역량을 의미한다.[9] 사회서비스 제도를 통해 사회적 포용(inclusion)에 접근하는 것은 사회적 응집의 한 차원으로 간주된다.

사회적 응집의 정도는 복합적인 조건들에 의해 결정되는데, 여기에는 상대 소득 수준이나 고용 안정, 대우의 평등성 등이 포함된다. 건강 돌봄의 수준이나 아동, 장애인, 노인 등의 의존인구에 대한 돌봄, 공공주택 제공과 같은 다양한 서비스에 대한 접근성도 그러한 조건에 해당한다. 예를 들어, 넓은 의미에서 교육이나 고용, 건

8) 상게서.

9) 여기에서 격차(disparities)란, 예를 들어 소득 분배의 분화 수준, 주어진 지역에서 사회와 건강 서비스들의 인프라가 불균형하게 분화된 수준을 말한다. 분극화(polarization)는 소수 집단의 게토화라든지 장애인에 대한 시설화와 같은 위험성과 관련된다. 도시 지역의 과밀화와 농촌 지역의 과소화 인구 현상 역시 사회적 분극화를 의미한다. 분극화의 위험성은 사람이나 사회 집단들이 하나의 공동체 사회에서 섞여 살 수 있는 기회와 가능성을 제한하는 것이다.

강돌봄, 주택 등에 대한 사회서비스를 통해 개인이나 집단에 대한 차별과 기회의 불평등을 상쇄할 수 있고, 그러므로 사회서비스는 사회적 응집의 한 방책이 될 수 있다는 것이다.

사회서비스는 개인의 사회적 배제(exclusion) 혹은 주변화를 예방하는 역할을 맡는다.[10] 이와 같은 사회적 차원에 미치는 확산된 영향으로 인해, 사회서비스는 수요에 대한 기획 단계에서 실행, 평가에 이르는 제반 과정에서 사회적인 개입과 조정이 필요하게 된다. 서비스 생산자와 시장에 대한 규제도 이런 근거에서 필요하게 된다. 서비스에 대한 안전 기준, 인력의 자격 기준, 서비스 질에 대한 다양한 성격의 규제들이 모두 이와 관련된다.

한편, 이러한 사회적 영향력 논리에 근거해서 사회서비스에 대한 보편적 접근 권한이 주장될 수도 있다. 자선과 구분되는 복지의 논리가 이와 같은 것이다. 사회서비스는 그래서 사회권과 같은 사회적 정의의 원리와 긴밀하게 연결된 것으로 간주된다. 사회의 성격에 따라 국민, 시민, 주민은 사회구성원이라는 그 자체로서 복지 혹은 사회서비스에 대한 권리가 정당화될 수 있다는 것이다.

사회권을 수행하는 수단은 다양하게 추구될 수 있다.[11] 이론적으로는 특정한 목적에 대해 각기 최적의 수단을 합리적으로 선택하는 것이 가능하지만, 현실적으로는 그와 같은 합리성이 제한되어 나타나는 경우가 많다. 특히 사회서비스의 정책 환경에서 자주 목격되듯이, 목적 자체가 불명확하거나 다면적 가치들로 둘러싸여 있는 경우에는 합리적 수단 선택을 위한 정책 설계가 어렵게 된다. 그러므로 사회서비스와 같은 사회정책 설계에서는 수단 선택에 대한 기술적 차원에만 치중할 수 없고, 사회적 목적 도출의 성격을 이해하기 위한 보다 넓은 사회 제도적 맥락의 정치경제적 역학에 대한 고려가 요구된다.

10) 주변화(marginalization)란 가장자리로 밀려나는 상태를 말하는데, 의도적이든 비의도적이든 사람들이 사회적으로 하찮은 상태로 밀쳐지는 것을 뜻한다.

11) 사회권을 수행하기 위한 사회적 접근이나 전략은 대개 다섯 가지 유형의 수단들의 조합으로 구성될 수 있다. 현금 급여(금전-이전), 현물 급여(in-kind), 대인적 사회서비스(직접 변화), 세금 혜택(세금 공제 혹은 감면), 시간권 급여(출산/돌봄 휴가). 이에 대해서는 앞 장에서 설명한다.

3) 대인적 서비스의 수단

대부분의 사회에서 사회서비스로 명명된 범주에 속하는 제도는 대개 실천 수단을 현물 급여의 형태로 설정하고 있다. 그로 인해 현금 급여와 대비되는 특성을 가지고 있다. 일반적으로 사회서비스는 현물 급여 가운데서도 물품과 같은 유형(tangible)이 아닌 돌봄, 교육, 치료, 상담, 취업알선, 여가, 생활관리 등과 같은 무형(intangible)의 서비스 급여를 주된 수단으로 삼는데, 이에 따른 독특한 생산과 전달, 실천의 특성들이 나타난다.

이를 보통 휴먼서비스 생산의 특성이라 하는데, 서비스의 생산 과정과 전달 내용이 주로 사람 간의 상호작용의 관계에서 발생하고 전달되는 데 따른 것이다. 사람(휴먼)의 특성이 곧 서비스 대상이자 재료의 특성을 나타내면서, 한편으로는 생산자의 특성도 이에 따른다. 여기에서 함의되는 독특한 성격들이 사회서비스에 등장한다. 이는 사람들이 상호작용하면서 나타내는 반응성(reactivity)과 그로 인해 서비스 성과를 미리 특정해 내기 어려운 비표준화의 문제, 과정에서 생산되고 소비되면서 소멸되는 비저장성의 특성 등과 같은 것들로 인해서 이러한 사회서비스를 제도화된 공급체계의 틀에서 다루는 데 따르는 제약이나 갈등은 불가피하게 나타난다. 그럼에도 이를 현금 급여의 수단 형태로 대체하기 어려운 까닭은 그것이 사회적 공동선을 의도하기 때문이다. 물품과 같은 현물 수단으로 대체하기 어려운 것은 휴먼서비스는 비록 유형화되기 어렵지만 그럼에도 휴머니즘의 필연적인 가치를 구현할 수 있기 때문이다.

대부분의 유럽 복지국가, 특히 프랑스와 독일 등에서는 대인적 사회서비스에 대한 강조가 뚜렷이 증가하는 것으로 보고된다. 특히 가족과 아동에 대한 공공복지(public welfare) 분야에서 이러한 추세가 나타나고 있다.[12] 과거 재정적 지원이나 현금-이전 급여 전략을 중시한 것에서부터 대인적 사회서비스로의 변화가 감지되고 있다는 것이다.

12) Huber, et al., Study on Social and Health Services.

대인적 서비스는 원칙적으로 지역적 근접성(proximity) 기반에 의해 작동되는 원리가 강조된다. 서비스 제공자와 이용자 간의 상호작용적 관계와 이용자의 공동생산에 대한 참여 자체가 서비스 성과와 직결되는 중요성을 가지기 때문이다. 근접성이란 단지 지리적임을 의미하지 않고, 본질적으로는 '관계적'을 뜻한다. 이러한 관계는 보통 '신뢰'를 기반으로 가능해지는 것인데, 현실적으로는 제공자와 이용자 간 정보의 불균형이 발생하기 쉬우므로 신뢰적인 관계가 스스로 작동되기 어려운 측면이 있다. 이는 사회서비스의 질이나 책임성의 문제와 직결되는 것으므로, 대부분 사회에서는 의도적인 규제를 두는 방식으로 제도화를 추구하게 된다.

2. 제도화와 체계

어떤 사회에서 사회서비스가 공급되는 맥락이 제도화된다는 것은 대체로 다음을 의미한다.[13] 첫째, 그 사회에서 사회적으로 해결되어야 할 문제가 확인되고, 그들 중 사회서비스의 공급으로 해결될 수 있는 부분들이 찾아진다. 둘째, 사회서비스 공급에 관여하는 다양한 역할자가 할당되고, 각각에 대한 임무와 책임이 부여된다. 여기에는 역할 체계 내에서 각 역할들이 다른 것들과 어떻게 관계 지워지는지를 포함한다. 셋째, 각 역할자 부문에 대해 자원을 할당하고, 작동을 조정하거나 통제하는 기제가 체계 전체적으로 설정된다. 넷째, 이 같은 공급체계의 작동과 관련된 제반 규칙들이 합법화되고 통합성을 가지게 된다.

13) Lepsius, M. (1990). *Interessen, Ideen und Institutionen. Aufsätze zur Makrosoziologie*. Opladen: Westdeutscher Verlag; Bahle, T. (2002). Changing social service systems in England, France and Germany: towards de-institutionalisation or institutionalisation? [EUI Working Paper SPS No. 2002/8].

1) 부문 간 역할 체계

공급체계의 관점에서는 사회서비스의 제도화란 곧 체계를 구성하는 부문들과 그들 간 관계를 둘러싼 가치와 규범들이 정립되는 것을 뜻한다. 사회서비스의 제도적 체계를 구성하는 주요 공급자 부문들은 크게 가족, 국가, 영리(시장), 비영리로 나누어지는데,[14] 여기에 커뮤니티가 따로 추가되기도 한다. [그림 3-1]이 각 사회서비스 공급체계를 구성하는 부문들과 각 부문 간 관계의 맥락을 나타낸다. 제도적 측면에서 보자면, 이러한 각각의 부문들과 그 관계들에 부과되는 규제들은 각기 내용과 방식 면에서 차이가 있다.

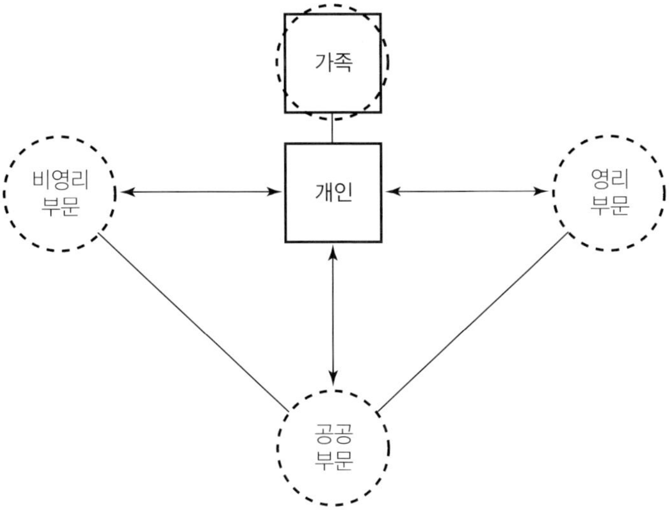

[그림 3-1] 사회서비스 공급의 부문 역할 체계

14) Abrahamson, P. (1995). 'Welfare pluralism: towards a new consensus for a European social policy?'. *Current Politics and Economics of Europe*, *5*(1), pp. 29-42; Evers, A., & Olk, Th. (Eds., 1996). *Wohlfahrtspluralismus. Vom Wohlfahrtsstaat zur Wohlfahrtsgesellschaft*. Opladen: Westdeutscher Verlag; Wuthnow, R. (Ed., 1991). *Between States and Markets. The Voluntary Sector in Comparative Perspective*. Princeton, NJ: Princeton University Press.

[그림 3-1]에서 보듯이 가족 부문은 사회서비스의 생산에서 다른 부문들과의 관계 맥락이 마치 개인 혹은 이용자와 동등한 부문에 해당되기도 한다. 전통적으로 가족 부문은 호혜적 연대에 기반한다.[15] 이에 비해 국가는 위계와 공식적 권리, 영리는 이윤추구와 시장가격, 비영리는 가치와 신념 및 자원주의에 기반하는 것을 특징으로 한다.[16] 가족이 제공하는 서비스들은 비전문적인 반면, 국가나 영리, 비영리 부문이 제공하는 서비스들은 대개 전문적 방식에 기반한다. 보통 이러한 네 부문은 일정 정도로 중첩되어 작동되지만, 근대 유럽 국가를 비롯한 나라들에서는 사회서비스 시스템이 공급자 부문(국가, 영리, 비영리)들의 혼합을 점차 강화하는 방향으로 진행되고 있다.[17] 이를 흔히 복지혼합(welfare mix) 혹은 복지다원주의라고 한다.[18]

역사적으로 어느 사회에서나 가족은 항상 중요한 돌봄서비스의 제공자로서 기능해 왔다. 가족이 그러한 기능을 감당하기 어려운 시기에 이르면, 산업사회 초기 서유럽의 경우에는 교회나 자치 도시가 가족 외의 서비스 제공자들로서 최초로 등장했다. 이들 사회적 기구는 구호소나 병원 등을 통해 다양한 서비스를 제공해 왔다. 그러다 본격적인 산업제도화의 시기에 이르면 두 가지 동인이 추가되는데, 노동 운동과 부르주아 운동이 그것이다. 이러한 운동들이 노동자 계급의 연대나 박애주의에 기반해서 다양한 사회복지 기관이 발달되게 만든다. 전형적인 교회 기반의 조직들과 함께 이러한 기관들이 많은 사회들에서 비영리 부문의 역사적인 기저를 형성했다.[19]

유럽 국가들에서는 20세기에 복지국가, 즉 국가가 공적으로 사회서비스의 주체 부문이 되는 형태가 나타난다.[20] 교육과 건강 분야에 대해 최초로 국가의 개입이

---

15) 호혜적인 연대(reciprocal solidarity)란 서로 도움을 주고받는 유대 관계를 말한다.

16) Bahle, Changing social service systems.

17) 상게서.

18) 최재성(2005). 사회복지서비스 전달체계의 민영화 쟁점과 과제: 서비스 수요증가와 국가, 시장, 가족의 역할 분담 [한국사회복지학회 추계학술대회 발표문].

19) Salamon, L., & Anheier, H. (1997). *Defining the Nonprofit Sector: A Cross-National Analysis*. NY: Manchester University Press.

20) Bahle, Changing social service systems.

이루어지는데, 이 과정에서 이전까지 주 역할자로 활동하고 있던 교회와 같은 비영리 부문이나 영리적 성격을 띠던 개업 의사들과 심각한 갈등이 초래되기도 했다.[21)]돌봄 사회서비스는 복지국가가 가장 늦게 관여하게 되는 분야였다. 과거 구빈법(poor law)에서 관할하던 아동이나 가족, 노인, 장애인에 대한 서비스를 국가의 공적 부문이 역할을 떠맡는 것인데, 그럼에도 이들은 근래에 이르기까지도 복지국가의 역할에 완전하게 통합되었다고 보기 어렵다. 제도적으로도 사회서비스는 여전히 공공부조나 건강돌봄 체계에 부분적으로 편입된 형태로 있기도 한다.[22)]

2) 역할 체계의 제도적 동향

최근 복지국가들에서의 사회서비스 체계는 제도적으로는 지속성이 나타나지만, 그와 함께 혁신이 제기되는 등으로 복잡하게 혼재된 변화의 상태를 보인다. 유럽의 국가들에서 보듯이, 사회서비스의 공급체계는 보다 다원적으로 복잡해지면서, 한편으로는 그로 인해 보다 긴밀한 체계적 통합이 추구되어 왔다. 비록 나라들마다 사회서비스 제도의 구체적인 유형 측면에서는 각자의 차별화된 경로를 따르지만, 그럼에도 그 안에서 몇 가지 공통점은 발견된다.[23)]

대부분의 산업사회에서 사회서비스는 제도화된 체계를 갖추는 경로를 따르고, 한편으로 공급 역할자 부문과 그들 간 연결 방식에서의 다원화 추세도 나타난다. 전형적인 돌봄 휴먼서비스들은 대개 가족이나 개인들에 의해 이루어지는 자연스런 생산으로 간주되어 왔던 것이지만, 산업화된 사회에서는 다양한 공식적인 조직과 그들 간의 관계를 통해 제공되는 제도적 조직화 특성을 나타내게 된다는 것이다.

21) 당시 학교 문제를 둘러싸고 국가와 교회, 의료서비스에 관한 국가와 보험회사, 의사들 간의 싸움은 역사적으로 상세한 기록이 남겨져 있다. 참고: Mallinson, V. (1963). *Power and Politics in Belgian Education 1815 to 1961*. London: Heinemann; Immergut, E. (1992). *Health Politics: Interests and Institutions in Western Europe*. Cambridge: Cambridge University Press; 〈Bahle, 'Changing social service systems'〉에서 재참고.

22) Bahle, Changing social service systems.

23) 상게서.

사회서비스 공급 주체의 성격 변화는 사회서비스의 개념적 확대와 맞물린다. 공급 주체의 다변화는 최근 나타나고 있는 사회서비스 정책 변화의 대표적인 측면이다. 민영화는 사회서비스 분야의 세계적 추세이다.[24] 민영화(privitization)란 이전까지 공공 부문이 수행하던 역할을 민간 부문으로 이전하는 경향을 뜻한다. 민영화의 성격에서도 차이가 있는데, 민간 내에서도 이제까지 사회서비스 생산은 비영리 부문이 주도했다면, 점차 영리 부문이 사회서비스 공급 주체로 진입하는 상업화(commercialization)의 추세가 확대되고 있다.[25]

사회서비스 제도에 관한 정책에서 민영화와 상업화는 오랜 기간 논란이 되고 있다.[26] 사회적 서비스가 가지는 '사회적' 특성과 조화되기 어렵다는 점을 강조하는 입장[27]과, 사회서비스의 보편화 과정에서 불가피하다는 입장[28]이 대등하게 나타난다. 한편, 국가별, 이념별로 사회서비스의 '사회적' 특성이 무엇인가를 정의하는 방식에 차이가 크기 때문에, 사회서비스의 민영화와 상업화에 대한 태도에도 편차가 크게 나타날 수 있다.[29]

이러한 정당성 논리와는 무관하게, 현실적으로는 돌봄 관련 사회서비스 영역에서는 공급 주체들의 다원화가 빠른 속도로 진행되고 있다는 사실에는 이견이 없다.[30] 다원화가 진전된다는 것은 이들 각 부문의 독립적인 역할들이 증가하고 그들 간 관계가 더 복잡하게 됨을 뜻한다. 이와 같은 사회서비스 공급자 부문들의

24) Haque, A. (2001). 'GIS, public service and the issue of democratic governance', *Public Administration Review, 61*(3), pp. 259-265.

25) 김은정(2014). "주요 국가의 사회서비스 공급 주체 성격변화와 정책적 쟁점". 한국사회와 행정연구, 25(1), pp. 169-195.

26) Ascoli, U., & Ranci, C. (Eds., 2002). *Dilemmas of the Welfare Mix: The New Structure of Welfare in an Era of Privatization*. NY: Kluwer Academic.

27) Haque, 'GIS, public service and the issue of democratic governance'.

28) Daniels, R., & Trebilcock, M. (2005). *Rethinking the Welfare State: Prospects for Government by Voucher*. Routldge.

29) 김은정, "주요 국가의 사회서비스 공급 주체 성격변화와 정책적 쟁점".

30) 신창환 · 강상경(2010). "한국의 지역사회서비스투자사업의 공급구조와 바우처 작동기제에 관한 연구". 한국사회복지학, 62(2), pp. 399-420; 양성욱 · 노연희(2012). "사회서비스의 공공성은 무엇을 의미하는가?-서비스 주체에 따른 공공성의 내용을 중심으로". 사회복지연구, 43(1), pp. 31-57; 김은정, "주요 국가의 사회서비스 공급 주체 성격변화와 정책적 쟁점".

다원적 확산은 유럽과 북미 지역을 포함한 대부분의 고도 산업 국가들에서 근래에 보이고 있는 공통적인 현상이 되고 있다.[31] 이를 산업사회의 제도적 동형화(isomorphism)라 하는데, 산업화된 사회들에서는 돌봄의 사회화에 대한 필요 압력이 공통적으로 나타나고, 이에 대응하기 위한 제도적 기제들도 산업 생산 방식의 큰 틀에서 벗어나기 힘들다는 뜻이다.[32] 그 결과, 최근 서유럽 국가들에서 나타나는 사회서비스 제도화의 공통적인 추세는 다음과 같이 요약될 수 있다.[33]

첫째, 사회서비스 체계에서 **다양한 역할자 부문이 등장하는 한편으로 이들이 보다 긴밀하게 통합**되는 추세를 보이고 있다. 즉, 공공 사회서비스 체계에서 영리와 비영리 부문의 서비스 제공자들의 활동 영역이 넓어져 왔지만,[34] 그럼에도 이것이 단순히 공급자 선택의 자유도를 넓히는 이른바 '복지 분산'을 의미하지 않는다는 것이다. 다원화된 역할자 부문으로 인해 서비스들에 대한 통합의 필요성은 오히려 커지게 되고, 그 결과 서비스들에 대한 표준화를 고도화하는 과정에서 소비자 선택은 거꾸로 제한되는 경향도 나타난다.[35]

둘째, 사회서비스 공급체계의 **기능들이 분리**되는 현상이 증가해 왔다. 이는 복지혼합의 추세와 관련이 있지만 그것이 단순히 서비스 제공자 부문의 다원화에 그치지 않고 체계 운용에 따른 재정 방식과 통제, 서비스 제공 전반의 기능들에서 분화가 함께 나타남을 의미한다. 과거 복지국가 중심의 체제에서는 이러한 시스템 운용의 제반 기능들이 국가적 방식에 집속(集束)되어 있었다면, 탈복지국가 추세는 이러한 기능들이 분리되어 나가는 현상을 공통적으로 나타낸다.

---

31) 김윤수 · 류호영(2014). "영국과 프랑스의 사회서비스 제도변화 비교 분석: 돌봄서비스의 지방재정과 품질관리를 중심으로". 한국지방재정논집, 19(3), pp. 145-174.

32) Austin, D. (2002), *Human Services Management: Organizational Leadership In Social Work Practice*. Chichester, NY: Columbia University Press. pp. 41-42. 제도적 동형화란 각 사회의 다른 문화적, 역사적 조건들에도 불구하고 제도의 유사성이 나타나는 현상을 말한다.

33) 참고: Bahle, Changing social service systems.

34) Kramer, R., & Lorentzen, H. et al. (1993). *Privatisation in Four European Countries. Comparative Studies in Government-Third Sector Relationships*. London: Sharpe; OECD (Ed., 1994). *Private Sector Involvement in the Delivery of Social Welfare Services: Mixed Models from OECD Countries*. Paris: OECD.

35) Bahle, Changing social service systems.

셋째, 정치적 및 사회적 **통제의 확장**이 나타난다. 사회서비스 공급체계에 대한 제도적 구조는 국가들마다 여전히 다양하게 나타나고 있지만, 제도화의 전반적인 정도는 공통적으로 최근 수십년간 지속적으로 증가해 왔다. 제도화의 증가는 공급체계에 대한 통제력을 강화해야 할 필요성도 함께 높이게 되는데, 복지국가들은 대부분 이를 합리적인 정치적 대응인 것으로 간주한다. 이는 유럽연합(EC, 2011)의 보고가 함축적으로 요약하는데,[36] 여기서는 근래 신자유주의적 사조의 영향으로 사회서비스 제도화의 성격에서 공급 역할자 부문들 간 관계의 다양성이 확대되어 왔고, 그로 인해 한편으로는 이를 통제하기 위한 노력들도 함께 증가시키는 결과를 초래했음을 밝힌다. 예를 들어, 다양한 부문이 사회서비스 생산에 섞여서 참여하게 됨으로 인해, 한편으로는 서비스 품질에 대한 보장을 위한 통제 메커니즘의 필요성을 확대시키는 계기로 작용해 왔다는 것이다.

3. 우리나라의 사회서비스 제도

대부분의 사회에서 사회서비스 제도가 성립되는 배경에는 당시의 사회가 안고 있는 문제와 그것을 해결하기 위한 사회의 집합적 노력이 있다. 그러한 제도는 시대적으로 사회문제의 성격이나 가치 담론이 변화해감에 따라 그 양상이 바뀌어 간다.[37] 그에 따라 사회서비스 제도에 내포된 목표들이나 실천 전략, 조직 체계 등도 변화되어 간다. 우리나라의 사회서비스 제도 역시 시대적으로 고유한 사회문제의 등장과 그에 대한 대응, 변천으로 이해해 볼 수 있다.

36) European Commission DG for Employment, Social Affairs and Inclusion. (2011). Study on Social Services of General Interest [VC/2009/0184 Final Report].

37) 경로적 변화란 제도에서는 앞서 구축되어 왔던 기제를 한꺼번에 뛰어넘는 변화는 없으며 다만 앞서 경로에 의존되는 변화의 정도가 가능하다는 것이다. 한편, 경로적 변화가 급격하게 발생하는 지점도 가능한데 이를 제도주의 이론에서는 '변곡점'이라 한다.

1) 사회문제의 기조

사회서비스가 대응하는 사회문제의 기조는 크게 빈곤과 돌봄으로 대별될 수 있다. 빈곤은 사람들이 가난으로 인해 받는 고통의 문제이고, 돌봄은 아이나 노인, 장애인 등과 같이 다른 사람들로부터 신체적, 정신적 도움을 받아야 할 인구와 관련된 문제다. 빈곤(poverty)은 다시 가난으로 인해 의식주를 비롯한 기초생활이 영위되기 어려운 절대빈곤과 사회 내 다른 사람들과 비교해서 열악감을 초래하는 상대빈곤의 문제로 나눌 수 있다. 이 두 가지 유형의 빈곤은 서로 성격이 상이하고, 이로 인해 초래되는 사회문제의 성격들도 달리한다.[38)]

빈곤 문제는 어느 사회에서나 있어 왔지만, 산업화된 사회의 사람들에게 빈곤이라는 사회문제는 그 양상이 이전 사회들과는 사뭇 다른 성격을 가진다. 임금노동을 통한 소득에 의존하는 사람들에게 빈곤은 대개 임금노동으로부터의 배제 상황과 관련되어 나타난다. 노령, 실업, 건강, 장애 등으로 인한 문제 상황이다. 이는 해당 개인뿐만 아니라 그러한 소득에 의존하는 가족구성원들에게도 마찬가지다. 그래서 초기 복지국가들은 대부분 이에 집중해서 사회보장이라는 제도를 구축하게 되었고, 사회서비스의 초점도 대부분 그 같은 빈곤 문제와 결부되었던 것이다.

돌봄 문제 역시 어느 사회에서나 있어 왔던 것이다. 아동, 장애인, 노인이라는 전형적인 돌봄 대상 인구뿐만 아니라, 시대에 따라서는 여성, 청소년, 이주민, 소수가치자 등과 같은 사회적 배제의 피해를 입기 쉬운 인구들에 대해서도 사회적인 돌봄이 요구된다. 산업사회 이전에는 이러한 문제들이 대개 가족이나 혈연공동체에서 대응하는 것이었다면, 가족의 기능이 쇠퇴하면서 이러한 돌봄 문제는 사회화되는 과정을 겪는다. 이 과정에서 돌봄은 개인이나 가족의 문제가 아니라 사회문제가 되

38) 절대빈곤 문제에 대한 사회적 대응은 대개 경제성장을 통한 해법, 즉 경제가 성장하면 실업자도 줄고 소득도 늘어날 것이라는 가정에 기초한다. 그에 반해 상대빈곤의 문제에 대한 대응은 단순한 가정에 근거하기 어렵다. 이 역시 경제성장 해법으로 가능하다고 믿는 접근이 있고, 그 반대편에는 자유주의적 경제성장 해법은 오히려 상대빈곤의 문제를 악화시킨다고도 본다. 사회적 양극화(분극화)를 유발해서 사회통합의 문제를 악화시킨다고도 본다. 적극적인 사회적 포용(inclusion) 정책을 주장하는 쪽은 후자의 논리를 중시한다.

게 된다.

어느 시기 어느 사회에서나 이러한 빈곤과 돌봄의 문제는 결합하여 나타나는 경우가 많지만, 그러한 문제가 파생되는 양상이나 이에 대응하는 사회서비스의 기조는 시대적으로 다르게 나타난다. 산업사회의 출발에서는 대개 [그림 3-2]의 왼쪽 유형과 같이 문제의 기조를 빈곤에 두고서, 돌봄 문제는 그로 인해 발생하는 것으로 간주한다. 빈곤에 대응하면 돌봄이 해결될 수 있다고 보는 관점이다. 예를 들어, 노인이 돌봄을 받지 못하는 이유는 빈곤하기 때문이라는 것이다. 그래서 돌봄 명목의 사회서비스 정책도 실상은 빈곤 지원(사회적 소득)에 초점을 둔다.

후기산업사회에 들어서면서 대부분 사회들에게 겪게 되는 저출산 · 고령화와 같은 보편적 사회문제는 빈곤 이상으로 공동체적 사회 구조를 파괴할 만큼의 위험성을 가지는 것으로 인식된다. 이를 신사회 위험이라 하는데, 이러한 문제의 관점에서는 아이들을 사회적으로 양육하거나 노인을 부양하는 등의 돌봄의 사회화가 중심 기조로 등장하게 된다. 이러한 돌봄 기조의 관점에서 빈곤은 사회적 돌봄의 한 부분이 된다. 여기서는 보편적인 인구가 사회적 돌봄의 필요를 가지고 있으며, 이 중에서 빈곤 계층의 돌봄 문제도 포함되어 있다고 본다.

예를 들어, 사회복지관들이 하는 노인 무료급식은 서비스 자체로 보자면 돌봄의 일종이지만, 그 기조는 빈곤 문제로 인한 급식의 어려움을 해소하기 위한 공적부조의 보충으로서의 사회적 지원에 가깝다. 이때 공적부조(public assistance)와 사회적

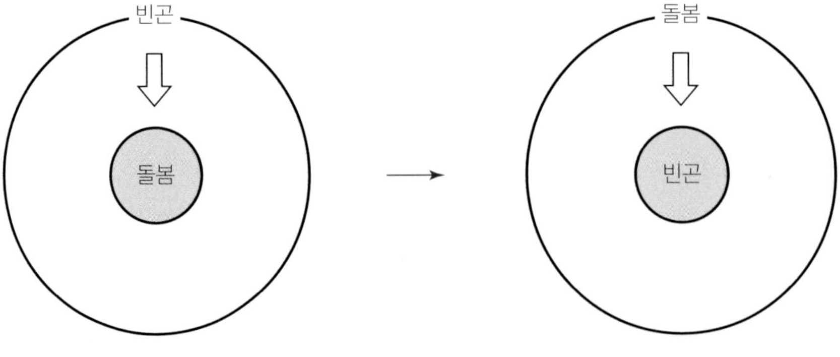

[그림 3-2] 사회문제의 기조: 빈곤에서 돌봄으로

지원으로서의 사회부조(social assistance)의 차이점은 공공부조는 공공 부문의 역할이 중심이 되는 것이고, 사회부조는 공공을 포함한 민간 등의 사회적 차원의 보다 넓은 의미를 띠는 것이다. 공적이든 사회적이든 부조(assistance)의 중심 기조는 빈곤의 문제가 일차적이었다.

동일한 무료급식 서비스이지만 2020년에 이를 바라보는 관점은 사뭇 달라진다. 이 서비스는 노인들의 건강이나 이웃과의 격리, 단절과 같은 소외로 인한 사회적 돌봄의 미충족 문제를 중심 기조로 한다. 이 같은 기조 변화는 예를 들어, 사회복지공동모금회에 신청되는 노인문제 관련 프로그램 제안서들에서도 잘 나타난다. 여기서는 노인들의 건강이나 소외 등으로 인한 돌봄이 문제가 되고, 빈곤이란 그러한 돌봄 기능이 미충족되는 한 영역의 원인으로만 간주된다. 예를 들어, 고립된 노인이라면 저소득 여부와 관계없이 사회서비스의 대상으로 간주되는 것이다. 이런 경우 대개 빈곤 기준은 대상자 여부를 결정하는 문제라기보다는, 요금 스케일의 차등에 관한 문제 차원 정도로만 다루어진다.

우리나라의 경우 사회서비스 실천 현장에서는 전자의 관점이 1950년대 이래 근래까지 남아 있는데, 이러한 기조의 연속선상에 있는 서비스들은 통칭 사회복지서비스라고 불린다. 후자의 관점에 있는 서비스들은 사회서비스라는 명칭을 사용하려는 경향이 있으며, 2000년대 후반에 들어 이러한 관점의 서비스들이 급속하게 확장되는 과정에서 그 공급 방식을 바우처(voucher, 이용권)를 주로 선택했던 관계로 바우처 사회서비스라고도 해왔다.

빈곤을 중심 기조로 하는 사회복지서비스들은 공공부조의 목적이나 내용들과 긴밀히 결부되어 있다. 우리나라의 경우에도 1990년대까지는 사회복지서비스가 실제로는 공공부조의 기능 수행을 위한 역할을 주로 수행해 왔었다. 돌봄을 중심 관점으로 하는 사회서비스에서는 돌봄과 관련된 고용지원, 교육, 문화, 주거지원 등이 모두 밀접하게 사회서비스에 결합될 수 있다. 2000년대 중반 공공 부문에서 사회복지를 '주민생활지원'이라는 명칭의 서비스로 바꾸려는 시도를 했을 때, 그 의미는 이러한 기조 관점의 변화를 뜻했던 것이었다. 비록 그 기조가 그 후 2000년대 후반 이후 다시 보수정부의 득세와 함께 선별적 빈곤 기조의 관점으로 회귀하는 과정에서 명칭도 교체되었지만,[39] 대부분의 나라가 당면했고 우리나라의 경우에도 회피할 수 없는 신사회 위험의 지배적인 문제 기조의 진행을 감안한다면 사회서비스의 일반적 기조 변화는 빈곤에서부터 돌봄 유형으로의 이행이 정상적이다.

이러한 관점에 따른 문제 기조의 유형 차이는 실천 현장에서는 크게 구분의 의미가 없는 것으로 여겨지기 쉽다. 여전히 사회서비스 실천 현장에서는 소득 구분과 돌봄서비스가 함께 섞여 이루어지고 있기 때문이다. 비록 공급 수단과 방식에서의 차이를 두고 전달되지만, 서비스의 대상이나 내용 측면에서는 큰 차이가 없는 것이다. 그럼에도 이러한 기조의 구분에 의한 차이는 공급자들의 규율이나 규제, 소비자에 대한 성격 규정(흔히 이를 보편과 선별의 차이로서 간주하기도 하지만), 소비자와 공급자를 잇는 공급체계의 성격 규정 등에서 상당한 정도로 영향을 나타낸다. 적어도 사회서비스를 정책적 프레임의 문제로 다루기 위해서는 이와 같은 사회문제의 기조 유형을 구분해 보는 것은 일차적으로 중요한 일이다.

2) 실천 전략의 유형

사회서비스의 제도적 유형은 서비스 공급 과정에서 채택한 주요 실천 전략의 차이로 나타낼 수도 있다. 사회서비스 실천 전략의 일차적 선택 내용은 목적 기능이다. 사회서비스가 의도하는 사회적 목적 기능에 따라 사회서비스에 포함되는 내용들이 결정된다. 일반적으로 돌봄, 건강관리, 교육(학습) 등이 해당되는데, 고용지원이나 사회참여, 문화체험, 주거 등까지도 포함시킬 수 있다. 우리나라에서는 '사회서비스'라는 용어를 사용하는 법제도들, 예를 들어 「사회보장기본법」 「사회서비스 이용권법」 「사회보장급여법」 등에서 사회서비스의 내용 선택이 일정한 차이를 보인다.

사회서비스의 공급을 행정 관리하거나 사회서비스를 생산하는 실천 현장에서는

39) 현재는 '희망복지'라는 이름으로 통칭되는데, '희망' '복지' 두 단어 모두 전형적으로 빈곤대상자에 대한 선별적 복지의 기조 관점에서 흔히 쓰이던 용법이다. '주민'과 '생활'을 선별적 용법이라고 보기는 어렵다.

다양하게 교류되는 사회서비스의 내용들이 명료하게 파악되어야 할 필요가 크다. 그로 인해 학술적 차원의 사회서비스 개념 유형과는 별도로 실천적 전략 요소들의 분류를 담은 체계로서의 일종의 실천적 분류학(taxonomy) 접근이 요청되어 왔다. 예를 들어, [그림 3-3]과 같은 형태가 이에 해당한다. 우리나라에서는 이와 같은 분류체계의 공식화가 여태껏 제도화되지 않았지만 그 필요성은 지속적으로 제기되고 있다.

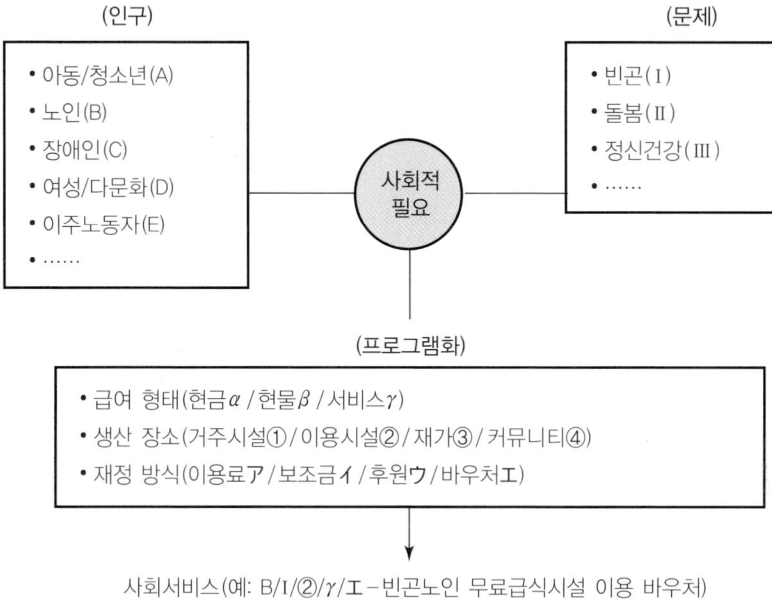

[그림 3-3] 사회서비스 전략적 선택에 따른 유형화 기제

제도적 실천 전략의 선택에서 또 다른 중요한 요소는 서비스가 제공되는 장소이다. 이는 개인이나 가족과 같은 수요자의 관점에서 볼 때 서비스가 어디에서 생산되는지를 의미하는 것이다. 일반적으로 다음과 같은 유형이 있다.

- 거주시설(residential)
- 이용시설(outpatient)
- 재가/재택(in-home)
- 지역사회공동체(community)

대부분 사회에서 사회서비스의 장소 전략은 [그림 3-4]에서 보듯이 거주시설 서비스와 커뮤니티 서비스가 대조되는 방향에 위치한다. 일본의 사회복지서비스 경우에도 거주시설 → 이용시설(비거주시설)/재택서비스(방문요양 등) → 지역사회(커뮤니티) 기반으로의 이행을 보여 준다. 아직 커뮤니티 유형까지는 미치지 못하지만, 우리나라의 경우에도 이와 유사한 전이 방향을 추구해 왔다. 그러나 이러한 전이가 곧 앞서의 장소 전략을 폐기하고 새로운 전략을 설치하는 것을 뜻하지는 않는다. 여전히 거주시설은 존치되고 있고, 이용시설도 늘어나고 있다. 다만 전략의 이동이란 새로운 성격의 사회적 필요가 등장하게 될 때, 그에 적합한 새로운 서비스 유형의 전략이 추가된다는 것을 뜻한다.

이러한 사회서비스의 전략적 선택 유형들은 비록 상이한 제도적 규제와 문제 성격, 서비스 접근에서의 차이를 가지지만, 서비스 수요자의 입장에서 보면 [그림 3-4]와 같이 개인과 가족의 전일적, 개별화된 욕구에 최적화될 수 있도록 다양한 유형들이 골고루 구비되어 있는 것을 이상으로 한다. 이것이 현실적으로는 각기 상이한 제도적 규제와 작동 방식의 특성을 가진 전략들이 하나의 서비스 공급체계에 혼재하게 되는 결과를 초래한다. 그로 인해 사회서비스 공급체계에 대한 현실적인

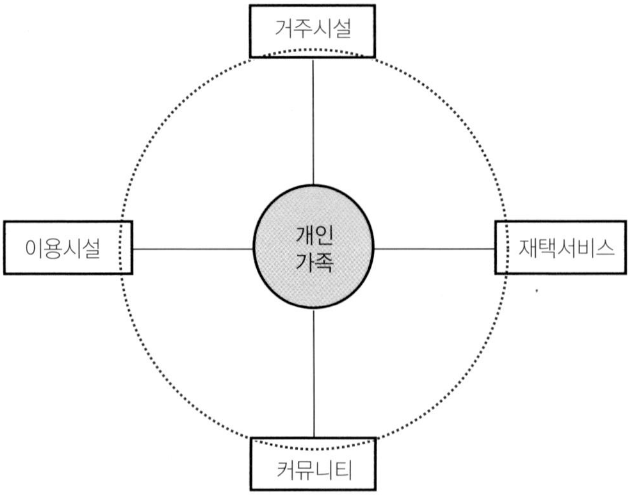

[그림 3-4] 수요자 입장에서의 사회서비스의 장소 전략

문제들은 상당 부분 이들 서비스 전략 간 통합의 어려움과 관련된다.

3) 제도적 경로

대부분의 산업사회에서 사회서비스는 제도적 경로의 발달 특성을 띤다. 이때 제도적(institutional)이란 사회서비스의 생산과 전달, 소비가 제도적인 규칙을 구비하고 역할 부문(조직)들이 분업과 조정을 통해 작동되는 체계적인 성격을 띠게 된다는 것이다. 대부분 사회가 사회서비스의 제도화를 강화하는 방향으로 진행해 왔다는 것은 공통적이지만, 제도의 구체적인 양상들은 각 사회의 역사나 문화적 배경에 따라 고유한 경로를 통해 주조되어 왔다.

우리나라에서 사회서비스 제도의 형성은 서구 사회들과는 상당히 다른 역사적 배경을 가진다. 1950년 한국전쟁을 시작으로 발생한 대규모 구호 필요에 대해 공공 부문의 여타 제도적 대응 기제가 부재한 상태에서, 이를 외원을 포함한 민간 부문이 주체가 되어 공급하는 사회복지서비스(주로 수용시설)가 떠맡게 되는 맥락이 발생한다. 이는 당시 국가의 경제성장 우선 기조, 즉 선성장 후분배를 위한 정부의 복지국가 억제 전략과도 맞물려서 '공공복지'가 아닌 '사회복지' 담론의 제도화라는 경로를 형성하게 된다.

그 후 우리나라 사회서비스의 제도적 경로는 민간 부문의 압도적인 역할 비중을 줄이기 위해 공공 부문의 역할을 상대적으로 강화하기 위해 노력하는 방향으로 진전되어 왔다. 이는 현재까지도 계속되고 있는데, 이를 통해서 보자면 우리나라의 사회서비스 공급체계 역시 혼합 혹은 다원화 경향이 증가해 왔지만, 방향면에서는 서구 복지국가들과는 반대의 양상을 보인다고 할 수 있다. 유럽 국가들의 경우에는 공공 부문의 복지 기능에 대한 보충적 역할로서 민간 사회서비스 부문이 존재하다가, 20세기 후반 민영화, 복지다원화의 추세에 따라 영리를 포함한 민간 부문의 역할이 확장되었던 것이다.[40)]

40) 이러한 차이는 현재 우리나라 사회서비스 프레임이 사회복지서비스에서 일반 사회서비스로 전환되는 과정에도 영향을 주었다. 우리나라의 경우에는 민영화에 대한 저항력이 이 과정에서 발생했다기보다

우리나라 사회서비스의 제도적 경로에서 등장했던 공급 방식의 특징을 기준으로 제도적 유형을 구분해 보자면, 크게 두 가지로 나누어질 수 있다. 이는 〈표 3-1〉에서 보는 바와 같다. 하나는 '시설'을 설치하고 대상자들이 이용할 수 있도록 하는 역할을 수행하기 위한 부문들 간 체계로 제도가 형성되는 유형이고, 다른 하나는 '이용권'을 소비자 부문에게 제공해서 해당 서비스가 생산되고 이용될 수 있도록 역할 체계가 구성되는 유형이다. 우리나라의 사회서비스를 제도적 측면의 공급체계로서 이해하는 데는 이러한 구분이 일차적으로 중요하다. 그 이유는 제도가 규정하는 모든 생산자와 이용자 간 관계에 대한 규제의 양식들이 기본적으로 이러한 유형의 차이에서 확연하게 분리되기 때문이다.

우리나라 사회서비스의 제도적 경로에서는 시설 설치 유형의 사회서비스 공급체계가 2000년대 초반까지 주를 이루어오다가, 2000년대 중반 이후 바우처 방식의 도입으로 새로운 유형의 공급체계를 중심으로 서비스 공급이 대거 확장되는 경향을 보인다. 노인장기요양서비스는 출발에서부터 이용권 제공 방식의 제도적 유형으로 설계되었고, 보육서비스의 경우에는 기존의 시설 설치 방식의 제도 유형에서 후에 이용권 제공 방식으로 전환한 경우다. 2011년에는 이용권 제공 방식의 사회서비스 제도 유형은 「사회서비스이용권법」과 같이 독자적으로 제도적 근간법을 만들

〈표 3-1〉 우리나라 사회서비스의 제도적 유형

구분	제도 유형 I (시설 설치 방식)		제도 유형 II (이용권 제공 방식)
	거주시설	이용시설	바우처
예	보육원, 양로원, 장애인거주시설 등	사회복지관, 소년상담센터, 다문화가족지원센터 등	보육, 노인장기요양, 장애인활동지원 등
	혼성 시설: 주야간/단기 보호시설, 공동생활가정 등		
기본 규제법	「사회복지사업법」 등		「사회서비스이용권법」

는, 근래 공공 부문의 재정역할자 확대 과정에서 드러나듯이 공영화에 대한 저항이 발생하는 등도 이와 같은 역사적 맥락에 의한 제도적 경로의 상이성에서 나타나는 바로 여겨진다.

어서 제도 유형의 명확한 분리를 이루었다. 현재 우리나라에서는 제도 유형 I, II가 동시에 존재하는데, 그것은 각각의 제도적 유형의 서비스들이 필요로 하는 이유를 설명한다.

시설 유형은 다시 크게 두 가지 유형으로 분류되는데, 거주시설과 이용시설로 나누어진다. 시설 설치 방식이 우리나라에서는 사회서비스의 제도적 유형으로 먼저 등장했는데, 그중에서도 거주시설(생활시설, 수용시설)이 민간 부문을 통해 먼저 설치되었다. 그 결과 현재에도 이들 거주시설의 설치에 대한 법제들에서는 대개 국가나 지방자치단체의 설치를 우선적으로 규정하지 않는다. 이는 1980년대 후반 이후에 대폭 설치되기 시작했던 사회복지관 등을 비롯한 이용시설들의 제도적 규정들에서 국가나 지방자치단체의 설치를 우선하고, 이를 위탁할 수 있다고 하는 경우와 확연한 차이를 보인다.

시설 설치 방식의 사회서비스 공급의 주요 제도적 특징은 소비자들이 이용할 수 있는 시설을 설치(여기에는 운영도 포함)하는 것과, 시설로 하여금 이용할 수 있는 대상자의 자격을 선별하는 규제를 부여하는 방식을 사용한다는 것이다. 이때 선별은 소득이나 자산을 파악하는 수단검증을 통해 대상자를 직접 가려내는 방법이 될 수도 있고, 지역이나 인구사회적 기준(예, 연령, 성별, 문제) 등에 기준하는 방법이 적용될 수도 있다. 1950년대 급속하게 나타났던 '고아원' 명칭의 수용시설들에서부터 현재의 사회복지서비스 관련법(「아동복지법」「노인복지법」「장애인복지법」 등)과 그런 서비스들을 운용하는 기본적인 제도적 규범을 제시하는 「사회복지사업법」이 주로 이러한 '시설'을 중심적인 사회서비스의 유형으로 삼는 경우다.

4) 시설 유형의 제도

우리나라 사회서비스의 초기 제도적 경로는 시설 방식의 서비스를 주로 따라 왔다. 이 경우 '사회복지시설'은 법정 용어의 개념이 되는데, 이에 근거가 되는 「사회복지사업법」(1970년 제정)은 시설이 곧 서비스와 유사한 의미를 가져왔었다. 근래 「사회서비스이용권법」(2011년 제정)이나 「사회보장급여법」(2014년 제정) 등을 통해

〈표 3-2〉 사회복지시설의 종류와 관련법

시설 종류 (관련법)	세부 종류	
	생활시설	이용시설
노인복지시설 「노인복지법」	노인주거복지시설, 노인의료복지시설	재가노인복지시설, 노인여가복지시설, 노인보호전문기관, 노인일자리지원기관
복합노인 복지시설 「농어촌복지법」	농어촌 지역에 한해 「노인복지법」 제31조 노인복지시설을 종합적으로 배치한 복합노인복지시설 설치·운영 가능	
아동복지시설 「아동복지법」	아동양육시설, 아동일시보호시설, 아동보호치료시설, 자립지원시설, 공동생활가정	아동상담소, 아동전용시설, 지역아동센터, 아동보호전문기관, 가정위탁지원센터
장애인복지시설 「장애인복지법」	장애유형별 거주시설, 중증장애인거주시설, 장애영유아거주시설, 장애인단기거주시설, 장애인공동생활가정	장애인지역사회재활시설, 장애인직업재활시설, 장애인의료재활시설, 장애인생산품판매시설
어린이집 「영유아보육법」	-	어린이집
정신보건시설 「정신보건법」	정신요양시설, 사회복귀시설 중 생활시설	사회복귀시설 중 이용시설
노숙인시설 「노숙인복지법」	노숙인자활시설, 노숙인재활시설, 노숙인요양시설	노숙인종합지원센터, 노숙인일시보호시설, 노숙인급식시설, 노숙인진료시설, 쪽방상담소
사회복지관 결핵한센시설 「사회복지사업법」	결핵·한센시설	사회복지관
지역자활센터 「국민기초생활보장법」	-	지역자활센터
성매매피해자 지원시설 「성매매피해자보호법」	일반지원시설, 청소년지원시설, 외국인여성지원시설, 자립지원공동생활시설	자활지원센터
성폭력피해 보호시설 「성폭력방지법」	성폭력피해자보호시설	성폭력피해상담소
가정폭력 보호시설 「가정폭력방지법」	가정폭력피해자보호시설	가정폭력상담소, 긴급전화센터
한부모가족 복지시설 「한부모가족지원법」	모자가족복지시설, 부자가족복지시설, 미혼모자가족복지시설, 일시지원복지시설	한부모가족복지상담소
다문화가족 지원센터 「다문화가족지원법」	-	다문화가족지원센터
청소년복지시설 「청소년복지지원법」	청소년쉼터, 청소년자립지원관, 청소년치료재활센터, 청소년사회복귀시설	-

출처: 보건복지부(2017). 사회복지시설 관리안내.

「사회복지사업법」 패러다임의 시설 설치 방식이 사회서비스의 제도적 중심 지위를 잃게 되는 위기에 처해 있지만, 시설 설치를 통해 공급될 수밖에 없는 서비스의 대상이나 공급 성격에 따른 유형에서는 여전히 유효함을 잃지 않고 있다.

「사회복지사업법」에서 열거하는 관련법들에 따라 현재 우리나라에 설치되어 있는 사회복지시설의 종류는 〈표 3-2〉에 제시된 바와 같다. 이들은 기본적으로는 사회복지시설의 공통된 규범(「사회복지사업법」 등)에 적용받는다. 보다 상세한 제도적 규정들은 서비스 분야별 관련법들에서 각기 제시한다. 예를 들어, 노인복지시설에 대한 설치는 「노인복지법」의 규제를 받는 것처럼, 아동이나 장애인 등의 대부분 사회복지서비스 관련 제도적 규정들에서도 이처럼 시설을 설치하는 방법, 주체, 위탁 가능 경우의 제시, 이용 대상 등을 세밀하게 명시하고 있다.

근래에 이러한 시설 설치와 운영을 중심으로 하는 사회서비스의 공급 방식이 이용권 사용의 방식과 결합되는 형태도 나타난다. 노인복지관 위탁 시설에서 바우처 방식의 노인돌봄 사업을 수행하는 것이 한 예다. 이러한 경향은 다른 분야들보다는 노인복지에서 더 크게 나타나는데, 이는 이용권 방식의 제도적 효용성이 장애인이나 아동 등보다는 노인 분야에서 보다 크게 나타나기 때문일 것으로 여겨진다.

5) 이용권 유형의 제도

우리나라에서는 이용자 재정지원 방식의 사회서비스 유형들은 2000년대 중반에 서비스 공급을 위한 법제적 기반을 갖추고 나서 2007년부터 본격적으로 공급이 이루어지기 시작했다. 이 제도적 방식은 보편적 사회서비스의 급격한 확장에 필요한 공급 역량을 시장 기제를 통해 확보하려 의도한 것이었다. 이른바 바우처(voucher)로 불리는 우리나라 이용권 방식 사회서비스로의 제도적 이행은 연도별로 다음처럼 정리된다.

연도	내용
2007년	장애인활동보조(활동지원), 노인돌봄종합, 지역사회서비스투자사업 시행
2008년	노인장기요양서비스, 산모신생아건강관리, 가사간병방문지원사업, 임신 · 출산 진료비지원사업 시행
2009년	발달재활서비스, 보육바우처서비스 시행
2010년	언어발달지원사업 시행
2011년	「사회서비스이용권법」 제정[41]
2012년	차세대 전자바우처 운영체계로 전환[42]
2014년	노인돌봄(단기가사), 발달장애인부모 심리상담서비스 시행
2015년	국가바우처 운영체계 도입(국민행복카드)

우리나라에서 이용권 방식의 사회서비스 제도는 보육과 노인장기요양, 장애인 분야 등에서 대표적으로 나타났는데, 이들에서 우리나라 사회서비스의 프레임 변화를 찾아 볼 수 있다.

보육서비스 우리나라에서 보육서비스는 본래 빈곤 계층 취업여성 지원을 위한 탁아사업으로 시작되었다. 일제강점기에 이미 이런 목적의 탁아서비스 형태가 비롯되었으며, 1991년 「영유아보육법」이 제정되기 이전까지의 탁아의 사회적 목적과 기능은 그에 준해 왔다. 법 제정 이후로는 보편적 보육으로서의 사회서비스가 확장되는데, 2000년대 이후에는 저출산 · 고령화의 사회문제와 맞물려 여성의 경제활동 참여를 지원하는 한편으로 출산율을 제고하기 위한 대표적인 사회서비스 정책으로 간주된다. 그 결과 보육서비스는 예산, 시설 및 대상자 수에서 급격히 확장되어 왔다. 보육서비스는 현재 보편적 사회서비스의 지위를 획득했으며, 정부지출의 재정 방식에 기반해서 급여의 정책적 수단은 이용자(아동 가족)에게 제공되는 서비스 이용권을 위주로 한다.

41) 이전까지는 「사회복지사업법」에 이용권에 관한 규제가 포함되어 있었다.

42) 6대 사회서비스 바우처 사업 전체를 금융기관 위탁 방식에서 결제승인 · 카드발급 · 단말기 관리기능을 사회보장정보원이 일괄 수행하는 '차세대 전자바우처 운영체계'로 전환.

노인장기요양서비스 급속한 인구 고령화와 여성·가족 기능의 변화가 함께 나타나는 사회적 변화로 인해 노인돌봄 역시 사회서비스 제도화가 급속하게 이루어져 왔다.[43] 노인장기요양보험 제도의 도입이 이를 대표하는데, 2003년 참여정부에서 정책 구상이 시작되어 2008년「노인장기요양보험법」의 제정으로 사회보험 재정방식에 기반한 노인장기요양서비스 제도가 성립되었다. 주요 노인장기요양 서비스의 기본적인 급여 방식은 이용권 제도에 기반한다.[44]

장애인활동지원서비스 장애인활동지원 제도는 2007년에 도입된「노인장기요양보험법」에서 장애인이 제외됨에 따라 장애인을 위한 장기요양서비스를 마련하기 위한 과정에서 성립되었다. 활동보조나 방문간호 등이 대표적인 서비스로 제공되고 있다. 활동보조란 활동보조인이 장애인의 가정을 방문하여 신체활동이나 가사활동, 사회활동 등을 보조하는 서비스를 제공하는 것이다. 이 제도는 기존의 장애인활동보조사업을 법제화한「장애인활동지원법」이 2011년에 제정되면서 제반 서비스들의 범주와 내용을 확대 개편하면서 정착되었다. 이 서비스는 현재 정부지출 재정 방식에 기반해서 이용권 급여를 주요 공급 수단으로 삼는다.

4. 소결

복지국가들에서 사회서비스의 제도화는 지속적으로 추진되어 왔다. 근래에는 돌봄 중심의 대인적 사회서비스의 공급을 위한 제도적 체계가 확장되고 있다. 이 과정에서 공통된 추세는 공급자 유형의 혼합과 한편으로 이를 적절히 제어하기 위

43) 양난주·임세희·한성윤(2012). "사회서비스 제공기관의 비영리성과 서비스 질에 관한 실증연구" [한국사회정책연합 학술대회 발표문].

44) 서비스 신청과 판정은 국민건강보험공단에서 담당하고, 장기요양 인정신청에 대한 해당자(1~5등급)로 판정받은 후, 장기요양기관의 확인절차를 거쳐 서비스 이용이 가능한 시스템으로 되어 있다. 현재 보험자 역할 수행의 관리운영 주체는 국민건강보험공단으로 되어 있다. 급여수급자는 65세 이상이면 조건 없이 무상으로 서비스를 제공하고, 45세 이상 65세 미만인 경우에도 치매나 노인성질환자에는 대상자로 포함될 수 있다.

한 노력들이 나타난다는 것이다. 사회서비스의 공급자 유형 간 상대적 역할과 혼합 방식은 각 사회마다의 역사적, 문화적, 사회-경제적 맥락에 크게 의존하고, 한편으로는 제공된 서비스들의 성격에 따라서도 다르게 나타난다.[45)]

우리나라의 사회서비스 공급 역시 유럽에서 제도화 수준이 증가되었던 현상과 유사하게 진행되어 왔다. 비록 공급 주체의 다원화 특성은 그들 복지국가와는 다른 반대 방향으로 진행되어 왔지만(민간 일변도에서 공공 확대), 결과적으로는 유사하게 수렴되어 현재 사회서비스 생산에서 공급자들의 부문별 분화가 확대되는 추세에 있다. 또한 주로 민간 비영리 부문 주체가 중심이 되었던 사회서비스 공급에서 최근 사회서비스 바우처 등의 시장화 전략 확대로 인해 영리 부문의 참여도 함께 증가하고 있다.

이로 인해 공공 부문 간(중앙정부, 광역 및 기초 지방자치단체, 공단 조직 등), 공공과 민간 부문 간(지방자치단체, 민간 영리, 민간 비영리 등) 사회서비스 생산을 둘러싼 자원의 이전이나 통제 양상이 보다 복잡해지는 양상을 띤다. 예를 들어, 시설이나 서비스에 대한 위-수탁 계약 방식, 공공이 민간 생산자를 대상으로 하는 서비스구매(Purchase Of Service: POS), 바우처(voucher, 이용권)를 활용한 이용자의 시장 구매 방식 등 여러 가지 공급체계의 관계 방식 등이 함께 뒤섞여 있게 된다.

결과적으로는, 우리나라도 다른 산업사회들과 마찬가지로 사회서비스 공급의 공통적인 압력과 대응 방안이 동형화 형태로 수렴되는 현상을 보인다. 근래 제도적인 사회서비스 공급체계는 영리, 비영리, 정부나 공공 부문 등이 할거하며, 한편으로는 각기 공급 주체로서의 역할들까지도 구분이 모호할 정도로 섞이는 현상들이 공통적으로 나타나고 있다. 즉, 사회서비스 제도에서 공급체계의 다원/다선화 현상이 초래되는 것이다.[46)] 이와 같은 양상으로의 공급체계 변화로 인해 우리나라 사회서비스에서는 통제와 질 관리를 비롯한 다양한 정책 및 실천적 쟁점들이 야기되고 있다.[47)]

---

45) 유럽 국가들의 연구에서 이것이 적절히 드러난다. 참고: Huber, et al., Study on Social and Health Services.

46) Najam, A. (1996). 'NGO accountability: A conceptual framework'. *Development Policy Review, 14*(4), pp. 339-354; Kramer, R. (1998). *Nonprofit Organizations in the 21st Centry: Will Sector Matter?*. Washington, D.C.: Aspen Institute; Austin, *Human Services Management*.

47) 이 책의 뒷 부분에서 이를 구체적으로 다룬다.

제2부

사회서비스 발달사

제2부는 복지국가들에서 사회서비스가 전개된 양상을 살펴본다. 먼저, 4장에서는 영국과 미국, 스웨덴을 대표로 하는 복지국가들에서의 사회서비스 정책 방향의 특성을 소개하고, 5장에서는 일본의 사회서비스에 대한 경과를 설명한다. 이들 나라에서는 각기 고유한 시대적 환경 요구에 따라 복지국가의 제도적 틀이 형성되고, 그에 따라 차별적인 사회서비스 정책들이 실행되고 있다. 이들 나라의 경우를 비교 근거로 해서, 6장에서는 우리나라 사회서비스 제도의 고유한 발달 경과를 설명한다.

제4장

주요 국가의 사회서비스 동향

이 장에서는 복지국가 체제를 선행했던 나라들에서는 사회서비스가 어떻게 개념화되어 왔고, 이에 근거하여 어떠한 양상의 제도화가 이루어져 왔는지를 살펴본다. 후기산업사회의 새로운 사회적 위험인 돌봄 공백(care deficiency)에 이들 나라들이 어떠한 방식으로 '탈가족화'를 시도해 왔는지를 중점적으로 고찰해 본다. 이는 사회서비스 제도화 과정에서 복잡한 쟁점 현안들에 직면해 있는 우리에게도 유용한 함의를 제공할 것이다.

1. 복지국가의 사회서비스

각 나라들에서 사회서비스의 제도적 형성과 발달은 복지국가의 전개 맥락과 밀접히 관련되어 있다. 근래 복지국가의 유형론 혹은 발달론에서 상당한 전환이 나타나고 있는데, 이는 소위 '신사회적 위험'에서 기인하는 것이다. 기존의 복지국가론은 소득보장과 관련된 제도적 차이를 중심으로 복지국가의 유형을 구분하거나 발달 단계를 제시해 왔는데, 이러한 틀로는 현재와 같은 신사회적 위험에 대한 대응 방식으로서의 복지국가별 차이를 적절히 설명하기 어렵다. 새로운 복지국가론이 등장하게 된 까닭도 이와 같다.

1) 기존 복지국가 유형론에서의 사회서비스

국가별 복지 수준과 특성의 차이를 이해할 수 있는 다양한 이론적 틀이 있지만, 그 가운데 에스핑 앤더슨(Esping Andersen, 1990)이 제시한 틀이 보편적으로 언급된다. 이 틀은 복지 제도가 포괄하는 인구 범위, 공적 재정 지출 및 복지 급여의 수준 등을 계량적으로 비교 분석하여 유사 국가들을 군집화하는 방식으로 복지국가를 유형화한 것이다.[1] 사회구성원들이 일상생활에 필요한 자원을 공급하는 데 있어서 국가와 시장 간 역할 비중, 노동력을 상품으로 판매하지 않고도 일상생활을 유지할 수 있는 탈상품화(decommodification) 수준, 복지 제도 시행 결과 최종적으로 사회구성원들이 계층화되는 양상을 보여 주는 사회계층화(stratification) 방식이 복지국가의 유형을 구분하는 핵심적 기준으로 활용된다.

이러한 기준들에 따라 국가별로 복지 제도가 운영되는 방식이 여러 각도에서 측정되기는 하지만, 이를 통해 알 수 있는 것의 핵심은 결국 '사회구성원의 일상을 지원하는 국가 개입 정도'이다. 에스핑 앤더슨(1990)은 복지국가의 유형을 그 정도에 따라 자유주의, 보수주의, 사민주의로 구분한다.[2]

자유주의 유형 복지국가의 사회구성원들은 일상생활에서 발생하는 다양한 욕구를 상대적으로 시장에 많이 의존해서 충족한다. 국가 복지의 제도화 수준이 상대적으로 낮기 때문에 노동 시장에 노동력을 팔지 않으면 일상생활 유지가 어렵다. 따라서 탈상품화 수준이 낮으며, 이러한 노동력 시장 기제에 근거하여 사회적 계층화가 주로 이루어진다. 복지 제도의 특성으로 보자면, 전체 국민들을 포괄하는 사회보험이나 수당, 공공서비스보다는 엄격한 소득-자산조사를 통해 복지 혜택을 제공

1) Esping-Andersen, G. (1990). *The Three Worlds of Welfare Capitalism*. Princeton University Press.
2) 상게서.

하는 부조(assistance) 제도의 비중이 상대적으로 높다.

보수주의 유형의 복지국가는 가족이나 비공식적 관계망에 대한 일상생활 의존도가 높은 유형으로서 남성 생계부양자 모델에 근거한 복지 제도화가 두드러진다. 시장 노동자로서의 남성과 이 남성에게 의존하는 피부양 가족을 모델로 복지 제도가 설계되는 것이 특징이다. 이러한 가부장적 남성노동자 모델의 원형인 사회보험 제도가 복지 제도의 근간을 이룬다. 사회보험 제도의 특성상 기존 노동시장에서의 자본주의적 계층 질서가 복지 제도를 통해서도 강하게 유지된다. 보수주의 유형은 전 국민을 포괄할 수 있는 보험 원리를 활용하여 기초 소득을 보장해 주는 방식을 선호하기 때문에, 보편적 수당이나 공공부조, 공공서비스 방식의 복지 제도의 비중은 다른 복지국가 유형에 비해 상대적으로 높지 않다.

사민주의 복지국가 유형은 일상생활에 대한 국가적 지원의 수준이 다른 유형에 비해 높다. 국가의 적극적 개입은 사회구성원들이 가족이나 시장에 과도하게 의존할 필요를 감소시켜 주며, 노동력을 상품으로 판매하지 않아도 일정 수준의 일상생활을 유지하게 해 준다. 보편적인 공공서비스를 중심으로 복지 제도를 운영하기 때문에 수평지향적 사회적 계층화가 가장 적극적으로 구현된다. 사민주의 유형의 복지국가들은 공공(사회)서비스 중심의 복지 제도화를 특징으로 한다. 복지 제도의 운영원리 측면에서 보면 보험이나 부조 원리가 아니라 수당이나 공공서비스 원리가 중심이 되는 것이다. 일반조세에 근거해서 보편적으로 복지혜택을 제공하기 위해서는 국민의 조세부담률을 높일 수밖에 없는데, 당연히 고소득층의 조세부담이 상당히 높지만 조세저항 수준은 다른 국가들에 비해 그다지 크지 않은 것으로 알려져 있다.

공공부조나 사회보험 제도와 비교해서 공공(사회)서비스 제도는 소득재분배의 실질적인 효과를 극대화하는 특성이 있다. 주요 재원인 세금부담은 고소득층일수록 높은 반면, 그 혜택은 모든 계층에 동일하기 때문이다. 공공부조 제도는 재원부담자와 수혜자가 명확하게 분리되어 고소득층의 자원이 저소득층으로 직접 흘러들어가게끔 하는 구조이다. 따라서 구조적 측면에서는 소득재분배 효과를 극대화하도록 설계되어 있다. 사회서비스 제도는 고소득층도 그 혜택을 받도록 설계되는 것이 일반적이라서 구조적으로만 보면 소득재분배 효과가 공공부조보다 작은 것처럼 보일 수 있다. 그러나 사회서비스 제도는 공공부조 제도에 비해 혜택을 받는 인구의 범위가 훨씬 넓기 때문에, 실질적인 측면에서의 소득재분배의 효과는 다른 어떤 제도보다 클 수밖에 없다.

그뿐만 아니라 사회서비스 제도의 실질적인 소득재분배 효과는 사회보험 방식의 제도보다 더 크다. 일반적으로 공공연금 제도는(비록 계층 간 격차를 다소 줄여 주는 방식으로 제도가 운영되기는 하지만) 보험료를 많이 납부한 사람이 적게 납부한 사람보다 더 높은 급여를 수급하게끔 설계된다. 또 건강보험 방식과 같이 많이 부담하지만 동일한 혜택을 받아가도록 설계된 사회보험 제도라도, 사회서비스 제도와 비교해서는 소득재분배 효과가 제한적이다. 일반적으로 사회보험 제도의 재원부담은 소득비례 방식이기 때문이다. 사회서비스 제도는 일반조세를 재원으로 하는 경우가 대부분인데, 일반 조세 중 가장 큰 비중을 차지하는 소득세는 누진율이 적용되므로 소득이 높아질수록 재원부담은 급격히 높아지게 된다. 물론 사회서비스 제도는 이용 시점에서 본인 부담을 어느 정도 부과하는 경우가 일반적이고, 이러한 본인 부담률이 소득이나 재산과 얼마나 그리고 어떻게 연동되는가에 따라서 실질적인 소득재분배의 효과는 차이가 날 수 있다.

2) 사회서비스 중심의 복지국가 유형론

에스핑 앤더슨(1990)이 제시하는 복지국가 유형의 기준, 즉 '국가가 사회구성원들의 일상 생활을 지원하는 정도' '탈상품화가 가능한 정도' '사회적 계층화가 이루어지는 방식'은 전통적인 복지 제도인 공공부조나 사회보험과 같은 제도들의 운영방식의 결과와 밀접히 관련된다. 그런데 가족과 비공식적 관계망의 역할을 제대로 고려하지 못한 상태에서 복지 제도의 특성만을 고려하면, 실제로 특정 사회의 구성원들이 향유하는 일상생활에서 삶의 질은 과대 혹은 과소평가될 수 있다. 이것은 커뮤니티의 역할을 제대로 고려하지 못한 채 복지국가의 역할 비중만을 가지고 사회구성원의 복지수준을 파악할 때의 한계와 유사하다.

가족에 의해 이루어지는 일상생활 지원 서비스가 국가 혹은 시장에 의해 감당되는 정도나 방식을 고려해야 실질적인 의미에서 사회구성원의 삶의 양태가 파악될 수 있다. 이에 에스핑 앤더슨(1999)은 복지국가 유형화에 새로운 기준을 추가하게 된다.[3] '탈가족화(defamiliarization)'의 수준과 방식이라는 개념인데, 이를 통해 복지국가 유형화를 재정비해서 제시한다.

탈가족화 수준이 높고 국가가 그 역할을 담당하는 상황, 탈가족화 수준은 상대적으로 높지 않고 주로 시장이 그 역할을 담당하는 상황, 국가와 시장이 아닌 가족이 여전히 전통적 방식으로 돌봄 역할을 하는 상황을 고려해서 복지국가의 새로운 유형화를 시도했다. 이는 〈표 4-1〉에서 정리된 바와 같다. 초기 복지국가 유형화와 연관 지어 본다면, 국가가 전통적 가족 돌봄을 사회서비스로 적극적으로 대체하는

〈표 4-1〉 주요 복지국가 유형의 특징

특성	자유주의 복지유형	보수주의 복지유형	사민주의 복지유형
시장/가족/국가 역할 비중	시장-중심 / 가족-주변 / 국가-주변	시장-주변 / 가족-중심 / 국가-보조	시장-주변 / 가족-주변 / 국가-중심
사회적 연대의 양식	개인주의	가족중심주의, 조합주의, 국가주의	보편주의
사회적 연대의 근거	시장	가족	국가
탈상품화, 탈가족화 정도	탈상품화 낮음, 탈가족화 높음	탈상품화 중간, 탈가족화 낮음	탈상품화 높음, 탈가족화 높음
주요 복지프로그램	공공부조 사회보험(제한적)	사회보험(보편적)	공공서비스
복지지출 수준 (GDP 대비)	낮음	중간	높음
해당 국가	미국, 영국, 캐나다, 호주, 뉴질랜드	독일, 프랑스, 오스트리아, 이탈리아	스웨덴, 노르웨이, 덴마크, 네덜란드, 핀란드

출처: Esping-Anderson, *Social Foundations of Postindustrial Economies.*; 유영진 · 이인재(편, 2007). 복지재정과 시민참여, 나남, p. 89.

3) Esping-Andersen, G. (1999). *Social Foundations of Postindustrial Economies*. Oxford University Press.

방식은 사민주의 복지국가들에서 흔히 나타나고, 시장이 탈가족화를 주로 견인하는 방식은 자유주의 복지국가들에서 빈번하게 나타난다. 보수주의 유형의 복지국가에서는 탈가족화 수준이 낮고 전통적 가족 돌봄 역할이 강조되는 특성을 보인다.

이렇듯 탈가족화를 고려한 복지국가 유형 구분을 사회서비스 국가 비교에서 이론적 준거로 삼는 것은 우리가 선진국의 사회서비스 경험으로부터 얻고자 하는 정책적, 실천적 함의를 도출하는 데 유용하다.[4] 자유주의적 복지국가의 특성을 강하게 띠는 미국은 탈가족화를 위해 필요한 서비스의 상당 부분이 시장에서 구매된다. 국가는 특정 취약계층에게 이러한 시장서비스 비용을 지원해 주는 방식의 사회서비스 정책을 선호한다. 시장서비스와 사회서비스가 공급 주체의 성격이나 서비스 내용에서 명확하게 구분되지 않으며, 세금 감면과 같은 간접적 지원 방식을 통해 서비스의 '사회적' 성격을 유지하는 경향을 보인다.

에스핑 앤더슨(1999)의 복지국가 유형론에 따르면 미국이나 영국은 동일한 자유주의 복지유형에 속하지만, 미국과 달리 영국은 탈가족화를 위한 서비스의 공급과 관리에서 국가가 더 큰 역할을 한다. 지방정부의 사회서비스에 대한 책임이 1970년대부터 일찍이 규정되었고, 보편적 국가의료서비스(NHS)가 확립되어 있기 때문이다.[5] 이로 인해 특히 보건의료와 밀접하게 관련되는 돌봄서비스에 대해서는 국가 책임이 자연스럽게 강조되어 왔다. 공공 부문의 직접 서비스 공급보다 민간 비영리 부문의 서비스 공급 비중이 높았으나, 1990년대 이후에는 민간 영리 부문의 공급 역할이 상당히 증가해 왔다. 영리 부문의 사회서비스 공급이 증가하면서 영국에서는 역설적으로 사회서비스 품질에 대한 중앙집권적이고 관료주의적 관리의 중요성이 오히려 강조되고 있다.

북유럽의 사민주의 유형 중에서도 스웨덴은 탈가족화 수준이 가장 높은 국가 중 하나이다. 탈가족화를 위한 서비스의 대부분이 '사회적' 방식으로 공급되고 있으며

4) 에스핑 앤더슨(1990)의 보수주의 복지유형은 탈가족화의 수준이 가장 낮은 유형이다. 이 장은 탈가족화를 전제하는 사회서비스의 공급 유형 등을 국가비교하고자 하므로, 가능한 탈가족화가 일정 수준 이상인 유형의 국가들 중 사회서비스 공급에서 특성이 두드러지게 구분되는 국가들을 살펴본다.

5) NHS는 National Health Service의 약자다.

국가의 직접 서비스 공급 비중이 높다. 사회서비스 공급에서 민간 비영리의 역할은 상대적으로 미미하며, 오히려 영리 부문의 사회서비스 공급 비중은 조금씩 증가하고 있다. 사회서비스 이용자에 대한 개별화된 접근, 이용자 선택권에 대한 강조로 인해 바우처 방식 사회서비스 비중이 조금씩 증가하고 있다. 아직은 미미한 수준이지만 대도시 지역을 중심으로 사회서비스 영역에서 영리 부문의 공급 비중이 높아지고 있다.[6)]

3) 국가별 사회서비스 범주와 내용 차이

사회서비스에 대해 국가별 비교 분석을 하는 것은 해당 국가의 복지정책, 나아가 국가 정책 전반의 방향성을 검토하고 진단한다는 의미를 내포한다. 21세기를 살아가는 전 세계 시민의 삶은 시장, 국가, 가족, 지역사회 간 힘의 균형의 어느 지점 위에 있게 된다. 이 지점을 결정하는 데 상당히 큰 영향을 발휘하는 것이 국가가 사회 구성원들의 일상에 어느 정도나 어떤 방식으로 개입하는가이다. 그리고 이러한 일상생활에 대한 개입은 기초소득 보장과 같은 현금성 지원을 포함해서, 주로 돌봄을 내용으로 하는 서비스가 상당히 광범위하게 포괄된다.

일반적으로 사회서비스의 가장 넓은 의미는 사적 혹은 시장 방식으로 충족하는 서비스를 제외한 집합적, 연대적 방식으로 공급되는 모든 휴먼서비스다. 보건의료와 교육은 전통적으로 가장 대표적인 사회서비스이며, 여기에 노인, 장애인, 아동 등에 대한 일상생활 돌봄과 지원서비스가 중요하게 부각되고 있다. 국가의 직·간접 개입이 전제되는 서비스로서, 시장이나 개인에게 온전히 맡기는 것이 사회연대

6) 사회서비스 공급과 관리유형을 이해함에 있어서 중요한 또 다른 점은 사회서비스에 대한 재정지원 방식이다. 사회서비스 제도는 여타의 복지 제도와 구분되게 존재하기보다는 매우 밀접히 얽혀 있는 경우가 많다. 영국은 보건서비스가 일반조세 방식이기 때문에, 사회서비스의 경우도 서비스 이용시점에서의 이용료 차등부과(소득 계층별) 방식 등을 많이 활용한다. 미국은 보건서비스가 주로 (민간)보험방식, 부조방식이기 때문에 사회서비스에 대한 지원도 보험료 지불보상이나 공공부조 방식으로 실행되는 경우가 많다. 스웨덴은 사회서비스를 사회적 연대 강화를 위한 핵심적 도구로 보고 있기 때문에 조세 방식으로 재정지원이 이루어진다.

를 해친다고 판단되는 서비스 모두가 넓은 의미에서는 '사회적' 서비스인 것이다.

하지만 구체적인 정책대상으로서 사회서비스에 대한 규정과 범주화 방식은 국가별로 편차가 크다. 영국이나 미국에서는 구체적인 정책 대상으로서의 사회서비스를 '돌봄을 중심으로 하는 대인적 서비스(personal social service)'로 규정하는 경향인 반면, 사민주의 유형의 북유럽 복지국가들은 사회서비스와 공공서비스가 상당 부분 중첩적으로 규정되는 특성을 보인다. 그럼에도 주로 사람을 직접 만나 제공하는 휴먼서비스를 사회서비스 정의에서 핵심이라고 보는 것은 공통적이다. 물론 북유럽의 사민주의 국가들은 상당히 넓은 범주의 사회서비스를 공공서비스로 제공하고 있고, 그 안에서 직접적 대면 휴먼서비스인지 아닌지가 정책적 지원을 달리하게 하는 핵심 요소는 아니기 때문에, 사회서비스에 대한 범위를 엄밀하게 규정하는 것에 대한 관심은 크지 않다.

대면적 휴먼서비스로 사회서비스의 범위를 규정한다 하더라도, 사회서비스를 교육서비스나 보건의료서비스 등과 명백히 구분하는 것은 용이하지 않다. 예를 들어, 방과후돌봄서비스는 교육서비스이기도 하고 돌봄서비스이기도 하다. 보건의료서비스에서도 마찬가지로, 간호와 간병, 간병과 일상 돌봄이 특정 행위로서 명백히 구분되기는 어렵다. 또 다른 예로, 고용지원서비스에서 취업을 위해 보육서비스를 연계한다면 이것이 엄밀히 말해서 고용지원서비스에 포함되어야 하는지, 아동돌봄서비스로 구분해야 하는지가 용이하지는 않다. 이렇듯 교육, 보건, 고용 영역과 사회서비스는 불가분 연결된다.

돌봄을 주 내용으로 하는 대면적 휴먼서비스로서의 사회서비스 중 교육 영역과 밀접히 관련되는 가장 대표적인 영역은 보육서비스이다. 유럽의 많은 국가에서는 보육서비스를 기존의 돌봄서비스 영역에서 교육서비스 영역으로 편입하려는 정책적 경향이 나타나고 있다. 3~5세 보육 체계를 일반 공교육 체계로 편입시킴으로써 보육서비스 제공인력의 질을 높이고 결과적으로 보육서비스 질 전반을 향상시키려는 의도라고 할 수 있다. 이것은 노인돌봄뿐만 아니라 아동돌봄 영역에서도 서비스 제공 인력의 공급이 지속적으로 감소하고 있는 문제와 직결된다. 돌봄 영역 전반의 열악한 근로조건으로 인해, 증가하고 있는 서비스 수요를 충족하기에는 턱없이 부

족한 수준으로 공급이 이루어지고 있기 때문이다.[7)]

보건서비스는 돌봄서비스와 통합 필요성이 가장 먼저 제기된 사회서비스 영역이다. 이러한 필요성은 주로 정책비용의 절감 차원에서 발생한 것이다. 노인인구의 급속한 증가와 노년기의 확장으로 인해 일상 돌봄서비스와 보건서비스에 대한 수요가 동시에 급증하고 있기 때문이다. 돌봄서비스에 대한 지원은 상대적으로 고가(高價)인 보건서비스에 대한 사회적 수요를 감소시킬 수 있기 때문에 돌봄서비스와 보건서비스를 결합했을 때 사회적 비용이 절감될 수 있다고 보는 것이다. 그러나 대부분의 국가에서 보건서비스 정책과 돌봄지원 정책 간에는 명백한 분리가 이루어져 있기 때문에, 두 개의 사회서비스 영역 간 통합과 조정은 난항을 겪는다.

이러한 문제에 관한 대표적인 국가가 영국인데 보건서비스와 사회서비스 영역은 재원, 관장부서, 중앙정부와 지방정부의 역할 분담체계 등에서 확실하게 구분되어 있다. 보건서비스는 일반조세에 근거한 보편적 국가보건서비스(NHS)인 반면, 돌봄서비스는 지방의 취약계층 지원 방식으로 재원 구조도 달리해 왔다. 따라서 보건서비스와 돌봄서비스를 어떻게 결합할 것인가는 중앙정부와 지방정부의 재원부담 정도와도 직결되기 때문에 현실적인 절충안이 도출되기는 어려운 것이다.

반면, 미국의 경우 보건서비스와 돌봄서비스 간 통합적 지원 방식의 시도가 영국보다 활발하고 그 결과도 영국보다 고무적이다. 중앙정부(연방정부)와 지방정부(주정부)간 관계, 보건서비스와 사회서비스의 역사, 사회서비스 정책대상의 자격조건 등에서 영국과 미국 간에 큰 차이가 있기 때문이다. 무엇보다 중요한 차이점은 미국의 경우 보건서비스나 사회서비스 모두 저소득층에 대해서만 국가 지원이 이루어진다는 점이다. 그리고 저소득층을 대상으로 보건서비스를 지원하는 메디케이드 센터(Center for Medicaid)가 이들에 대한 재가돌봄서비스 지원 또한 관리하기 때문이기도 하다(뒤에서 보다 자세히 논의).

미국에서는 고용서비스 또한 사회서비스에 대한 논의에서 중요하게 연관된다. 최근 고용지원을 위한 부가서비스 개발에서 특히 돌봄서비스를 강조하는 경향이 두드

7) Cameron, C., & Moss, P. (2007). *Care Work in Europe: Current Understanding and Future Directions*. Routledge.

러진다. 돌봄서비스는 여성의 취업유지를 가능케 하는 기반이면서 초기 고용가능성을 높이는 데 중요한 역할을 하기 때문에, 실업예방적 성격과 함께 고용촉진 기능을 가지는 것으로 강조된다. 미국의 경우 1996년 복지개혁이 어린 자녀를 양육하는 여성들에게 모두 취업을 강제하면서, 고용지원서비스가 돌봄서비스와 결합되어야만 하는 필요성이 크게 증가했다. 이는 사회서비스포괄보조금(SSBG) 지출에서 취업지원을 위한 보육서비스 지원규모가 지속적으로 커지고 있는 데서 잘 나타난다.[8)]

4) 복지국가별 사회서비스 제도의 분석 기준[9)]

돌봄 중심의 탈가족화 서비스에 초점을 두고 복지국가들의 사회서비스 제도의 현황이 비교될 수 있다. 이를 위해 영국과 미국, 스웨덴을 분석 대상으로 삼는데, 이들 나라의 동향이 현재의 우리나라 사회서비스 정책에 미치는 직·간접적 영향력이 크기 때문이다. 우리나라는 2007년 바우처 방식으로 사회서비스를 도입하는 초기부터 시장적 기제를 가장 적극적으로 활용하는 미국의 사회서비스 정책에 대해 높은 관심을 두어 왔다. 그러면서 다른 한편, 시장 방식의 잠재적 위험성을 관리할 공공관리체계의 구축은 영국의 사례를 포괄적으로 참고해 왔다. 그리고 공공 부문의 사회서비스 직접 공급 비중을 높이려는 우리나라의 최근 정책적 움직임은 북유럽 대표국가로서 스웨덴의 사회서비스 정책에 대한 관심을 증가시키고 있다.

이들 나라의 사회서비스 제도 비교는 다음과 같은 세 가지 측면의 기준에서 이루어진다.

---

8) SSBG란 Social Service Block Grant의 약어다.

9) 이 기준에 의한 다음 절들에서의 국가 간 비교를 위해서는 〈김용득 외(2013). 사회서비스 재정지원 방식과 공급 주체의 성격 및 품질관리 기제에 대한 국가간 비교연구 [OECD 정책센터/성공회대산학협력단 보고서]〉에 포함된 실증적 자료들을 광범위하게 활용하였다. 이 보고서는 (재가)돌봄서비스를 주요 내용으로 하여 사회서비스 재가지원 방식과 공급 주체의 성격 및 품질관리기제의 현황과 변화 경향을 6개국(한국, 일본, 미국, 영국, 스웨덴, 싱가포르)을 대상으로 분석하고 있다. 이 장에서 초점을 맞추어 살펴보고자 하는 탈가족화의 핵심 사회서비스인 재가돌봄서비스에서 주요 국가들의 공급 특성이 어떻게 변화하고 있는지를 보여 주는 실증자료를 가장 포괄적으로 제시하고 있어서 많은 부분을 활용하였다.

첫째, 사회서비스 공급 주체로서 **공공 부문의 역할** 변화를 파악한다. 사회서비스의 공공성은 공공 재원의 규모와 비중, 정책대상자의 규모와 범위, 제도적 규제와 절차의 공공성 등을 모두 포괄하는 개념이지만, 최근 우리나라에서는 공공 부문의 사회서비스 직접 생산자 역할 비중 측면에서의 공공성에 큰 관심이 주어지고 있다. 과연 주요 선진국의 경우 공공 부문의 직접 서비스 생산자 역할이 어느 정도의 비중인지, 변화의 경향성은 어떠한지를 검토한다.

둘째, 사회서비스에서 **시장 기제**를 어느 정도로 달리 사용하는지이다. 모든 나라에서 사회서비스의 정책 대상은 지속적으로 증가하고 있다. 탈가족화 경향이 심화되면서 가족 돌봄에 공백이 발생하는 인구가 보편화되고 있기 때문이다. 그럼에도 많은 수의 사회서비스 이용자 욕구를 보다 효과적으로 충족시켜 줄 수 있는 정책적 방안들은 주요 국가별로 차이를 보인다. 이용자들에게 서비스 선택권을 주는 시장적 방식을 활용하는 국가도 있으며, 이보다는 보편적 인구 모두의 욕구를 일정 정도 표준화해서 공급하도록 공급기관을 직접 관리하는 방식을 유지하기도 한다. 나라마다 사회서비스 공급에서 시장적 기제를 활용하는 정도가 어떠한지, 또 어떻게 변화되어 가고 있는지를 비교해 볼 필요가 있다.

셋째, **서비스 질**(품질, quality)**에 대한 관리**를 제도적으로 수행하는 방식의 차이다. 사회서비스는 국가의 직·간접적 개입이 필요하고 정당하다고 인정받는 영역의 서비스이다. 공공 재원이 일정 정도 이상 투여될 뿐만 아니라, 서비스 공급의 결과로 사회적 효용이 증가해야 한다는 것이 전제되기 때문이다. 이에 사회서비스 품질관리는 대부분의 국가에서 사회서비스 정책의 핵심적 의제가 되고 있다. 그럼에도 품질관리의 방식은 국가별로 편차가 큰 편인데, 중앙집권적 관료제 방식이 활용되기도 하며 공공보다는 민간 부문의 자발적 품질관리 체계가 선호되기도 한다. 이러한 사회서비스 품질관리 체계의 구축 방식은 앞서의 서비스 공급 주체나 재정지원 방식에 관한 기준들과 관련해서 비교될 필요가 있다.

2. 정부의 역할과 공공성

사회서비스 공급에서 정부 부문의 역할은 국가들마다 상당한 성격 차이를 제시한다. 정부 혹은 공공 부문에 대한 일반적인 기대와 사회서비스 제도의 형성 맥락에서 정부 부문의 역사적 위상 등에서 나라들마다 독특한 차이를 가질 것이기 때문이다. 또한 각 나라들에서도 이 같은 공공성의 경향이 시대에 따라 변화되는 양상을 보일 것이다.

먼저, **영국** 사회서비스 정책에서 공공성의 변화는 1993년부터 실행되고 있는 「커뮤니티케어법」을 통해 파악해 볼 수 있다. 이 법은 1988년에 제시된 '그리피스 보고서(The Griffiths Report)'에 기반하고 있다. 이 보고서는 사회적 돌봄서비스에 대한 중앙정부 재원의 사회보장 급여 방식을 지양하고, 지방정부로 재정 및 행정의 책임을 완전히 이양하는 것을 골자로 한다. 또한 지방정부의 사회서비스국(DSS)에서 사회서비스 자격 판정, 서비스 공급과 관리의 전 과정을 주도해야 한다고 규정하였다.[10] 지방정부는 국가 보건의료서비스와 지역기반 사회적 돌봄서비스를 통합적으로 연계할 수 있도록 하는 방안을 적극적으로 강구해야 함도 강조했다.

이러한 정책적 기조하에서 영국 정부의 사회서비스 직접 공급자 역할 비중은 1990년 초부터 지속적으로 감소되고 있다. 지방정부는 사회서비스의 직접 제공자가 아니라 서비스 구매자이면서 재정지원자로서 역할을 해야 하는 것으로 가정되기 시작했다. 1990년대 이래 영국의 지방정부는 사회서비스 이용자들의 자격 관리와 재정지원, 서비스 제공기관 연결과 같은 사례관리자로서 주로 자리매김하게 된다. 「커뮤니티케어법」 제정 이후 지방정부가 사회서비스 재정관리의 부담을 떠안았기 때문에, 결과적으로 지방정부는 사회서비스 재정 절감을 위한 정책적 자구책들을 자발적으로 만들어 내기 시작했다.

〈표 4-2〉를 보면 영국에서 「커뮤니티케어법」 실행 이후 약 15년에 걸쳐 지방

10) DSS는 Department of Social Service의 약어다.

정부의 역할이 어떻게 변화했는지를 알 수 있다. 대표적인 사회서비스인 홈케어(home care) 서비스의 직접 제공자로서 지방정부의 역할은 지속적으로 감소한 반면, 민간 부문의 직접 공급자 역할은 크게 증가했다. 〈표 4-2〉에서 나타난 바와 같이 1993년에는 지방정부가 홈케어 서비스의 95%를 직접 제공하였으나 이 비중은 2008년이 되면 20%에도 채 미치지 못한다. 반면, 1993년에 5%에 지나지 않던 민간 부문 공급 비중은 2008년이 되면 80%를 상회한다. 20년이 채 안 되는 짧은 기간 동안 사회서비스의 대표적 영역에서 서비스 직접 공급 주체로서 공공 부문과 민간 부문의 역할 비중이 거의 반대가 되었다.

〈표 4-2〉 영국정부와 민간 부문 홈케어 서비스 제공 비율 (1993~2008) (단위: %)

연도	'93	'94	'95	'96	'97	'98	'99	'00	'01	'02	'03	'04	'05	'06	'07	'08
지방정부	95	81	70	64	58	54	49	44	40	36	33	30	27	25	22	19
민간부문	5	19	30	36	42	46	51	56	60	64	67	70	73	75	78	81

출처: 〈우국희(2006). "영국 재가노인보호서비스 공급확대를 위한 민간 영리 부문의 참여와 한국에의 시사점". 노인복지연구, 32, pp. 223-245〉의 자료와 〈Laing & Buisson (2010). Domiciliary care: UK market report 2010〉의 자료를 조합; 김용득 외, 사회서비스 재정지원 방식과 공급 주체, p. 72.

〈표 4-3〉은 홈케어 서비스 공급이 증가하기 시작한 2004년부터 2008년에 이르는 상대적으로 짧은 시기 동안 서비스 공급 주체의 성격이 어떻게 변화되어 왔는지를 공급기관의 성격별로 조금 더 세분화해서 보여 준다. 홈케어 서비스 공급기관 수가 2004년부터 2008년 사이 2.6배 가까이 증가한 가운데, 정부 직영의 비중은 18%에서 약 14%로, 민간 비영리의 비중은 약 9%에서 8%로 감소하였다. 반면, 민간 영리의 비중은 70%에서 75%로 증가하였다. 정부 직영 비중과 민간 비영리 부문의 감소 몫만큼 민간 영리 부문이 증가했다는 것을 알 수 있다.

〈표 4-3〉 영국정부, 민간(영리/비영리) 홈케어 서비스 제공 비율 (2004~2008) (단위: 개, %)

연도 (3월 31일 기준)	전체	정부 직영	비영리 민간	영리민간	NHS	기타
2004년	1,881 (100)	340 (18)	173 (9)	1,320 (70)	7 (0)	41 (2)
2008년	4,897 (100)	680 (14)	388 (8)	3,687 (75)	47 (1)	95 (2)

자료 참고: CSCI (2009). *The State of Social Care in England 2007-2008*; 김용득 외, 사회서비스 재정지원 방식과 공급 주체, p. 76.

홈케어 서비스 제공기관 수가 약 5년 만에 2.6배가 넘게 증가된 것을 보면, 짧은 시기 동안 돌봄서비스에 대한 공공 재원 지원 규모가 크게 늘었으며 동시에 이러한 재가돌봄서비스를 이용하는 사람의 수도 증가했다는 것을 알 수 있다. 그럼에도 직접 이러한 서비스를 공급하는 주체로서 지방정부와 중앙정부의 역할은 오히려 감소하거나 거의 증가하지 않았다. 반면, 민간 부문, 특히 영리 부문의 증가는 눈에 띈다. 물론 홈케어 서비스만을 가지고 전체 사회서비스 영역에서의 민간 공급 주체 증가와 공공성의 성격 변화를 결론지을 수는 없다. 그러나 대표적인 사회서비스 영역인 홈케어 서비스만 보아도, 영국의 경우 공공재정이 확대되고 정책대상이 보편화되는 과정에서 공급 주체가 공공이 되는 비중은 감소되고 있다는 것을 알 수 있다.

미국의 경우는 사회서비스에 대한 본격적인 대응이 영국보다 지체되었고, 공공부문이 개입되는 맥락의 양상도 상당한 차이를 보인다. 그럼에도 몇 가지 측면에서는 공통적인 수렴도 나타낸다. 미국은 1960년대 이후에야 연방정부 차원에서 사회서비스 분야에 재정지원이 제대로 이루어지기 시작해서 영국보다 공공부문의 사회서비스에 대한 개입 시기는 늦다. 그럼에도 사회서비스에 대한 공적 재정지출 규모가 1960년대 초에 비해 1980년에는 10배 이상으로 늘어나면서 급속히 증가해 왔다.[11] 그러나 1980년대로 접어들면 정치적 보수화의 물결을 타고 사회서비스에 대한 연방 지출총액이 삭감되면서 주정부로 재정 지출의 책임이 이양되었다. 특히 1981년 통과된 「총괄예산조정법(OBRA)」은 연방정부의 주정부에 대한 57개 범주

11) 김은정(2011a). "미국의 사회적 돌봄서비스 제공주체 구성의 변화". 계명사회과학논총, 30(1), pp. 67-88.

형 보조금을 7개의 포괄보조금으로 묶으면서 대대적인 재정삭감으로 이어졌다.[12) 1980년대 이후 사회서비스 공급과 관리 책임이 연방정부에서 주정부로 이양된 것은, 앞서 살펴본 영국의 그리피스 보고서에서의 경향과 정확하게 일치한다.

1980년대 중반 이후 돌봄서비스를 주요 내용으로 하는 사회서비스에 대한 수요가 커지는 상황에서 동시에 복지재정에 대한 압박도 심해지면서, 사회서비스 공급의 책임을 맡은 주정부는 사회서비스에 대한 재원을 다원화하고, 가능한 시장 기제를 적극 도입하여 서비스 가격 상승을 제한하고자 시도해 왔다.[13) 1990년대부터 미국의 사회서비스 영역에서 커뮤니티 케어가 강조되어 온 것은 이러한 맥락에서 이해되는 부분이 있다. 이러한 커뮤니티 케어 중심의 사회서비스 공급 재편 과정 또한 영국의 경향과 거의 유사하다.

커뮤니티 케어 정책에서 집중적으로 강조되기 시작한 사회서비스는 재택 및 커뮤니티 서비스(HCBS)이다.[14) 이 서비스는 대부분의 주정부에서 채택한 대표적인 사회서비스 영역인데, 연방정부도 가능한 주정부가 HCBS 재정지출을 증가시키도록 유도했다. 대표적인 연방정부 재원의 보건복지프로그램인 메디케어나 메디케이드의 경우도 이러한 커뮤니티 케어 방식의 서비스에 대해서 우선적으로 지출하도록 다양한 재정적 인센티브를 제공해 주는 방식을 취했다.[15) 사회서비스 수급자격을 가진 많은 이용자도 시설이나 의료기관이 아닌 본인의 집에서 돌봄서비스를 이용하기를 원하는 경향이 증가했다(〈표 4-4〉 참조).

---

12) OBRA는 Omnibus Budget Reconciliation Act의 약자다.

13) Gilbert, N. (1993). 'From welfare to enabling state'. In Evers & Svetlik (Eds.), *Balancing Pluralism: New Welfare Mixes in Care for the Elderly*, Ashgate Publishing.

14) HCBS는 Home and Community Based Services의 약자다.

15) US Department of Health and Human Services (2012). The Affordable Care Act for Americans with Disabilities [Newsroom].

〈표 4-4〉 미국 재가돌봄서비스(HCBS) 지출액 (2000~2009) (단위: 10원)

구분	2000년	2001년	2002년	2003년	2004년	2005년	2006년	2007년	2008년	2009년
홈헬스	2.3	2.5	2.7	2.8	4.1	4.4	4.4	4.6	5.1	5.3
대인돌봄	4.6	5.3	5.5	6.5	7.1	7.7	8.6	9.4	10.0	11.0
HCBS	12.6	12.6	14.3	16.9	18.9	20.5	23.2	27.6	30.0	33.7
합계	19.4	22.1	25.1	28.3	32.1	35.3	38.4	42	45.1	50
증가율(%)	-	14	14	13	14	10	9	9	7	11

출처: Kaiser Commission (2012). *Medicaid and Uninsured: Medicaid Home and Community-based Service Programs* [Kaiser Family Foundation Issue Paper], p. 2.

1990년대부터 재가돌봄서비스에 대한 연방 재정의 규모가 크게 증가하였고, 그와 함께 바우처 방식과 같은 이용자 재정지원 방식을 초기부터 도입했기 때문에 민간 영리기관의 진입이 급격히 증가하였다. 영국과 달리 미국은 돌봄서비스를 확충해 가는 초기부터 정부의 직접 공급 역할이 미미했다. 사회서비스에 대한 공공재정의 규모는 지속적으로 증가하였으나, 이를 직접 공급하는 주체로서 공공이나 비영리 부문의 역할은 커지지가 않았다. 그에 반해 시장적 기제를 적극 활용한 사회서비스 공급방식으로 인해 영리 부문의 비중이 두드러지게 증가했다.

〈표 4-5〉에서 나타난 바와 같이 노인대상 홈헬스 서비스 제공기관의 수는 1999년에 비해 2009년에 약 1.5배가 증가하였다. 같은 기간 정부의 직접 공급 비중은 약 1/2로 감소한 반면, 영리기관의 비중은 1.5배로 증가하였다. 영리기관의 직접 공급 비중은 10년 사이에 20%가 넘게 증가하였다. 정부 직영 비중이 약 7% 이상, 비영리기관의 비중이 15% 이상 감소한 것과 비교해 보면 그 시기에 영리기관의 비중이 상당히 증가했다는 것을 알 수 있다.

미국의 돌봄 사회서비스 공급에서 공공과 민간의 역할 비중 변화를 영국과 비교해 보면 유사점과 차이점이 함께 발견된다. 유사점은 1990년대부터 지방정부(주정부)의 사회서비스 정책에 대한 실행 책임이 증가해 왔으며 사회서비스에 투여되는 공공 재원 규모와 대상 인구의 수가 지속적으로 증가하고 있다는 것이다. 그리고 서비스 직접 공급 주체로서 지방정부의 역할 비중은 감소되고 민간 부문의 공급역할

〈표 4-5〉 정부, 민간(영리/비영리) 홈헬스 제공비율(Medicare 지원): 1999~2009 (단위: 개, %)

년도	홈헬스 서비스 제공기관			
	비영리기관	영리기관	정부	계
1999	34.6%	50.0%	15.4%	7,924 (100%)
2002	35.4%	49.0%	15.5%	6,813 (100%)
2005	26.8%	62.0%	11.2%	8,090 (100%)
2008	21.5%	69.5%	9.0%	9,407 (100%)
2009	19.6%	72.5%	7.9%	10,184 (100%)

출처: 〈Choi, S. & Davitt, J. (2009). 'Changes in the Medicare home health care market: The impact of reimbursement policy'. *Medical Care, 47*(3), pp. 302-309〉를 재구성; 김용득 외, 사회서비스 재정지원 방식과 공급 주체, p. 117.

비중이 증가해 왔으며, 특히 민간 영리 부문의 역할 증가가 두드러진다는 것이다.

이 같은 전반적 변화의 경향성은 유사하나 구체적인 과정에서는 영국과 미국 간에 차이를 드러낸다. 영국은 사회서비스 공급 초기에 지방정부의 직접공급 역할 비중이 높다가 후에 낮아지면서 상대적으로 민간 비영리 부문의 역할 비중이 높아지게 되었는데, 2000년대 이후 시장기제를 활용한 재정공급 방식이 확대되면서부터는 민간에서도 영리 부문의 역할 비중이 급속히 신장되는 추세를 보여 준다. 반면, 미국은 사회서비스 공급초기부터 공공 부문의 직접 공급역할은 크지 않았으며 민간 비영리 자발조직의 역할이 컸다. 사회서비스 부문에 대한 공공 재원의 투입 또한 상당히 늦게 이루어졌지만, 재원투입 규모의 증가 속도는 상당히 빨랐다. 공공 재원이 대규모로 투입되는 초기부터 이용자에게 구매력을 보전하는 시장기제를 활용했기 때문에 민간 영리 부문이 급속히 사회서비스 시장으로 진입하게 되었다.

사회서비스 공급 주체로서 민간의 역할 비중 변화와 서비스 공공성의 성격 변화를 연관지어 분석할 때, 영국이나 미국과 가장 대조를 이루는 국가가 스웨덴이다. **스웨덴**의 사회서비스 제도는 1982년의 「사회서비스법(Social Service Act)」 제정을 통해 집대성되었다. 이는 1900년대 초반부터 집권해 온 사민당 정권이 그간 꾸준히 실행해 온 사회서비스 정책을 집대성하고 향후 사회서비스 공급관련 체계를 재정비하기 위한 입법이었다. 스웨덴의 「사회서비스법」은 사회서비스 수급권을 명확히 하고 이에 대한 공급 책임과 의무를 지방정부에게 명시하였지만, 큰 틀에서 이러한 보편적 사회서비스 공급에 대한 정부 책임은 지금까지도 유지되게 하고 있다.

하지만 스웨덴에서도 부분적으로는 영국이나 미국과 다소 유사한 정책변화의 경향이 나타나고 있다. 1990년대 초 커뮤니티 케어 정책이 강조되고 이를 위한 지방정부의 역할 강화가 두드러졌던 영국, 미국과 마찬가지로 스웨덴도 1992년 '아델 개혁(Adel reformen)'으로 일컬어지는 커뮤니티 케어 방식으로의 정책 개편이 이루어졌다. 스웨덴 커뮤니티 케어 정책 방향의 핵심은 시설 돌봄서비스에서 커뮤니티 재가돌봄서비스로 지속적인 전환을 이루고, 의료서비스 중심에서 재가돌봄서비스 중심으로 정책적 지향성을 옮기는 것이다. 고령화와 같은 인구학적 변화와 재정 압박에 대한 효율적 대응이라는 정책 기조의 변화를 반영한 것이다.

이처럼 영국, 미국과 마찬가지로 1990년대 이후 스웨덴도 사회적 돌봄서비스에 대한 공공재정의 효율적 사용, 커뮤니티 케어의 필요성 등이 정책기조를 다소간 변화시키기는 했지만, 그럼에도 여전히 스웨덴에서의 사회서비스에 관한 제도적 기조는 영국, 미국과는 다르다. 교육, 보건, 고용서비스와 마찬가지로 돌봄서비스도 모든 국민에 대한 평등한 접근권을 보장해야 하는 공공서비스의 주요 영역으로 간주되고 있는 것이다.

〈표 4-6〉은 스웨덴에서 보건서비스와 사회서비스의 관리체계를 보여 준다. 스웨덴의 경우 소득보장 제도와 사회서비스보장 제도는 엄격히 구분되어 관리된다. 주로 현금성 소득보장 제도는 중앙정부의 책임하에 중앙사회보장청과 지역의 지청들에서 운영된다. 나아가 사회적 돌봄서비스에 대한 법안을 제정하고, 감독하며, 성과를 평가하는 것도 중앙정부의 보건복지부와 사회보장청이 주로 담당한다.

반면, 사회서비스의 실행은 지방정부의 책임으로 운영된다. 이러한 책임에는 재정지출 뿐만 아니라 재정공급, 조직화, 운영 등이 모두 포함된다. 사회서비스 중에서 교육과 보건의료 서비스는 광역지자체(county)의 관할이다. 따라서 건강보험인 란드스팅의 운영과 의료기관에 대한 관리, 감독은 광역지자체의 책임이다. 사회적

〈표 4-6〉 스웨덴 공공 부문의 보건사회서비스 관리 체계

구분				책임
중앙 정부	보건사회부/사회보장청			법안제정, 감독, 성과평가
지방 정부	란드스팅 · 코뮌 연합회	란드스팅 (20)	대학종합병원(8개), 종합병원(65개) 진료소(1,000개)	재정, 조직, 집행
		코뮌 (290)	(노인과 장애인)재가서비스, 요양원과 사회서비스	

출처: Swedish Institute (2007). *Fact Sheets on Sweden*. The Swedish Institute(Si); 〈신필균(2011). 복지국가 스웨덴, 국민의 집으로 가는 길. 후마니타스, p. 235〉에서 재인용.

돌봄서비스는 기초지자체(municipality)가 관리하는 방식을 취하는데,[16] 재가돌봄서비스나 요양원, 양로원을 포함한 돌봄 관련 시설과 기관 등에 대한 총체적인 실행과 관리는 모두 기초지자체의 담당이다.

스웨덴에서는 커뮤니티 케어가 강조되면서 지방정부의 역할이 한층 강화될 수밖에 없었는데, 특히 광역이 아닌 기초지자체의 책임이 크게 증가하였다. 김용득 외(2013)에 따르면, 1990년대 초반 아델 개혁으로 인해 약 5만 5,000명에 달하는 광역지자체 공무원들이 기초지자체 공무원으로 전환되었고, 개혁 이후 약 10여 년 동안 대규모 의료시설의 병상이 거의 50% 정도 축소되었다고 한다.

노인인구의 증가와 공공재정 압박의 증가는 기초지자체의 재정부담을 증가시킬 수밖에 없기 때문에, 스웨덴에서도 돌봄서비스 공급의 방식에서 일정 정도의 변화가 나타나지 않을 수는 없다. 가장 대표적인 변화는 경증의 돌봄서비스 공급이 줄고, 중증의 집약적 돌봄서비스에 대한 지원이 확대되고 있는 것이다. 결과적으로 일상적 돌봄의 제공을 위해서 '재가족화'가 이루어지고 민간 영리 부문의 돌봄서비스 공급 비중이 얼마간은 증가하게 되었다.

〈표 4-7〉을 보면 노인 재가돌봄서비스 공급자 중 민간사업자 제공 비중이 20여

16) 정진주 외(2012). 돌봄노동자는 누가 돌봐주나. 한울아카데미.

〈표 4-7〉 스웨덴 민간기관 재가돌봄서비스 공급 비중 (65세 이상 인구 중)

1990년	1993년	2001년	2003년	2008년	2010년	2011년
1%	2%	8%	9%	14%	16%	18.6%

출처: Blomqvist, P. (2004). 'The choice revolution: privatization of Swedish welfare services in the 1990s', *Social Policy & Administration*, *38*(2), pp. 138-155; SFI The Danish National Centre for Social Research (2011). LIVINDHOME(Living Independently at Home)-Reforms in Home Care in 9 European Countries. Copenhagen; Stolt, R., Blomqvist, P., & Winblad, U. (2011). 'Privatization of social services: quality differences in Swedish elderly care', *Social Science & Medicine*, *72*, pp. 560-567; Stolt, R. & Winblad, U. (2009). 'Mechanisms behind privatization: A case study of private growth in Swedish elderly care', *Social Science & Medicine*, *68*, pp. 903-911; Swedish Institute (2012). *Facts about Sweden: Elderly Care*. The Swedish Institute(Si); 〈김용득 외, 사회서비스 재정지원 방식과 공급 주체, p. 38〉에서 재인용.

년에 걸쳐 비교적 완만하지만 지속적으로 증가하고 있음을 알 수 있다. 1990년에 1%에 지나지 않았으나 2011년에는 18.6%로 증가하였다. 거의 18배가 넘는 증가이긴 하지만 이것은 1990년의 민간공급 비중이 1%로 지나치게 낮았던 것에서 기인한다고 할 수 있다. 2011년에도 민간 부문의 사회서비스 공급 비중은 사실상 20%가 되지 않는데, 그 비중이 80%가 넘는 영국이나 미국과 비교해 보면 재가돌봄서비스 영역에서 민간 부문의 공급 비중은 여전히 낮다.

3. 이용자 선택권과 시장기제

최근 30여년에 걸쳐서 선진 복지국가들에서 나타나고 있는 사회서비스 정책의 또 다른 주요 변화는 서비스 이용자의 선택권에 대한 강조이다. 탈가족화의 가속화와 신사회적 위험의 보편화는 돌봄서비스를 필요로 하는 사람들을 큰 폭으로 증가시켰다. 저소득의 고령인구만이 대상이 되던 과거에 비해, 다양한 연령과 계층의 사람들이 돌봄서비스 대상이 되면서 원하는 돌봄의 구체적인 내용이나 이용방식에 대한 이들 정책대상자들의 선호는 다양해질 수밖에 없었다. 제한된 공공 재원을 투입해서 사회서비스 이용자들의 만족도를 높이기 위해서는 그들이 원하는 서비스를 원하는 방식으로 받을 수 있도록, 이들에게 선택권을 주어야 한다는 주장이 점차 더 설득력을 갖게 되었던 것이다.

앞서 살펴본 바와 같이 공공재정 압박이 증가하면서 자원효율성을 높이기 위해 지방정부가 직접 공급역할을 줄이고 민간 부문, 특히 영리기관이 돌봄시장에 참여하도록 유도하기 위해서도 이용자에게 선택권을 주는 시장기제의 도입이 필요했다. 사회서비스 공급 정책의 재편 방향과 이용자 중심성 강화라는 가치지향성이 부합되면서, 이용자에게 선택권을 주고 스스로 역량을 가진 주체로서 돌봄서비스를 이용할 수 있게끔 하는 제도적 방식이 적극 선호되는 것이다. 이용자들에게 공공재정을 직접 지원해서 서비스에 대한 선택권을 갖도록 하는 방식은 정책대상자들의 욕구를 보다 효율적으로 충족시켜 줄 수 있게 해 주며, 그렇기 때문에 공공재정을 가장 효율적으로 집행할 수 있는 방식이라는 논리는 정치적으로도 상당한 설득력을 가진다.

1990년대 이후 돌봄서비스 이용자의 선택권을 강화하고 이들 스스로 자신의 욕구에 맞게 서비스를 이용할 수 있게끔 정책 방향을 전환하고 있는 가장 대표적인 국가는 **영국**이다. 사회서비스에 대한 책임에서 중앙정부와 지방정부 간 관계, 그리고 사회서비스 공급 주체로서 공공과 민간 부문 간 역할 관계에서 전환점을 이룬 1990년대 초반부터 영국에서는 사회서비스 이용자에 대한 개별화(personalization) 전략을 정책 방향의 전면에 내세우기 시작했다. 여기에서 돌봄서비스 이용자는 개별적으로 모두 다르며, 이에 돌봄서비스에 대한 욕구도 모두 다르다는 것이 거듭 강조된다. 따라서 돌봄 정책의 효과성은 이용자 개개인의 욕구를 개별적으로 고려할 수 있는 정도에 따라 결정된다는 것이다. 기존의 돌봄서비스 정책이 특정 인구집단을 상정하고 설계되었다면, 선진적 정책은 개인 맞춤형으로 설계되어야 한다는 것이 강조되었다.

영국에서 고안된 사회서비스 이용자 선택권과 결정권 강화 정책은 직불제도와 개인예산 제도로 실체화되었다. 직불제도는 1996년 「직불법(Direct Payment Act)」에 따라 실행되었는데, 서비스 공급기관이 기획한 서비스를 이용할 수밖에 없는 기존의 한계를 벗어나고자 시도한 것이었다. 이 제도는 돌봄서비스 이용자에게 자신이 원하는 서비스 제공자를 직접 고용할 수 있도록 현금을 지원해 준다. 돌봄서비스 이용자 명의로 지방정부가 은행계좌를 개설하고 여기에 정해진 기간에 정액의 현금을 송급해 주는데, 이 돈은 돌봄서비스 제공자에 대한 임금지불에만 사용할 수 있다. 직불제도에 대한 선호도는 장애인 영역에서 가장 높지만,[17] 노인돌봄 영역에서도 직불제도에 대한 선호가 높아지고 있는 것으로 나타난다. [그림 4-1]을 보면 2006년부터 2011년 사이 약 5년간 영국 잉글랜드 지역의 직불제도 이용자 수는 거의 3배가 증가했다는 것을 알 수 있다.

(단위: 천 명)

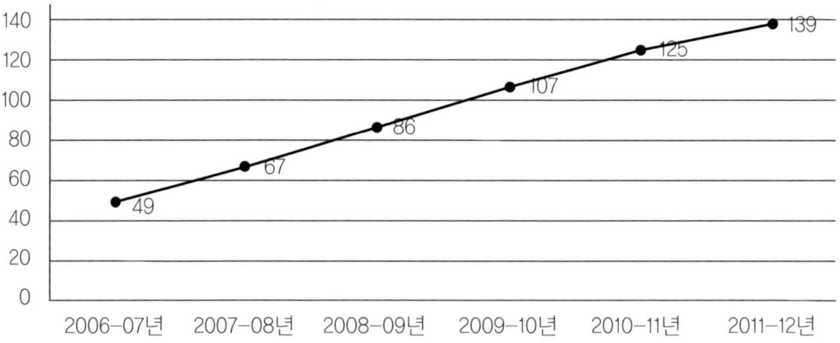

[그림 4-1] 영국 잉글랜드 돌봄서비스 직불제도 이용자 수의 연도별 변화

출처: The Information Centre for Health and Social Care (2013). *Community Care Statistics, Social Services Activity Report, England, 2011-2012*; 김용득 외, 사회서비스 재정지원 방식과 공급 주체, p. 69.

개인예산제(Individual Budget)는 사회서비스 이용자들의 선택권을 보다 더 확장시켜 주는 제도이다. 개인예산제하에서는 사회서비스 이용자들이 서비스 이용 방식과 범위, 영역 등에 대해 거의 전적으로 재량권을 갖는다. 물론 시범사업의 진행 과정에서 지역별로 개인예산 제도 운영 방식에 편차가 있지만, 가용한 총액 내에서 사회서비스 이용자들이 갖는 자유재량권은 상당히 넓은 것으로 알려져 있다. 이용자들은 대개 자신이 원하는 방식으로 서비스 내용을 구성하고 그것을 이용하는 방

17) 정진주 외, 돌봄노동자는 누가 돌봐주나.

식에 대해서도 가능한 자신의 욕구를 반영할 수 있다.[18] 개인예산 제도도 직불제도와 마찬가지로 시범사업을 도입하여 수년간 시행하다가 2006년부터는 영국의 전 지방정부에서 실행하고 있다.

영국에서 직불제와 개인예산 제도를 이용하는 사람들은 꾸준히 증가하고 있고 이들의 이용만족도도 높은 편이라고 평가된다.[19] 서비스 이용자의 자유재량권이 훨씬 큰 개인예산제 이용자가 직불제 이용자에 비해 많아서, 대략 3배 정도에 이른다고 한다. 2012년 현재 131개 지방정부 가운데 약 반 이상은 사회서비스 이용자격을 가진 대상자의 절반 이상에게 개인예산 제도를 이용할 수 있게 하고 있다.[20] 이상의 경향을 보면 서비스 생산자에게 재정을 지원해서 서비스가 공급되게 하기보다는, 이용자에게 구매력을 제공해서 시장에서 제공하고 있는 다양한 서비스를 원하는 방식으로 이용할 수 있게 하는 방식의 시장기제가 영국 사회서비스 정책에서는 지속적으로 확대되고 있다고 할 수 있다.

사회서비스 정책 영역에서 이러한 방식의 시장 기제를 활용하는 대표적인 국가가 **미국**임은 재론의 여지가 없다. 돌봄서비스에 대한 국가지원을 확대하기 시작한 시점부터 미국은 이용자에게 구매력을 보전해서 시장의 돌봄서비스를 구매할 수 있도록 하는 방식을 취했다.[21] 2000년대 이후, 본격적으로 돌봄서비스에 대한 공공재원의 규모가 증가해 왔는데 이러한 정책적 기조는 변함이 없었을 뿐 아니라 오히려 더 강화되었다. 현재 미국의 돌봄서비스 중 대표적인 프로그램은 주정부 재량의 재가돌봄서비스(HCBS) 프로그램인데, 대부분의 주에서 이 프로그램은 이용자에게 서비스 제공기관이나 제공자에 대한 선택권을 제공한다. 물론 이용자 선택권의 내용이나 권한의 정도에서는 주별 편차가 큰 편이다.

상당히 많은 수의 주정부는 돌봄서비스 이용자들이 자신이 활용할 수 있는 급여액을 어떻게 활용할지, 그리고 어떤 서비스 제공자를 고용하고 또 어떤 경우에 해

18) 윤영진 · 장승옥 · 지은구 · 김은정(2009). 사회복지서비스 재정지원방식. 청목출판사.
19) 김용득 외, 사회서비스 재정지원 방식과 공급 주체.
20) 상게서.
21) Daniels, R., & Trebilcock, L. (2005). *Rethinking the Welfare State: The Prospects for Government by Voucher*. Routledge.

고할지를 결정함에 있어서 과거보다 자율권을 더 높이려고 하고 있다. 재가돌봄 영역에서 대표적인 주정부 프로그램 중 '현금과 상담(Cash and Counseling)' 프로그램은 12개 이상의 주정부가 시범적으로 도입하여 시행하고 있는데 영국의 직불제도와 유사하다. 이 프로그램은 서비스 이용자가 서비스 제공자를 고용하고 해고할 수 있는 권한, 서비스 이용의 일정에 대한 통제 권한 등을 모두 가질 수 있도록 하고 있다.

또 미국은 사회적 돌봄을 제공하는 다양한 시장상품을 이용할 때 지출비용을 공제세액에 포함시키는 조세정책을 사회서비스에 광범위하게 활용한다. 미국은 의료급여인 메디케이드와 노인건강보험인 메디케어를 재원으로 활용하면서 일정 범위 내의 시장 돌봄상품을 이용하면 건강보험 급여적용 대상에 이를 포함시켜서 급여를 보전해 주거나 세액공제를 해 주는 방식을 취하는 것이다. 민간 보험회사에서 재가돌봄 상품을 많이 판매하는 것도 이것 때문이다. 1990년대 이후 많은 수의 영리기관이 재가돌봄서비스 공급시장에 빠른 속도로 진입한 것은 이러한 정책과 관련이 깊다.

스웨덴은 사회서비스 공급에서 시장적 기제를 활용하는 것에 가장 소극적인 국가이다. 이용자의 서비스 선택권이 돌봄서비스 정책에서 우선적이거나 명시적으로 강조되지 않는다. 그러나 이러한 스웨덴에서도 1992년 「신지방정부법(NLGA)」이 제정되면서 사회서비스의 공급자와 구매자가 분리될 수 있는 기반이 마련되었고, 지방정부의 독점적 사회서비스 공급 권한이 제거되었다.[22] 그러나 이것은 돌봄서비스 영역에서 바우처와 같은 시장방식을 활용하여 이용자 선택권을 강화하려는 직접적 의도를 갖는다기보다는, 지방정부의 직접 공급 비중을 다소 낮추고 민간 기관 유입을 증가시켜서 부분적으로나마 재정 효율을 높이려는 목표가 더 우선이라고 판단된다.

[그림 4-2]를 보면 스웨덴에서도 사회서비스 이용자의 서비스 선택권을 강화해 줄 수 있는 바우처 제도 이용이 조금씩 증가하고 있음을 알 수 있다. 290개 지방정

22) NLGA는 New Local Government Act의 약자다.

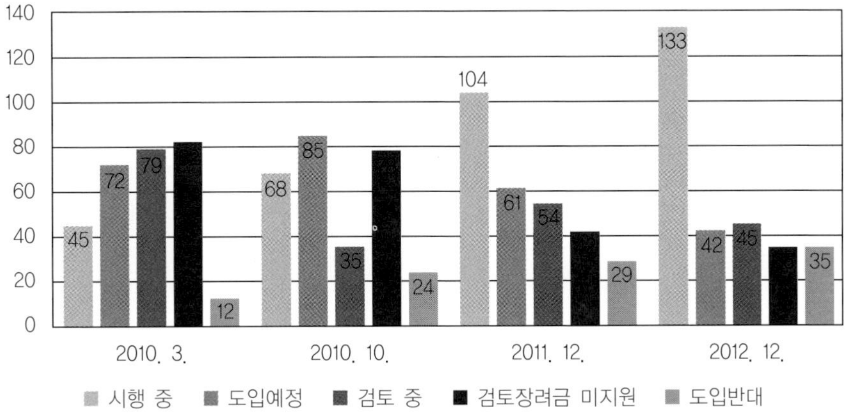

[그림 4-2] 스웨덴 290개 지방정부(Municipalities) 바우처 제도 도입 추이

출처: Socialstyrelsen(National Board of Health and Welfare) (2013). *Stimulansbidrag LOV: delrapport 2013*; 〈김용득 외, 사회서비스 재정지원 방식과 공급 주체, p. 36〉에서 재인용.

부 중에서 2010년 초반 45개 정부가 바우처를 도입했으나 2012년에는 3배 이상인 133개 지방정부가 바우처 제도를 도입하였다. 전체 지방정부의 거의 반 정도는 바우처 제도를 도입한 것으로 나타나는데, 도시 규모에 따라 바우처 제도 도입에 대한 태도나 이용률에서 편차는 큰 것으로 나타난다. 대도시 지역의 지방정부는 바우처 도입에 적극적인 반면, 농어촌이나 소규모 지역의 지방정부에서는 바우처의 유용성에 의문을 품는 태도가 많이 나타난다.[23] 한편, 스웨덴도 최근에는 미국과 마찬가지로 시장돌봄 상품을 이용할 경우 이용비용에 대한 세금공제 혜택을 증가시키는 등 다소 적극적인 시장화 조치도 취해지고 있다.

---

23) 이용자에게 서비스 선택권을 주는 방식은 대규모의 서비스 공급이 가능한 지역에서나 실효성이 있다는 점과 관련된다. 참고: 김은정(2016). "지역적 환경과 제도적 특성을 고려한 사회서비스 공급체계 분석". 사회복지연구, 47(3), pp. 5-33. 즉, 서비스 공급기관이 다수 존재할 수 있어야 선택권이 의미가 있게 된다는 것이다. 스웨덴의 경우, 스톡홀름을 포함하여 일정 규모의 이상의 인구를 가진 도시 지역에서는 바우처 제도를 도입하는 데 적극적이나, 농어촌 지역의 지방정부는 이러한 제도의 실효성이 낮다고 평가한다.

4. 복지혼합과 품질관리

사회서비스 정책 방향의 주된 변화, 즉 정부의 직접 서비스 공급역할에 대한 축소와 이용자 선택권 확보를 위한 시장기제의 강화는 민간 부문이 사회서비스 공급에서 큰 역할을 하게 되는 복지다원화로 귀결된다. 흔히 복지혼합이라고 불리는 이러한 경향이 1990년대 이후 주요 복지선진국에서 가시화됐는데, 2000년대로 들어오면 특히 서비스 공급 주체로서 영리 부문의 비중이 크게 증가하게 된다. 사회서비스 공급 주체로서 영리 부문이 약진하는 이른바 상업화는 한편으로 사회서비스에 대한 국가 규제와 행정관리의 필요성을 증가시킨다. 지나친 이윤추구로 인한 이용자 착취나 사기, 부정과 같은 시장의 부작용 위험이 증가할 수밖에 없기 때문이다.

특히 **영국**은 사회서비스 공급에서 민간 영리 부문의 약진이 두드러지는 국가이다. 그에 따라 2000년 영국 정부는 「품질관리법(CSA)」을 제정하고 국가주도적인 품질관리체계를 강화하였다.[24] 이 법에 따라 국가보건 및 사회서비스 품질위원회(NCSC)가 만들어졌는데, 이 위원회가 보건서비스 및 사회서비스를 제공하는 기관의 등록, 품질관리, 퇴출 등과 같은 전반적 관리의 최종 권한을 갖도록 했다.[25]

2004년에는 보건서비스와 사회서비스를 분리하여 사회서비스품질감독위원회(CSCI)가 별도로 만들어졌다가,[26] 2009년에는 다시 보건과 사회서비스가 합쳐져서 보건 및 사회서비스 품질위원회(CQC)로 변경되었다. 영국의 경우 보건과 돌봄(사회서비스) 간 통합을 위한 다각적인 시도가 진행되었는데, 품질위원회의 통합도 그

24) CSA는 Care Standard Act의 약자다. 2007년부터 아동서비스 제공기관에 대한 등록과 품질관리는 모두 아동교육서비스의 품질관리를 담당하는 Ofsted(Office for Standards in Education, Children's Services and Skills)로 이관되었다. 결과적으로 2007년 이후부터는 CQC가 성인대상 보건 및 돌봄서비스 제공기관에 대한 품질관리를 전담하는 기구가 되었다고 할 수 있다. 참고: 김은정(2011b). "주요 국가의 사회적 돌봄서비스 정책현황과 특성: 재택 아동돌봄서비스 정책을 중심으로". 사회과학연구, 27(2), pp. 163-186.

25) NCSC는 National Care Standards Commission의 약자다.

26) CSCI는 Commission for Social Care Inspection의 약자다.

러한 노력의 일환으로 볼 수 있다.[27] 2010년부터 시행되기 시작한「보건과 돌봄서비스법(HSCA)」은 이러한 국가최저표준을 필수기준으로 변경시켰고,[28] 보건과 사회서비스를 제공하고 있는 기관들은 모두 국가최저표준을 적용받아야 한다.[29]

사회서비스 품질관리에서 핵심적인 영역 중 하나는 사회서비스 제공인력에 대한 관리이다. 영국은 보건과 사회서비스 기관에서 종사하는 인력에 대해서는 범죄 경력을 검토하는 시스템을 정부 범죄기록국에서 갖추고 있다. 고용주들은 범죄기록국을 통해 그들이 고용하고자 하는 인력의 범죄 경력을 조회할 수 있다. 서비스 영역별로 범죄 경력의 검토 가능성과 범위가 다른데, 반드시 범죄 기록에 대한 조회를 거쳐야만 하는 대상은 아동이나 취약성인대상 서비스 제공자, 아동서비스기관 종사자, 보건과 돌봄분야 종사자, 위탁가정 보호자, 입양가정 부모다.[30]

영국의 사회적 돌봄서비스 제공 인력에 대한 총괄적 관리는 'Skills for Care' 조직이 담당하고 있다. 이 조직은 사회적 돌봄서비스 영역에서 일하고자 하는 사람들이 필요로 하는 다양한 정보(자격조건, 교육훈련프로그램, 경력향상을 위한 프로그램 등)를 제공한다. 그뿐만 아니라 승급이나 경력관리 과정에 대한 정보도 포괄적으로 제공하기 때문에, 서비스 제공 인력들의 자기 개발 지원 조직이라고 할 수 있다.[31] 영국은 또한 사회적 돌봄 종사자들의 공급을 증가시키고 돌봄서비스의 질을 향상시키기 위해서 국가 차원에서의 경력승급 제도를 적용하고 있다. 일반적인 국가직업자격관리(NVQ) 체계 안으로 보건과 사회적 돌봄분야 인력관리의 틀을 포섭하고 있는 것이다. 국가직업자격관리 체계는 인력등급을 5개로 구분하고 각 등급에 해당되기 위한 조건과 등급 간 시간당 임금기준 등을 확립하고 있는데,[32] 이러한 원칙을 보건과 사회적 돌봄 분야의 종사자들에게도 적용하는 것이다.

27) 재정원천이나 관리부처, 제공인력 등에서 보건과 돌봄서비스 간에는 여전히 큰 차이가 있기 때문에, 현실적으로 효과적인 통합은 제대로 이루어지지 못하고 있다.

28) HSCA는 Health and Social Care Act의 약자다.

29) 이봉주 · 김용득 · 김은정 · 서정민 · 김낭희(2013). 사회서비스 공통품질 최저기준 마련 연구 [보건복지부/서울대학교산학협력단].

30) 상게서.

31) 정진주 외, 돌봄노동자는 누가 돌봐주나.

32) NVQ는 National Vocational Qualification의 약자다.

미국은 돌봄서비스에 대한 품질관리 방식에서 영국과는 상당히 다르다. 돌봄서비스 제공기관에 대한 품질관리와 제공인력에 대한 승급 관리가 국가차원에서 단일한 체계에서 이루어지고 있는 영국과는 달리, 미국은 연방정부 차원의 돌봄서비스 품질관리 체계를 갖추고 있지 않다. 따라서 모든 주정부에 적용되는 전국 단일 차원의 품질관리 체계가 없다. 돌봄 사회서비스 제공기관이나 인력에 대한 구체적인 품질관리는 모두 주정부의 재량권하에 놓여 있다. 연방정부는 주정부하에서 실행되고 있는 보건의료 및 돌봄서비스 전체에 대한 품질인증 체계를 주정부 자체적으로 갖추도록 요구하고 있다. 주정부는 사회서비스 계획, 서비스 제공자 자격 및 품질관리, 이용자 자격 및 서비스 효과성을 효과적으로 모니터링할 수 있는 체계를 갖추어야 한다. 사회서비스 품질 모니터링 체계는 주정부가 독자적으로 가지며, 다만 주정부는 연방정부에 그러한 모니터링의 결과를 보고할 의무가 있다.

보건과 돌봄서비스 영역에서 가장 예외적인 품질관리 체계는 연방재원인 메디케이드나 메디케어 프로그램으로부터 재정지원을 받는 기관들을 등록하게 하는 시스템이다.[33] 미국 연방정부는 1996년부터 이 재원을 이용하는 기관에 대해 등록 제도를 운영하고 있다.[34] 이러한 연방 재원을 활용하는 보건의료관련 기관은 기관확인번호(NPI)를 부여받아야 한다.[35] 메디케어와 메디케이드 통합 서비스센터(CMS)가 기관들의 확인번호를 발급하고 관리하는 총괄기구다.[36] 여기에서 메디케어와 메디케이드 재원을 활용하지 않는 여타 보건의료(돌봄) 서비스 제공기관에 관한 정보도 수집하는 경향이 나타나고, 이 정보를 연방정부의 다른 기구나 주정부가 활용할 수 있도록 하고 있다. 물론 이러한 NPI에 관한 정보는 연방 법규에 의해 보호받는다.[37] 미국에서 이러한 연방차원의 사회서비스기관 관리체계는 예외적인 것이다.

미국에서는 사회서비스 품질체계 구축과 모니터링의 주체인 주정부도 대부분은

33) 메디케이드는 우리나라의 의료보호와 같이 저소득 공공부조 대상자를 위한 것이고, 메디케어는 노인들을 위한 건강보험과 같은 형태다.

34) Center for Medicaid Service (2010). Home Health Study Report [L & M Policy Research].

35) NPI는 National Provider Identifier의 약어다.

36) CMS는 Center for Medicare and Medicaid Services의 약어다.

37) DHHS (2004). 45 CFR(Code of Federal Regulation).

직접적으로 기관과 인력에 대한 품질을 관리하지 않는다. 품질관리의 핵심 기준이 되는 품질지표 설정과 품질인증 작업을 정부차원에서 직접적 수행하지 않는다는 것이다. 민간의 주요 품질인증위원회나 협회가 서비스 품질 지표를 설정, 관리하고 서비스 제공기관이 자발적으로 이러한 민간기관으로부터 품질인증을 받도록 하고 있다. 주정부는 서비스 제공기관에 대한 공공재정지원의 여부나 규모를 결정할 때 이러한 민간기관으로부터 인증여부를 활용한다.

미국의 보건 및 돌봄서비스 영역에서 대표적인 민간 비영리 품질인증 기구로는 전미품질인증단(NCQA)[38], 보건 및 사회서비스기관 합동인증단(JCAHO)[39] 등을 들 수 있다. 2010년 이용자 수를 기준으로 미국 전체 보건 및 돌봄 관련 서비스 기관의 약 75% 정도가 NCQA로부터 품질인증을 받은 것으로 볼 수 있다. 여기서는 대략 60개 이상의 평가 지표를 활용하여 40개 이상의 영역에서 일정 성과를 보이는 기관에 대해 품질인증을 해 주는 방식을 취한다.[40] JCAHO도 NCQA와 마찬가지로 연방정부와 주정부로부터 보건의료 및 돌봄서비스 기관에 대한 품질인증 기관으로서 신뢰성을 인정받고 있다.[41]

이처럼 영국과 미국은 품질관리 체계의 구축과 품질평가 및 모니터링에서 정부의 역할 방식에서 큰 차이가 있다. 그러나 공공 부문이 사회서비스에 대한 품질관리를 점차 더 중시한다는 점은 공통적이다. 영국과 미국 모두에서 사회서비스 공급기관으로 영리 부문의 비중이 높기 때문이다. 민간기관, 특히 영리기관이 사회서비스 공급 역할을 확대하게 되면, 이들이 신뢰할 만한 서비스를 제공하는지를 관리, 감독해야 하는 공공 행정의 비용이 별도로 증가하게 된다. 영국의 경우에도 공공부문의 직접 서비스 비중이 줄고 민간 부문의 공급 비중이 늘어나면서 서비스 품질관리에 대한 정책적 관심이 비례해서 증가하였다. 미국은 원래 서비스 공급 주체로서 민간의 비중이 워낙 높기는 했지만, 대개 비영리 부문이 지배적일 때는 품질관

38) NCQA는 National Commission for Quality Assurance의 약어다.

39) JCAHO는 Joint Commission for Accreditation of Healthcare Organization의 약어다.

40) NCQA (2010). *States Using NCQA Accreditation for Medicaid Plans.*

41) 김은정(2014). "미국 재가돌봄서비스 정책 변화와 한국 정책에의 함의: 재정지원 및 품질 관리방식을 중심으로". 지방정부연구, 18(3), pp. 335-354.

리에 대한 관심이 크지 않았다. 1990년대 이후 영리 부문의 비중이 증가하면서부터 는 이들에 대한 등록 인증이나 품질 관리에 대한 관심이 증가하게 되었다.

반면, **스웨덴**에서는 2000년대 이후에도 돌봄서비스 품질평가와 모니터링 강화 정책이 두드러지게 나타나지 않는다. 여전히 사회서비스 직접 공급 역할자로서 공공 부문의 입지가 강력하며, 공공서비스로서의 일반적 표준과 관리 방식의 원칙이 오랜 기간에 걸쳐 일정수준 이상 확립되어 있으며 이러한 전통은 사회서비스에도 예외가 아니기 때문이다. 일선 행정에서 이루어지는 모니터링 수준에서 사회서비스에 대한 품질 모니터링도 이루어져 오고 있다고 할 수 있다. 일선에서의 사회서비스에 대한 품질 모니터링은 지방정부의 책임하에 이루어진다.

그러나 스웨덴도 최근 들어서는 보건의료서비스를 포함하여 사회적 돌봄서비스에 대한 품질관리 체계를 다소간 강화하려는 시도가 이루어지고는 있다. 앞서 살펴본 바와 같이 지방정부의 서비스 구매자로서의 역할이 확대되고,[42] 민간 부문의 서비스 생산자로서의 역할이 조금씩 커지고 있으며, 바우처 방식 도입과 같은 이용자 선택권을 확대하려는 정책 시도가 이루어지고 있기 때문이다. 그럼에도 불구하고 돌봄서비스에 대해 현재보다 더 강력한 품질관리 체계를 구축해야 한다는 주장은 그리 강하지 않은 것 같다. 그 이유는 스웨덴 국민들에서 사회서비스 품질에 대한 전반적인 만족도 수준이 현재 상태에서도 여전히 높고, 공공과 민간 부문을 구분하여도 유의미한 차이를 보이지 않기 때문이다.[43]

5. 정책적 함의

이제까지 사회서비스의 핵심적 내용을 구성하는 돌봄 중심의 탈가족화 서비스

42) 지방정부가 서비스 구매자가 된다는 것은 서비스를 직접 생산해서 제공해 주는 것이 아니라, 민간 영리나 비영리 부문으로부터 생산되는 서비스를 구매한다는 것이다. 이와 같은 서비스 구매(purchase of service) 방식은 복지혼합 체제의 대표적인 공공과 민간 부문 간 관계를 보여 준다.

43) SFI, LIVINDHOME; 〈이동석 외(2015). "돌봄서비스 재정지원방식과 공급 주체의 성격 및 품질관리기제에 대한 국가비교". **한국사회와 행정연구**, 25(4), pp. 161-181〉에서 재인용.

에 초점을 두고, 이를 공급하고 관리하는 정책방식에서 차이를 보여 주는 영국, 미국, 스웨덴을 중심으로 최근 동향을 검토해 보았다. 각국의 사회서비스가 보여 주는 특징을 간략히 요약하고 이것이 우리나라에 줄 수 있는 함의를 제시하자면 다음과 같다.

첫째, **정부의 역할과 공공성의 성격 변화** 측면에서 보면, 영국에서 이러한 변화가 가장 두드러지게 나타난다. 사회적 돌봄서비스의 공급과 관리에 대한 책임을 가진 지방정부에서 직접 서비스 공급자로서의 역할은 크게 줄고 행정 및 규제적 관리책임은 증가되었다. 가능한 한 보건의료의 재정 부담을 감소시키고 재정 집행의 효율성을 높이려는 정책 동인이 강하게 작용하였다고 할 수 있다. 미국의 경우에도 1990년대 이후 복지영역에서 연방과 주정부 간 역할이 재정립되었다.[44] 주정부로 복지권한의 대대적인 이양이 이루어지면서, 사회서비스 정책기획과 실행, 관리에서 주정부의 역할이 강화되었다. 그러나 영국과는 달리 미국의 주정부는 1990년대 이전에도 사회서비스 직접 공급역할을 크게 담당하지 않았기 때문에 주정부의 역할 내용 자체가 변화한 것은 아니다. 다만 사회서비스 수요가 증가하면서 재정 공급자와 정책관리자로서의 역할이 증대되어 왔다고 할 수 있다.

사회서비스 정책에서 정부의 역할 변화가 가장 크지 않은 국가가 스웨덴이다. 스웨덴은 사회서비스 정책에서 공공 책임성이 지속적으로 유지하고 있는 대표적 국가이다. 공공 부문의 사회서비스 공급 책임이 명확하고, 여전히 직접 서비스 공급자로서 기초자치단체의 역할이 다른 어떤 국가들에서보다도 크다. 물론 1990년대 시작된 사회정책의 개혁 기조가 사회서비스 분야에서도 적용되어, 지방정부의 사회서비스 구매자 역할이 조금씩 확대되고 있는 것은 사실이다. 결과적으로 민간 부문의 서비스 공급자로서의 역할이 어느 정도는 확대되고 있으나, 이러한 변화는 더딘 속도로 진행되고 있다.

둘째, 사회서비스 **이용자의 선택권 강화와 시장화 기제의 활용정도**를 보면, 영국에서 이에 대한 정책적 강조가 최근 30여 년에 걸쳐 가장 두드러진다. 돌봄서비스 이

44) 복지 분야에서 연방정부의 재정 및 행정 관리의 책임을 주정부로 이양하는 신연방주의(New Federalism)라는 정책 용어는 1990년대부터 사회복지정책 분야의 주요 방향 중 하나로 지속적으로 강조되었다.

용자들의 개별화된 욕구에 최대한 부합되도록 서비스를 공급할 수 있는 정책적 실험들이 꾸준히 이루어지고 있다. 직불제나 개인예산 제도가 대표적이다. 이렇듯 이용자들의 선택권 강화와 소비자 지향성의 확대는 영국 사회서비스 공급에서 민간 부문의 비중을 급격히 증가시켰으며, 특히 민간 영리 부문의 돌봄서비스 시장 진입 속도가 지난 20여 년에 걸쳐 매우 빨랐다.

미국은 사회적 돌봄서비스 공급에서 시장 기제를 가장 적극적으로 활용하고 있는 국가이다. 돌봄서비스 공급에서 민간 비영리와 영리의 시장 진입 장벽은 일찌감치 제거되었다. 사회적 돌봄서비스 공급에 소요될 수 있는 재원들을 다각화함으로써 가능한 한 영리 부문이 자발적으로 돌봄시장에 진입할 수 있도록 유도한 것이다. 이러한 경향성은 큰 변화 없이 지속되고 있다. 스웨덴은 미국과 가장 다른 경향성을 보여 주는데, 사회서비스 정책 초기부터 서비스 공급 주도권을 공공 부문이 가지고 있었고 최근까지도 이러한 시장적 기제를 적극적으로 활용하는 경향은 나타나지 않는다. 스웨덴에서도 사회적 돌봄서비스 분야에 바우처 방식을 포함한 시장 기제가 도입되고 이를 시도하는 지방정부가 다소 증가하고 있으나 여전히 부분적인 경향으로 머물고 있다.

셋째, 사회서비스 **품질관리 정책의 핵심적 변화** 방향에서도 영국, 미국, 스웨덴은 차이를 보여 준다. 영국은 강력한 중앙집권적 방식으로 품질관리 체계를 강화해 왔다. 민간 부문의 사회서비스 공급이 크게 증가하면서 전국에 지부를 두고 있는 중앙집권적 품질관리 기구의 영향력이 확대되었다. 미국에서도 사회서비스 품질관리에 대한 정책적 관심이 증가하는 경향을 보이나, 정부가 직접 품질관리의 실행자로서 역할하지 않는다는 점에서 영국과는 매우 다르다. 민간 품질인증 기관이 보건과 사회서비스 기관과 인력에 대한 품질인증 역할을 핵심적으로 담당하고 정부는 이러한 정보를 활용한다. 스웨덴은 돌봄서비스 품질 관리에 대한 공공 부문의 관심이 다소 증가하고는 있지만, 다른 국가들과 달리 별도의 품질관리와 인증체계를 확립하고 있지 않다. 여전히 높은 수준의 사회서비스에 대한 품질만족도가 유지되고 있기 때문이다.

결론적으로 서구의 복지국가들은 사회서비스 정책에서 나름의 특성 차이는 보이지만 일정 정도의 공통된 경향을 보인다. 먼저, 사회서비스 공급을 위한 공공 부문의 역할과 성격이 변화하고 있다. 지방정부의 기능과 책임이 확대되고 있고, 한편으로는 공공 부문의 역할이 민간 부문의 서비스 생산에의 참여를 유인하는 방향으로 바뀌고 있다. 민간 부문 가운데서도 영리 서비스 생산자들은 바우처 방식과 같은 시장기제의 작동이 가능한 영역에서 급속히 확대되는 양상을 보이고 있다.

사회서비스 공급에서 시장기제의 영리 생산자가 차지하는 비중이 높아지게 됨에 따라, 공급체계의 규제 방식도 그에 따라 변화하게 된다. 사회서비스의 품질관리에 대한 관심이 높아지는데, 이는 보조금 방식에서 공공 부문이 서비스 생산자를 직접 통제하는 형태와는 다르다. 소비자로서의 이용자 관점의 평가를 강조하면서, 한편으로는 서비스 생산자를 인증한 정보를 소비자에게 제공하는 식의 가급적 시장-기제를 지원하는 형태의 규제 방식이 증가하고 있다.

우리나라의 경우도 이들 복지국가의 경향과 일정 부분 유사성을 띠고 있음이 확인된다. 2000년대 중반 이후 사회서비스 공급에 바우처 방식을 도입한 이래 주요 부문에서 민간 영리 생산자가 증가하고 있으며, 그로 인해 사회서비스 품질관리 체계 구축에 대한 필요성도 증가하고 있다. 한편, 공공 부문의 성격 변화에서는 이들 복지국가와는 일견 반대 방향의 추세가 등장하는 것처럼 보인다. 근래 읍면동의 아웃리치형 보건복지서비스 기능 강화라든지 지방자치단체 사회서비스원 설치(안)와 같은 것에서 공공 부문이 사회서비스 생산 주체로서의 역할을 강화하려는 추세가 읽힌다.

이는 기존 복지국가들의 복지혼합 방향과 반대인 것처럼 보이지만, 실상은 이것도 우리나라 사회서비스 공급체계가 오히려 복지혼합의 정상적 수준에 수렴화되는 현상이라 보는 것이 적절하다. 우리나라에서 그간 과도하게 진행되어 왔던 민간 부문 위주의 서비스 생산자 구성보다는 적정한 수준의 공공과 민간 부문의 혼합을 통해 공급체계의 건강성이 강화될 수 있기 때문이다. 공공의 사회서비스 직접 생산자 주체 비중이 상당히 낮은 편에 속하는 미국에서조차도 약 10% 내외가 공공 주체인 점을 감안하면, 그 비중이 채 2%가 되지 않는 현재 우리의 상황은 분명히 정규적인 수준 내에 있다고 보기 어렵다. 그러므로 현재의 우리나라 공공성 강화 노력도 오히려 복지국가들의 복지혼합 추세에 부합되는 방향으로의 진전이라 평가될 수 있다.

복지국가들의 사회서비스 동향을 검토하고 이해해 보는 것은 우리나라 사회서비스 정책의 방향을 결정하는 데 많은 유용함을 줄 수 있다. 그럼에도 그 유용함은 우리나라의 사회서비스가 형성되고 발달해 온 고유한 제도적 경로에 대한 이해가 함께 결부되어야만 현실적이 될 수 있다. 이 책에서 뒤이은 5장(일본의 사회서비스)과 6장(우리나라 사회서비스 역사)은 이러한 기조에 의거해서 설명된다.

제5장 일본의 사회서비스

일본은 사회서비스와 관련된 개념이 우리나라와 유사한 방향으로 진행되어 왔던 경향이 있다.[1] 특히 행정법을 중심으로 하는 법제적 기반이 일본과 우리나라는 유사한 까닭에 사회서비스 관련 제반 정책과 실천들도 비슷하게 작동되는 부분이 많다.[2] 그러므로 일본의 사회서비스가 제도적으로 발달했던 과정을 이해하는 것은 우리나라 사회서비스가 왜 특정한 제도적 경로를 형성해 왔는지를 설명하는 데도 도움을 준다.[3]

1) '사회복지사업'이라는 용어의 사용에서부터 '사회복지'라는 개념을 통해 공공부조와 사회복지서비스들이 묶이고, 시설의 설치와 운영, 위탁 제도 등으로 사회복지서비스의 수요에 대응하는 방식에서 흡사한 점이 많이 발견된다. 참고: 김영종(2017). "우리나라 '사회복지' 전달체계와 담론적 작용: 역사적 형성과 경로, 쟁점". 한국사회복지학, 69(1), pp. 175-197.

2) 예를 들어, 우리나라에서 1970년에 '사회복지법인'이라는 독특한 재산 실체로서의 민간 주체(비영리 반관/반민)에 대한 개념이 「사회복지사업법」을 통해 법제화되는 맥락은 일본의 1951년 제정 「사회복지사업법」 존재를 통해서만 이해될 수 있는 측면도 있다.

3) 역사적 제도주의의 관점에서는 제도적 경로의 의존성을 강조한다. 현재 우리나라의 사회서비스의 제도적 형태가 왜 현재처럼 진행되어 왔는지에 대한 상당한 설명은 초기의 제도적 형성기의 발생 경로의 맥락이 중요하다. 그 맥락의 형성에 일본의 사회서비스 제도에 대한 이해가 요구되는 부분이 나타난다.

1. 사회서비스의 유관 개념

현재 일본에서 사회서비스라는 용어는 학술적으로나 실천 현장, 일반인들 사이에서도 그다지 많이 사용되고 있지 않다. 광의의 사회서비스 개념과 유사하면서 빈번히 사용되고 있는 것은 사회보장이라는 용어의 개념이다. 일본의 학술 문헌들에서 나타나는 '사회서비스(社会サービス)'에서 다루는 개념의 범주는 대체로 사회보장의 내용과 일치한다.[4)]

1) 사회보장과 사회서비스

일본 사회보장 제도의 체계는 '사회보장제도심의회'의 1950년 권고의 영향을 받아 공적부조, 사회보험, 사회복지, 공중위생과 같이 제도의 종류에 따라 4가지로 구분 정리하는 것이 일반적이었다. 거기에 1980년대에 창설된 노인보건 제도를 포함해서 5가지 구분으로 정리하는 경향도 있었다. 그러나 현재는 종래의 구분법이 아니라 사회보장의 구조와 각 제도의 역할 · 기능에 의거해서 매트릭스로 정리하는 방법이 널리 채용되고 있다.[5)]

〈표 5-1〉는 사회보장의 구조(소득보장, 의료보장, 사회복지)에 대해 각 제도(사회보험, 사회부조)의 역할과 기능으로 일본 사회보장 제도의 체계를 정리한 것이다. 여기에서는 사회서비스를 사회부조(social assistance)로 설정하고, 사회보험 방식과 구분한다. 사회부조는 다시 공적부조(우리나라의 공공부조)와 사회서비스로 나누는데, 이때의 사회서비스는 대개 사회복지서비스와 일치하는 영역들로 구성되어 있다. 표에서 사회서비스와 사회복지의 영역이 대부분 교차 영역으로 제시된 것이 이를 나타낸다.

4) 이토(伊藤淑子)(2001). 現代日本の社会サービス. 日本経済評論社.

5) 참고: 사회복지사양성강좌편집위원회 편 (社会福祉士養成講座編集委員会編)(2016). 新・社会福祉士養成講座12: 社会保障(第5版). 中央法規. pp. 42-43.

〈표 5-1〉 일본의 사회보장 제도 체계

구분			소득보장	의료보장	사회복지	법제 예
사회보험	연금보험		노령기초연금 노령후생연금 유족연금 장해연금 등	-	-	「국민연금법」 「후생연금보험법」 「각종공제조합법」
사회보험	의료보험		상병수당금 출산육아일시금 장제비 등	요양급부 건강진단 · 보건지도	-	「국민건강보험법」 「건강보험법」 「각종공제조합법」 「고령자의료확보법」
사회보험	개호보험		-		시설서비스 거택서비스 복지용구구입 주택개수 등 개호예방 · 생활지원대책	「개호보험법」
사회보험	고용보험		실업 등 급부(구직자급부, 고용계속급부 등)	-	-	「고용보험법」
사회보험	노동자재해 보상보험		휴업(보상)급부 장해(보상)연금 · 일시금 유족(보상)연금 · 일시금 개호(보상)급부 등	요양(보상) 급부	-	「노동자재해보상보험법」
사회부조	공적부조		생활부조 교육부조 주택부조 등	의료부조	개호부조	「생활보호법」
사회부조	사회수당		아동수당 아동부양수당 등	-	-	「아동수당법」 「아동부양수당법」
사회부조	사회서비스	아동복지	-	-	보육소 서비스 아동건전육성 아동양호시설 등	「아동복지법」
사회부조	사회서비스	장애인 복지	-	자립지원의료(육성의료, 갱생의료, 정신통원의료)비 지급	개호급부비 · 훈련 등 급부비 · 보장구비 지급, 지역생활지원사업 등	「장해자종합지원법」 「신체장애자복지법」 「지적장애자복지법」 「정신보건복지법」 「아동복지법」
사회부조	사회서비스	노인복지	-	-	노인복지시설 사는 보람 · 건강만들기 대책 등	「노인복지법」
사회부조	사회서비스	모자·부자·과부복지	모자부자(과부) 복지자금급부	-	자립지원생활지도 등	「모부자과부복지법」

일본에서 사회서비스라는 용어 역시 영국과 북유럽, UN 등에서 사용하는 시대마다 각기 차이가 나는 의미들이 혼재되어 있는 것으로 여겨진다. 각각이 가지는 용법상의 범주나 내용들의 차이에 따라 일본에서도 사회서비스의 개념은 통일적이지 못하지만, 대체로 영국의 사회서비스와 일본의 사회보장을 대비시키는 관점은 [그림 5-1]과 같이 제시된다.[6] 이를 통해 사람과 그 생활 욕구를 중심으로 나타내는 영국의 광의적 사회서비스, 대인적 사회서비스의 개념에서 구분해 보자면, 일본의 제도적 시책 구분의 관점에서는 대인적 사회서비스가 곧 일반적인(협의) 사회복지의 영역으로 간주될 수 있다는 것을 볼 수 있다.[7]

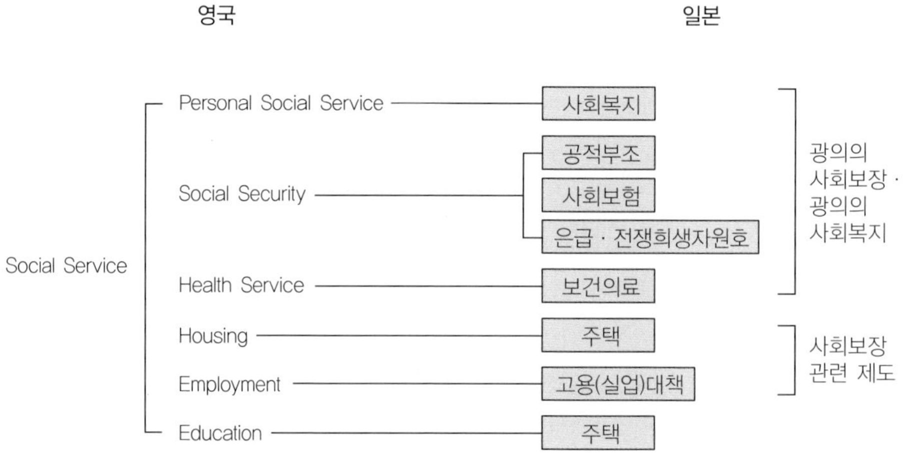

[그림 5-1] 영국의 사회서비스와 일본의 사회복지(대인적 사회서비스)

2) 대인적 사회서비스

대인적 사회서비스(personal social services)는 전후 영국의 복지국가에서 '제5의 사회서비스'라고 불리고, 소득보장, 국민의료서비스, 공교육, 공공주택 정책이라는

6) 伊藤, 現代日本の社会サ－ビス.

7) 상게서.

사회보장 제도를 보충하여 채우는 형태로 1968년「시봄보고서(Seebohm Report)」에 의해 명명되어 추가된 것이다.[8] 일본에서는 이를 '대인 사회서비스' 혹은 '대인 복지서비스'로 번역해 사용하는 경우가 많다. 전문가들 사이에서는 이것이 협의의 복지를 의미하는 것으로 간주하고, 사회복지서비스의 개념과 일치시키기도 한다. 대인적 사회서비스는 개인 생활의 개별화된 필요를 충당하기 위해 사회적으로 제공되는 여러 서비스를 뜻하는 것으로 일반적으로 사용되고, 이러한 용법을 따르면 대인적 사회서비스는 사회복지의 일환이지만 사회복지 그 자체는 아닌 것으로 간주된다고 보는 것이다. 일본에서의 이러한 용어 사용의 경향은 앞서 제시된 〈표 5-1〉과 [그림 5-1]의 경우에서도 뚜렷이 나타난다.

3) 사회복지

현실적으로 일본에서 사회복지(social welfare)라는 용어는 일반적으로 고령자, 장애인, 아동을 대상으로 한 대인적 사회서비스라는 의미(협의의 사회복지)로 사용되어 왔다.[9] 일본에서 사회복지라는 용어가 사용되기 시작된 것은 제2차 세계대전 이후(1945년)로 볼 수 있다. 그 이전에는 사회복지가 아닌 사회사업이라는 용어가 주로 사용되었다. 사회사업은 소셜워크(social work)의 고풍스러운 일본어 번역이라고 본다.[10] 이 사회사업이라는 용어는 1920년대 이후 등장하였고, 그 전에는 자선사업, 구제 사업으로 불렸다. 일본에서 사회사업이 완전히 공적 사회복지 제도의 틀 안에 규정된 것은 1945년 이후이다. 일본에서는 현재의 사회복지 제도나 실천에서 사회사업으로부터 많은 부분을 계승해 오고 있다고 본다.[11]

8) 사회서비스를 영국 복지국가의 5번째 기둥으로 제창한 이 보고서에는 지방자치단체의 사회서비스 담당 부서에 상담 창구를 일원화하는 것과 일반 사회사업(generic social work)을 도입하는 내용이 담겨 있다.「시봄보고서」에 기반한 영국 정부의 사회서비스부(Social Services Department)의 재편은 1970년대 재정 위기라는 역풍과 아동학대 방지 등 전문적 대응에 대한 사회적 요청 속에서 좌절되었다. 참고: 히라오카(平岡公一ら)(2011). 社会福祉学. 有斐閣.

9) 伊藤, 現代日本の社会サービス.

10) 平岡, 社会福祉学.

11) 상게서, pp. 15-16.

1950년에 나온 최초의 '사회보장제도심의회 권고'에서 사회보장은 사회보험을 중심으로 공적부조와 공중위생, 사회복지에 의해 보완되는 것이라는 견해가 제시되었다. 여기서 사회복지는 국가부조 적용을 받고 있는 자, 신체장애인, 아동, 그 외 원호육성을 필요로 하는 자가 자립해서 그 능력을 발휘할 수 있도록 필요한 생활지도, 갱생보도, 그 외의 원호육성을 실시하는 것이라고 정의되어 있다. 이에 따르면 사회복지는 생활보호가 가지는 소득보장 기능을 포함하지 않고, 생활보호 수급자와 그에 준하는 자에 대한 현금 급여 이외의 '지도, 보도, 원호'의 영역으로 규정된다. 이 영역은 곧 서비스 급여로서의 사회복지서비스 혹은 대인적 사회서비스에 한정된 것이다.

그런데 1962년에 동일한 사회보장제도심의회가 발표한 권고에서는 사회복지에 저소득층의 방빈(防貧) 대책이라는 역할이 부가되어 직업병 대책, 실업대책, 재활, 주거대책 등 일반 사회정책과 같은 시책들이 항목으로 포함되어 있다.[12] 사회복지 용법의 혼란은 우리나라와 마찬가지로 일본에서도 일찍이 시작되었던 것이다. 그로 인해 현재 일본에서도 사회복지와 사회서비스의 영역에 대한 분간은 각 개념이 쓰이는 맥락을 고려해야만 가능하다.

4) 커뮤니티 소셜워크

일본에서의 커뮤니티 소셜워크(community social work)에 대한 개념은 1982년 영국의 「바크레이 보고서(Barklay Report)」를 기반으로 한다.[13] 일본에서도 1980년대에 들어 커뮤니티 케어 정책에 대한 필요성과 관심이 확대되면서, 커뮤니티 소셜워

12) 상게서, p. 6.

13) 「바크레이 보고서」는 영국 대처정부 초기에 사회사업가(social workers)의 역할과 과업에 대해 2년간에 걸친 조사 끝에 나온 보고서다. 여기서는 국가와 시민 간 관계에 대한 접근을, 첫째, 비공식적 네트워크와 최소한 국가 공급을 강조하는 안전망접근, 둘째, 종합적인 서비스 수급권리를 인정하는 복지국가접근, 셋째, 사람들에게 파워가 되돌려진다면 사람들은 서로를 돌볼 잠재력이 있다고 믿는 커뮤니티 접근으로 세 가지로 구분해 보았다. 보고서는 결과적으로 세 번째 접근을 선호했고, 여기에서 이러한 접근에 필요한 커뮤니티 소셜워크(community social work)의 가치와 역할, 역량 등이 제시되었다.

크 개념이 성립하게 된다. 커뮤니티 관련 역할 과업은 기존 사회복지실천의 고유한 원조 방법 및 기술의 틀을 넘어서는 고유의 이론화가 필요하다는 배경에서 커뮤니티 소셜워크 개념이 등장하게 된 것이다. 즉, 커뮤니티 소셜워크는 지역을 기반으로 한 상담과 사회적 케어 계획을 통합한 사회사업 실천이라고 정의된다.[14)]

일본 정부 차원에서 커뮤니티 소셜워크 기능의 중요성은 1990년 후생성의 '생활지원사업 연구회'의 보고서에서 처음 제시되었다.[15)] 보고서에서는 사회적 고립, 단독 세대의 입퇴원 지원, 가정 내 폭력 등의 새로운 사회 문제에 대응하기 위해서는 기존 제도적 서비스만으로는 충분하지 않고, 다양한 전문직이 팀을 조직해서 원조 방침을 입안해 가는 것이 필요하다고 지적하고 있다. 그리고 그러한 업무의 중추적인 역할을 담당하는 자를 커뮤니티 소셜워커(community social worker)로 규정한다. 1991년부터는 이를 실현하기 위해 '후레아이 마을만들기 사업'이라는 대형 정부보조 사업이 시작되었다.[16)]

커뮤니티 소셜워크는 일대일로 개개인의 걱정과 어려움에 대해서 상담하고 개개인이 자립생활상 필요한 서비스는 무엇인지를 평가한다. 그에 따라 필요한 서비스는 두 측면에서 제공되는데, 개별 원조라는 부분과 환경 조성 및 사회적 지원 네트워크 구축이라는 부분이 있다. 커뮤니티 소셜워크는 이 둘을 종합적으로 전개하는 활동이다. 다시 말해, 커뮤니티 소셜워크는 케어 관리를 축으로 하는 개별 원조를 담당하면서, 원조를 개별화하는 것만이 아니라 장래에 같은 욕구 발생을 예방 및 감소시키기 위해 오히려 사회화하는 데 역점을 두는 실천이라는 것이다.[17)] 그러므

14) 일본지역복지연구소(日本地域福祉研究所)(2015). コミュニティソーシャルワークの理論と実践. 中央法規, pp. 12-15.

15) 연구회를 주도한 오하시(大橋)는 커뮤니티 소셜워크의 이념, 원조 방법과 이를 전개할 수 있는 시스템의 필요성에 대해서 강조해 왔다.

16) 日本地域福祉研究所, コミュニティソーシャルワークの理論と実践, p. 6. 1991년에 도입된 '후레아이 마을만들기(ふれあいのまちづくり)' 사업은 시정촌 사회복지협의회가 실시하는 국고보조사업으로, 지역복지 추진사업의 하나다. 후레아이(ふれあい)는 '상호 접하고 이해한다'는 의미를 가진 단어로 서로 이해하고 돕는 복지 커뮤니티 만들기라는 의미를 내포하고 있다. 2005년부터는 실시주체가 시정촌 행정으로 바뀌게 되면서 명칭도 '지역복지네트워크사업'으로 변경된다. 참고: 김영종(편, 2014). 복지사회의 개발: 지역 및 공동체 접근. 학지사.

17) 日本地域福祉研究所, コミュニティソーシャルワークの理論と実践, pp. 16-17.

로 커뮤니티 소셜워크는 개별 사례에 대한 지원과 지역사회에 대한 개입을 종합적으로 실천하는 원조 방법이라고 한다.

커뮤니티 소셜워크의 특징으로는 보통 지역 기반의 소셜워크 실천, 개별화와 탈개별화의 통합, 개별 사례에 대한 욕구사정과 커뮤니티 욕구사정을 연결, 전문직과 비전문직의 결합에 의한 팀 접근, 공공과 민간 협동에 의한 지원 조정, 예방적 접근의 중시, 지역 네트워크 형성과 종합적 케어 시스템 구축 등을 제시한다.[18)]

5) 개호서비스

1970년대 초반까지도 일본에서는 사회복지의 대상자 확대란 곧 생활보호 세대의 확대를 의미했었다. 그러나 이후로 고령자 개호(care, 케어) 문제가 국민 전체의 관심사가 되면서 사회복지서비스에 대한 필요성이 폭넓게 인식되기 시작한다. 정책적으로도 1969년에는 노인가정봉사원파견 사업의 대상자를 소득세 비부과 세대들까지로 확대했다.[19)] 당시 고령자 세대의 경우 거의 90%가 그 대상에 포함되었다. 이로 인해 '노인복지'는 결코 저소득자, 생활곤궁자만을 위한 것이 아니라 노인 대부분이라는 보편적 사회서비스에 대한 인식이 1970년대에 확산된 것이다.

이러한 노인복지의 보편화에 대한 대처로 고령자에 대한 복지서비스 공급의 보편화가 추진된 것이 1980~1990년대이다. 1982년에는 노인가정봉사원파견 사업 대상에 과세 세대도 포함되었다.[20)] 이렇게 고령자 세대 전체를 대상으로 복지서비스를 제공하게 되면, 일부 저소득층을 대상으로 하던 때처럼 비용을 세금으로 부담하는 조치제도 구조와는 들어맞지 않게 된다.[21)] 그럼에도 1980년대는 복지서비스 구조보다는 양적 확대가 우선시되었다. 폭발적으로 확대되는 이용자 수요에 대해서 충분한 서비스 양, 특히 재가(재택)복지 서비스를 확보하는 것이 우선 과제

18) 상게서, pp. 21-23.

19) 1973년에는 「노인복지법」 개정에 따라 노인의료비 무료화 대상도 그에 포함되었다.

20) 과세 세대에 대해서는 이용료 일부를 부과한다.

21) 조치(措置)제도란 공공행정(지방자치단체)가 대상자에 대한 서비스를 사회복지시설 등에 의뢰하면서 그 비용을 제공하는 방식을 뜻한다. 지자체의 비용은 세금으로 조달된다.

였다.

일본 정부는 1980년대에 주로 기초자치단체(市町村, 시정촌)와 사회복지협의회를 중심으로 재택복지 사업을 실시하기 위한 보조금을 제공했다. 1989년 일본 정부는 '고령자보건복지추진 10개년 전략', 이른바 '골든 플랜'을 마련하고, 홈헬퍼, 단기보호, 주간보호 등 재택복지 서비스의 수량화된 목표까지를 내세우고 전국의 지방자치단체들에 목표치 달성을 촉구했다. 1990년에는 사회복지8법 개정을 통해 재택복지를 충실하게 추진하기 위한 법적 조건을 정비하였다. 이러한 1990년대의 재택복지서비스 기반 정비를 거쳐, 2000년 4월부터는 개호보험이 실시되어 보편적인 고령자 돌봄(개호)서비스 공급이 이루어진다.[22]

일본 개호보험의 구상은 대체로 5가지로 요약된다.[23] 첫째, 요개호 고령자의 서비스를 확대하기 위해 공급체계를 기존의 세금 방식(즉, 공공부조)에서부터 보험 방식으로 전환한다. 둘째, 개호가 필요한 고령자를 가능한 한 의료서비스로부터 복지서비스로 넘어가게 한다. 셋째, 지방자치단체가 보험자로서 혹은 서비스 공급 주체로서의 역할을 강화한다. 넷째, 종래의 연금이나 의료보험과는 다른 새로운 사회보험 원리를 도입한다. 다섯째, 이용자의 자유로운 선택을 위한 공급자 경쟁의 원리를 도입하기 위해 사회복지법인뿐만 아니라 민간 영리나 여타 비영리 부문 등으로 서비스 공급 주체의 진입을 다양화한다.

개호 급여의 대상이 되는 서비스로는 거택서비스, 시설서비스, 지역밀착형 서비스가 있다. 〈표 5-2〉에 현재 일본에서 이루어지고 있는 제도적 개호서비스의 종류가 제시되어 있다.[24]

22) 「개호보험법」은 1997년에 제정되었지만, 시행은 2000년부터 이루어졌다.

23) 伊藤, 現代日本の社会サービス, pp. 117-118.

24) 참고: 社会福祉士養成講座編集委員会編. 新・社会福祉士養成講座12, pp. 176-177.

〈표 5-2〉 개호서비스 종류

구분	예방급여 서비스	개호급여 서비스
광역지자체 (도도부현) 등의 지정 · 감독 서비스	(개호예방서비스) • 방문입욕 개호 • 방문간호 • 방문재활 • 거택요양관리지도 • 통소재활 • 단기입소 생활개호 • 단기입소 요양개호 • 특정시설 입거자 생활개호 • 복지용구 대여 • 특정 개호예방 복지용구 판매	(거택서비스) • 방문개호 • 방문입욕 개호 • 방문간호 • 방문재활 • 거택요양관리지도 • 통소개호 • 통소재활 • 단기입소 생활개호 • 단기입소 요양개호 • 특정시설 입거자 생활개호 • 복지용구 대여 • 특정 복지용구 판매 (거택 개호지원) (시설서비스) • 개호노인복지시설 • 개호노인보건시설 • 개호요양형의료시설
기초지자체 (시정촌)의 지정 · 감독 서비스	(개호예방지원) (지역밀착형 개호예방서비스) • 소규모다기능형 거택개호 • 인지증대응형 통소시설 • 인지증대응형 공동생활개호	(지역밀착형 서비스) • 소규모다기능형 거택개호 • 야간대응형 방문개호 • 인지증대응형 통소시설 • 인지증대응형 공동생활시설 • 지역밀착형 특정시설 입거자 생활개호 • 지역밀착형 개호노인복지시설 입거자 생활개호 • 정기순회 · 수시대응형 방문개호 간호 • 간호소규모다기능형 거택개호(복합형 서비스) • 지역밀착형 통소개호
기타	• 주택개보수	• 주택개보수

일본 개호보험 제도의 목적은 요개호 상태가 된 고령자에게 필요한 개호서비스를 제공하고 각자 능력에 맞는 자립적인 일상생활을 영위하는 것이 가능하도록 하는 것에 두고 있다. 이러한 목적에서부터 요개호 상태가 된 고령자가 자택에서 생활을 계속할 수 있도록 개호서비스 계획(케어플랜) 작성을 통해서 케어 매니지먼트(사례관리) 구조를 채택하고, 재택서비스를 중심으로 한 개호서비스 공급 확대를 강화하는 등의 구체적인 정책 방향이 추진되고 있다.

일본 개호보험의 행정체계에서는 보험자를 시정촌(市町村) 및 특별구(동경도의 23개区)로 한다. 피보험자는 제1호 피보험자와 제2호 피보험자로 나눠지고 〈표 5-3〉과 같은 보험 급여의 지급 요건과 보험료 설정, 징수 방법이 다르게 적용된다.[25)]

〈표 5-3〉 개호보험의 피보험자

구분	제1호 피보험자	제2호 피보험자
대상자	65세 이상인 자	40세 이상 65세 미만 의료보험 가입자
수급권자	요개호자, 요지원자	가령에 기인하는 질병(특정 질병)을 원인으로 하는 요개호자 및 요지원자
보험료	시정촌이 징수	의료보험자가 의료보험료와 함께 징수하고 납부금으로 일괄해서 납부
보험료 부과 및 징수 방법	소득단계별 정액보험료 (연금액이 18만엔 이상인 자는 연금으로부터 공제-특별징수, 18만엔 미만인 자는 시정촌 등에서 지불-보통징수)	• 건강보험(표준보수 및 표준상여×개호보험료율. 사업주 부담 있음) • 국민건강보험(소득비율, 균등비율로 안분. 국고부담 있음)

제1호 피보험자의 개호보험료는 소득단계별 정액 보험료이고, 피보험자의 부담능력에 따라 징수액이 결정된다. 시정촌은 개호보험 사업에 필요한 비용액과 수입액에 따라 개호보험료율을 조례로 정하는데, 개호보험료의 금액은 시정촌마다 다르다. 제2호 피보험자의 개호보험료는 피보험자가 가입하고 있는 의료보험 보험료와 함께 징수된다. 개호보험료 금액은 각 피보험자의 표준보수월액 및 표준상여에 개호보험료율을 곱해서 산출된다. 개호보험은 급여 비용의 50%를 보험료로 부담하고, 나머지 50%는 세금으로 부담하는 방식으로 되어 있다.

개호보험 피보험자가 요개호 상태 또는 요지원 상태로 된 경우에는 보험급여를 이용하여 각종 개호서비스를 제공받게 된다. 「개호보험법」에서 '요개호 상태'란 신

25) 참고: 社会福祉士養成講座編集委員会編. 新・社会福祉士養成講座12, p. 170.

체상 또는 정신상 장애가 있어서 입욕, 배설, 식사 등 일상생활의 기본적인 동작 전부 또는 일부에 대해서 후생노동성령(시행규칙)으로 규정한 기간(6개월간)에 걸쳐서 계속해서 상시 개호가 필요하다고 예상되는 상태이고, '요지원 상태'는 상시 개호를 필요로 하는 상태의 경감 혹은 악화 방지에 도움이 되는 지원이 필요하다고 예상되는 상태이다.[26] 요개호 및 요지원 인정기준은 요지원 1・2(요개호 상태로 될 위험이 있고 일상생활 지원이 필요한 경우)와 부분적인 개호를 필요로 하는 요개호 1부터 최중도 개호를 필요로 하는 요개호 5까지, 총 7등급으로 구분되어 있다. 요개호 인정의 유효기간은 신규는 6개월, 갱신은 12개월로 되어 있다.

요개호 인정 결과, 요개호 및 요지원 상태에 있다고 판단되는 피보험자에 대해서는 케어 플랜이 작성되고 그것에 기초해서 개호서비스가 제공된다. 개호지원전문원(케어매니저)이 피보험자 욕구를 파악해서 개호서비스 계획을 작성하고, 사업자와 연락 조정하여 이용자에게 서비스를 제공하는 작업을 '케어 매니지먼트'라고 한다. 한편, 요지원 1・2로 인정된 피보험자에 대해서는 요지원 상태의 악화를 방지하기 위한 목적에서 개호예방서비스 계획이 작성된다. 이 계획은 지역포괄지원센터의 보건사 등이 작성하도록 되어 있다.

2. 사회서비스의 제도적 기반 형성[27]

일본의 사회서비스는 대체로 대인적 및 커뮤니티 사회서비스를 중심으로 하는 사회복지의 서비스를 중심으로 하고,[28] 그 초점은 초고령화 사회의 영향으로 인해

26) 일본「개호보험법」제7조 제1항 및 제2항.

27) 이 부분은 〈김영종(2017). 사회복지행정(4판). 학지사〉에서 일본의 복지 제도에 대한 설명 중 행정 체계의 이행에 관한 연대기적 설명을 차용한다. 이에 따른 재인용에 대한 표기는 생략한다.

28) 앞서 설명했던 바와 같이, 일본은 사회서비스 혹은 대인적 사회서비스로 구분되는 개념적 범주의 상당부분은 '사회복지'와 중첩된다. 그에 따라 사회복지 개념의 광의, 협의적 의미의 혼선도 그대로 사회서비스 개념에 적용되는 경향이 있다. 일본에서의 '사회복지'란 광의적 개념에서는 '사회보장'의 영역을 다루는 것으로 개념화하지만, 현실적으로 다루는 제도의 요소들에서 사회복지는 곧 공공부조와 결합된 사회복지서비스를 주로 의미한다.

고령자에 대한 개호(케어, 돌봄)에 맞추어져 왔다. 일본의 사회서비스 제도의 기반 형성의 맥락은 우리나라에 깊이 영향을 미쳐왔던 바, 이에 대해 조금 더 상세한 이해가 필요하다. 이를 일본에서 사회복지 제도의 발달 시기로 구분해서 검토해 보면 다음과 같다.[29) 30)]

1) 사회복지의 토대 형성기 (1945~1950년대)

1945년 8월 전쟁에서 패배한 일본은 미국 등 연합국의 점령하에 놓이게 된다. 전쟁 후 국민 생활이 곤궁(困窮)하게 되었고, 1945년에 일어난 쌀의 대흉작 등으로 식량난이 가중되었다. 이런 와중에 빈민 구제와 같은 사회복지 활동은 연합군총사령부(GHQ)를 위시한 해외 민간단체들의 원조에 상당 부분 의존할 수밖에 없었다.[31)]

이런 이유 등으로 일본의 근대적 사회복지 제도의 틀은 GHQ의 영향하에서 만들어졌다. 1946년에 GHQ는 일본 정부에 대해 '사회구제(SCAPIN775)' 각서를 발효했는데, 이에 근거해서 이른바 복지3법이라는 「생활보호법」(1946), 「아동복지법」(1947), 「신체장애자복지법」(1949)이 정립되었다. 1951년에는 사회복지 조직과 운영 관리에 관한 사항들을 규정한 「사회복지사업법」이 제정되어, 복지3법과 함께 이후 근 50년간 계승되는 일본 사회복지 제도의 기반이 구축되었다.[32)]

이 시기 일본 사회복지 행정의 특징은 '선별주의'와 '행정서비스'로 대변된다. 전쟁과 경제 파탄 등으로 빈민이나 아동, 장애인 구제에 필요한 절대 재원이 부족한 상태였으므로, 선별주의를 불가피하게 채택할 수밖에 없었다. 정부 차원에서 선별

---

29) 일본 사회복지의 시기 구분은 〈후루가와(古川孝順) (2002). 社会福祉). 誠信書房〉에서, 각 시기별 주요 제도적 변화에 대한 요약 설명은 〈고마쯔(小松理佐子) (2006). '日本における社会福祉制度・政策の展開過程'. 福祉国家の形成・再編と社会福祉政策, 中央法規〉을 주로 참고했다.

30) 이에 대한 주요 내용은 〈김영종, 사회복지행정〉에서부터 차용하는데, 1), 2), 3), 4)의 내용은 포괄적인 인용에 해당한다.

31) 小松, '日本における社会福祉制度・政策の展開過程'. p. 172. GHQ는 General HeadQuarters의 약자로 연합군총사령부를 뜻한다.

32) 상게서, p. 172.

주의 사회복지 행정은 '조치 사무' 방식으로 수행되었다.[33] 복지3법의 행정 조치 사무는 중앙정부가 지방자치단체에게 위임해서 수행하게 했다.[34]

1945년에서 1950년대까지 일본 사회복지에서 지역의 자발적인 역할은 전반적으로 미미했다. 비록 대부분의 사회복지 활동이 지역에서 실행되었지만, 지역 주체적인 사업은 많지 않았다. 지역주민 중에서 한 사람을 임명해서 저소득 계층을 돌보도록 하는 민생위원(民生委員) 제도, 사회복지협의회의 주민활동 지원, 보건복지지구(地區) 조직 등이 일부 지역복지의 성격을 일부 띠는 것이었다.[35] 그럼에도, 이들은 국가의 복지정책에 의거해서 이끌어졌다는 점에서 순수 지역복지 활동으로 간주되기는 힘들다.[36]

2) 사회복지의 확대기 (1960~1973년)

일본은 1950년대에 경제가 부흥되고, 외국의 원조를 벗어나 자립을 시작한다. 1960년대에 이르러서 일본은 이미 고도 경제성장기를 맞이한다. 이에 따라 전반적인 국민 생활의 수준은 향상되었으나, 모자 세대나 장애인 등은 열악한 생활 여건이 지속되어 사회복지의 대응을 필요로 했다.[37] 또한 1970년에 이미 고령화 사회에 접어든 인구 구조적 변화로 인해서, 노인 인구의 케어 문제도 심각한 관심으로 등장했다.

이러한 문제들에 대한 대응으로 일본은 「모자복지법」(1964), 「정신박약복지법」

33) 조치 사무란 행정 관청이 대상자 실태를 파악해서, 그에 따라 구호물자를 제공하거나 특정 시설에 입소시키는 등의 조치를 취하는 것이다. 일반 행정직 공무원들이 이러한 조치 사무를 수행했다.

34) 일본의 지방자치단체(지자체)가 하는 일(사무)은 '고유 사무'와 '위임 사무'로 나뉜다. 고유 사무란 지자체의 본래적 사무를 말하는데, 이를 '자치 사무'라고도 한다. 위임 사무란 중앙정부나 상급 지자체의 일이지만, 법령에 따라 이를 하급 지자체에 위임해서 수행토록 하는 것을 말한다. 우리나라도 이와 유사한 방식으로 되어 있다.

35) '보건복지지구 조직'이란 보건과 복지에 관계되는 활동들을 수행할 목적으로 지역을 일정한 단위로 묶어 주민참여를 유도하고, 지원하는 것이었다. 주민참여를 용이케 할 목적으로 대개 초등이나 중등 학군(學群)을 활용했다.

36) 함세남 외(2001). 사회복지 역사와 철학. 학지사.

37) 小松, '日本における社会福祉制度・政策の展開過程', p. 163.

(1960), 「노인복지법」(1963)을 추가로 제정했다. 앞서 시기에 제정되었던 「생활보호법」 「아동복지법」 「신체장애인복지법」과 함께 이제 복지6법 체제가 되었다. 이와 함께 국민연금과 국민건강보험과 같은 기본적인 사회보험 제도도 창설되었다. 1963년 '사회복지시설정비 긴급 5개년 계획'에 의거해서 특별양호(養護)노인홈 형태의 시설과 직원 확보가 계획되는 등 사회복지서비스도 양적으로 확대되었다.[38] 이에 따라 일본 정부의 사회복지 예산도 급속히 증가했다.[39]

이 시기 일본 경제는 2, 3차 산업으로 구조가 전환되면서, 농촌으로부터 도시 지역으로의 인구 이동이 현저하게 나타났다. 도시 지역의 과밀화, 농촌 지역의 과소화는 커뮤니티 약체화에 대한 우려를 불러일으켰다.[40] 1971년에는 일본 정부의 중앙사회복지심의회가 '커뮤니티 형성과 사회복지'를 발표하는 등으로 국가가 지역사회공동체 형성에 관심을 갖고 개입하는 정황도 나타났다.

사회복지 행정 사무의 기본 골격에는 큰 변화가 없었다. 국가와 지방의 관계는 여전히 기관위임 사무의 성격을 유지했다. 한편, 지방(지방자치단체)이 자체적으로 사회복지 대책을 마련하는 노력이 일부 나타나기 시작했다. 노인복지 부문 등에서는 지자체들이 경쟁적으로 사업을 도입하는 등의 몰림 현상도 일어났다. 아동 복지에서의 보육료 경감 조치, 장애인에 대한 다양한 복지대책 마련 등도 이와 유사했다. 1969년부터는 법적으로도 지자체 차원에서 사회복지에 관한 기본 계획을 책정하고 추진할 수 있게 되었다.

3) 사회복지의 전환기 (1974~1990년)

이 시기 일본의 사회복지 행정에서 일종의 패러다임 변화가 나타난다. 국가 차원에서 복지재정의 부담이 급증하게 되고, 고령화에 따른 휴먼서비스로의 욕구 변용

38) 특별양호노인홈은 상시 케어가 필요해서 집에서 생활하기 곤란한 사람들이 일상 생활상의 보살핌과 기능 훈련, 간호 등의 서비스를 받으면서 생활하는 시설이다. 우리나라의 양로원과 요양원 성격이 섞여 있는 형태다.

39) 이 시기를 '확대기'로 부르는 이유도 이처럼 비중 있는 제도와 예산이 급증했기 때문이다.

40) 小松, '日本における社会福祉制度・政策の展開過程'. p. 173.

(變容)으로 인해 그러한 변화가 초래되었다. 앞서 사회복지 확대기에서 일본의 사회복지정책은 '파이 논리'를 근간으로 했었는데,[41] 이러한 논리가 1973년과 1979년의 1, 2차 오일쇼크를 계기로 전면적 재검토되는 상황에 이르렀다.[42]

일본 경제는 오일쇼크를 경험하면서 저성장 시대로 돌입하게 되고, 확대된 사회복지정책들을 재정적으로 뒷받침하는 것이 가능할지에 대한 비판이 일어난다. 한편, 인구 고령화는 이전보다 한층 더 진행되어 와상(臥床)노인 등과 같이 개호가 필요한 고령자의 사회복지 수요는 더욱 확대되었다. 이런 상황에서 일본의 사회복지는 양적 확대보다 공급 방식의 변용(전환)을 모색하는 것이 필요하게 되었다.[43] '복지 재평가'라는 명칭의 작업이 이런 배경에서 나타났다.

재평가의 대상은 특히 고령화로 인해 국가 재정의 부담이 급증하게 될 연금이나 의료보장 분야가 되었고, 재정 투입의 비중을 낮추는 방법으로의 전환이 주로 다루어졌다. 사회복지서비스 분야에서는 고령자 케어를 거주생활시설 중심에서부터 재택복지 서비스로 이행하는 방안이 주로 검토되었다. 노인홈과 같은 생활시설을 지역사회에 개방하여, 재택복지 서비스의 거점으로 활용하는 방향이 제시되었다. 1982년 「사회복지사업법」 개정에서는 시정촌(市町村) 단위의 사회복지협의회를 법제화하고,[44] 지역 차원에서 재택복지 서비스를 추진하는 중심 기제가 되도록 했다.

1979년 제시된 「신경제사회 7개년 계획」에서 일본은 아예 독자적인 복지국가의

41) 파이(pie) 논리란 일단 경제 성장의 과실(파이)를 키운 다음에 이를 나누어야 분배의 몫도 더 커진다는 것이다. 경제성장 우선주의를 뒷받침하는 논리였다. 일본에서는 1950년대에 키운 파이의 분배를 실행했던 시기가 이른바 일본의 사회복지 확대기(1960~1973)에 해당한다. 우리나라에서도 1960~1970년대 경제성장 우선주의를 위한 근거로 파이 논리를 사용했는데, 트리클다운(trickle down) 혹은 낙수 효과라고도 했다.

42) 1973년 10월 일어난 제4차 중동전쟁으로 인해, 전쟁 전 배럴당 2달러대의 국제유가가 1년 만에 4배인 10달러대로 폭등했다. 이를 제1차 오일쇼크라 하고, 세계경제에 엄청난 충격을 주었다. 제2차 오일쇼크는 1979년 2월에 이란의 회교 혁명을 계기로 초래되었는데, 이란을 비롯한 중동 산유국들이 석유생산을 감축하면서 발생했다.

43) 小松, '日本における社会福祉制度・政策の展開過程'. p. 173.

44) 시정촌(市町村)은 우리나라의 시군구(市郡區)와 같은 기초자치단체다. 규모는 우리나라의 시군구보다 작아서 생활공동체에 보다 가깝다. 우리나라의 시도(市道)와 같은 광역자치단체는 일본에서 도도부현(都道府県)에 해당한다.

노선을 천명한다. 소위 '일본형 복지사회론'이다. 사회보장을 확충하는 데 따르는 재정적 부담과 경직성 유발의 문제를 회피하기 위해, 일본형 복지사회(福祉社會)는 '개인의 자조 노력과 함께, 가족과 근린, 지역사회 등의 연대를 토대로, 정부는 효율에 의거한 적정 수준의 공적 복지를 중점적으로 보장한다'는 것이다.[45)]

이 시기 복지 재평가는 국민 생활과 의식의 변화, 사회적 욕구의 고도화라는 배경에 의해서도 영향을 받았다. 절대빈곤이 문제였던 시절에는 현금-이전 위주의 화폐적 급여가 중요했지만, 고령화와 돌봄이 주요 문제인 시기에 이르면 대인적 사회서비스와 같은 비화폐적 급여의 가치 비중이 커진다. 사회(복지)서비스가 휴먼서비스의 속성 중심으로 재편되면서, 생활 지역에 가까운(근린, 近隣) 곳에서 탄력적으로 서비스를 구성하는 방식이 더 유용할 것이라는 점도 재평가에서 다루어졌다.

이러한 복지 욕구의 변용에 기초해서, 커뮤니티 케어를 강조하는 지역복지, 재가서비스를 위한 재택복지, 공사(公私) 역할 분담 등과 같은 정책적 방향이 설정되었다. 그에 따라 단기보호(short stay), 식사배달서비스, 재활(rehabilitation), 목욕서비스, 가정봉사원서비스 등과 같은 다양한 형태의 복지 서비스들이 활발하게 전개되었다. 재가(在家)를 전제로 하는 커뮤니티 케어의 사업 방향은 노인뿐만 아니라 장애인과 아동 복지 분야들에도 폭넓게 적용되었다.[46)] 이러한 지역복지 시책들의 추진은 시정촌 차원의 지자체와 사회복지협의회가 주체적인 역할을 수행했다.

1990년에 사회복지8법에 대한 개정이 이루어지면서, 지역복지 중심의 추진 방향은 한층 더 강화된다. 1987년부터는 중앙정부의 사회복지 관련 사무가 지방자치단체에 대해 기관 위임에서부터 단체 위임 방식으로 변경되었으며,[47)] 국가의 사회복지 행정 권한 일부가 지방으로 이전되었다. 전후 1945년에 구축되어 40년 이상 유지되어 왔던 중앙집권적 사회복지 행정 제도의 틀이 지방분권적으로 전환되는 일차적 계기가 이때 마련된다.

---

45) 小松, '日本における社会福祉制度・政策の展開過程'. p. 173.

46) 함세남 외, 사회복지 역사와 철학, p. 405.

47) 단체위임 사무 방식은 지방자치단체에 사무 처리의 자기책임과 의무를 부담시키는 것이고, 기관위임 사무 방식은 지자체가 상급기관의 하위기관으로서의 대리 역할을 수행하는 것에 가깝다. 단체위임이 기관위임 사무에 비해 지방자치단체의 독자적인 역할이 더 크다.

이 시기 사회복지 행정의 변화는 시정촌 등이 지역 차원에서 사회복지의 실행력을 갖추도록 하는 데 초점이 두어졌다. 중앙정부의 행정과 재정 권한을 지방으로 이전하고, 지역자치적 복지 활동의 활성화 구조를 마련하는 방안 등이 주로 모색되었다. 그러나 이 과정에서 지역이 사회복지 수행에 따른 재정 부담을 국가 대신에 떠안게 되었다는 점, 국가와 지방 간에 역할과 책임, 재원 이전에 따른 합의가 어렵다는 점,[48] 지역들 간 경제적 여건 차이로 인해 사회복지의 수행 역량도 지역 간 격차가 심해졌다는 점 등은 아직까지도 해결 과제로 남겨져 있다.

4) '지역복지형 사회복지' 전개기 (1991년 이후)

1990년대에 들어서 일본은 거품 경제의 붕괴에 의한 '경제의 저미(低迷)' 현상에 들어간다.[49] 그에 더해 외국 사례에서는 볼 수 없을 만큼 빠른 속도로 진행되는 고령화와 소자화(少子化, 저출산)가 거대 사회 문제로 등장했다. 이런 배경에서 사회복지시스템의 기능과 구조에 대한 본격적인 개혁이 착수되었다.[50]

기능의 개혁은 1990년에 행해진 사회복지관계 8법의 개정에 수반된 것이다. 이 개정에 의해 재택복지서비스의 법제화, 복지서비스의 권한을 시정촌으로 이양, 시정촌 단위 노인보건복지계획 수립의 의무화 등이 이루어졌다. 지방자치단체에 대해서는 계획적인 복지행정을 실시할 것이 요구되었다. 이 시기 사회복지시스템의 기능 개혁에서 핵심 키워드는 '재택복지화' '분권화' '계획화'였다.[51]

구조의 개혁은 앞서 개혁들의 집대성으로 2000년에 「사회복지사업법」을 전면 개정해서 이름까지도 「사회복지법」으로 바꾸는 데서 정점을 이룬다. 이 법은 사회복지관계 각 법들에 대한 근거 법률로서의 자리매김을 새롭게 하는 것이었다. 「사회복지법」에 '지역복지의 추진'이라는 장이 신설되고, '지역에서 필요한 복지서비스의

48) 국가가 지방으로 이전하는 재원인 '지방교부세'와 '특례보조금'의 비중과 규모를 어떻게 할지 등에 관련된 이슈다. 특례보조금은 용도가 구체적으로 지정된 것이고, 지방교부세는 포괄적으로 규정한다.

49) 저미(低迷)는 '밑바닥에서 헤맨다'는 뜻이다.

50) 小松, '日本における社会福祉制度・政策の展開過程'.

51) 상게서, p. 173.

총합적인 제공'과 '지역주민 등의 이해와 협력으로 복지를 추진'이라는 조문 내용이 추가되었다. 지역복지형 사회복지로의 실질적인 전개를 명시한 것이다.

이러한 개혁의 결과, 사회복지서비스의 이용 방식이 조치 제도에서 계약 제도로 크게 변화하게 된다.[52] 조치 제도에서는 행정기관이 대상자를 특정 시설에 조치하고, 시설은 서비스 제공에 따른 비용을 지원받는다. 반면, 계약 제도에서는 행정이 대상자에게 서비스 이용의 권리(이용권)만 부여하고, 서비스는 이용자가 선택한 시설과 계약을 통해 이루어진다. 일본에서는 2000년 시행 「개호보험법」,[53] 2003년 개정 「신체장애자복지법」, 2006년 시행 「장애자자립지원법」 등에서 모두 이용자 지원 방식의 계약 제도를 도입했다.

일본에서 사회복지 부문에 대한 이용자 본위 방식으로의 변화는 현재까지도 계속되고 있다. 2000년대 구조 개혁으로 영리조직이 사회서비스 시장에 진입하는 것도 허용되었다. 보육 시설의 설치와 운영을 비롯한 사회복지서비스의 모든 분야에 민간 기업이 참여할 수 있게 되었다. 과거 조치 제도에서는 사회복지서비스 제공기관들이 모두 공적 성격의 비영리나 공공 조직이었지만, 계약 제도에서는 영리조직의 참여와 시장 기제의 영향력이 한층 강화되었다.

영리조직과 시장화 정책은 사회복지에 대한 국가 재정의 부담 완화라는 목적에 기여하고, 사회서비스의 확대로 일자리 창출 효과도 가능하다는 점에서 강조되어 왔다. 그럼에도 그런 일자리들의 대부분이 열악한 비정규직으로만 채워지고, 사회서비스에 효율성을 앞세운 영리와 상품화 이념이 침투되면서, 공동체나 참여와 같은 사회복지의 본질적 가치가 훼손된다는 부정적인 평가들도 만만치 않게 제기되어 왔다.

52) 상게서, p. 174.

53) 2000년 4월 시행된 일본의 「개호보험법」은 공적 개호보험 제도를 출범시켰는데, 이는 일종의 공적 장기간병보험이다. 과거 일본의 장기간병 관련 사회보장 제도로는 사회복지 분야에 속하는 고령자복지 제도와 의료 분야에 속하는 노인보건 제도가 있었다. 두 제도 모두 이용자 본인부담이 매우 적으며, 저소득층의 경우 거의 무료로 이용할 수 있었다. 새롭게 도입된 공적 개호보험은 두 제도를 융합하되, 대상자를 장기간병의 욕구가 있는 모든 노인들에게 확대한 것이 특징이다. 이른바 '개호의 사회화'이다. 참고: 조영훈(2006). 일본 복지국가의 어제와 오늘. 한울, p. 222.

근래 일본은 사회복지(특히 노인복지)에서 커뮤니티를 강조하는 제도적 변화를 추구해 오고 있다. 2000년 시행된 「개호보험법」이 2005, 2011, 2014년에 개정되어 오는 과정에서 '지역포괄케어 시스템'을 강화하는 등을 통해 지역을 기반으로 서비스를 구축하고, 지역이 주체가 되어 예방 측면의 사업들을 다양하게 전개토록 하는 방향성을 추구해 왔다.

3. 동향과 과제-지역포괄케어와 지역포괄지원 시스템

현재 일본에서의 사회서비스, 특히 개호서비스 분야에서 활발하게 검토가 이루어지고 있는 현안이 지역포괄케어와 관련한 것이다. 지금까지의 일본 사회(복지)서비스는 고령자복지, 아동복지, 장애인복지 등 대상자별로 발전해 왔던 경향이 있다. 그러나 맞벌이 세대와 고령인구의 증가에 따라 케어에 대한 욕구가 일반화되면서 지역을 기반으로 대상자별 복지서비스들의 통합이 강조되는 추세에 있다.[54] 한 가정이 가지고 있는 문제 양상은 소득보장을 중심으로 한 사회복지 영역에 국한되지 않고, 보건, 의료, 주택, 교육 등으로 복잡다양화되고 있다. 이에 따라 각 분야별 상담 및 서비스 제공들만으로는 문제 해결이 쉽지 않으므로, 대상자와 분야를 넘어선 포괄적이고 종합적인 상담 및 지원체계를 지역 차원에서 구축해야 한다는 주장이 본격화되고 있다.

일본은 이러한 상황에서 지역포괄케어 시스템의 구축을 핵심 과제로 등장시켰다. 지역포괄케어 시스템이란 지속가능한 사회보장 제도의 확립을 위해 의료, 개호의 종합적인 확보를 꾀하는 정책적 기본 방향을 뜻하는 개념으로, 2012년 「사회보장제도개혁추진법」과 「개호보험법」 개정 등으로 법제화된 것이다. 일본의 단카이

54) 이는 '사회복지 욕구의 보편화, 사회(복지)서비스 이용의 보편화, 사회(복지)서비스 공급의 보편화'라는 현상의 결과로도 볼 수 있다. 참고: 오하시(大橋謙策) (2002). '지역복지계획과 커뮤니티소설워크(地域福祉計画とコミュニティソーシャルワーク)'. ソーシャルワーク研究, 28(1), pp. 4-10.

세대[55]가 75세 이상이 되는 2025년을 목표로 고령자가 가능한 한 익숙한 지역에서 생활을 계속할 수 있도록, 주택, 의료, 개호, 예방, 생활서비스가 일체적으로 제공되는 지역포괄케어 시스템을 구축하자는 것이 목적이다.

지역포괄케어 시스템의 구축과 관련된 과제들의 방향으로는 (1) 고령자의 상황에 맞춘 거주지 확보를 도모하고, (2) 종래의 의료 및 개호 제도의 재검토를 전제로, (3) 고령자 욕구에 맞는 의료, 보건(예방), 개호, 일상생활 지원을 포함한 사회복지 등의 서비스를 개발 및 정비하고, (4) 그것을 보완하는 지역주민과 자원봉사자의 참여, 협력에 의한 비공식적인 지원 등을 통해, (5) 케어를 포괄적으로 계속해서 이용할 수 있는 구조를 가지는 지역사회 형성이 골자로 포함된다. 이와 같은 기본적인 방향하에서 각 지역별로는 자체적인 특성에 따라 그 적용 방식들을 각기 차별화해서 전개해 간다.[56]

2015년 즈음 일본 중앙정부가 구상했던 지역포괄케어 시스템의 실행 구조의 요지는 다음처럼 제시되었다.[57] 첫째, 전국 일률적인 예방급여(방문개호, 통원개호)를 시정촌 주도의 '지역지원사업'으로 이관한다. 지역지원사업에는 기존의 개호사업소 조직뿐만 아니라 NPO, 민간기업, 주민자원봉사자, 협동조합 등도 다양한 조직 형태로 참여하게 한다. 둘째, 사업은 노인 세대에 대한 생활지원 및 개호예방 서비스의 충실을 기도하고, 고령자의 사회참여를 촉진하는 방향으로 추진한다. 셋째, 이를 위해 시정촌은 '지역만들기'를 제도적으로 지원해야 하고, 생활지원코디네이터 배치와 협의체 등을 설치한다.

현재에도 일본은 사회(복지)서비스를 지역복지의 관점에서 통합적으로 제시하고

55) 일본에서 단카이 세대(団塊の世代)란 제2차 세계대전 이후 1948년을 전후해서 일어난 베이비붐(baby boom)을 통해 태어난 인구 집단을 뜻한다. 단카이(団塊)란 불쑥 튀어나온 덩어리란 뜻으로 연령별 인구 구성상 도드라지게 팽대한 것을 나타낸다.

56) 오하시 · 시로자와 편(大橋謙策 · 白澤政和 編) (2014). 지역포괄케어의 실천과 전망 – 先進的地域の取り組みから学ぶ―. 中央法規, pp. i-ii.

57) 이미 2003년 6월에 공표된 고령자개호연구회의 '2015년 고령자개호, 고령자 존엄을 지원하는 케어의 확립을 위해서'라는 보고서에 나타나있다. 2005년, 2011년의 「개호보험법」 개정 등의 경과를 거쳐 2014년에는 지역포괄케어 시스템 구축을 요점으로 한 「지역의 의료 및 개호의 종합적인 확보를 추진하기 위한 법률」 등이 제정되었다.

자 하는 노력을 다양하게 기울이고 있다. 2015년 9월에는 후생노동성에 의해 지역포괄케어 시스템과 같은 포괄적 지원 개념을 전 세대, 전 대상에 발전 및 확대시켜서, '지역포괄지원 체제'의 확립이라는 새로운 개념도 등장했다.[58] 이와 같은 노력들에도 불구하고, 일본의 지역포괄케어 시스템의 구축에는 여전히 중요한 과제들이 남아 있는 것으로 보고된다.

그중에서도 커뮤니티 기능의 강화를 전제로 한 지역포괄케어 시스템의 구축은 향후에도 상당한 시간과 노력을 필요로 하는 중요한 과제로 남아 있다. 비록 행정이나 전문직이 주도해서 지역포괄케어 시스템이라는 형식상 구조는 쉽게 설치해낼 수 있지만,[59] 실제로 그 시스템이 지역포괄케어의 개념에 적절하게 기능하도록 하는 데는 상당한 연구 노력을 향후에도 필요로 한다고 보는 것이다. 대표적으로는 커뮤니티 케어 차원에서는 비공식적 영역의 돌봄을 담당하는 주민 및 당사자 참여가 중요한데, 이를 위한 전략은 제도화된 서비스 정책으로 쉽게 꾸며질 수 없다는 점이다.

58) 기존 지역포괄케어 시스템이 주로 고령자를 대상으로 의료와 개호의 연계에 중점을 둔 것이라고 한다면, 지역포괄지원 체제는 아동, 장애인, 생활곤궁자 등 전 세대, 전 대상을 포함하는 개념이다. 후생노동성은 '새로운 시대에 대응하는 복지제공 비전'을 발표하고 모든 지역에서 전 세대・전 대상형 지역포괄지원을 도모하기 위한 검토 방침을 제시한 바 있다. 참고: 후생노동성(厚生労働省・新たな福祉サービスのシステム等のあり方検討プロジェクトチーム) (2015). 誰もが支え合う地域の構築に向けた福祉サービスの実現—新たな時代に対応した福祉の提供ビジョン.

59) 우리나라의 경우, 근래 커뮤니티 케어 관련 정책 추진이 표방된 지 불과 얼마 되지 않아 커뮤니티 케어 센터 설치를 중심으로 하는 커뮤니티 케어 모형이 '모양 좋게' 나온 바 있다. 그럼에도 그것이 커뮤니티 케어의 이념에 부합되는 방향으로 작동하게 만드는 것은 앞으로도 상당한 시간과 노력을 필요로 한다.

제6장 우리나라 사회서비스의 역사

우리나라에서 근대적 의미의 사회서비스는 1950년 한국전쟁을 계기로 급속하게 생성되었으며, 그 후 현재에 이르기까지 줄곧 제도적 확장 경로를 따라왔다. 우리나라 사회서비스 제도의 형성과 발달 경로는 서구 국가들과는 상당히 다른데, 특히 사회복지 개념에 기반한 민간 대행자 모형의 제도 구축 등에서 고유성이 잘 설명된다.

1. 사회복지와 사회서비스[1)]

우리나라 사회서비스의 형성과 발달 경로를 설명해 보기 위해서는 먼저 왜 우리나라에서는 사회서비스가 사회사업 실천 전문직의 대상과 목적, 방법론을 닮은 '사

1) 이 절의 내용은 본 저술연구 기간(2015~2017) 중 수행된 것으로 〈김영종(2017). "우리나라 '사회복지' 전달체계와 담론적 작용: 역사적 형성과 경로, 쟁점". 한국사회복지학, 69(1), pp. 175-197〉에서 발표된 바 있다. 이 절에서 서술된 '사회복지' 담론과 관련된 내용은 이 논문에서 포괄적으로 인용한 것이다.

회복지'라는 개념과 밀접하게 붙어 있었는지를 이해해야 할 필요가 있다.[2] 비록 근래에 급격한 변화가 나타나고 있지만, 우리나라에서 오랫동안 사회서비스의 역사는 곧 사회복지의 역사와도 마찬가지였다. 그러므로 우리나라 사회서비스의 역사를 설명하려면, 번거로움에도 불구하고 '사회복지'란 무엇이었는지에 대한 개념사적 설명을 빠트릴 수 없다.

1) 개념사 접근의 사회복지

개념사(conceptual history)란 언어와 정치사회적 실재의 상호 영향을 전제로 이들이 역사적으로 어떻게 얽혀 있는지를 탐구하는 역사의미론의 한 분야다.[3] 여기에서 언어적 기호(記號)로서의 개념이란 다양한 맥락에서 반복되어 온 의미의 역사성을 내장하고 있는 유전자와도 같은 것으로 본다.[4] 그러한 기호가 사회적으로 창출, 지속되어 오는 과정을 통해 미셸 푸코(M. Foucault)식의 정치 담론의 지배적인 권력과의 관계에 대한 설명이 가능해진다. '개념의 의미가 달라지는 것을 보면 그 사회의 구조적인 변화를 유추할 수 있다'는 것이다.[5]

우리나라에서 '사회복지' 개념과 언어적 기호는 그 자체로도 역사의미론의 연구 대상이 될 만큼의 중요성을 가진다. 언어적 기호로서의 개념은 화용론(話用論)의 관점에서 보자면,[6] 그것을 사용하는 자 혹은 지배 권력의 지배적인 담론으로서의 의미를 내장하고 있다. 그러므로 우리나라에서 사회복지의 역사적 경과를 설명하

2) 우리나라에서 사회서비스가 초기에 형성되던 때에 그 개념은 구호, 수용시설, 외원사업, 선교사업, 가족서비스 등의 용어가 나타내는 바와 같은 다양한 활동으로 나타났으나, 이를 개념화하는 과정에서 사회사업, 사회복지, 사회복지사업 등으로 정리되는 과정을 거친다. 이 과정에서 우리나라의 사회복지(social welfare) 개념이 사회서비스에 대한 전문직 활동의 영역으로서의 사회사업 실천과 구분되지 않을 만큼 밀접하게 관련되게 된다.

3) 나인호(2011). 개념사란 무엇인가: 역사와 언어의 새로운 만남. 역사비평사.

4) 허수(2011). "개념사: 해석과 정의 사이". 역사비평, 2011. 8, pp. 384-392.

5) 정근식 · 주윤정(2013). "사회사업에서 사회복지로: '복지' 개념과 제도의 변화". 사회와 역사, 98, p. 7.

6) 화용론(pragmatics)이란 말하는 사람과 듣는 사람의 맥락에 따라 언어로 쓰인 기호(예, '사회복지')의 의미가 달라질 수 있다고 보는 관점이다.

기 위해서는 먼저 '사회복지' 용법에 의한 담론의 정체가 어떤 형태로 제도화되었는지를 설명해 볼 필요가 있다.

특정 사회에서의 고유한 제도적 발달 과정에 대한 설명은 역사적 제도주의 관점에서 적절히 다루어질 수 있다. 역사적 제도주의란 개별 국가들에서 나타나는 제도의 형성과 경과를 특수한 역사적 개연성이나 의존경로를 통해 비교 분석하는 접근이다.[7] 이 접근에서는 제도 자체를 설명의 중요한 독립변수로 간주하는데, 모든 제도는 일정한 정도의 경로의존성을 따른다고 보는 점에서 일반적인 제도주의 연구 접근들과 유사하다.[8] 다만 역사적 제도주의는 개별 국가와 사회마다의 특수한 역사적 맥락을 강조하는 것이 차이다.

우리나라 사회서비스 제도를 '사회복지' 용법의 담론이 실체적으로 구현되어 온 과정으로 본다면, 우선 그러한 담론이 형성된 역사적 맥락을 설명해 볼 필요가 있다. 이는 우리나라 사회서비스 제도가 왜 현재와 같은 고유한 양상으로 형성, 진전되어 왔는지를 이해할 수 있는 근원에 해당한다. 현재와 같은 사회서비스의 제도적 전환기에서 이러한 설명은 제도의 경로의존적 변화라는 특성을 고려할 때 더욱 중요한 의미가 있다.

2) '사회복지' 담론의 사회서비스

우리나라에서 사회서비스에 관한 최초의 법제는 1961년 12월에 제정된 「생활보호법」이다.[9] 비록 제정 당시에는 실효성을 담보하지 못하고 한동안 선언적인 차원에 그쳤지만[10] 사회복지의 제도사에서는 이 법의 제정이 중대한 의미를 띤다. 여

7) 정무권(1996), "한국 사회복지 제도의 초기 형성에 관한 연구". 한국사회정책, 3, pp. 309-352.

8) Pierson, P. (2000), 'Increasing returns, path dependence, and the study of politics'. *American Political Science Review*, *94*, pp. 251-267.

9) 1961년 이전에는 일제 강점기에 만들어진 '조선구호령'(1944년 제정)에 의거해서 생활보호에 관한 정부 업무의 근거를 가져왔다. 이 법 부칙 '단기 4277년 3월 제령 제12호 조선구호령은 본법 시행일에 이를 폐지한다'에서 이를 확인할 수 있다.

10) 법 실시를 위한 시행령이 1969년에야 공포되는 것처럼 이 법 제정 자체는 한동안 선언적 의미를 크게 벗어나지 못했다.

기에서 '사회복지'의 용법이 최초로 법제에서 선언되었다는 점이다. 이 법 제1조(목적)에 '본법은 노령, 질병 기타 근로능력의 상실로 인하여 생활유지의 능력이 없는 자 등에 대한 보호와 그 방법을 규정하여 사회복지의 향상에 기여함을 목적으로 한다'로 되어 있다. 이전까지는 「헌법」을 포함한 우리나라 어떤 다른 법제에서도 '사회복지'라는 용어가 쓰인 적은 없었다. 이것은 무엇을 상징하는 기호로서 어떤 맥락에서 나타나게 되었을까?

이 사건의 배경에는 5 · 16 쿠데타를 통해 집권한 군사정부가 있었다. '사회복지' 용어 자체를 군사정부가 만들어냈던 것은 아니고, 이전에도 이미 '사회복지'라는 어휘의 개념을 두고 일부 학자들 사이에서 논의가 있어 왔다. 다만 군사정부를 통해 대표되는 집권세력의 지배적인 정치경제적 담론이 찾으려했던 어떤 사상, 활동, 접근을 대표하는 것에 대한 기호로서, 이전의 다른 용어들로 대표되는 것들과는 차별되는 어떤 것으로서 이 용어가 식별되고 받아들여졌을 가능성이 있다. 그리고 그것이 「생활보호법」 제정 과정에서 채택된 것으로 볼 수 있다.

1961년을 전후한 시기는 이미 외국원조단체들에 의한 시혜적 구호 방식의 사회서비스가 범람하고 이로 인한 폐해가 문제로 제기되고 있던 때였다. 이에 대한 반성적 논의와 대안적 활동에 대한 노력들도 활발하게 나타나고 있었다.[11] 이러한 노력을 규정할 수 있는 새로운 아이디어와 개념도 물색되고 있었다. 여기에 당시 외국의 물자 원조가 대규모로 진행된 만큼이나 인적 및 지식적 교류도 함께 이루어지고 있었는데, 이를 통해 들어온 '사회복지'와 '사회보장'이라는 용어의 개념들이 적극적으로 받아들여졌던 것으로 여겨진다.

이 시기에 '사회복지'는 '사회보장'과는 다른 의미의 담론을 함유하는 기호로 분화되는 징후가 나타난다.[12] 당시 쿠데타를 주도한 군부 엘리트들의 기본적인 세계

11) 최원규(1998). "초기 사회사업 개념형성에 미친 외원단체 활동의 영향". 사회복지연구, 11, pp. 161-203; 정근석 · 주윤정, "사회사업에서 사회복지로".

12) 이 두 개념의 차이는 명확하지 않지만, 분리의 시원이 이 시기라고 여겨진다. 1980년 개정 「헌법」 이후부터는 현재(1987년 개정, 제34조 제1항)까지도 '국가는 사회보장 · 사회복지의 증진에 노력할 의무를 진다'로 된 바에 따라 「헌법」 차원에서부터 개념 간 차이에 대한 논란이 지속되고 있다. 1962년 개정 「헌법」에서는 '국가는 사회보장의 증진에 노력하여야 한다'고 되어 있었다. 1980년 「헌법」 이후의 '사회

관은 국가를 통해 경제발전을 이룩하자는 '보수적 중상주의 이데올로기'에 기반했다.[13] 이와 같은 발전주의적 생산레짐은 사회정책에 대한 국가의 최소개입주의 담론을 형성했으며, 그 영향에서 사회정책은 국가의 개입과 책임을 전제로 하는 '사회보장'의 개념으로 수용되기가 어려웠을 것이다.[14] 명목적으로는 받아들여졌더라도 제도적 기제에서는 주변화와 종속화를 경험할 수밖에 없었을 것이다.[15]

이 시기에 '사회복지'라는 낱말 자체는 일본에서부터 차용해 왔다는 것을 부인하기는 어렵다. 일본은 전쟁 중이던 1935년에 입법했던「社会事業法(사회사업법)」을 대체하는 의미로 1951년에「社会福祉事業法(사회복지사업법)」을 제정했던 바 있다.[16] 우리나라에서는 1970년에야「사회복지사업법」이라는 전달체계의 법제가 만들어지므로, 그에 앞서 제정된 1961년「생활보호법」에 나타난 '사회복지의 향상에 기여'한다는 용법은 이보다 10년 앞서 등장했던 일본「社会福祉事業法」에서 차용했음을 부인하기 어렵다.

그럼에도, 비록 일본식 한자 조어(造語)로서의 '사회복지' 어휘를 차용해 왔더라도, 개념사적 관점에서 보자면 '사회복지'라는 용법의 채택은 우리나라에서의 고유한 역사적 맥락에 따른 담론과 결부된 것이어야 한다. 이 용어를 차용하려 했던 것

보장 · 사회복지'의 용법은 미군정 당국의 영향을 받아 제정된 일본국「헌법」(1946) 제25조 '국가는 모든 생활부분에 대해 사회복지, 사회보장 및 공중위생의 향상과 증진에 노력하지 않으면 안 된다'의 영향과 무관하지 않다는 추측도 있다. 참고: 정영훈(2015). 사회보장에 대한 헌법상 권리의 참여 여부에 관한 심사기준 [헌법재판연구원 보고서(헌법이론과 실무) 2015-A-8].

13) 정무권, "한국 사회복지 제도의 초기 형성에 관한 연구", p. 347.

14) 이러한 영향은 현재까지도 지속되고 있으며, 사회복지 전달체계에 대해 재정은 기획재정부, 조직은 행정안전부의 통제하에 종속되게 만들어 사회복지 전달체계 자체의 원리에서 합리적 개선책을 추구하기 어렵게 하는 원인으로 작용하고 있다는 설명도 있다. 참고: 유현종(2013). "사회복지서비스 전달체계의 비교복지국가론적 분석: 한국 복지전달체계의 발전, 정답은 알지만 해결되지 않은 문제" [한국행정학회 2013 동계학술발표문, pp. 926-955].

15) 양재진(2008). "한국 복지정책 60년: 발전주의 복지체제의 형성과 전환의 필요성". 한국행정학보, 42(2), pp. 327-349.

16) 적어도 일본에서는 '사회사업'이라는 용어가 제2차 세계대전 중 민간을 전시에 동원하는데 활용되었던 체제라는 부정적인 뉘앙스가 있었고, 이를 대체하는 차원에서 공적 책임 부분(복지사무소 등)을 강조하는 새로운 개념의 사회서비스에 대한 식별 기호로 '사회복지'사업이라는 용어를 썼던 것으로 여겨진다.

도 당시의 시대적 상황과 요구에 부합된 것으로 판단했던 주체의 작용이 있었기 때문일 것이다. 당시 '사회복지'라는 어휘의 채택은 새롭기도 했지만, 국가의 지배적 담론이 방향을 함축할 수 있는 '어떤' 것으로 여겨졌기 때문에 가능했을 것이다.

이 시기 군사정부가 1950년대 이래 지속되던 외원과 민간 시설에 의한 단순 구제 일변도 사업들에 대해 의문을 제기하고, 한편으로 대안적 방향을 모색했었다는 정황이 있다.[17] 당시 국제연합 등에서 주도하던 사회개발(social development) 접근이 외원 구호기관들이나 국제단체, 정부 기구 등의 다양한 경로로 유입되면서, 군부 지배세력이 이를 국가 경제발전을 위한 필수조건으로 여겨 권장했던 바가 있다.[18] 그로 인해 1960년대 이후 새롭게 형성되던 '사회복지' 담론에 사회개발의 이념적 접근이 결합되어 나타나게 되었다고 본다.[19]

이처럼 1960년 전후로 형성된 '사회보장'과는 차별되는 나타내는 기호로서의 '사회복지' 용법은 몇 가지 새로운 의미를 표상하는 성격을 갖추게 되었다. 첫째, 사회사업과는 다른 어떤 것이다. 초기 외원과의 밀착에서 형성되었던 민간의 단순 구호배급이나 자선 혹은 수용시설 운영 등과 결부된 부정적 이미지와 차별되는 어떤 것을 상징한다. 둘째, 자조/자립이나 예방/치료, 지역사회개발 등의 새로운 접근과 관련해서 전문성이 필요한 것이다. 셋째, 그러한 방향이 정부의 역할과 공역되는 부분이 있으므로 민간에 대한 공공의 지원이 필요한 것이다. 넷째, 그럼에도 공공이나 국가가 주도하는 사회보장의 개념과는 다른 것이다.[20]

'사회복지'란 '사회보장'이 의미하는 공공 부문 주도의 사회보험이나 공공부조적 원리 방식과 차별되는 것에 대한 상징으로, 빈곤과 결부된 문제를 자선이 아니라

---

17) 성민선(2010). "Rekkebo의 기록을 통해 본 한국 사회사업의 초기(1955~1965)". 사회복지리뷰, 15, pp. 129-156; 최원규, "초기 사회사업 개념 형성에 미친 외원단체 활동의 영향".

18) 정근식 · 주윤정, "사회사업에서 사회복지로", p. 28.

19) 김영종(2015). "한국 사회복지관의 제도적 정체성 규명에 관한 연구". 한국사회복지행정학, 17(3), pp. 27-56.

20) 1963년 제정된 「사회보장에 관한 법률」은 비록 명목상으로만 존재했던 법이기는 하지만, 여기에서 '사회보험'과 '공공부조'를 사회보장이라 규정한다. 이는 당시 '사회보장'과 다른 용법의 담론을 형성하던 '사회복지'의 개념에서 보자면, 수용시설 사업이 '사회보장'의 '공공부조'에 해당되는지에 대한 구분이 모호하다.

민간과 공공의 공역을 통한 자조와 개발, 예방과 치료에 관한 전문적 서비스 접근으로 해결해가는 어떤 것이었다. 이를 '사회복지서비스' 혹은 '사회복지사업'이라고 했으며, 1980년대 이전까지는 정부의 역할 방기로 인해 생계보호 급여와 같은 공공부조 제도가 감당해야 할 기본적인 사회보장의 기능조차도 여기에 내포되어 있었다. 1980년대 후반에 들어오면 이러한 '사회복지' 용법이 제도적으로 대거 확장되면서, 실천 현장뿐만 아니라 학계와 교육계에서도 이를 보편화하게 된다.

우리나라에서 근대적 의미의 사회서비스는 '사회복지'와 마찬가지였으며, 이는 공공부조의 역할까지를 포괄했던 '사회복지서비스'를 의미했다. 우리나라 사회서비스의 제도적 형성과 실천에 관한 역사는 곧 우리나라 사회복지의 역사로 간주되었다. 그러던 것이 근래 사회복지의 역사와 사회서비스의 역사가 분리되는 경향을 나타내고 있다. 이는 2000년대 중반에서 시작되었던 보편적 사회돌봄 관점의 서비스들이 등장하는 것과 밀접한 관련이 있다.

근래 제반 사회서비스 관련 법제들에서 '복지' 용법이 탈락되는 현상이 나타나고 있다.[21] 이는 용어 사용과 관련된 단순한 이슈에 그치는 것이 아니라, 우리나라 사회서비스의 제도적 경로와 관련해서 상당한 함의를 내포하는 것이다. 크게 보자면 우리나라 사회서비스는 '사회복지'의 서비스에서 '사회서비스'로 이행되는 패러다임적 변화를 겪었는데, 이 과정에서 '복지'의 형성과 탈락은 우리나라 사회서비스의 제도적 경과를 이해하는 중요한 단초가 된다.

이러한 설명을 기반으로 우리나라 사회서비스의 전개 시기는 크게 세 부분으로 나누어 볼 수 있다. 첫째, 사회복지서비스의 원형이 형성되는 시기, 둘째, 그러한 원형이 지배적인 모형으로 확산되는 시기, 셋째, 근래 새로운 형태의 사회서비스 등장으로 인해 대안이 모색되는 시기이다.[22]

21) 이에 대해서는 이 책 1장(사회서비스란)과 8장(규제와 기제)을 참조.

22) 사회서비스의 역사적 시기를 구분하는 방식과 발달 전개의 내용은 본 저술연구의 기간 중 수행된 〈김영종, 사회복지행정(4판)〉의 개정(2017)에 적용했던 바 있다. 다음의 2절, 3절, 4절의 서술 내용은 일부 수정을 포함해서 그로부터 포괄적으로 인용된다.

2. 사회(복지)서비스의 원형 형성기 (1950~1970년대)

1950년 한국전쟁은 대량의 난민과 빈민을 발생시켰다. 1953년 전쟁이 끝날 즈음에는 요구호 대상자 수만도 당시 전체 인구수의 절반에 가까운 1,000만 명에 육박했다. 이들 인구에 대한 의식주, 의료와 교육, 생업 지원 등은 이제껏 한국 사회가 경험하지 못했던 막대한 사회 문제였다. 삶의 기반 자체가 파괴되어 발생한 대규모 빈곤의 문제는 가족이나 지역공동체와 같은 전통적 기제들로 해결될 수 없는 것이었다. 새로운 제도적 사회복지의 접근에 대한 필요성은 이런 맥락에서 비롯되었다.[23)]

당시 한국 정부는 막대한 구호자금을 자체적으로 동원할 능력이 없었으므로, 미국 등 외국의 정부와 원조단체들의 지원에 대부분 의존했다.[24)] 'UN구호계획'에 의한 구호 물품이나, 미국 정부의 공법 「PL 480-III」에 의한 양곡(잉여농산물) 지원 등이 정부의 구호 활동을 뒷받침했다. 민간 차원에서는 외국원조단체(외원단체)들의 활동이 활발했다. 1950년에서 1960년대까지 55개의 외원단체가 등록되어 있었고, 최대 등록 수는 1970년 말 기준 111개에까지 달했다.[25)]

이들 외원단체는 단순히 구호 물품만 지원한 것이 아니라, 구호 활동과 관련한 각종 조직 체계나 기술 등도 함께 들여왔다. 서구식 전문직 사회사업(social work)도 이때 우리나라의 현장에 들어왔으며,[26)] 그런 영향으로 당시에는 사회사업이 곧 사

23) 김영종(2003). "한국 사회복지조직의 형성 과정에 관한 역사적 연구: 1950-70년대 부산지역을 중심으로". 한국사회복지행정학, 10, pp. 31-62. 대규모 자연 재해나 전쟁과 같은 사건들은 이전에도 있어 왔고, 1945년 해방 이후 몇 년간의 시기도 많은 수의 귀환전재민에 대한 구호 문제가 있었다. 그러나 한국전쟁은 사회복지시스템 자체에 대한 파괴가 발생했다는 점에서 이전 사건들과 구분된다.

24) '외국민간원조단체'란 본부가 소재하고 있는 본국 정부의 직접 통제를 받지 않고 외국에서 원조 활동을 전개하는 비영리 민간 조직체를 지칭한다. 최원규, "초기 사회사업 개념 형성".

25) 당시 자료는 미국 국적의 외원단체가 다수를 차지했으며, 아동청소년과 부녀가정에 대한 구호나 선교사업 등에 치중했음을 보여 준다. 참고: 한국사회복지연구소(1972). 한국사회복지연감. 농원문화사; 보건사회부(1971). 보건사회행정백서.

26) 대다수의 연구자와 문헌에서 외원단체를 서구의 전문 사회사업 개념과 실천방법을 한국에 소개한 주체로 간주하고 있다. 하상락(1997). 한국사회복지사론. 박영사; 문인숙(1990). "1950년대 사회사업 소

회복지로 인식되었다. 외원단체는 비정부 방식의 공식적 조직 기구를 통한 구호 실천을 선호했는데, 그에 따라 많은 수의 민간 사회복지 시설이 설치되었다. 외원단체가 그 시설 조직들의 운영 자금 대부분을 제공했으므로, 이들 조직의 구성과 운영 방식은 자연스레 외원단체의 요구를 따랐다. 전문직 사회사업가(social worker)의 등장과 시설에의 배치도 이와 관련된 일이었다.[27]

1970년대를 전후해서는 증가된 사회복지서비스 시설들에 대한 제도적인 규제가 필요하다는 인식과 함께, 향후 예상되는 외국원조의 철수에 대비하는 방안에 대한 고려가 나타났다. 이에 따라 정부는 1970년 「사회복지사업법」을 제정한다. 민간 사회서비스 조직에 대한 법제도적인 근거는 이때 공식화된다. 이 법에서는, 사회복지시설을 운영하는 민간 주체는 사회복지법인으로 하고, 법인과 시설에 대한 국가의 관리(설립 및 해산, 보조금 지원 및 감독 등)를 어떻게 할 것인지를 규정한다.[28]

1980년대 이전까지만 해도 사회복지 분야에 대한 정부의 정책적 노력은 미약했다. 1960년대 초부터 시작된 경제성장 우선(성장 후 분배) 정책에 따라 분배에 해당하는 사회복지의 국가적 우선순위는 매우 낮았다. 이런 사정으로 1950년에서 1970년대 말에 이르기까지 근 30년간 한국 사회복지의 제도적 틀은 큰 변함이 없었다. 사회복지의 대부분 기능은 외국원조로 뒷받침되었던 공공부조와 사회복지서비스가 맡고 있었다. 사회복지서비스는 대부분 수용시설 방식의 민간 조직이 주축이 되어 외원단체의 재정지원으로 운영되고 있었고, 소수의 '사회관'이나 '사회복지관' 명칭의 지역사회 조직들이 존재하는 정도였다.

이 시기에 전문적 사회서비스에 대한 필요성은 인식되기 힘들었다.[29] 사회복지 실천 활동의 대부분이 외원의 구호물자를 배분하거나, 단순 의식주 제공을 목적으

고", 사회복지의 이론과 실제. 장인협교수퇴임기념논집간행위원회.

27) 재원의 통제는 곧 조직의 지배력을 의미한다. 참고: 김영종, "한국 사회복지조직의 형성 과정".

28) 1970년 제정 「사회복지사업법」은 법조문의 대부분(최소 50% 이상)을 사회복지법인에 대한 규정으로 할양한다. 그로 인해 우리나라 사회서비스 공급체계의 기본 구조가 민간 주체의 서비스 생산자를 공공 주체의 대행자로 삼아 작동되게 하는 방향으로 제도적 경로를 형성되게 한다. 왜 이 시기에 이러한 경로적 원형이 형성되었는지는 우리나라 사회복지 제도의 발달 역사에서 중요한 의문이 된다. 참고: 김영종(2018). "사회복지법인 제도의 형성과 변천에 관한 연구". 한국사회복지학, 70(4). pp. 69-72.

29) 최성재 · 남기민(1993). 사회복지행정론. 나남출판사, pp. 49-50.

로 하는 수용시설의 조직 운영에 치중되었기 때문이다. 이 경우 사회서비스에 대한 전문적 지식이나 가치, 방법론에 대한 필요성은 절실하지 않았던 것으로 보인다. 서비스의 내용 자체가 대량의 단순 생계 구호의 욕구를 다루는 것이었고, 그것만으로도 당시 민간 서비스 시설들로서는 생산 자원의 확보에 여념이 없었기 때문이다.

비록 체계적인 제도의 발전을 초래하지는 못했지만, 이 시기의 사회서비스 공급 구조의 형성은 우리나라 사회복지 전반의 역사에서 중요한 의미를 가진다. 이 시기에 우리나라 고유의 사회복지(서비스) 제도의 원형이 형성되었기 때문이다. 그것의 핵심은 민간 주체의 서비스 생산자 중심으로 이루어진 공급체계였다. 이후로 현재에 이르기까지 우리나라의 사회(복지)서비스 제도와 실천은 이러한 초기의 조직적 원형에서 설명되는 바가 크다.[30)]

빈곤 문제의 중심화 이 시기 설립된 사회서비스 생산자 조직들의 대사회적 존재이유(raison d'etre)는 절대빈곤자에 관한 구호였다. 막대한 구호 수요와 제한된 공급 환경으로 인해, 이들 조직은 빈곤의 저차원적 욕구(의식주)를 효율적으로 처리하는 방식에 집중할 수밖에 없었다. 시설 중심의 집단적 수용보호라는 서비스 기술과 문화도 이 같은 맥락에서 초래되었다.[31)] 현재까지도 우리나라 민간 사회서비스 조직들이 빈곤의 저차원적 욕구를 우선시하는 성향도 이로부터 내재되었다.

대행자적 정체성 이 시기 공공 부문의 최소한 개입 의도로 인해, 사회서비스 생산과 전달을 위한 대부분의 역할은 외부(주로 외원단체) 자원에 의존한 민간 법인/시설들이 수행했다. 자원의존 이론의 관점에서 보자면 이들 서비스 조직(고아원, 모자원, 장애인시설 등)은 외원단체의 자원에 의존된 만큼이나 그 사명을 대행하는 종속 관계에 있었다.[32)] 현재 외원은 공공 부문으로부터의 자원으로 대체되었지만, 그

30) 김영종, "한국 사회복지조직의 형성 과정".

31) 대량의 빈곤인구를 제한된 자원으로 구호하려면, 일정한 장소에 서비스 대상자들을 집결시켜 서비스를 공급하는 대량공급 방식이 공간적, 인력적, 시간적으로도 가장 효율적인 것으로 간주된다. 참고: 상게서.

32) 이혜경(1998), "민간 사회복지부분의 역사와 구조적 특성". 동서연구, 10(2), pp. 41-75. 자원의존(resource dependency) 이론은 조직의 구조와 기능의 결정을 정치적, 경제적 자원의 영향으로 설명하는 것이다.

역시 외부 자원에 해당하므로 민간 부문 조직의 대행자(vender)로서의 정체성은 변함없이 견지되어 왔다.[33)]

지역사회와의 이격(離隔)화 이 시기 사회복지서비스의 공급 방식을 주도했던 외원단체는 빈곤자 개인들에 대한 자선이나 박애, 선교 등에 사명을 두고 있었다. 지역사회란 단지 그러한 사명 실현의 대상자들이 집단적으로 모인 장소에 불과했다.[34)] 지역사회란 원조의 대상이었지, 주체로서 여겨지지 않았다. 이는 외원단체의 구호 사명을 대행했던 민간 사회서비스 조직(법인, 시설)에도 마찬가지였다. 현재까지도 이들 조직의 접근이 지역사회를 주체화하는 접근에서부터 이격되어 있는 이유도 지역사회 외부로부터의 자원의존이 당연시되었던 시기의 영향이 내재화된 탓으로 볼 수 있다.[35)]

사유화와 폐쇄적 문화 초기 민간 사회서비스 조직의 설립에서는 설립자 개인의 '창업' 인식이 강하게 작용했었다. 그로 인해 창업의 결과물인 법인이나 시설은 설립자 개인과 가족의 소유로 인식되었고, 세습은 일견 당연한 것으로 여겨져 왔다.[36)] 사유화된 사회서비스 조직은 폐쇄된 조직 문화를 만들어 냈다.[37)] 그럼에도 이들 조직의 생존은 서비스 대상자나 지역사회보다는 외부 자원공급 관계에 달려 있었으므로, 그러한 외부(일반사회)의 용인하에 사유화와 폐쇄 문화가 지속될 수 있

---

33) 「사회복지사업법」을 통한 사회복지법인 제도의 도입으로 '특수한 공공-민간 관계'가 제도화되었다고 지적하면서 이를 '국가주의적 협조 대행자 모형'이라고 정의한다.

34) 1960년대 '목포사회복지관' 설립 등의 노력에서 지역사회적 접근이 일부 시도되었으나, 공공의 제도적 후원을 통해 확대된 것은 1980년대 이후에야 가능했다. 참고: 김영종, "한국 사회복지관의 제도적 정체성".

35) 상게서. 통제의 역학은 1950년대 이래 외원 체제로 운영되던 것에서, 1980년대에 들어 정부보조금으로 대체되고, 그것이 다시 2000년대에 등장하는 간접적인 통제로서의 사회서비스 바우처 방식 등으로 변화되고 있다. 비록 형태는 변화하고 있지만, 지역사회적 관점에서 보면 그것들 역시 모두 지역사회 외부 자원에 의한 통제 양식의 일단이다.

36) 비록 정부가 몇 차례에 걸쳐 사유화에 제동 걸기를 시도한 적이 있었으나, 근원적인 행태를 변화시키지는 못했다. 1950년대에 이미 재단법인화에 대한 요구는 있었으며, 1970년 「사회복지사업법」의 제정과 동시에 사회복지법인화를 반강제화하다시피 했었던 적도 있었다. 참고: 김영종, "한국 사회복지조직의 형성 과정".

37) 사회복지시설들에 대한 당시의 사회적 요구 역시 폐쇄적인 성향을 유도하는 측면이 있었다. 폐쇄성에 대한 사회적 방조는 시설 주체의 사유화에 대한 선호와 적절히 부합되는 측면이 있었던 것이다.

었다.[38]

이와 같은 우리나라 사회서비스의 초기 원형적 특성들은 이후 제도화의 과정을 통해 강화되는 경향을 보여 왔으며, 근래 새로운 담론의 사회서비스—사회보장과 보편적 돌봄—가 등장하는 과정에서도 제도적 잠금 효과 등을 통해 변곡에 대한 저항으로 작용하고 있다. 그러므로 우리나라 사회서비스의 현재와 향후 제도적 경로를 이해하거나 예측하기 위해서도 이러한 1950~1970년대 초기 형성기의 역사적 맥락은 중요한 의미를 가진다.[39]

3. 사회(복지)서비스의 양적 확장기 (1980~1990년대)

1960년대를 전후로 형성된 사회복지 담론은 그 후 단순히 수사적 의미를 넘어서서 제도적 측면에서 다양한 방식으로 적용된다. 비록 「사회복지사업법」이 1970년에 제정되었지만,[40] 그로 인해 사회서비스 공급이 확장되었다는 증거는 당시에는 보이지 않는다. 실제로 사회복지법인/시설의 설치는 이 법 제정 이후로 한동안은 감소하게 되었다.[41] 이 법 자체도 제정 이후 1983년에 일부개정이 이루어질 때까지 변화가 없었는데, 이는 그때까지도 국가 정책에서 사회복지사업이 중요 관심과 현안이 되지 않았음을 의미한다.

우리나라에서 사회복지 담론의 사회서비스가 실천 현장의 확대를 통해 본격적으로 제도화되는 것은 1980년대 이후부터다. 이 과정에서 이전까지 뚜렷한 구분 없이 수행되어 왔던 공공부조와 사회복지사업에서 일부 분리가 나타나기 시작한다. 이

38) 김영종, "한국 사회복지조직의 형성 과정".

39) 상게서.

40) 이 법은 명칭에서부터 일본 「社会福祉事業法」(1951년 제정)을 참고한 정황이 역력한데, 그럼에도 당시 우리나라 발전주의 레짐의 국가최소개입주의 영향하에서 '복지사무소'와 '사회복지주사'와 같은 공공의 책임 부분은 대거 생략한 것이다. 다만 공공 부문이 사회복지법인이라는 민간 주체의 조직을 전문적 영역으로 규제하고 지원하는 방식을 제도의 기본 골자로 삼았다.

41) 김영종, "사회복지법인 제도의 형성과 변천".

것은 특히 공공부조의 급여 유형이 성격을 달리하면서부터 비롯되기 시작한다. 이전까지는 생활보호(공공부조)의 급여란 대상자를 수용시설에 입소(사회복지사업) 조치하는 것이 대부분이었으므로, 사회복지사업은 곧 공공부조의 급여와도 동일시되었던 것이다.

「생활보호법」에서 공공부조의 성격이 강조되기 시작한 것도 1980년대에 접어들면서부터였다. 이전까지는 민간 조직 주도의 사회복지서비스가 공공부조를 떠안고 있는 것과 마찬가지였다. 아동생활(수용)시설 등을 비롯한 각종 수용시설이 중심이 되어서, 빈곤자들에 대한 생활보호를 상당 부분 외원에 의존해서 해결해 왔다. 생활보호를 위한 사회복지사업은 그것을 굳이 사회복지서비스 혹은 공공부조로서의 구분 없이 민간 법인의 수용시설들에 대한 규제와 관리에 기반한 전달체계에 의존해 왔던 것이다.

1980년대에 이르면 이미 사회복지서비스에 대한 외원의 지원 비중이 축소되면서 이를 정부 보조로 대체할 필요성이 제기되고 있었다. 공공부조에 대한 정부 지원의 확대가 이루어지면서 개념의 전환이 일어나게 된다. 이전까지 자선적 구호나 서비스의 대상자가 공공부조 대상자로서의 성격을 강화하게 된 것이다. 이 과정에서 사회복지서비스와 공공부조의 개념적 분리가 현실화되기 시작한다. 차츰 공공부조의 틀에 사회복지서비스가 보완적 역할로서 귀속되는 경향도 이 시기부터 비롯된다. 이러한 현상은 사회복지 시설들에 대한 정부 지원의 비중이 커질수록 더욱 뚜렷하게 나타난다.

1980년대는 우리나라의 정치사회적 변혁이 나타났던 시기다. 비록 국가 지배기구에서 선경제-후복지 패러다임의 포기를 뜻하는 제도적 변화가 나타나는 정도는 아니었지만, 적어도 사회복지의 확대에 대한 압력은 크게 증가했다. 이 시기에 일어난 사회 정의, 빈부격차 해소, 생존권 보장 등과 같은 사회적 슬로건들은 이를 담을 수 있는 정책적 변화를 필요로 했고, 그럼에도 그것은 적어도 지배집단의 국가 최소개입주의 패러다임을 넘어서지는 않을 정도여야만 했다. 이때 '사회보장'과 일정하게 차별되는 담론으로 성장해 왔던 '사회복지' 용법이 전달체계의 정책 현장에 대대적으로 수용되는 전기가 마련된다.

1982년에는 「생활보호법」이 1961년 제정된 이래 처음으로 개정되는데, 이때 생활보호의 내용과 방법을 구체적으로 정비하고 자활 사업을 명시하는 등으로 전달체계에서 전문성 개입의 필요성을 포함시킨다. 사회복지서비스 관련법들도 확대되는데, 1981년에 「아동복리법」(1961년 제정)을 전면 개정하여 「아동복지법」으로 대체하고 「노인복지법」과 「심신장애자복지법」을 새롭게 제정하는 입법이 이루어진다. 1983년에는 「사회복지사업법」 역시 1970년 제정 이래 처음으로 개정되는데, 제2조의2(복지증진의 책임)를 신설해서 '국가와 지방자치단체는 사회복지를 증진할 책임을 진다'라는 공공 부문의 책임을 비로소 명문화한다. 이 법 개정에서는 또한 이제까지의 '사회복지사업종사자'에 대한 규정을 '사회복지사'라는 전문성이 강화된 요건으로 바꾼다.

1980년대 초부터 시작한 사회복지서비스 분야들에 대한 제도적 기반의 확충은 1987년을 기점으로 이루어진다. '제6차 경제사회발전 5개년 계획(1987~1991)'이 시작되는 해가 1987년이기 때문인데, 이 계획은 '생활보호대상자에 대한 지원행정체계'의 개선을 위해 '영세민 밀집주거지역의 일선행정기관에 복지전문요원을 배치하고, 사회복지관을 증설하여 영세민에 대한 복지서비스를 확대'한다는 내용을 담고 있었다.[42] 이로 인해 생활보호대상자의 범주 확대와 그에 대한 서비스 유형과 공급 방식에서의 획기적 전환이 이루어지는데, 이는 우리나라 사회서비스가 실천 차원에서의 제도적 확장이 이루어진 분기점에 해당한다.

그 결과, 1987년을 기점으로 '사회복지' 용법의 사회서비스 공급체계가 본격적으로 확장된다. 사회복지서비스 분야에서는 이것이 '수용보호' 서비스에서부터 '재가이용' 서비스로의 방법적 전환 혹은 추가를 초래한다. 사회복지관은 그 개념적 원형이 1963년 목포사회복지관에서 비롯되었을 당시부터 빈곤대상에 대한 비수용을 전제로 하는 전문적 서비스와 지역사회개발, 공공과의 공역 등으로 대표되는 사회복지 담론의 서비스 방법론을 상징하고 있었다. 이것이 당시 정치적 상황에서 정부

42) 사회복지관 양적 확장의 보다 직접적인 계기는 노태우 정부가 들어서고 '제6차 경제사회발전 5개년 계획 수정계획(1988~1991)'을 마련하면서부터였다. 영세민 임대주택 건립 시 사회복지관 설치를 의무화하였으며, 불과 몇 년 뒤 1993년에 250개소가 설치 완료된다.

가 빈곤 문제에 대한 대응을 이전과 차별되는 방향으로 확장 전환하려는 과정에서 채용되었던 것이다.

이 시기에 사회복지관과 같은 새로운 유형의 서비스들은 단지 서비스 방법론의 차이만으로 규정되는 것은 아니다. 제도적 관점에서는 새로운 서비스 유형에 대한 생산자 조직과 재정지원 주체, 이들 간의 관계 규범 등이 얼마나 차이가 나는지가 중요하다. 이 점에서 1980년대 후반에 급격하게 팽창하기 시작한 사회복지관을 비롯한 이용시설 서비스들은 이전까지의 수용시설 서비스의 공급체계와는 확연히 구분되는 특징을 띠고 나타났다. 그래서 이를 이전까지의 사회서비스(주로 수용시설) 공급체계의 세대와 구분하는 뜻에서 2세대 사회서비스의 등장이라고 할 수 있다.[43] 서비스 생산자가 작동되는 제도적 기제에서 특히 1세대와 2세대 사회서비스의 차이가 두드러지게 나타난다.

1세대에서는 사회복지시설의 설치뿐만 아니라 운영까지도 그 주체는 민간 부문으로서의 사회복지법인이 맡고, 공공 부문은 단지 서비스 대상자를 조치 위탁하는 데 대한 비용을 이들 시설에 지불하는 방식이 주를 이루었다. 반면, 2세대에 들어오면 공공 부문의 사회서비스에 대한 역할 확장이 나타나는데, 서비스 대상자를 무주거 절대빈곤자에서부터 재가차상위('영세민')까지 확대하고 이들에 대한 서비스 공급을 담보하기 위해 공공 부문(지자체)이 이용시설을 설치하는 주체가 되는 것이었다. 다만 이들 시설의 운영은 전문성 등의 이유로 민간 부문에 위탁하는 방식을 주로 취했다. 종합사회복지관, 노인복지관, 장애인복지관, 각종 아동·청소년 등의 전문상담기관 등이 이러한 2세대 사회서비스에 해당하는 것들이었다.

1987년의 변곡점 이후 우리나라의 사회서비스 제도는 2세대 사회복지서비스의 공급체계를 중심으로 확장하는데, 이때 기존의 1세대 사회복지서비스(생활시설)는 소멸되는 것이 아니라 단지 확장을 멈추고 자신의 영역(생활보호 서비스가 필요한 인

43) 당시 2세대 사회(복지)서비스는 사회복지관 사업이 주를 이루었다. [1989. 6. 보건사회부훈령(제568호)]에서는 사회복지관을 '지역사회 내에서 일정한 시설과 전문 인력을 갖추고 지역사회의 인적·물적 자원을 동원하여 지역사회복지를 중심으로 한 종합적인 사회복지사업을 수행하는 사회복지시설'로 규정했는데, 이것이 곧 2세대 사회(복지)서비스의 정체성을 대표한다. 참고: 김영종(2012). "한국 사회서비스 공급체계의 역사적 경로와 쟁점, 개선방향". 보건사회연구, 32(2), pp. 41-76.

구 대상)의 층을 유지한다. 2세대 이용시설 위주의 사회복지서비스는 일차적으로 지역 거주 저소득층을 위한 (종합)사회복지관을 중심으로 급격한 팽창이 이루어졌으며, 그 이후로는 장애인복지관이나 노인복지관 등과 같은 특정 인구대상을 위주로 하는 이용서비스 조직들의 확장이 활발하게 이루어진다.

한편, 이 시기에도 공공부조와 사회서비스는 제도적으로 완전하게 분리되지는 못하고, 여전히 사회복지 전달체계라는 틀에서 혼재되는 부분이 남아 있었다. 공공부조가 소득보장 위주의 현금 급여 유형으로 상당 부분 전환되어가지만, 여전히 대인적 서비스로서의 사회복지서비스를 보충적으로 활용했기 때문이다. 그럼에도 공공 부문이 주체가 되어 제공하는 사회복지서비스는 공공부조의 현금 급여를 제공하는 것과 관련된 업무 프로세스 중심으로 바뀌기 시작한다. 그로 인해 이러한 서비스를 대인적 사회서비스라고 하지는 못하지만, 그럼에도 사회복지서비스의 틀로서는 간주될 수 있었다.

1990년대에는 사회복지서비스 분야의 개방이 시도된다. 과거에 사회복지법인과 같은 특수 법인들에게만 허용되던 사회복지시설의 설치와 운영에 대한 제한이 대부분 철폐된다. 1997년 개정된 「사회복지사업법」은 사회복지시설의 설치 및 운영을 허가제에서 신고제로 변경한다.[44] 일부 예외로 규정한 시설을 제외하고는 개인도 사회복지시설의 설치와 운영이 가능하게 된 것이다.[45]

이 시기에 새롭게 등장했던 사회서비스 조직에게는, 단순 의식주 위주의 수용보호 서비스 조직들과는 달리, 물질적 자원(법인 재산)보다 휴먼서비스에 관한 전문적 지식과 기술 자원의 가치가 보다 중요해졌다. 이런 배경에서 사회복지전문직의 현장 기반이 확대되고, 사회복지사에 대한 현장 수요가 급속히 증가했다. 1983년 개정된 「사회복지사업법」에서는 '사회복지사'를 국가자격증 제도에 편입시켰고, 이전까지 사회복지법인이나 시설의 '종사자'와는 확연히 다른 정체성과 위상을 부여

44) 허가제는 주무 관청이 시설 설치를 허가해 주는(혹은 허가해 주지 않은) 판단 권한을 가지고 있지만, 신고제는 일정한 요건만 갖추어서 신고하면 시설 설치가 되도록 하는 것이다.

45) 이러한 개방의 이유는 이 시기에 급속히 나타났던 사회복지서비스의 수요 증가를 '작은 정부'의 기조하에서 대처하기 위함이었다.

했다.

공공 부문의 사회복지서비스에 대한 전문성도 요구되었는데, 그로 인해 1992년에 「사회복지사업법」 개정이 이루어지고, 여기에서 '복지사무전담기구의 설치'와 '사회복지전담공무원'을 명시한다. 비록 복지사무의 전담기구에 관한 규정은 이후 보건복지사무소 시범사업(1995~1999), 사회복지사무소 시범사업(2004~2006) 등의 근거로 활용되지만, 여전히 현실화되지 못한 채로 남아 있다. 대신에 공공 부문의 전달체계는 인력 측면의 전문성에 의존하는 경로의 선택만을 따라왔다. 그 결과 공공 부문에서 사회복지 영역이 확장되면 될수록, 그 업무 부담은 그대로 사회복지직 공무원 인력에게로 귀속되게 된다. 2010년대 초에 이르면 불과 25년 만에 200명 정원의 사회복지직 공무원이 18,000명 가까이로 60배가량 늘어나게 된 것도 이러한 경로의존의 결과다.

4. 보편적 사회서비스로의 제도 전환기 (2000년대~현재)

2000년대를 전후한 시기에 한국의 사회복지 환경은 급격히 변화한다. 한국사회는 1997년의 외환위기를 겪고 난 이후에 사회구조적 취약성에 대한 인식이 높아졌다. 이에 따라 국가적 복지 체계의 기본 골격을 강화해야 할 필요성이 제기되었다. 그러나 한편으로는 1980년대 이래 서구 사회에서 진행해 주던 신자유주의적 사조가 유입되면서 복지국가적 요구와는 갈등적인 역학도 발생시켜 오고 있다.

여태껏 국가의 경제정책 기조는 신자유주의 공급경제학의 논리에 바탕을 두어 왔었다.[46] 기업 활동에 대한 감세와 고용 유연성을 강화하면 고용과 소비력이 늘어나서 경제가 활성화되고, 그것이 곧 자연스런 복지증진으로 귀결된다는 것이다. 신

46) 이를 공급자 측면을 강조한다는 뜻에서 '공급경제학(supply-side economics)'이라 한다. 이는 2차 세계대전 이후 서구 복지국가의 경제 이론을 뒷받침했던 수요측면(demand-side)을 중시하는 '케인즈주의(Keynesian)경제학'의 퇴조를 가져왔다. 2000년대 후반 들어 세계적 금융위기를 정점으로 신자유주의적 공급경제학에 대한 의문도 나타나고 있으나, 이를 대체할 새로운 경제이론에 관한 모형은 뚜렷이 나타나지 않고 있다.

자유주의는 시장경제를 강조하는 과정에서 국가의 역할을 축소하려는 지향을 보인다. 그 가운데서 특히 소비지출로 인식되기 쉬운 국가적 사회복지 기능은 축소의 주요 표적이 되기 쉬웠다.

이 같은 신자유주의적 국가 정책의 기조는 2000년대 후반에 들어 숱한 문제를 드러낸다. 자유주의적 고용 정책은 한시적, 비정규직의 불안정한 노동자 계층을 양산해 내고, 빈부격차의 심화, 사회적 양극화의 문제를 심각하게 초래해 왔다. 특히 사회적 양극화(bipolarization)의 현상은 단순한 빈부격차의 불평등 문제를 넘어서서, 사회 존립 자체를 위협하는 심각성을 띠는 것이다.[47] 또한 국민 다수의 안정적 고용을 전제로 설계된 공적 연금이나 건강보험, 고용보험 등과 같은 보편적 사회보험 제도의 건강성도 위협하고 있다.

여기에다 2000년대 들어 인구사회적 구조의 파괴적 위험성이 본격적으로 드러나기 시작한다. 저출산 · 고령화로 인한 인구 구조의 위축과 왜곡은 한국 사회의 공동체적 지속가능성을 치명적으로 위협하는 것이다. 당장은 여성과 가족 기능의 변화로 말미암아 아동과 노인, 장애인 등에 대한 사회적 양육과 돌봄 기능이 시급한 제도적 대책을 필요로 하고 있다. 탈북자나 결혼이주민, 이주노동자 등의 증가로 이들에 대한 사회적 통합의 과제로 만만치 않은 수준으로 등장했다.

이와 같은 경제적 및 인구사회적 구조의 변화에 따른 이른바 '신사회적 위험(new social risks)'에 대한 대응으로, 2000년대 이후 한국의 사회복지정책은 패러다임적 변화에 대한 논의가 증가해 왔다. 빈부격차의 확대와 양극화, 저출산 · 고령화, 이주민이나 소수집단에 대한 사회적 배제 등의 문제는 빈곤-사후지원 위주의 기존 사회보장 제도로는 더 이상 감당하기 어려운 것이다. 이에 대처하려면 새로운 사회복지 전략을 모색해야 한다는 인식이 확산되었다.[48] 예방적 개념의 사회투자(social

---

47) 신광호 · 신동균(2007). "소득분포 양극화의 특성과 경제 · 사회적 영향". 한국경제의 분석, 13(1), pp. 63-111. 양극화 사회란 단순 불평등 사회와는 다르다. 사회적 부의 불평등 정도를 나타내는 지니(Ginnies)계수로는 측정이 되지 않고, ER 지수나 Wolfson 지수 등으로 측정한다. 양극화 사회는 사회적 이동을 불가능하게 해서 사회적 위험도가 훨씬 커진다고 본다.

48) 이와 같은 신사회 위험의 부각에 대한 논의가 구 사회 위험의 소멸을 의미하는 것은 결코 아니다. 특히 한국 사회의 경우에는 산업사회적 구 사회 위험에 대한 대비조차 구축되지 않은 상태에서, 21세기 초

investment) 성격의 사회서비스 정책에 대한 주창도 그런 맥락에서 나타났다.[49]

이러한 시대적 상황과 결부해서 2000년대 중반 이후 3세대 사회서비스의 등장은 '사회복지'라는 어휘를 사용하는 담론에 대한 본원적인 의문이 제기되는 시점과 일치한다. 3세대 사회서비스란 앞서 1, 2세대의 사회복지서비스와 제도의 목적이나 공급체계 성격 등에서 구분된다는 점에서 주로 보편적 사회서비스의 소비자 지원 방식을 구분하는 것이다.[50] 이것이 이전의 사회(복지)서비스와 구분된다는 상징은 대표적으로 2007년 제정된「노인장기요양보험법」의 법 명칭이나 내용 어디에도 '복지' 혹은 '사회복지' 용어가 사용되지 않았다는 점에 있다. 대신에 국민의 '삶의 질 향상'이 법의 목적 부분에 제시되어 있다. 이 법은 당연히「사회복지사업법」의 적용 대상에도 열거되어 있지 않으므로, 사회복지 공급체계로부터도 독립된 것이라 볼 수 있다.[51]

또 다른 예로「영유아보육법」은 제정 시기(1991년)에서의 경로로 인해 여전히「사회복지사업법」에 열거는 되어 있으나, 그 인력이나 조직에 관한 실천 맥락에서는 '사회복지' 담론의 적용을 이미 벗어나 있다.[52] 이 외에도 장애인자립생활지원 서비스와 지역사회서비스 투자사업과 관련된 제반 서비스들이 비록 이용료 책정에서는 소득검증(means-test) 방식을 적용하고 있으나, 이것이 기존의 '사회복지' 용법의 담론이 내포하는 속성들—빈곤 문제 중심, 민관협력, 개발과 자조, 예방과 치료의 전문성—과 직접 연결될 고리는 강하지 않다.

3세대 방식의 사회서비스 제도가 등장하는 시기는 2007년을 중대 기점으로 삼는

에 한국 사회가 처하게 된 복합적 사회 위험의 현실이다.

49) 아동보육과 청소년, 취업관련 서비스들이 주로 이에 해당되었다. 이때 사회서비스란 급여의 성격을 말하는 것으로, 현금 급여가 아닌 서비스(휴먼서비스) 급여를 의미했다. 그러한 서비스가 사회적 방식(시장 방식과 구분되는 공공의 재원조달)으로 조성된다는 취지에서 사회서비스가 되었다.

50) 1, 2, 3세대 방식으로 우리나라 사회서비스를 구분하는 근거는 앞서 이 책 3장(사회서비스 제도)에서 일부 설명되었고, 보다 자세하게는 이 책 7장(공급체계)에서 설명된다.

51) 2015년 현재 노인장기요양보험 제도의 등급인정자는 47만 명가량으로, 적어도 이만큼이 '사회복지' 용법에서는 이탈한 것이다.

52) 2015년 현재 아동보육서비스의 대상자는 250만 명가량인데, 이를 여전히 사회복지 전달체계의 경로에 두는 데 따르는 행정 과부담의 문제가 심각하게 제기되고 있다.

데, 그 이유는 이때 바우처 방식의 소비자 지원을 중심으로 하는 사회서비스 공급이 본격적으로 이루어지기 때문이다. 대표적으로 노인장기요양서비스가 이에 해당한다. 정부보조금의 기제로 작동되던 1, 2세대 사회(복지)서비스 전달 방식과는 달리, 3세대 바우처 사회서비스는 공급자가 아닌 서비스 이용자를 공공 부문이 책정해서 이용권(바우처)을 제공하는 방식이다. 바우처를 가진 이용자가 시장과 유사한 상황에서 서비스 공급자를 찾아가 계약 관계로서 서비스를 받는 것이다.

이러한 방식의 3세대 사회서비스가 아동이나 노인, 장애인에 대한 돌봄서비스의 보편적 영역에서 본격적으로 확대된 것이 이 즈음이다. 이러한 공급체계에서의 변화는 공공 부문에까지도 직접적인 영향을 미치는데, 공급체계에서 사회복지직 공무원의 서비스 대상자 책정 관련 업무 부담이 대폭 증가되었다. 한편으로 민간 부문의 전형적인 사회복지서비스 조직들에서는 정체성 위기의 논란이 발생한다. 바우처 사회서비스가 과연 '사회복지' 서비스에 해당하는 것인지에 대한 의문이었던 것이다.[53)]

새롭게 등장하거나 확장하는 사회서비스들이 기존의 사회복지 공급체계와의 관계를 설정하는 것과 관련한 법제적 개념 변화는 2012년 개정된 「사회보장기본법」에서 이루어진다. 여기에서는 1, 2, 3세대 방식의 사회서비스를 모두 포괄해 '사회서비스'라 하고, '사회복지서비스는' 사회서비스의 한 부류로서 복지 분야에 대한 서비스로 한정해 규정한다.[54)] 이와 같은 기조에서 「사회서비스이용권법」의 2011년 제정부터는 3세대의 사회서비스에 관한 규제 체계가 기존의 1, 2세대에 대한 규제 체계로서의 「사회복지사업법」으로 분리된다.

53) 김영종, "사회서비스와 사회복지사업법".

54) 현행 「사회보장기본법(법13650호, 2016. 1. 시행)」에서는 '사회서비스란 국가 · 지방자치단체 및 민간 부문의 도움이 필요한 모든 국민에게 복지, 보건의료, 교육, 고용, 주거, 문화, 환경 등의 분야에서 인간다운 생활을 보장하고 상담, 재활, 돌봄, 정보의 제공, 관련 시설의 이용, 역량 개발, 사회참여 지원 등을 통하여 국민의 삶의 질이 향상되도록 지원하는 제도를 말한다'로 되어 있다.

5. 전환기 한국 사회서비스의 현안 과제

2000년대 이후 한국의 사회보장 제도는 전반적인 틀에서는 큰 변화가 없었다.[55] 비록 국가적 사회보장 방식의 근원적 변화는 아니지만, 그럼에도 보육이나 노인 돌봄 등과 같은 새로운 프레임의 보편적 사회서비스 공급과 관련된 제도적 정비와 관련된 문제 등은 근래 국가 사회정책의 중심 이슈로 등장하고 있다. 이와 관련된 주요 과제들을 정리하자면 다음과 같다.

첫째, 사회서비스 **정책 프레임을 재정립**할 필요성이다. 이는 근래 확장되고 있는 사회보장 담론의 보편적 사회서비스를 담고, 한편으로는 기존 사회복지 담론의 사회서비스 제도적 경로에서 구축되어 왔던 법제와 행정 체계들의 재편을 필요로 하는 것이다. 이를 위해서는 신사회 위험에 대한 사회정책적 논의와 이를 중심으로 하는 정책 아젠다의 수립, 정책 목적에 부합하는 최적의 행정 수단의 선택 등이 이들 자체를 중심적인 의제로 해서 다루어져야 할 필요가 있다. 적어도 시장과 일자리 창출 정책과의 연동을 전제로 하는 주변부적인 사회서비스 정책의 프레임에서 벗어나야만 할 필요는 분명하다.[56]

둘째, **다원/다선화되는 사회서비스 공급체계에 대응**해야 하는 과제다. 비록 사회서비스 공급을 시장화한다는 것은 오랜 기간 논란이 되어오고 있지만,[57] 그와는 무관

55) 2007년 제정된 「노인장기요양보험법」이 사회보험에 추가되거나, 2014년 기초연금 제도의 시행, 국민연금과 공무원연금의 급여액 조정 등과 같은 사회보험 방식의 정책 일부가 확대되는 변화 정도였다.

56) 이러한 현상은 2000년대 중반 보편적 사회서비스 공급 확대라는 정책적 드라이브를 성사시키기 위해 이를 새로운 시장형 '일자리' 창출 정책과 연결시켰던 데서 비롯된다. 현재에도 우리나라 '사회서비스' 정책의 주요 평가 기준(재정기획 정부 부서의)에는 일자리의 수와 연결되어 있다.

57) Ascoli, U., & Ranci, C. (Eds., 2002). ***Dilemmas of the Welfare Mix: The New Structure of Welfare in an Era of Privatization***. NY: Kluwer Academic. 사회적 서비스가 가지는 사회적(social) 특성과 조화되기 어렵다는 점을 강조하는 입장이 있는 반면에 사회서비스의 보편화 과정에서 소비자 관점의 욕구 대응성을 높이기 위해 불가피하다는 입장도 만만치 않다. 전자는 참고: Haque, A. (2001). 'Public service and the issue of democratic governance'. ***Public Administration Review***, ***61***(3), pp. 259-265. 후자는 참고: Daniels, R., & Trebilcock, M. (2005). ***Rethinking the Welfare State: Prospects for Government by Voucher***. Routldge.

하게 돌봄 사회서비스의 영역에서 영리 부문의 참여를 포함해서 공급 주체의 다원화가 빠른 속도로 진행되고 있다는 사실에는 이견이 없다.[58] 이것은 유럽과 북미 지역을 포함한 대부분의 고도 산업화 국가들에서도 근래 공통적으로 나타나는 현상이기도 하다.[59] 우리나라에서도 2000년대 이후 사회서비스 공급의 다원·다선화 경향이 본격화됨에 따라, 이에 대응하는 새로운 공급체계의 원리가 강구될 필요가 있다.[60] 사회서비스의 환경이 작동 원리가 서로 다른 이질적인 부문(중앙정부, 지자체, 공단, 민간 비영리, 영리, 종교단체, 지역공동체 등)에 속한 수많은 조직 단위들 간 다원·다선적으로 작동하는 체계로 되어갈수록 그에 비례해서 부문 간 협력을 통한 통합적 서비스 생산을 구현할 수 있는 제도적 기제의 확충에 대한 필요성은 더욱 커진다.

셋째, **돌봄 사회서비스 공급 방식의 재검토**가 필요하다. 우리나라에서는 2000년대 후반 이후 저출산·고령화의 사회 문제에 대응하는 보편적 돌봄 사회서비스를 공급하는 정책이 대거 확대된다.[61] 이 과정에서 보육과 노인장기요양, 장애인자립지원, 지역사회서비스 투자사업 등의 대부분 사회서비스 공급은 시장화와 영리조직의 진입이 장려되는 이용권(바우처) 방식을 활용해 왔다. 이는 공공과 민간 공급자

58) 신창환·강상경(2010). "한국의 지역사회서비스투자사업의 공급구조와 바우처 작동기제에 관한 연구". 한국사회복지학, 62(2), pp. 399-420; 양성욱·노연희(2012). "사회서비스의 공공성은 무엇을 의미하는가?-서비스 주체에 따른 공공성의 내용을 중심으로-". 사회복지연구, 43(1), pp. 31-57; 김은정(2014). "주요 국가의 사회서비스 공급 주체 성격변화와 정책적 쟁점". 한국사회와 행정연구, 25(1), pp. 169-195.

59) 김윤수·류호영(2014). "영국과 프랑스의 사회서비스 제도변화 비교 분석: 돌봄서비스의 지방재정과 품질관리를 중심으로". 한국지방재정논집, 19(3), pp. 145-174.

60) 사회서비스 공급의 다원화(多元化)란 사회복지의 공급자가 기존의 국가와 민간 비영리 부문 외에도 시장영리 부문, 종교 부문, 가족, 지역사회 등까지로 확산되는 것을 말한다. 지방정부나 지역사회의 기능을 강화하는 지방화 역시 다원화의 일종이다. 공급자가 다원화되면, 필연적으로 사회복지 전달체계는 다선화의 복잡성을 띤다. 다선화(多線化)란 다원화된 공급자 부문의 조직을 연결하는 선들이 복잡하게 이루어진 상태를 말한다. 참고: 김영종(2008), "휴먼서비스 수요·공급의 산업체계적 모형 분석"[한국사회복지행정학회 2008 추계학술대회 기획주제발표]

61) 김영종, "사회서비스와 사회복지사업법". 이를 '보편적'이라고 해야 하는지에 대해서는 많은 이견이 있다. 그럼에도 본질적으로 보자면 이들은 비록 차등적인 이용료 지원 스케일(scale)을 두기는 하지만, 주된 대상 문제를 빈곤이 아닌 인구사회적 기준에 두므로 보편적 사회서비스의 범주에 해당한다. 그 결과 전형적인 사회복지서비스에서 '복지'의 용법을 탈락한 사회서비스라고 불리게 된다.

부문 간 보조금 계약 관계와 다르게, 공공 부문이 서비스 이용권을 수요자에게 이전해서 이용자와 생산자 간의 시장 관계로써 서비스가 공급되게 하는 것이다. 이러한 바우처 방식 일변도의 사회서비스 공급 확대는 현재 우리나라 사회서비스 행정에 많은 문제를 드러낸다. 주로 휴먼서비스 속성과 시장 공급 기제와의 부정합 문제와 관련되어 있지만, 시장 기제 가운데서도 바우처 방식만의 결함, 예를 들어 담합 등과 같은 바우처 사기에 취약하다는 것이 현실적으로도 이미 드러나 있다. 이를 해결하기 위해서는 사회서비스 공급의 대안적 방식들이 보다 적극적으로 모색되어야 할 필요가 크다.[62]

넷째, 사회서비스의 **지방화와 거버넌스를 실현**해야 하는 과제가 있다. 지방화는 중앙정부 위주로 수행하던 사회(복지)서비스 업무에 대한 책임과 권한을 지방으로 이양하는 것을 의미한다.[63] 우리나라에서는 2003년 사회복지 재정분권을 시도한 이후로 지역복지에 대한 강조를 이어오고 있다.[64] 「사회복지사업법」 개정을 통해 지자체의 지역사회복지계획 수립과 지역사회복지협의체 설치를 의무화한 것도 이와 같은 맥락에서 비롯되었다.[65] 국고보조금의 성격을 한시적으로 두고 있던 분권교부세(2005년 시행)도 2015년부터 보통교부세로 최종적으로 전환되어 지방으로 이양되었다. 보다 최근에는 공공 사회복지 전달체계에서 읍면동 조직을 통합적 사례관리와 서비스 접근성 향상, 커뮤니티의 참여와 민관협력의 주요 기제로 삼으려는 시도도 활발하게 나타나고 있다.[66] 이러한 지역과 자치, 참여 기조의 사회서비스

62) 막대한 사회적 돌봄의 보편적 수요에 대응하기 위해 사회서비스 공급 제도가 시장 기제를 일정 부분 확장하는 것은 불가피하게 여겨지고 있다. 그럼에도 반드시 시장화 전략의 한 특정 수단인 '바우처(이용권)' 방식에 무조건적으로 함몰되는 것은 부적절하다. 이는 보다 다양한 효과적인 정책 수단들의 모색을 억압해서 사회서비스의 발전을 저해하고, 특정 수단에만 부합되는 사회서비스 문제나 유형들이 정책적 우선순위에 채택되는 목적전도 현상을 유발할 위험도 있다.

63) 여기서 지방은 지방정부만을 뜻할 수도 있고, 지역주민과 민간의 참여를 포함하는 것을 의미할 수도 있다. 현재의 지방화는 지역 자치와 참여를 강조하는 추세에서 진행된다고 보면, 사회서비스의 지방화는 후자의 포괄적 의미에 가깝다.

64) 김영종(2010). "한국사회복지행정학의 역사적 평가와 과제". 한국사회복지행정학, 12(1), pp. 171-203.

65) 이들은 2014년 제정된 「사회보장급여법(약칭)」에 의거해서 현재 '지역사회보장계획'과 '지역사회보장협의체'로 명칭과 성격이 일부 변화되었다.

66) 2010년대 이후 서울을 중심으로 추진되어 온 '찾아가는 동주민센터(일명 찾동)'라든지, 보건복지부의

전달체계 개편 의도가 한편으로는 사회서비스 시장화 확대라는 정책 방향과 상치되는 측면도 야기한다. 이러한 문제를 어떻게 해결해 나갈지가 향후 우리나라 사회서비스 정책의 중요한 과제가 된다.

읍면동 허브 사업이나 부산의 '다가서는 복지동(일명 다복동)' 등이 그러한 시도를 대표한다.

제3부 사회서비스 공급체계

제3부에서는 우리나라의 사회서비스 공급체계를 설명한다. 먼저, 7장에서는 사회서비스 공급체계를 분석하기 위한 틀을 제시하고, 이에 의거해서 우리나라의 공급체계의 역할자 관계에 대해 설명한다. 8장에서는 공급체계를 규율하는 제도적 규제의 양상을 기술하고, 9장에서는 서비스 생산자로서의 생산 조직체의 형성과 흐름에 대해 설명한다. 마지막으로, 10장에서는 사회서비스 생산 과정의 전문직 속성에 대해 설명하고, 우리나라의 사회복지사 전문직에 대한 경과를 기술한다.

제7장 공급체계

대부분의 산업사회 국가에서 사회서비스는 사람들의 상호의존 기능을 수행하는 필수적인 제도로 발전되어 왔다. 비록 우리나라의 경우에는 전쟁 구호와 같은 상이한 역사적 맥락에서 출발하기는 했지만, 궁극적으로는 산업사회의 보편적 사회서비스 제도화로 수렴되어 가고 있다. 사회서비스의 제도적 공급 현상은 체계론(system) 접근을 통해 적절히 이해될 수 있다.

1. 사회보장 체계에서의 사회서비스

체계란 그것을 구성하는 요소들과 그들 간의 관계를 의미한다. 사회서비스가 공급되는 체계란 다양한 관련 조직이나 집단 요소, 그들 간의 관계로 구성된 것이다. 이러한 사회서비스 체계도 큰 틀에서는 사회보장 체계의 한 구성 요소로 간주된다. 「사회보장기본법」에 따르면 사회보장이란 '사회적 위험으로부터 모든 국민을 보호하고 삶의 질을 향상시키는 데 필요한 소득 · 서비스를 보장하는 사회보험, 공공부조, 사회서비스를 말한다'로 규정한다. 그러므로 사회서비스란 사회보장 제도의 한 구성 부분이 되는 것이다.

국가의 사회보장 수단으로서의 사회보험과 공공부조, 사회서비스는 각각이 다루는 사회문제의 성격에서부터 급여의 성격, 재원조달 방식, 조직과 전달체계의 구성 등에서 구분될 수 있다. 이는 [그림 7-1]에서 나타나는 바와 같은데, 이를 통해 사회보장의 공급체계 내에서 사회서비스의 제도적 위상이 적절히 드러난다. 이 그림은 우리나라 사회보장 급여의 공급체계를 구성하는 주체 요소와 보장 급여의 유형 및 전달 경로를 사회보험, 공공부조, 사회서비스 부문별로 나누고, 이를 통해 수요와 공급 간 체계의 특성이 어떻게 나타나는지를 보여 주는 것이다. 그림에서 네모는 부문을 의미하고, 화살표는 공급 내용의 이전 경로를 뜻한다.

한 나라의 사회보장 체계란 [그림 7-1]에서 보듯이 개인이나 기업은 기여금이나 세금, 구매와 후원 혹은 회비 등 다양한 방식으로 사회보장 급여가 공급되는 데 필요한 자원을 제공한다. 공단이나 정부 조직과 같은 공공 부문, 영리 기업이나 비영리 기관 등과 같은 민간 부문의 조직들이 현금이나 사회서비스 등을 생산하고 제공

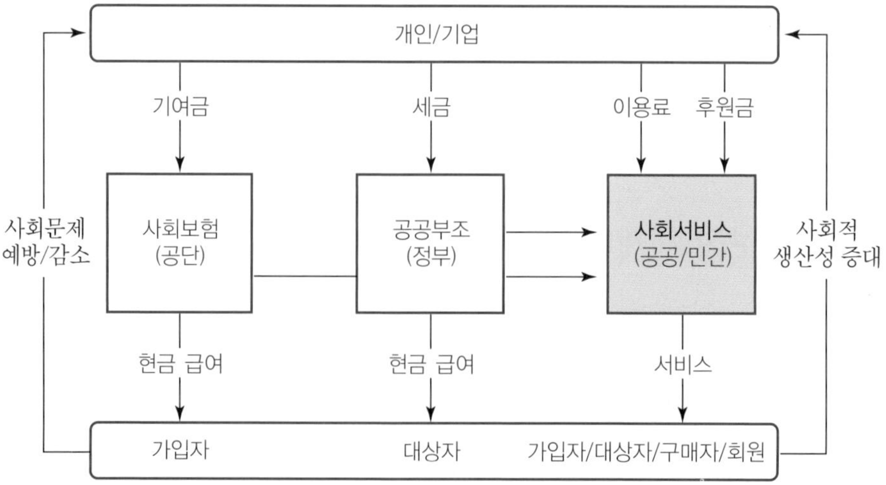

참고: 김영종(2017). 사회복지행정(4판). 학지사, p. 384.

[그림 7-1] 우리나라 사회보장 제도의 체계

한다. 국민이나 주민은 가입자 혹은 대상자, 이용자, 회원 등의 자격으로 사회보장 급여를 소비하는데, 이를 통해 국민이나 주민은 자신에게 직접 도움이 되거나 혹은 공동체 사회의 부정적인 외형이 감소되는 효과를 통해 건강한 삶을 영위할 수 있다.[1] 이는 궁극적으로 사회문제의 예방이나 감소를 가져오고, 한편으로는 인적 자원에 대한 투자로 인해 사회적 생산성 증대에 기여해서 개인이나 기업의 경제활동이 지속될 수 있도록 한다. 개인이나 기업이 경제활동을 지속할 수 있게 되면, 이러한 사회보장의 공급체계는 순 순환 과정을 되풀이할 수 있게 된다.

사회보장 급여는 크게 현금과 현물, 서비스로 구분될 수 있는데,[2] 사회보험과 공공부조는 주 내용물이 현금에 해당한다. **사회보험**(social insurance)은 기본적으로는 산업사회의 임금노동 관계에서 발생하는 위험들(실업, 산업재해, 고령, 건강)에 대비하기 위해 국가가 임금노동자들을 대상으로 강제로 보험에 가입하게 하는 제도이다. 국민보험의 형태로 산업노동 이외의 국민 계층을 포괄하는 수도 있지만, 기본적으로는 기여금을 내는 가입자에 대해 급여를 지급하는 방식을 택한다. 우리나라는 4대 사회보험(국민연금, 건강보험, 산업재해보험, 고용보험)을 근간으로 노인장기요양 제도 등이 추가되고 있다.

공공부조(public assistance)는 국가가 국민의 기초생활 수준을 보장하기 위한 제도다. 개인이나 기업으로부터 거둔 세금을 중앙정부와 지방정부의 관리하에 일정 소득수준 이하의 국민 계층에게 급여를 제공하는 제도다. 대표적인 것이 국민기초생활보장 제도인데 가구별로 소득이나 자산, 부양가족 조건 등을 고려해서, 해당 인

1) 부정적 외형(negative externality)이란 한 개인에게 주변 환경이 자신의 삶에 긍정적이지 못한 측면으로 형성된 것을 뜻한다. 예를 들어, 자신이 사는 동네에 범죄율이 높게 나타난다면 그 개인은 그만큼의 부정적인 외형을 가지는 것이다.

2) 현금과 현물 이외에도 다양한 급여의 성격이 있는데, 예를 들어 조세 지출과 같은 일종의 간접 급여도 있다. OECD가 사회복지 공급을 사회적 지출(social expenditure) 개념으로 규정할 때, 현금과 사회서비스 이외에 조세지출을 포함시키는 것으로, 조세지출이란 세금을 통해 이루어지는 정부 구조하에서의 지출이 아닌 세금의 감면을 통해 특정 재화나 서비스가 지급될 수 있도록 하는 것이다. 예를 들어, 종합소득세에서 보육비와 의료비 등에 대한 세금 감면 혜택 등이 이에 포함된다. 굳이 정부 조직의 방식(국가나 지방자치단체가 국세청이나 세무부서를 통해 돈을 세금을 걷고, 이를 국회나 지방자치의회를 통해 할당하는 심사를 거쳐, 정부기관의 행정 활동으로 지급되는 것)을 거치지 않으면서도, 특정한 서비스(의료, 교육)가 공급될 수 있도록 한다.

구가 사전에 결정된 최저생활 기준에 미치지 못한다고 판단될 경우 생계비, 주거비, 장제비, 교육비 등의 항목으로 급여를 지급한다.

사회보험과 공공부조의 급여는 현금 급여로서의 성격을 강하게 띤다. 현금(cash)은 화폐나 그에 상응하는 형태로 지급되는 급여다. 수급자의 소비에 따른 자유도를 높여 공리주의적 혜택을 극대화할 수 있다. 예를 들어, 연금이나 공공부조 급여와 같은 각종 소득보장 지원이 이에 해당한다. 현물(payment in kind)이란 상품이나 서비스 등과 같이 현금이 아닌 형태의 급여를 말한다. 아동, 장애인, 노인 등에 대한 돌봄서비스의 제공이 대표적인 현물 급여의 예다. 현물 급여 방식은 특정 공급 내용물의 필요성을 제공자가 지정할 수 있어, 급여 제공의 정책적 의도를 강제할 수 있는 장점이 있다. 다만 수급자 입장에서의 최대 편익은 실현되지 않을 수 있다.

사회서비스(social service)는 현물로서의 서비스 급여를 중심으로 한다. 현금 급여는 수급자에게 현금이 이전되는 것 자체가 성과가 된다. 수급자의 소득 결여가 메꾸어지면 그 개인이나 가족이 정상적인 삶을 영위해 나갈 수 있다고 보기 때문이다. 문제는 아동 보육이나 노인 돌봄, 장애인 지원, 기타 청소년 육성이나 정신건강이나 취업 자활 등의 경우에는 개인들에게 현금을 이전한다고 해서 해결되기 어려운 문제들이 많다. 이런 경우에는 대상자에게 필요한 서비스를 특정해서 서비스를 직접 제공하는 것이 필요하다. 교육, 보육, 건강, 케어, 요양, 기타 제반 사회서비스 등은 개인들의 구매력 보유 여부를 떠나서 시장 메커니즘으로 공급되기 어려운 휴먼서비스 특성이 있고, 그래서 이를 사회적 방식으로 공급하는 것이다.

〈표 7-1〉 사회보장 급여의 유형과 내용, 조직 체계

유형	급여	주 내용물	관리조직 체계
사회보험	국민연금/건강보험/산재보험/고용보험/노인장기요양보험 등	현금	공단
공공부조	기초생활보장/기초연금/장애수당/자활급여 등	현금	중앙정부/지방자치단체/공단
사회서비스	생활시설/이용시설/보육/노인 돌봄/장애인활동보조 등	서비스	공공(공단/중앙정부/지방자치단체)+민간(영리/비영리/사회적 경제 조직)

〈표 7-1〉에서 제시되어 있듯이, 사회보장 급여의 공급 주체는 크게 공공과 민간 부문으로 구분될 수 있다. 공공이라 할 때는 정부 조직의 기본 틀에서 움직이는 부문의 조직들을 말하고,[3] 민간이란 영리(개인 포함)와 비영리, 기타 사회적 경제 조직 등을 포함하는 비정부 조직들을 뜻한다.[4] 사회보험과 공공부조는 대부분 공공 부문이 공급의 주요 과정을 담당한다. 사회서비스는 생산의 특성상 공급 주체가 다양한 역할들로 뒤섞여 있는 것이 보통이다. 대체로는 공공 부문이 재원 공급이나 규제자의 역할을 수행하고, 민간 부문이 서비스의 직접 생산자 역할을 담당하는 경향이 있다.

사회보험이나 공공부조의 경우는 각 제도의 목적이나 작동 방식, 조직 체계 등에서 비교적 분명히 구분되지만, 사회서비스는 그 성격 규정이 뚜렷하게 차별적이지는 못하다. 그것은 앞서 설명했듯이 '사회서비스'의 개념에 대한 확산적 용법에 따른 것이다. 현재로서는 우리나라 사회보장 제도에서 사회서비스에 해당하는 영역의 보장은 사회보험이나 공공부조에서 주된 목적으로 두고 있는 '소득보장'과 차별된다는 정도에서의 합의가 있다. 대표적으로는 소득보장으로 해결될 수 없는 사회적 돌봄, 예를 들어 아이들을 키우고 노인들을 돌보는 기능은 이들에게 현금 급여를 이전해 주더라도 그 실행이 보장되기 어렵다. 그래서 필요한 서비스 자체를 사회적으로 보장해 줄 필요가 있고, 이를 사회서비스 보장이라고 규정한다. 이처럼 비록 목적 개념에서는 분리될 수 있지만, 실행 차원에서는 이들 각각의 보장 영역은 중첩되어 작동한다. 예를 들어, 노인장기요양보험(사회보험)에서 공급하는 요양서비스는 수요자에게 최종 전달되는 시점에서 급여의 유형으로 보자면 사회서비스

3) 공공이란 보통 정부기관이나 공공기관을 지칭하는데, 정부기관은 정부 조직 체계에 포함되는 중앙정부와 지방자치단체, 특별지방기관 등이 해당되고, 공공기관이란 정부의 투자 · 출자 또는 정부의 재정지원 등으로 설립, 운영되는 공기업(예, 한국전력공사)이나 준정부기관(예, 근로복지공단) 등을 말한다. 한국에서 사회보험의 운영은 대부분 기금 관리를 위탁받은 준정부기관으로서의 연금공단, 건강보험공단, 근로복지공단 등이 수행한다. 정부와 공공기관을 포함하는 이러한 공공조직 체계는 대부분 각종 법규정에 의해 관료제적 방식으로 운영한다.

4) 민간은 비영리(non-profit)조직과 영리(for-profit)조직으로 나눌 수 있다. 민간 영리조직은 이윤 획득과 분배를 목적으로 성립된 조직이고, 민간 비영리조직(NPO, Not-For-Profit)은 자금이나 이윤을 소유자들에게 분배하지 않고, 설립 목적을 위해 쓰도록 되어 있다. 일반 회사나 기업, 여타 상업 활동 조직들이 모두 영리조직에 해당하고, 병원이나 학교, 사회복지기관 등을 운영하는 각종 사회적 법인이나 기업이나 개인이 사회적 공헌을 목적으로 설립한 각종 재단 활동 등이 비영리조직에 해당한다.

로 간주되는 것 등이다.

이러한 이유들과 함께 역사적인 제도 형성의 경로에 의해서도, 우리나라 사회서비스 공급체계는 공공과 민간 부문의 작동 원리와 방식들이 혼재되어 고유한 복잡함을 드러낸다. 우리나라에서는 사회보험이나 공공부조의 대부분이 이러한 공공조직 체계에 의해 공급되고, 사회서비스 분야는 1950년대 이래 대부분 민간 비영리조직들에 의해 주로 운영되어 왔다. 근래에는 보편적 사회서비스의 확대 과정에서 민간 부문 활동에 영리조직들의 참여가 활발해지고 있으며, 한편으로 공공과 민간 부문의 전통적인 역할까지도 혼합되어 섞이고 있는 추세가 나타나고 있다.

2. 사회서비스 공급체계의 분석틀[5)]

사회서비스 공급체계에 관한 기존 논의들은 대개 공급자 혹은 공급자 조직들을 어떻게 배치하고 연결하느냐에 주된 관심을 두어 왔다. 이러한 공급자 중심의 전달과정에 대한 분석으로는, 사회서비스에서 새롭게 대두되는 영리화 혹은 상업화 방식 등을 포괄하고 그 안에서 시장적으로 행동하는 수요자와 공급자의 역할을 적절히 설명하기 힘들다. 사회서비스 공급체계에 대한 기존 논의들의 또 다른 한계는 휴먼서비스적 특성을 강조하는 서비스 수요와 공급에 관한 고려가 부족하다는 점이다.[6)] 휴먼서비스의 무형이면서도 장기적으로 성과가 구현되는 특성이라든지, 도덕적 가

5) 이 부분은 〈김영종(2008). 휴먼서비스 수요 · 공급의 산업체계적 모형 분석 [한국사회복지행정학회 추계학술대회 발표문]〉과 〈김영종 · 김은정(2014). 사회서비스 공급체계의 통합적 재설계 [사회서비스포럼 2014 보고서]〉에서 발표된 사회서비스 공급체계의 분석모형을 따와서 정리한 것이다.

6) 우리나라의 사회복지서비스는 오랫동안 현금이나 '금품' 이전 위주의 서비스 중심으로 구축되어 왔다. 공공부조의 대부분은 현금 지원을 위한 자격 기준의 조사와 책정, 지급 등에 관련된 서비스들이었다. 여기에서 인간 변화를 다루는 휴먼서비스적 기술 속성은 크게 고려될 필요가 없었다. 급여 제공 조직들이 다루는 서비스는 무형적이지도 않고, 성과는 곧 산출(책정 여부) 자체며, 공동생산이나 도덕적 가치도 크게 이슈화될 여지가 없다. 민간 부문의 경우에도 사정은 조금 다르지만, 공공 부문의 방식에 의존되어 있으면서 물자제공 위주의 서비스를 해 왔던 까닭에, 여전히 공급자 중심 전달체계 논의의 한계에서 크게 벗어나지 못해 왔었다. 참고: 이봉주 외(2008). 사회서비스 수요 · 공급실태 정밀조사 연구 [기획예산처 보고서]; 김영종(2007). 사회복지 전달체계의 재구축에 관한 연구 [KDI 보고서].

치에 의한 규제의 성격, 수급자의 서비스 참여를 강조하는 공동생산(co-production)의 원리 등은 모두 휴먼서비스 수급체계의 설명에서 치명적으로 중요한 부분들이다.

한국 사회가 경험하는 새로운 사회서비스의 패러다임을 설명하기 위해서는 이에 적합한 분석틀을 갖출 필요가 있다. 이러한 분석틀은 기본적으로는 제도화된 구조를 분석하는 데 용이한 체계 이론에 입각하는 것이지만, 그럼에도 기존의 공급자 부문만의 역할 체계를 다루는 전달체계의 개념과는 달리 휴먼서비스 관점에서의 수요와 공급의 환원적 역할 체계의 구조가 될 필요가 있다. 우리나라의 사회서비스 수급에 관한 현실적인 정책 동향이나 현안 쟁점들에 대한 도출도 이 같은 분석틀에서 비로소 가능하게 된다.

체계 이론에서는 체계란 부분들 간의 관계에 의해 기능하는 전체의 구조와 과정으로 설명한다. 사회서비스 공급체계는 사회서비스를 생산하고, 소비하는 제반 부문과 요소들 간 관계로 구성된다.[7] 이러한 체계 요소들 간의 관계를 설명하는 데는 정치경제 관점과 신제도 이론의 결합이 유용하다. 정치경제 관점에서 ($Pab=Dba$)으로 단순히 대표되는 자원의존(resource dependency) 이론에 의거하면, 체계 내에서 a라는 요소가 b라는 요소에 대해 갖는 파워(P)는 b요소가 a요소의 자원에 의존되는 정도(D)에 비례한다고 본다. 이러한 체계 내 요소들 간 정치경제적 교환관계가 이루어지는 장은 신제도이론(institutional theory)의 제도적 규제를 통해 설명될 수 있다.

1) 산업체계 모형

산업(industry)은 시장이나 전달체계 등의 개념과 구분되는 것이다. 산업주의 관점에 따르면,[8] 조직을 통한 생산의 규모가 증가할수록 그러한 조직적 활동의 유형은 산업적 특성이 되어 나타난다고 본다. 이에 의하면 현재 대부분 나라에서의 사

---

7) 부문(sector)과 요소(element)는 굳이 구분될 필요가 없지만, 요소들이 묶인 상태의 요소를 부문으로 구분할 수 있다.

8) Zald, M. (1978). "The Social control of industries". *Social Forces*, *57*, pp. 79-102; Austin, D. (1988). *The Political Economy of Human Service Program*. Greenwich, CT: JAL Press; Hasenfeld, Y. (1992). *Human Services as Complex Organizations*, Newbury Park, CA: Sage.

회서비스 생산 역시 일종의 산업 생산적 특성을 띠는 것으로 파악된다.[9] 산업적 생산 특성이란 하나의 산업 집단 내에서는 그 안에서 통용되는 규칙이나 절차 등이 존재하고, 조사나 훈련기관, 표준화 장치, 협회 등과 같은 다양한 조직 간의 연결 구조가 구비된다는 것이다.[10]

이러한 산업 차원의 조직들은 산업 내에서의 공통된 운영 이슈들을 통해 해당 산업과 외부 사회와의 관계를 형성하게 되는데,[11] 이 과정에서 특정한 생산 관계가 개별 산업으로 구분될 수 있는 실체로 만들어진다. 이에 의거하자면, 특정한 사회서비스 분야, 예를 들어 노인장기요양서비스 등은 하나의 구분될 수 있는 산업적 실체로 볼 수 있다. 사회서비스를 산업과 체계의 관점에서 보면, 산업체계의 영역 혹은 부문 내에서 작동하는 주체들을 식별하고 그들 간의 관계를 구성해 보는 것이 가능하다.

일반적으로 공식적인 경제활동 부문의 차원에서 재화와 서비스 생산의 주체들을 구분할 때는 민간 시장, 공공 혹은 정부, 자발적 비영리로 대별해 왔다. 이제까지 사회서비스 산업은 일반적으로 비시장적 과정을 통해 형성되어 왔다.[12] 거의 모든 사회에서 사회서비스는 정부 부문이나 비영리 민간 부문에 의해 독점되다시피 해왔다. 그러다 최근 들어 복지혼합의 추세에서 영리 부문을 비롯해서, 가족이나 지역공동체까지도 포함하는 서비스 공급 주체의 다원화 현상이 나타나고 있다.[13] 그로 인해 사

9) 이처럼 휴먼서비스를 일종의 산업 혹은 부문으로 보는 관점은 제도론 혹은 신제도론(new institutionalism)에서의 휴먼서비스 조직 설명의 주요 방식이다.

10) Austin, *The Political Economy of Human Service Program.*

11) 이에 대해서는 참고: Benson, J. (1981). 'Network and policy sectors: a framework for extending interorganizational coordination'. In D. Roger & D. Whitten (Eds.), *Interorganizational Coordination.* Ames, IW: Iowa State University; Milward, H., & Francisco, R. (1983), "Subsystem politics and corporatism in the United States". *Policy and Politics, 11*: pp. 273-293; Austin, *The Political Economy of Human Service Program.*

12) Austin, *The Political Economy of Human Service Program.*

13) 참고: Savas, E. (1987). *Privatization: The Key to Better Government.* NJ, Chatham House Publishers; Austin, *The Political Economy of Human Service Program*; Gidron, B., Kramer. R., & Salamon, L. (1992). *Government and the Third Sector: Emerging Relationships on Welfare States*, Jossey-Bass Publishers; Glennerster, H. (2003). *Understanding the Finance of Welfare: What Welfare Costs and How to Pay for It.* The Policy Press; Burchardt, T. (2005). 'Comparing incomes when needs differ: equivalising for the extra costs of disability in the UK'. *Review of Income and*

회서비스 산업에서는 부문 간 대체성 혹은 경쟁이 증가하는 현상이 나타나고,[14] 그에 따라 부문 간 역할과 기능 조정의 필요성 또한 함께 강조되는 추세에 있다.

사회서비스 체계 내에서 역할자 유형의 분화는 대개 재정 공급자와 서비스 생산자의 나눔을 공통으로 한다. 대표적으로 기드론 등(Gidron et al., 1992)에서는 재정 부담자와 서비스 생산자의 두 역할자 축을 이용해서 정부지배 모형, 이중 모형, 협조 모형, 비영리 부문 주도 모형 등으로 복지공급 모형을 설정한다.[15] 현실적으로 이 두 역할자는 이제까지 정부와 비영리 부문이 주가 되어 왔으므로, 이러한 네 가지 모형은 대부분 정부와 비영리 부문 간 관계로서 설명할 수 있었다. 그런데 복지혼합이 본격화되어 영리 부문의 편입을 비롯한 시장적 기제의 추가가 가속화되면서부터는, 이러한 전형적인 네 가지 단순 모형으로는 설명되기 어려운 부분들이 많아진다. 그래서 공급체계의 모형에 서비스 선택권자를 추가하거나[16] 서비스 조정자의 역할을 추가하는 경우들도 있다.[17]

이러한 새로운 체계 모형들에서조차도 역시 한계는 뚜렷한데, 무엇보다도 이들 모형이 공급자 관계의 특성들에만 주목하고 있다는 점이다. 그래서 이들 모형은 수요자 부문의 역할을 적극적으로 개입시키기가 어렵다. 버챠드(Burchardt, 2005)의 모형에서는 선택권의 형태로 이를 일부분 반영하지만,[18] 사회서비스 산업에서는 수요자 부문 역시 혼합재의 성격으로 인해 그 안에서 분리되어야 함은 간과되어 있다. 혼합재(mixed goods)란 사유재와 공공재가 섞여 있는 상태이므로, 그로 인해 수요자의 선택권과 결부된 성격도 분리될 수 있다. 사회서비스에서 수요자 부문이 동일한 실체가 아니라면, 이를 분리시켜 설명하는 것이 필요하다.

기존 연구 모형들에서의 또 다른 한계는 공급자의 분화에 규제자의 역할이 적절

Wealth, *51*(1), pp. 89-114; Kendall, J. et al. (2006). 'Social care and the nonprofit sector in the western developed world'. In W. Powell & R. Steinberg (Eds.), *The Nonprofit Sector: A Research Handbook*. Yale University.

14) Kendall, 'Social care and the nonprofit sector'.

15) Gidron et al., *Government and the Third Sector*.

16) Burchardt, 'Comparing incomes when needs differ'.

17) Savas, *Privatization*.

18) Burchardt, 'Comparing incomes when needs differ'.

히 제시되지 못하고 있다는 점이다. 사바스(Savas, 1987)의 모형에서 조정자의 역할로 일부 제시되어 있기는 하지만,[19] 이 역시 규제의 일부만을 다룰 뿐이다. 휴먼서비스 산업 전체가 일종의 규제로서 구성되어 있다는 특성을 감안할 때,[20] 비록 공급자 일반에서 규제자의 실체 규명이 쉽지 않을 것이라는 점을 감안하더라도, 규제자 역할은 반드시 분리 고려될 필요가 있다.

스캇과 메이어(Scott & Meyer, 1983)는 산업 혹은 부문 체계는 규제자, 생산자, 재정지원자 등으로 구성된다고 보았다.[21] 이는 제도이론의 관점을 대변하는 것으로, 여기서는 특히 산업에 있어서 규제자 역할의 중요성—문화적, 규범적 가치의 우위성—을 강조하는 설명을 시도한다. 이는 수많은 도덕적 가치와 연관된 서비스 기술들로 무장된 휴먼서비스의 속성을 감안하고, 그 결과 다양한 규제에 의해 움직이는 사회서비스 생산이라는 현상을 설명하기 위해서 요긴하다.

우리나라 사회서비스 공급을 분석하는 틀에서는 특히 이러한 통합적 공급자 개념으로부터 규제자를 분리해서 설명하는 시도는 중요하다. 그 이유는 우리나라 사회(복지)서비스의 역사적 경과에서 정부 부문이 취한 독특한 자세 때문이다. 1950년대 이후부터 1970년대에 이르기까지 특히, 그리고 그 이후에도 일정 정도로 잔존하는 것은 사회서비스 공급에 대해 정부 부문은 재정 개입은 가능한 최소화하지만 강력한 규제자로서의 선망(羨望)만큼은 결코 놓치지 않으려 한다는 것이다.[22]

정부 부문의 생산자들이 복지 공급의 주체가 되었던 전통적인 복지국가들은 1980년대 이후 복지혼합의 추세를 따라 민영화 등의 공급자 분화를 시도했지만, 우리나라에서는 복지국가의 틀을 갖추기 이전에 사회서비스는 일찌감치 민영 체제로

19) Savas, *Privatization*.

20) Gates, B. (1980). *Social Program Administration: The Implementation of Social Policy*, Englewood Cliffs, NJ: Prentice-Hall; Hasenfeld, Y. (1983), *Human Service Organization*. NJ: Prentice-Hall.

21) Scott, W., & Meyer, J. (1983). 'The organization of environments: network, cultural and historical elements(129-154)'. In J. Meyer & W. Scott (Eds.), *Organizational Environments: Ritual and Rationality*. Beverly Hills, CA: Sage.

22) 이혜경(2002). "한국 사회복지 서비스 공급체계의 민 · 관 파트너십 구축의 과제와 전망" [사회복지공동모금회 창립 4주년 기념 심포지엄 발표문].

출발했다.[23] 1950년 한국전쟁 이후 근대적 의미의 사회복지 제도가 도입되고 나서부터 상당히 오랜 기간 동안 우리나라에서의 사회(복지)서비스는 부문 간 역할 분화를 전제로 성립되었고 이를 당연시해 왔다. 정부 부문은 명목적 혹은 실질적 '규제자' 역할, 재정 공급자의 역할은 외원기관, 서비스 생산자는 사회복지법인이라는 민간 부문이 역할을 맡는 등식이 성립해 왔었다.[24] 그러던 것이 1980년대에 들어 정부 부문이 재정 공급자로서의 주된 역할을 떠맡게 되면서, 규제자 역할과 통합되게 된다.[25] 그럼에도 서비스 생산자 역할은 여전히 민간 부문에 온전히 남겨져 왔다.[26]

이런 사실들을 고려해 본다면, 우리나라 사회서비스 체계 분석에서는 공급자를 재정 공급자와 서비스 생산자 역할로 나누는 것과 함께 규제자 역할도 추가로 분리하는 것이 필요하다. 그래서 사회서비스 공급체계는 크게 규제자, 재정 공급자, 서비스 생산자, 수요자라는 4가지 역할자 유형의 요소들로 구성되고, 또한 휴먼서비스로서의 혼합재와 공동생산이라는 특성을 고려해서 수요자는 다시 수급자와 수혜자로 구분된다.

2) 역할자 부문[27]

사회서비스를 생산하고 소비하는 요소들을 체계에서 작동하는 역할자 개념으로 보면, 크게는 소비자, 서비스 생산자, 재정 공급자, 규제자 부문으로 구분할 수 있다. 소비자 부문은 다시 소비자R, 소비자B, 소비자RB로 세분된다.

---

23) 김영종(2003). "한국 사회복지조직의 형성 과정에 관한 역사적 연구: 1950-70년대 부산지역을 중심으로". 한국사회복지행정학, 10, pp. 31-62.

24) 사회복지서비스에 대해 외원기관이 주 재정 공급자 역할을 맡았던 기간은 1950년부터 대략 1970년대 후반까지도 지속되었다고 본다. 참고: 김영종, "한국 사회복지조직의 형성 과정".

25) 김영종(2004). "한국 사회복지서비스의 공공과 민간 부문간 협력관계". 한국사회복지행정학, 6(1), pp. 1-34.

26) 사회서비스 바우처 공급 방식이나 장기요양보험 등의 공급체계 논의들에서, 정부 부문은 최소한의 재정 투입과 최대한의 규제를 보유하려는 욕구를 가진 것처럼 보인다.

27) 이 부분의 논의는 〈김영종, "휴먼서비스 수요 · 공급의 산업체계"〉에서 정리하거나 옮김. 인용 표기나 각주도 포함.

규제자(regulators) 사회서비스 체계의 운영과 관련된 제반 규범(법이나 규정, 협약 혹은 문화 요소 등까지를 포함)을 생산하고 관장하는 역할자 부문이다. 여기에는 사회서비스 관련법을 제정하는 입법부나, 이를 해석하고 집행하는 행정부 산하 정부 조직 단위들이 주로 포함된다. 예를 들면, 「노인장기요양보험법」이라는 입법부의 규제 생산하에서, 행정 조직에 의한 시행령, 시행규칙 등의 세부 규제 생산이 이루어진다. 이러한 규제에는 사법부의 사법적 판단들도 포함된다. 미국 등에서는 오랜 규제 생산 관행이기도 하지만, 우리나라에서도 최근 이러한 사법적 판단에 의거한 규제 공급의 가능성이 활발하게 검토되고 있다. 예를 들어, 사회복지기관의 노무관리와 관련된 쟁점이 노동위원회나 사법부의 판단 절차를 거치게 되고, 그 판단의 결과가 사회서비스 산업체계에 새로운 유형의 규제로 공급되는 등이다. 사회서비스에 관한 규제자 역할이 반드시 공공 부문에만 국한되는 것은 아니다. 민간 서비스 생산자들의 네트워크나 협회가 자생적인 규제를 갖춘다든지, 휴먼서비스 전문직들의 자기 윤리 규정, 민간 부문의 공익재단이 서비스 생산자들에 대한 재정 지원과 관련된 기준을 제시하는 경우 등에서 규제자 역할이 나타난다.

재정 공급자(financiers) 사회서비스가 생산, 공급되는 데 필요한 재정 원천을 제공하는 역할자 부문이다. 복지국가에서는 대개 강력한 중앙정부가 조세 수입을 원천으로 주 재정 공급자로 작동했으며, 이 경우에 정부 조직은 서비스 생산자 역할까지를 겸하는 것이 보통이었다. 20세기 후반에 나타난 복지혼합(welfare mix)의 경향은, 국가 복지 공급자 역할이 산개되는 결과를 초래했다. 특히 재정 공급자 부문에서 서비스 생산자 역할을 떼어 내는 경향이 두드러지게 나타났다. 1980년대 이후 서구 국가들에서 진행되었던 이러한 현상을 민영화(privatization)가 대변한다.[28)]

대부분의 사회에서 사회서비스를 위한 재원공급은 소득세 등의 강력한 세원을 기반으로 하는 정부 조직이 주로 담당한다. 미국에서는 1980년대 이래 신보수주의

28) Winston, et al. (2002). *Privatization of Welfare Services: A Review of the Literature* [Mathematical Policy Research MPR 8834-002]; 최재성(2005). "사회복지서비스 전달체계의 민영화 쟁점과 과제; 서비스 수요증가와 국가, 시장, 가족의 역할 분담" [한국사회복지학회 추계학술대회 발표논문]; 강혜규(2007). "사회서비스 재정 관련 동향과 과제". 보건복지포럼, 129, pp. 72-81; 김영종 · 김신열(2007). 민간복지 활성화 방안 연구 [기획예산처 보고서].

의 영향 아래 감세를 통한 정부의 재정 공급자 역할 축소와, 민간의 기부와 후원을 통한 재정 공급자 역할을 확대하려는 정책 기조가 견지되어 왔다.[29) 현재 우리나라에서도 이와 유사한 경로를 추구하려는 경향이 나타나는데, 정부(보건복지부)에서 민간 복지를 강조하는 맥락도 대개 지역의 민간 자원 증대 혹은 확보를 주요 성과 목표로 요구하는 것과 일치한다. 그럼에도 여전히 모든 나라에서 사회서비스 재정 공급의 근간은 정부 부문이 수행할 수밖에 없으며, 다만 민간 부문의 몫을 어느 정도로 설정할 것인지 등에서는 나라마다 차이가 있다.

재정 공급자에서의 다변화는 최근에 등장하고 있는 사회서비스의 시장화 혹은 상업화에서도 여실히 드러난다. 사회서비스 수급관계가 생산자와 수요자 간 구매 계약 방식으로 바뀌는 것은, 수요자가 서비스 생산자들에 대한 재정 공급자로서의 실질적 역할 비중이 커진다는 것을 의미한다. 서비스 구매가 현금으로 지불되는 경우에 그 소비자는 해당 서비스 부분에 대해서만큼은 완전한 재정 공급자가 된다. 비록 제3자 지급 방식이기는 하지만, 사회서비스 바우처 등을 통해 생산자에 대한 선택권을 행사하는 소비자는 그 권한을 자유롭게 행사할 수 있는 만큼의 재정 공급자가 된다. 이처럼 이용자에 의해 서비스가 구매되는 시스템이 도입됨으로 인해 초래되는 재정 공급자의 성격 변화는 향후 사회서비스 산업체계 분석에서 매우 중요하게 다루어야 할 부분이다. 우리나라에서는 사회서비스 분야가 일찌감치 민영화 방식으로 축조되었으므로, 민영화보다는 시장화 지향 등과 관련해서 정부 부문의 재정 공급자로서의 역할 변화가 이해될 필요가 있다.[30)

서비스 생산자(suppliers) 소비자 혹은 수요자와의 대인적 관계 맥락에서 서비스를 만들어 내는 역할자 부문을 말한다. 일반적으로 공급자 부문이 통합적으로 이해될 때는, 생산자가 곧 공급자였다. 그러나 공급자 부문에서 규제자와 재정 공급자 부문을 분리시켜 보면, 생산자는 더욱 선명하게 그 특성이 조명될 수 있다. 일

29) Gilbert, N., & Terrell, P. (2005). *Dimensions of Social Welfare Policy*. Boston, MA: Allyn and Bacon.

30) 김영종(2009). "휴먼서비스 산업체계 모형에 의한 사회복지서비스 동향분석". 한국사회복지행정학, 11(2), pp. 35-73.

반 상품 생산에서는 생산자와 전달자 개념은 쉽게 분리될 수 있는 것이다. 그러나 휴먼서비스 생산에서는 대인적 관계 자체가 곧 서비스의 생산이자 전달 결과로 나타나므로, 서비스의 생산자와 전달자는 분리되기 어렵다. 그러므로 사회서비스에서는 이 부문을 보통 서비스 제공자(provider) 혹은 서비스 전달자(deliverer) 혹은 일반적으로 생산자나 제작자(producer)의 의미로 혼용해서 쓰기도 한다.

현재 공식적인 서비스 생산자 역할에는 민간 비영리조직, 영리조직, 정부조직 등이 포함되어 있으며, 이들 간 다양한 섞임 현상도 보고되고 있다.[31] 예를 들어, 유사한 노인돌봄서비스를 생산하는 영리기관, 비영리기관, 지방자치단체 산하 서비스 기관들이 모두 건강보험의 제3자 지불방식의 이용료상환(reimbursement)을 청구할 수 있는 대상 주체로 간주된다. 적어도 서비스 생산 측면에서는 공공이나 민간 등과 같은 전형적인 부문별 구분 현상이 사라지고 있으며, 이는 후기산업사회의 '혼합 경제(mixed economy)'의 주된 특성으로 나타난다.[32]

이와 관련해서 사회서비스의 생산자로서 영리조직 부문을 포함시키는 것에 따른 쟁점들, 공식 조직 부문 이외에 가족이나 공동체(communal), 자조집단 등의 비공식 부문 서비스 생산자들에 대한 체계 내 역할 규정에 대한 쟁점들도 상당 부분 존재한다. 여태까지는 대부분의 사회서비스 산업에서 실질적인 서비스 생산자들은 대부분 정부 혹은 자발 비영리 부문이 차지하고 있었다. 영리조직 부문의 참여는 미미했었다. 그 이유는 영리조직의 특성상 장기적인 관점에서 사회서비스를 떠받칠 투자 유인이 없었던 탓도 있지만, 영리조직의 특성상 산업체계에 들어오고 나가는 것이 자유롭기 때문에, 어떤 사회에서든 영리조직을 사회서비스 산업체계의 근간 구조로 삼기는 어려웠다.[33] 현재 영리조직을 사회서비스 산업체계에 서비스 생산

31) Spicker, P. (2008). An Introduction to Social Policy [www.rgu.ac.kr/publicpolicy/introduction/socadmin.html]; 강혜규, "사회서비스 재정 관련 동향과 과제." 예를 들어, 유사한 노인돌봄서비스를 생산하는 영리기관, 비영리기관, 지자체 산하 서비스 기관들이 모두 건강보험의 제3자 지불방식의 이용료상환(reimbursement)을 청구할 수 있는 대상이 된다. 적어도 서비스 생산자 역할 부문에서는 더 이상의 전형적인 부문별 엄격한 구분 현상이 사라지고 있으며, 이는 후기산업사회의 '혼합 경제(mixed economy)'의 주된 특성으로 설명된다.

32) Austin, *The Political Economy of Human Service Program*.

33) 상게서.

자로 포함시키려는 노력이 증가하고 있지만(서비스 생산 역량을 급속히 늘리기 위한 방책으로), 그것이 영리조직들만으로 사회서비스 산업체계를 대체 구성한다는 것은 아니다. 그래서 영리조직의 사회서비스 산업체계 역할자 논의는 대개 '어느 정도'의 문제를 다룬다.

공식적인 조직 부문 이외에도 가족이나 공동체 혹은 자조집단 등의 비공식 역할자 부문이 생산해 내는 휴먼서비스의 생산량은 이제까지도 공식 부문의 생산과는 비교될 수 없을 만큼 크다. 그럼에도 이 부문을 사회서비스의 산업체계에 포함시키기 어려운 것은 산업화의 특성 때문이다. 비공식 부문의 생산은 산업 생산 조직들의 공식 규범이나 가치, 서비스와 자원의 교환관계 등을 적용하기 어렵기 때문에, 공식적 산업체계의 속성으로 파악되기가 힘들다는 것이다.[34)]

사회서비스 공급의 지방화 추세에 따라, 서비스 생산자로서의 가능성이 제기되고 있는 비공식 부문은 커뮤니티(community)이다. 커뮤니티의 사회복지 공급에 있어서의 역할자 가능성은 이미 많이 검토되어 왔다. 1970년대 이후 미국은 지역사회의 개발과 조직을 통해 정신보건 문제의 해결을 시도해 왔었고, 1990년대 이후 일본에서는 개호를 위주로 한 지역복지 체계 구축에서 커뮤니티의 참여를 통한 복지 역량 강화 노력을 기울이고 있다. 커뮤니티 중심의 복지체계 구축에 대한 사회심리학적 근거 이론은 버거 등(Berger, 1996)의 학자들에 의해 제시된 바와 같이,[35)] 중앙

34) 복지혼합 관점에서 복지 공급을 연구하는 쪽에서는 이들 비공식 부문을 산업화된 생산 양식과 대비하는 시도를 한다. 휴먼서비스에서는 가족이나 자조집단 등에 의한 서비스 생산을 화폐가치화시켜 보상해야 한다는 주장과 시도들도 나타나고 있는 바여서(현재 시행 중에 있는 「노인장기요양보험법」에서 가족 수발자에 대해 수당(수가)을 지급하는 규정을 갖추고 있는 것이 한 예), 이러한 비공식 부문들을 현실적인 이유로 산업 생산의 체계에 포함할 수 없다는 것도 문제로 제기될 수 있다.

35) Berger, M., Neuhaus, R., & Novak, M. (Eds., 1996), *To Empower People: From State to Civil Society* (2nd). [American Enterprise Institute for Public Policy Research]. 관료제적 조직 구조는 그 특성상 객관화된 업무 처리를 위해 인간 문제를 객체화시킨다. 그로 인해 인간은 전체성의 정체감(identity)을 상실하고 단순히 특정 문제에 대한 서비스의 수동적 대상자로 전락해 버린다. 그래서 관료조직에 의한 복지서비스의 결과는 궁극적으로 인간 소외와 자기정체성의 상실을 초래한다고 본다. 그 결과, 복지 문제 해결에 접근하는 것이 아니라(인간 문제의 해결을 통해), 오히려 의존적 복지서비스 대상자를 확대재생산해 내는 결과를 초래할 것이라고 경고한다. 이에 근거하자면, 과거 복지국가의 실패가 관료제적 산업 생산 구조가 초래하는 문제로 귀결될 수도 있다.

집중식 관료제적 조직 구조를 통한 서비스 공급의 확대가 초래하는 인간 소외와 정체성 상실, 의존성 확대 등의 문제에 대처하기 위해 지역사회와 같은 대면적 커뮤니티의 '중재적(intermediary)' 기능이 중요하다는 것에 있다.

이 외에도 다양한 근거를 통해 복지국가 이후의 복지혼합에서 커뮤니티에 대한 강조가 계속해서 나타나고 있다. 그럼에도, 앞서 가족 부문의 휴먼서비스 생산이 산업체계에 포함되기 어려웠던 이유에서와 마찬가지로, 커뮤니티를 어떻게 다른 부문과의 공식적 교환관계가 가능한 조직 실체로 다룰 수 있을 것인지는 여전히 불명확하다. 그럼에도 커뮤니티가 복지의 수요와 공급체계에서 갖는 막대한 역할을 감안한다면, 사회서비스의 산업체계적 모형에 커뮤니티 부문을 어떤 형태로든 산입시켜야 하는 것은 중요한 과제이다.

소비자(consumer) 사회서비스를 필요로 하거나 혹은 소비하는 역할자 부문을 뜻한다. 휴먼서비스로서의 '공동생산' 특성을 고려할 때, 사회서비스 산업 생산의 체계에서 소비자 역할 부문은 중요한 잠재적 체계 구성 요소로 간주되어야 한다. 이제까지의 사회서비스 공급체계에 대한 논의들에서 소비자 역할의 부분은 경시되어 왔다. 공급체계의 논의들은 대개 재정 공급자와 규제자, 서비스 생산자 등의 '공급자' 조직 부문들 간 관계를 주로 다루었다. 그러나 현재와 같이 확대되는 시장형 사회서비스 공급체계에서는 소비자 개념의 수요자가 행사하는 정치경제적 역학 관계가 중요한 설명력을 갖는다. 또한 사회서비스의 휴먼서비스적 공동생산(co-production) 속성을 고려하자면,[36] 공급체계의 분석틀에는 소비자 부문이 구체화되어 다른 부문과의 작동 관계로도 나타나야만 한다.

사회서비스에서 수요자에게 공급되는 서비스 내용은 사유재와 공공재 부분이 섞여 있다고 본다.[37] 제공된 서비스를 통해 발생하는 효용이 개인적으로 나타나는 부분이 있고, 한편으로 그 개인의 소비를 통해 특정 혹은 불특정 다수의 타인이 혜택

36) 공동생산적 특성이란, 휴먼서비스의 대인적 관계 특성상 서비스 생산의 효과성은 소비자의 생산 과정에의 참여에 의해 결정되는 부분이 크다는 것이다. 참고: Austin, *The Political Economy of Human Service Program*.

37) 상게서.

을 얻을 수도 있다는 것이다. 전자를 사유재라 하고, 후자를 공공재로 구분할 수 있다. 사회서비스는 대개 이 두 가지 내용을 동시에 포함한다.

그래서 수요자가 사회서비스를 소비하게 될 때는, 자신에게 혜택이 오는 사유재 부분과 그로 인해 일반 공공이 혜택을 입는 공공재 부분이 함께 전달된다는 것이다. 이를 혼합재(mixed goods) 생산 방식이라 한다.[38] 사유재 생산은 보통 시장 경제 방식을 통해서 이루어지고, 공공재는 공공조직 방식을 주로 사용하는데, 혼합재의 경우에는 역시 시장경제와 공공조직 방식이 혼합되는 것이 보통이다. 이와 같은 시장과 공공 부문에 의한 혼합 공급 방식을 혼합경제(mixed economy)라 한다.[39]

혼합경제에서 사회서비스의 소비자는 크게 두 가지 성격으로 구분될 수 있다. 먼저, 수급자(Recipient) 성격으로서의 소비자R 개념은 서비스의 직접 대상자를 뜻한다. 두 번째는 수혜자(Beneficiary) 성격으로서, 이 개념의 소비자B는 반드시 서비스의 직접 대상자일 필요는 없다. 소비자R에게 직접 서비스가 주어짐으로 인해 그 결과로 간접적인 편익을 받게 되는 소비자는 수혜자, 즉 소비자B가 된다. 한 사람에게 수급 소비자R이면서 동시에 수혜 소비자B의 특성이 합치되어 나타나면, 이를 소비자RB라 한다. 이념형적으로는 사회서비스에서 이 세 가지 유형의 소비자가 모두 존재한다.[40]

소비자 부문을 이처럼 구분해서 보아야 하는 이유는 사회서비스 공급체계에서 이들 분리된 수요자 개념들이 기대하는 서비스의 목적이나 행동 양식이 현저하게 상이할 수 있기 때문이다. 때로 이들은 외형적으로 동일한 서비스에 대해 극단적으로 대립되는 기대 목적과 가치 양상들을 공급체계 내에서 가질 수 있다. 현재와 같

38) 상게서.

39) 상게서.

40) 사회서비스 소비자의 대부분은 소비자RB이기는 하지만, 현실에서 소비자R이나 소비자B가 따로 분리되어 분명히 존재할 수 있다. 정신병원에 강제수용된 클라이언트라든지, 교도시설에서 교도서비스를 수급받는 재소자들은 스스로 소비자B라기보다는 소비자R로만 인식하기 쉽고, 적어도 예를 들어 장기요양서비스 대상자들에 비해서는 소비자(RB)에 가깝다고 하기 어렵다. 소비자B는 직접 서비스 대상자가 아니면서, 소비자R은 소비자RB로 인한 혜택의 전부나 일부를 받게 되는 경우다. 정신병원이나 교도소가 있어서 안심하는 시민, 노인요양원이 있어서 생업 종사가 가능해진 가족구성원, 궁극적으로는 국가적인 생산성이 증가해서 혜택을 보는 일반 국민이 모두 소비자B가 된다.

은 다차원의 지향을 가진 사회서비스 공급체계를 논의하기 위해서는 소비자 부문의 분리는 필수적이다.

3. 사회서비스 공급체계의 모형[41)]

사회서비스 공급체계의 요소를 앞서 제시된 역할자 부문들로 구분해 보면, 이들 간의 작동 기제는 4가지 단순 이념형으로 구성될 수 있다. 이들은 크게 산업체계 모형과 비산업체계 모형으로 대별될 수 있다. 산업체계 모형은 사회서비스를 여타 산업 생산 방식의 한 유형으로 간주해서, 독립된 공식부문 조직들 간의 교환관계로 설명하는 방식이다. 현재 대부분의 사회서비스 공급체계 모형은 이를 전제로 한다. 비산업체계 모형은 공식적 사회서비스 공급체계에서 일반적으로 다루어지지 않았으나, 여기서는 대안적 모형의 방향 제시를 위한 비교 기준으로 포함한다.

〈표 7-2〉 사회서비스 공급체계의 이념적 모형

체계	모형	방식
산업체계	순수시장	생산자의 서비스와 소비자의 현금 교환
	원조 모형	일반보조(S1): 비영리적 목적의 기관 자체에 대한 보조
		서비스구매(S2): RFP를 통해 POSC 체결*, 의뢰 조치-보조
		운영위탁(S3): 시설 운영비 지원 / 프로그램 경비 지원
	바우처 모형	생산자의 서비스와 소비자의 이용권(공급자 제공) 교환
비산업체계	공동체 모형	생산자와 소비자 간 역할 구분 최소화

* RFP(Request For Proposal)는 서비스 공급자(예, 정부)가 소비자에게 서비스를 제공하기 위해 서비스 생산자(예, 기관)를 모집하기 위해 사용하는 방법으로, 특정 대상의 수요자와 공급될 서비스의 내용, 지불하는 단가 등을 표기해서 입찰에 지원하게 하는 것이다. POSC(Purchase Of Service Contract)는 RFP를 통해 공급자가 특정 서비스 생산자와 서비스구매에 관한 계약을 체결하는 것이다.

41) 모형 설명에서 산업체계형에 속하는 3가지는 〈김영종, "휴먼서비스 수요 · 공급의 산업체계"〉에서 정리하거나 옮긴 것. 인용 표기나 각주도 포함.

1) 순수시장 모형

순수시장 모형은 규제자 환경이 없는 자유 시장의 전제하에 완전한 사유재로서의 휴먼서비스가 수요, 공급되는 방식을 나타낸 것이다. [그림 7-2]와 같이 소비자RB는 수급자인 동시에 수혜자로서 온전한 개인재 성격의 서비스 구매에 대해 비용을 지불하는데, 그것이 생산자에게는 재생산에 필요한 자원을 공급받는 과정이 된다.

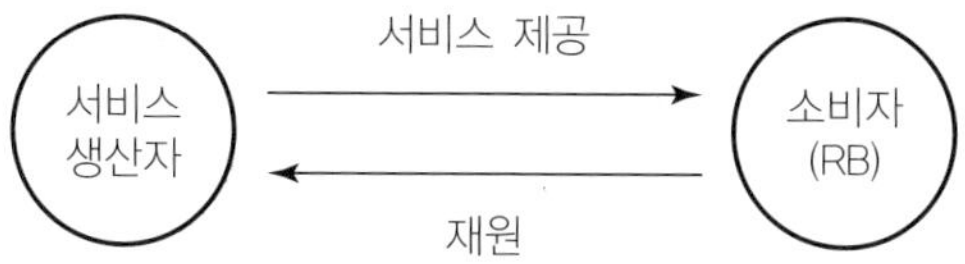

[그림 7-2] 순수시장 모형

이 경우 생산자는 소비자RB의 환경에 전적으로 종속된다. 생산자와 소비자 간 관계는 서비스 공급과 자원 공급의 시장 논리에 의해 결정된다. 이때 소비자RB는 서비스 생산자에 대해 재정 공급자가 되며, 그에 따른 역할과 파워를 행사한다. 현실에서 사회서비스가 완전히 순수시장 관계 모형으로 수요, 공급되는 경우는 없다. 소비자와 생산자 간 관계가 완벽한 교환정보를 공유한 상태에서 이루어지기 어렵고, 서비스 지불능력을 갖춘 소비자RB의 존재도 미약하기 때문이다. 그럼에도 이 모형은 다른 공급체계 모형과의 비교를 위해 중요하다.

2) 원조 모형

원조 모형은 사회서비스가 원조(auspice) 방식으로 생산, 소비되는 경우로서 소비자R과 소비자B가 분리될 수 있는 경우에 적용된다. 소비자R이나 소비자RB의 경우에도 자신의 서비스 소비로 인해 외부 소비자B에게 간접적으로 발생하는 편익

부분은 자신이 재원을 서비스 생산자에게 이전할 필요가 없다. 이런 경우에는 [그림 7-3]에서처럼 소비자B의 역할을 대리하는 재정 공급자가 서비스 생산자에게 다양한 형식으로 재원을 공급하고, 이를 통해 소비자R에게 서비스가 제공될 수 있게 된다.

이 경우 서비스 생산자와 재정 공급자 및 소비자B, 서비스 생산자와 소비자R 간의 파워는 불균형하게 형성된다. 서비스 생산자 관점에서는 소비자B의 입장을 대변하는 재정 공급자가 서비스 생산에 필요한 재원의 공급처이며, 한편으로 규제자의 역할로서 간주된다. 그로 인해 생산자 부문은 서비스 전달의 목적과 적용 기술, 평가 등 모든 면에서 재정 공급자의 요구에 종속적이기 쉽다. 이때 소비자R은 단지 소비자B의 필요에 의거해 공급되는 서비스의 대상자로서만 간주되기 쉽다. 이 경우, 욕구 진단과 규정(즉, 수요)은 소비자B와 재정 공급자에 의해 설정된 표적 문제를 갖고 있는 집단을 생산자가 찾아나서는 것이 된다. 비록 결과적으로는 생산자로부터 제공되는 서비스를 받게 되지만, 그래서 소비자B인 것처럼 여겨질 수도 있지만, 소비자R은 자신이 스스로 필요함을 정의한 의도의 편익(benefit)을 받지 않는다는 점에서, 진정한 의미의 소비자B라고 보기는 어렵다.

국가 제도로서의 원조 모형에서는 대개 공적 과정을 통해 자원이 할당/후원되어

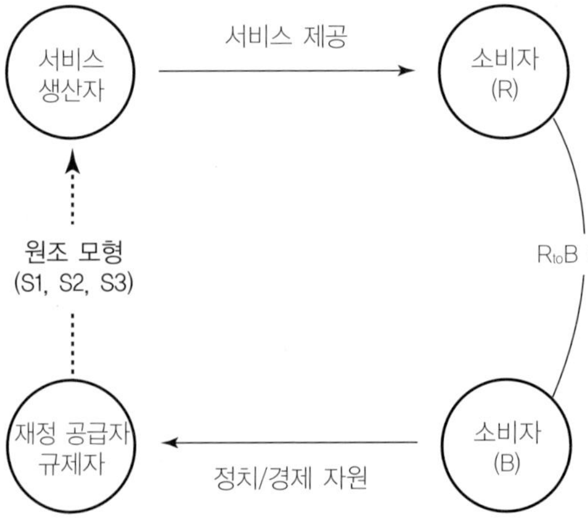

[그림 7-3] 원조 모형

서비스의 생산과 소비가 이루어진다. 소비자B는 대개 납세자들이며 이들의 요구나 의도는 정부 조직을 통해서 대행된다. 민간 재단이나 모금회 등에 후원금을 기부하는 시민의 경우도 소비자B에 해당될 수 있는데, 이때 그러한 기관들이 시민의 요구를 대행하는 재정공급/규제자 부문으로 체계에서 역할을 한다. 과거에는 이러한 관계가 주로 정부 조직 과정을 통해 주도되어 왔다면(즉, 공공재적 특성상 불특정 다수에게 나타나는 혜택을 이유로 정부 조직이 세금을 거두어서 이를 서비스 생산자에게 재정 공급하는 방식), 현재는 민간 재단 등과 같은 조직 차원에서도 이러한 대행-원조 모형 방식이 활발해지는 추세에 있다.

이같이 소비자B와 소비자R로 완벽히 분리된 순수한 원조 모형 역시 현실 상황에서는 드물다.[42] 대개는 소비자RB를 염두에 두면서, 그 안에서도 소비자B의 특성과 소비자R의 특성 중 무엇이 강하게 나타나는지 등에 의해 체계 내에서 작동하는 정치경제적 파워와 재원공급의 방식이 다르게 나타난다. [그림 7-3]에서 나타난 바와 같이, 원조 모형 내에서도 재원공급의 기제는 보조금(S1)과 서비스구매(S2), 위탁보조(S3)라는 세 가지 방식으로 구분된다.

보조금(grant) 방식이란 직접 서비스 대상자(소비자R 혹은 소비자RB)가 아닌 간접 수혜자(소비자B)에 의해 동원되는 자원(세금 혹은 후원/기부금 등)이 정부기관에서 다른 정부기관들(서비스생산을 하는)이나 민간기관에게 이전해 주거나 혹은 민간기관(재단 등)이 다른 민간 서비스 생산 기관들에 대해 재정자원을 이전해 주어서 서비스 생산을 가능하게 만드는 방식이다.

서비스구매계약(POSC) 방식은 특정한 서비스 공급에 대해 구매자로서의 정부나 민간재단이 서비스 생산 민간 조직들과 서비스의 생산단가에 기초해서 구체적인

---

42) 휴먼서비스 분야에서 소비자R과 소비자B가 완벽하게 분리된다는 가정 상황이 현실에서 발견되기란 쉽지 않다. 교도서비스나 정신병원 서비스 등과 같은 국가에 의한 강제적 서비스 상황에서 소비자R과 소비자B가 분리될 수는 있지만, 그럼에도 재소자나 정신병원 환자를 서비스 혜택(benefit)과 무관하다고 보는 것은, 휴먼서비스의 인간에 대한 도덕적 가치 기준에 위배되는 것이다. 따라서 순수 소비자R 원조 모형의 경우는 휴먼서비스에서 소비자B와는 떨어져 있는 소비자R의 존재에 대한 의구심으로 인해, 현실적인 적용은 찾아보기 힘들다.

성과를 두고 계약관계를 맺는 방식이다.[43] 일반보조금이 비영리 서비스 생산 기관에 대한 포괄적인 지원 형태의 자원이전을 의미한다면, 이 방식은 1990년대 이래 미국 등에서 성과관리의 시장 계약을 통한 서비스 공급 방식의 일환으로 활용도가 증가했던 것이다. 이러한 성격(S2)에 부분적으로 일반보조금(S1)의 성격이 가미된 방식도 있는데, 과거 공공 부문이 대상자를 수용시설에 입소 조치하던 때 사용되던 것으로 공공기관이 서비스를 의뢰 조치한 대상자에 대해 민간 서비스 시설이 서비스를 제공하고, 대상 사례 수를 기준으로 그 비용을 공공이 보조하는 형태였다.[44]

운영위탁 원조(S3) 방식은 공공 부문이 투자해서 설치한 시설이나 프로그램에 대한 운영을 민간 부문에 위탁하고, 그에 따른 운영비를 지원해 주는 방식이다. 여기에는 대개 시설이나 프로그램이 의도하는 서비스의 전반적인 내용, 즉 서비스 대상자의 선정에서부터 운영 관리와 같은 서비스 공급 전반에 대한 책임도 함께 위임된다. 대부분 서비스 대상자가 사전에 특정되기 힘들거나, 커뮤니티 서비스나 휴먼서비스와 같은 무형의 서비스 속성을 다루어야 하는 이용시설이나 프로그램들의 경우에 공공 부문의 관료제적 조직 기제로는 이를 적절히 감당하기 어려워서 이러한 위탁-보조 방식의 공급자 관계를 선호하는 경우가 많다.

3) 바우처 모형

앞서 원조 모형이 공급자의 성격 분리와 그들 간 관계(주로 재정/규제)를 위주로 보는 것이라면, 바우처 모형은 공급자와 소비자 간 관계를 강조한다는 측면에서 시장 모형을 지향하는 것에 가깝다. 이 모형에서는 서비스 생산자와 소비자가 시장과 같은 자유교환 관계가 성립되도록 하는 것을 지향으로 하는데, 그에 장애가 되는 소비자의 구매력 부재를 해결하기 위해 재정 공급자가 소비자R에게 특정한

43) 최경수 외(2007). 사회복지 수행체계의 정립 방안에 관한 연구 [기획예산처 보고서].

44) 이론적으로는 서비스 수용대상자를 공공이 결정해서 민간 수용시설에 보호하도록 조치하는 행정 절차를 갖지만, 대개의 경우 생활시설이 찾아낸 서비스 대상자를 공공이 인정하는 형태로 진행한다.

내용의 서비스를 명시한 이용권(바우처)이라는 현물 급여를 제공한다. 이와 같은 이용자 본위제도의 도입과 같은 재정 공급자 역할의 판도 변화는, 최근 대부분 나라에서의 사회서비스 공급체계에 대한 개혁 과제에서 우선적으로 다루어지는 부분이다.

[그림 7-4]에서처럼, 서비스 생산자의 관점에서는 이 모형이 적용되면 서비스를 이용하는 소비자가 곧 재정 공급자가 된다. 그러면 이론적으로는 소비자R은 시장 모형에서와 같이 서비스 생산자들을 선택하는 자유를 가지고, 그로 인해 재정공급/규제자는 원조 모형에서 필요로 했던 생산자에 대한 통제나 관리에 필요한 막대한 비용을 절감할 수 있으면서도, 소비자 효용성(예, 만족도)은 극대화할 수 있게 된다고 본다. 문제는 이 경우, 서비스 생산자가 재원공급자로서의 소비자R이 제시하는 사적인 욕구 규정에 치중되기 쉽다는 것이다. 이처럼 서비스 수급 관계에서 소비자R의 파워가 증가된다는 것은, 공급자 측면의 재정 공급자, 소비자B의 파워가 상대적으로 약해질 수 있음을 의미한다. 사회서비스를 통해 의도하는 사회정책적 의도가 소비자RB의 만족도 지향 선택에 의해 취약해질 수 있다. 서비스 생산자와 소비자의 담합에 의한 '바우처 사기'를 막기란 제도적으로 이미 취약한 부분이다.

사회서비스 분야에서는 시장 기제를 활용하는 바우처 공급 방식의 전략적 효용

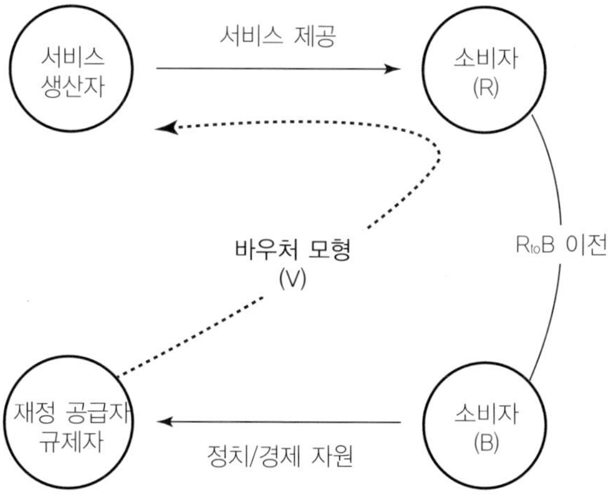

[그림 7-4] 바우처 모형

성 자체에 대해서도 여전히 많은 논란이 있다. 시장 방식의 도입을 통해 의도했던 효율성(정부 부문의 간섭과 행정비용을 시장 메커니즘의 효율성을 통해 감소시킬 수 있다고 보는 것)이 과연 작동할 것인지, 사회서비스 대상 이용자(소비자RB)가 서비스의 질과 가격합리성을 통해 최적의 시장 판단을 수행하기에 적합한 능력을 보유하며 충분한 정보를 획득할 수 있을 것인지, 서비스 생산자 환경은 소비자의 선택에 충분한 수로 존재할 것인지, 대인적 관계에서 이루어지는 서비스의 특성상 비가시적인 '서비스 질'을 어떻게 담보할 것인지 등의 여러 의문이 있다.

4) 공동체 모형

공동체 모형은 비공식 부문에 해당하는 것으로 앞서 다른 모형들과는 달리 산업체계로 분류하지 않는다. [그림 7-5]에서 보듯이, 이 모형은 서비스 수급 체계의 역할 분화를 가능한 억제하려는 지향을 가지기 때문이다. 그러므로 이 모형은 산업체계를 구성하는 분화된 역할자 요소들 간의 관계, 자원과 파워의 교환관계, 제도적 규제 방식 등으로 파악되기 어렵다. 공동체 모형에 의한 사회서비스 공급체계에 대한 이해는 사회자본(social capital) 이론, 행복경제학, 커뮤니티 해법 등과 같은 새로운 관점의 접근을 필요로 한다.

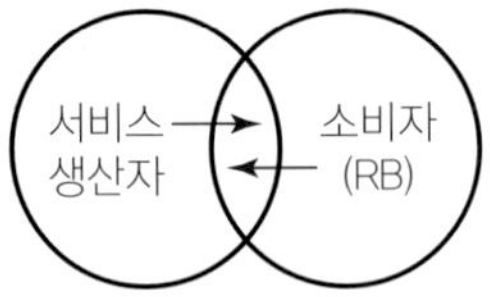

[그림 7-5] 공동체 모형

지역복지 운동 등과 같이 비공식 부문에 의한 사회서비스 공급 활동의 공동체 모형은 오래전부터 존재해 왔던 것이나, 최근 여러 나라에서 국가나 지방자치단체와 같은 공공 부문의 차원에서 이러한 모형을 제도화된 틀 속에 편입하려는 움직임이 활발해지고 있다.[45] 근래 우리나라에서 적극 논의되고 있는 커뮤니티 케어도 유사한 맥락에서 비롯된 것이다. 이러한 공동체 모형은 기존의 산업체계 모형들이 가지는 단점, 즉 표준화되기 어렵고 개별적이고 전일적인 휴먼서비스를 세분화된 상품 서비스의 거래관계로 다룰 수밖에 없는 문제 측면을 완화시키거나 보완할 수 있는 방식으로 간주되기도 한다.

한편, 이러한 공동체 모형의 지향이 반드시 산업체계의 모형을 배척해야만 가능해지는 것은 아니다. 기존 산업체계의 틀 안에서도 이러한 공동체 모형은 바람직한 변화의 방향을 제시하는 데 사용될 수 있다. 예를 들어, 사회서비스 공급체계의 제반 소비자 부문들이 당사자주의나 주민/시민 참여와 같은 다양한 방식을 통해 소비자 간 분화를 줄이고, 한편으로는 공동생산의 참여를 통해 생산자와의 거리를 좁히는 노력 등은 모두 산업체계의 틀 안에서도 휴먼서비스의 이상을 가능한 극대화하는 접근으로 활용될 수 있다.

4. 우리나라의 사회서비스 공급체계[46]

우리나라에서 사회서비스는 제도 형성의 초기부터 산업적 특성을 띠어 왔다.[47] 사회서비스의 생산이 일찍부터 조직적으로 수행되는 규모가 컸던 탓에 산업체계의 특성도 그만큼 이르게 나타났던 것으로 여겨진다.[48] 기존 복지국가들에서 사회서

45) 김영종 · 김교정 · 염동문(2011). 사회정책서비스 전달체계 개선에 관한 연구 [사회통합위원회 연구보고서 2011-11].

46) 이 부분은 〈김영종(2012). "한국 사회서비스 공급체계의 역사적 경로와 쟁점, 개선방향". 보건사회연구, 32(2), pp. 41-76〉에서 발표된 우리나라 사회서비스 공급체계의 동향에 대한 내용들을 정리한 것이다. 인용된 문장에 대한 재인용 표기는 생략한다.

47) 사회서비스를 이처럼 산업의 개념으로 파악하는 것은 사회서비스 공급을 단순히 전달(delivery) 체계로 파악하는 것을 벗어나게 해 준다. 참고: Austin, *The Political Economy of Human Service Program*; Hasenfeld, *Human Services as Complex Organizations*; 김영종, "휴먼서비스 산업체계 모형".

48) Zald, 'The Social control of industries'.

비스 생산이 산업화되는 특성과 유사하게,[49] 우리나라 사회서비스의 제도적 형성과 경과에서도 그것이 발견된다.[50] 이는 우리나라 사회서비스의 공급체계를 이해하는 데 제도주의적 경로의존 이론의 관점이 중요함을 시사한다.

제도주의 이론에서는 제도화된 사회적 현상을 이해하기 위해서는 제도 내 역할자들의 의지나 행동보다는 이들을 둘러싼 제도적 규제나 법, 문화 등이 차지하는 설명력의 크기를 중시한다.[51] 모든 제도는 일정한 정도의 경로의존성을 띠고 있어서,[52] 한번 형성되고 나면 그것이 자체적으로 독립변수가 되어 다음에 변화해 가는 제도의 성격을 종속적으로 규정하는 힘을 가진다고 본다. 그럼에도 경로의존 이론이 제도의 내용적 고착을 정당화하는 것은 아니다. 제도가 포함하는 요소들이나 관계 규제 등과 같은 체계 구성의 내용들이 고정된다기보다는, 제도의 변화 경로가 일정 정도로 이전의 제도적 경로에 의해 영향을 받는다는 것이다.[53] 제도의 경로의존성이란 결국 경로의존적 변화를 뜻하는 것이다.

우리나라에서 근대적 의미의 사회서비스는 1950년 한국전쟁으로 인한 대규모 구호 욕구에 대한 대응으로 발생했다고 본다. 그 이후 2010년대 현재까지 사회서비스 제도의 형성과 변화는 곧 그로부터 사회서비스 공급체계가 전개되는 양상을 통해 파악될 수 있다. 앞서 제시된 사회서비스 공급체계의 이념형적 모형을 기준으로 해 보면, 우리나라의 사회서비스 공급체계는 현재까지 3세대의 방식을 누적해 온 것으로 여겨진다.

---

49) Austin, *The Political Economy of Human Service Program*; Hasenfeld, *Human Services as Complex Organizations*.

50) 김영종, "휴먼서비스 산업체계 모형"; 김영종, "한국 사회서비스 공급체계".

51) 신제도주의에 대해서는 참고: DiMaggio, P., & Powell, W. (1983). 'The Iron cage revisited: Institutional Isomorphism and collective rationality in organizational fields'. *American Sociological Review*, *48*, pp. 147-160; Scott, W., & Meyer, J., "The organization of environments". 신제도주의 이론을 통해 우리나라 사회서비스의 현상을 설명하는 데 적절함은 다음의 연구들에서도 밝힌 바 있다. 참고: 양난주(2014). "영리 · 비영리 노인장기요양시설의 차이와 동형화에 대한 연구". **한국사회복지행정학**, 16(1), pp. 179-207.

52) David, P. (2000). 'Path Dependence, Its Critics and the Quest for Historical Economics' [Working Paper, All Souls College, Oxford University].

53) North, D. (1990). *Institutions, Institutional Change and Economic Performance*. MA: Cambridge University Press.

1) 1세대 사회서비스 공급체계 (1950~1970년대)

1세대 사회서비스는 생활시설(당시는 수용시설)이라는 서비스 생산자에 대해 외부 재정 공급자가 원조를 하는 형태로 이루어졌다. 앞서 제시한 공급체계의 이념형으로는 원조 모형(S1, S2)에 해당한다. 전형적으로는 사회복지법인이 설치한 수용시설의 서비스에 대해 외원, 정부가 서비스조치 혹은 대행에 대한 대가로 운영비를 지원하는 방식을 취한다.

이러한 방식의 공급체계가 등장했던 사회적 맥락은 이 시기 대규모 전쟁 이재민에 대한 막대한 구호 욕구와 관련된다. 국가에 의한 제반 사회적 서비스들의 공급이 부재한 상황에서, 걸식 아동, 부랑인, 전쟁미망인, 모자가정 등 대량의 요구호자를 민간 부문이 전적으로 감당하게 되면서부터 이러한 현상이 비롯되었다. 전쟁 직후의 무능한 정부에서부터 1960~1970년대 개발독재의 권위주의 정부의 등장으로 인해 '선성장 후분배' 이데올로기가 지배적 담론을 형성하던 시기에 1세대 사회서비스의 핵심은 민간 부문에 의한 생활시설의 운영 자체가 되었다.

이 시기 재정자원의 주된 공급자는 외국원조단체들이었는데, 영미권 중심의 국가들에서부터 재정원조와 함께 사회사업(social work) 모형이 현장에 도입되게 된다. 영미권 사회사업은 전문직 대인적 서비스의 실천 모형으로 정부보다는 민간 부문, 관료조직보다는 전문직의 공급 주도를 선호한다. 이 시기 영미식 사회사업 방법론의 주된 영향은 전문적 실천기법의 도입 측면보다는, 사회서비스 부문을 민간 자원(voluntary) 부문으로 설정하는 모형이 자연스레 우리나라 사회복지의 모형으로 수용되도록 하는 것에 있었다. 이는 향후에도 이어지는 우리나라 사회서비스 공급체계의 원형을 이룬다.

이 시기에 절대빈곤으로 인한 구호의 대상 혹은 사회적 격리 대상자들의 수용을 목적으로 하는 집단생활 유형의 사회서비스가 등장했다. 이러한 서비스는 인구사회적 욕구 특성에 초점을 두지 않았다. 아동, 노인, 여성, 장애인, 모자가정 등의 인구 가운데서 절대빈곤과 격리 수용의 필요성이라는 판단 기준에 의해 서비스 대상자 선별이 이루어졌다. 한국전쟁 직후 대규모 외원 재정이 유입되었으며, 외원이 선호했던 구제 방식은 민간 서비스 생산자를 원조하는 모형이었다. 그 결과 사회서비스 부문에서 민간이 운영하는 '고아원' '모자원' 등과 같은 민간 사회서비스 공급 시설들이 설치되었다. 1980년대에 이르러 사회보험 제도가 성장하고 공공부조에 대한 정부 역할이 확대되기 이전까지는, 한국 사회의 사회보장 제도 주축은 이러한 민간 사회서비스 체계가 감당했다고 보아도 무방하다.

1세대 사회서비스의 주된 공급체계 요소는, (1) 외국원조단체(재정 공급자), (2) 외국인(소비자B), (3) 외국원조단체 및 정부(규제자), (4) 서비스 생산자(민간 사회복지법인), (5) 대상자로서의 소비자(R, RB)로 구성된다. 이들 간의 공식적인 관계는 조치-보조 원조 모형에 가깝지만, 실제로는 조치권자로서의 정부가 적극적으로 대상자를 발굴하는 노력을 하기보다는 민간 시설이 확보한 대상자를 인정하는 조치 등에 대개 그쳤다고 보면, 시설운영비 보조 원조 모형(S1)과 크게 다른 점을 발견하기 어렵다.

1세대 사회서비스에서는 민간 부문이 투자해서 보유하는 자산을 기준으로 설치한 시설을 기준으로 서비스 생산자의 주체(사회복지법인)가 형성된다. 이들은 서비스 생산을 이유로 지역사회 외부(외원, 정부)로부터 재정 자원을 확보하고, 제공된

〈표 7-3〉 부산 지역 연도별 아동복지시설의 운영재원 구성표 (단위: 천 원)

항목 \ 연도		1964년	1978년	1982년
아동복지시설 수		64개	42개	44개
수용인원		7,639명	6,302명	3,505명
외원단체 결연인원		4,845명	3,805명	-
재원구성	국고보조	10,621 (6.2%)	614,020 (58.5%)	891,451 (52.4%)
	외원보조	140,813 (82.9%)	198,556 (18.9%)	156,279 (9.2%)
	자체수입	6,545 (3.9%)	171,677 (16.4%)	226,109 (13.3%)
	기타수입	11,864 (7.0%)	64,803 (6.2%)	425,976 (25.1%)
	총계	169,845 (100%)	1,049,058 (100%)	1,699,815 (100%)

자료: 한국사회복지부산시연합회 후생시설현황표(64); 부산시 아동복리시설현황카드(78); 부산시 복지시설현황카드(83): 이들 자료에서 영유아시설(장애아시설 제외)들만을 분리해서 합을 구한 것.

참고: 김영종, "한국 사회복지조직의 형성 과정", p. 52.

서비스의 내용은 격리 수용을 통한 생활서비스를 위주로 했다. 이러한 방식의 1세대 사회서비스 공급은 1970년대 말 가까이에도 원형이 흐트러지지 않은 채 지속되어 왔다. 비록 이 시기에 아동상담보호 서비스 등과 같은 비수용시설 서비스 등도 일부 등장했지만, 공급 규모면에서 산업 유형을 형성할 정도가 되지 못했다.

〈표 7-3〉에서 보듯이, 1세대 사회서비스의 공급체계에서 재정 공급자의 역할은 1970년대 말까지도 외원단체가 주가 되었고, 그로 인해 공급체계의 규제자 역할도 상당 부분은 비록 비공식적이더라도 중요한 영향으로 외원기관들이 수행했을 것으로 유추된다.[54] 이는 초기 생활시설 사회서비스 기관에서의 사회사업가 역할과 전문직 배치의 기준이 외원단체의 요구에 의해 만들어졌던 것에서도 엿볼 수 있다.[55]

이처럼 1세대 사회서비스 공급에서 외원 재정공급/규제자에 의해 민간 시설화의 산업체계가 형성된 것이,[56] 〈표 7-4〉에서 제시되는 바와 같이 향후 현재까지도 이

〈표 7-4〉 2000년대 초 사회(복지)서비스 기관의 운영 주체별 현황

구분	합계	공공 운영	민간 운영
생활시설 및 기타[1)]	1,409 (100%)	35 (2.5%)	1,374 (97.5%)
종합사회복지관[2)]	350 (100%)	15 (4.3%)	335 (95.7%)
보육시설[3)]	19,533 (100%)	1,295 (6.6%)	18,238 (93.4%)

참고: 1) 〈보건복지부(2003). 노인복지시설현황〉을 비롯한 모자복지시설, 부랑인시설, 아동복지시설, 장애인 시설현황 등을 포함; 참고: 김영종, "한국 사회복지조직의 형성 과정", p. 172. 2) 2002년 종합사회복지관 현황 자료. 3) 2001. 3. 기준, 보건복지부 아동복지과 현황 자료.

---

54) 우리나라 정부는 공식적으로는 규제자 부문의 역할을 완화하거나 포기한 적은 없다. 1950년대에도 비록 일제 강점기의 잔재인 관련 법규범들이지만 이를 시설의 설치나 인가 등에 적용하고 있었고, 1970년대에 들어서 「사회복지사업법」(1970년 제정)을 통해 법제적 규제자로서의 위상을 더욱 강화한다. 참고: 김영종, "한국 사회복지조직의 형성 과정".

55) 외원기관단체들의 연합회인 KAVA는 당시 제2의 보건사회부로 불릴 정도였다고 보고된다. 참고: 최원규(1996), 외국민간원조단체의 활동과 한국 사회사업 발전에 미친 영향. 서울대학교 대학원 박사학위 청구논문.

56) 이러한 해석이 가능한 것은, 일본의 경우도 이와 유사한 경로로 된 정황이 발견되기 때문이다. 일본은 2차 대전 종료 후 미군정 시절에 사회복지서비스 업무를 공공에서 민간으로 이양하도록 하는 조치를 강제로 요구받았으며, 일본 정부가 이를 우회하기 위해 사회복지협의회라는 공공이 통제하는 민간 조직 형태를 창출해서 사회서비스를 관할하도록 했다고 여겨진다.

어지는 우리나라 1, 2, 3세대 모든 사회서비스 공급체계에서의 일관적인 민간 부문 서비스 생산자 우위의 제도적 경로를 창출하게 되었다.

2) 2세대 사회서비스 공급체계 (1980~2000년대 중반)

2세대 사회서비스는 1980년대 민주화를 통한 복지 욕구의 분출과 함께 비롯된 것으로, 이 과정에서 사회복지대상자에 대한 사회적 인식 범주가 절대빈곤자 계층에서 일반 저소득층 계층으로까지 확대되는 결과가 나타난다. 이는 공공부조 제도의 확충과 더불어 저소득층에 대한 사회서비스 확대의 필요성을 제기했는데, '영세' 지역주민들에 위한 지역사회 이용시설의 제공이 대표적이었다. 이와 같은 지역사회 이용시설의 서비스 공급은 기존과는 다른 가치와 목적, 기술이 요구되는 공급체계의 유형을 필요로 했다.

2세대 사회서비스의 대표적인 공급체계의 유형은 앞서 제시된 이념형 중 운영위탁-원조(S3)에 해당한다. 이는 정부가 투자해서 설치한 이용서비스 위주의 시설 및 프로그램에 대한 운영을 민간에 위탁하고, 그에 따른 운영비를 지원하는 방식이다. 이 시기는 비록 민주화의 세력과 정부 부문의 복지투자 여력도 갖추어진 상태였지만, 그럼에도 이미 유럽국가 등에서 시발되는 복지국가의 퇴조 혹은 복지혼합의 이념적 영향을 동시에 받게 되는 때이다. 그로 인해 공공 부문이 직접 사회서비스 생산의 주체가 되는 방향으로의 전환은 이루기 힘들었지만, 그럼에도 공공 부문의 사회서비스에 대한 투자 확대는 필요로 했던 것이다. 이 과정에서 앞서 1세대 방식의 사회서비스 공급체계라는 기축된 제도적 경로를 감안하자면, 기존의 '사회복지' 전문직과 법인/시설을 서비스 생산자로서 활용하면서도 시설의 설치와 운영 주체를 분리하는 방안이 대안으로 가능했다. 비록 공공의 투자 확대를 통해 서비스 시설들을 설치하더라도, 이를 민간 부문의 서비스 생산자 주체에게 위탁해서 운영토록 하는 것이었다.

2세대 재가/이용 사회서비스는 정부가 재정 투자해서 설치한 시설을 민간 부문에 위탁해서 운영하는 방식이 주를 이룬다. 여기에서 시설이란 물리적 시설만을 의미하지 않고 서비스 프로그램을 포괄하는 의미이므로, 비록 체계적 특성은 달리 나타나겠지만 대개 이들 두 가지 형태의 위탁이 동시에 이루어지는 것이 보통이다. 예를 들어, 지자체가 설치한 종합사회복지관(이용시설)에 대해 시설 위탁-보조란 그 안에 인건비를 포함하는 것이므로, 기본적으로는 서비스 프로그램들에 대한 운영 위탁까지를 함께 담고 있는 것이다.

이 시기를 1세대 사회서비스와 차별되는 2세대로 명명할 수 있는 이유는, 사회서비스의 주 내용물이 바뀌었기 때문이다. 실제로는 기존 1세대 수용시설 서비스에 추가해서 새로운 유형의 이용시설 서비스 내용물이 공급되는 형태이지만, 이 후로는 사회서비스 공급에서 위탁-보조 방식의 이용시설 서비스 내용 공급이 주로 확장되기 시작하므로 이 시기를 구분해서 2세대라고 할 수 있다.

우리나라에서 2세대 방식의 사회서비스는 1980~2000년대 중반까지 중점적으로 확대되었다. 대상 인구 측면에서는 1세대 사회서비스가 최소한 의식주조차 불가능한 절대빈곤층이나 사회적 격리를 요하는 '부랑인' 중심이라면, 2세대 서비스는 지역사회에 거주하는(거주지는 확보한) 일반 저소득층 인구까지로 확대된다. 서비스의 주요 형태는 재가 대상 차원에서 의식주 서비스 제공뿐만 아니라, 상담이나 교육, 자활, 케어 등을 위해 필요한 시설(프로그램 포함)을 제공하는 것이었다. 2세대 사회서비스의 소비자는 '이용자' 개념으로도 인식되었지만, 여전히 서비스 공급자에 의해 서비스 이용의 자격이 부여된다는 점에서 '대상자'의 범주를 크게 벗어나지는 못했다.

2세대 사회서비스 공급체계의 전형적인 운영위탁(S3) 원조 방식에서는 재정공급/규제자로서의 공공 부문의 역할이 강화된다. 정부 부문에 의한 재정공급이 확대되면서 책임성 확보와 규제의 필요성 또한 증가하게 되기 때문이다. 1997년「사회복지사업법」 개정으로 1세대 및 2세대 사회서비스 생산자 조직(이를 사회복지시설이라 한다)은 모두 제도적인 시설평가의 이수가 의무화된다. 한편, 2세대 사회서비스 시기에는 공급자 간 관계에서 프로그램 위탁 원조 방식과 같은 것들도 본격적으로 나타나는데, 이는 시설의 운영위탁이 아니라 한시적 프로그램의 수행을 재정공급자로부터 위탁을 받아 수행하는 형태다. 기본적으로는 이것도 시설 위탁에서의 공공과 민간 부문 간 관계 유형의 규제가 적용된다. 1990년대 후반에 들어서는 프로그램 위탁 형태에서 사회복지공동모금회나 기업재단 등과 같은 민간 부문이 재정공급/규제자로서의 역할 참여를 확대하는 경향도 나타난다.

2세대 사회서비스 공급체계도 외형적으로는 소비자B(예, 납세자)를 대변하는 재정공급/규제자로서의 정부 부문, 서비스 생산자인 민간 부문 시설, 대상자로서 접근되는 소비자R의 역할관계 모형이 1세대 사회서비스의 전형적인 모형과 큰 차이가 없는 것처럼 여겨질 수 있다. 그러나 2세대 공급체계의 핵심적인 제도적 기제로서의 민간위탁은 수용조치-보조의 기제와는 공공과 민간 부문 간의 권력 관계의 양상에서 판이한 차이를 유발한다. 서비스 생산에 필수적인 시설(토지, 건물, 운영 프로그램)을 자체적으로 보유하는 1세대 사회서비스의 민간 부문 생산자와 비교해서, 그것들이 없이 한시적인 위탁-계약에 생산 시설과 운영비를 의존하는 2세대 민간 부문은 비교되기 힘들 만큼 정부 부문의 파워에 압도된다. 그에 따라 2세대 사회서비스로 들어오면서, 서비스 생산자에 대한 정부 부문의 선택권과 함께 통제력도 강화된다.

2세대 방식의 사회서비스 공급체계에서 민간 부문의 수탁자로는 1세대 사회서비스에서 구축한 인프라와 복지 영역에서 유무형의 제도적 견고성을 보유하게 된 사회복지법인이 대거 참여하게 되었다. 2세대 사회서비스의 대표적인 시설로서 사회복지관의 경우를 예로 들자면, 〈표 7-5〉와 같다. 비록 사회복지법인의 비중이 줄어드는 추세에 있지만, 그럼에도 절대 다수는 1세대의 주축인 사회복지법인이 여전히

〈표 7-5〉 시기별 사회복지관의 운영 주체 구분 (단위: 기관 수)

계		공공		민간					
		지방자치단체		사회복지법인		비영리법인		학교법인	
1990년	2010년	1990년	2010년	1990년	2010년	1990년	2010년	1990년	2010년
176	425	10	30	152	311	8	60	6	13
100%	100%	6%	3%	86%	73%	3%	14%	6%	6%

자료: 보건복지부(2011). 보건복지통계연보.

차지하고 있다. 그 결과, 비록 공급체계의 작동 기제와 모형은 달라졌지만 서비스 생산자 부문은 새로운 가치와 지식, 기술을 수반하는 변화가 초래되기 힘들었다.

이러한 현상은 한편으로 공공 부문의 제도적 규제가 서비스 생산자로서의 민간 부문에 대해 별다른 저항이 없이 투과되는 결과를 초래하기도 했다. 이는 2세대 사회서비스 시기에 대거 진입하게 된 전문직으로서의 교육을 받은 사회복지사가 관료제적인 공급체계에 대해 비판적인 의식을 갖게 했으며, 이것은 사회복지시설 내에서도 전문직 서비스 제공자(사회복지사)와 시설운영자(사회복지법인) 간 갈등으로 표출되기도 했다.

3) 3세대 사회서비스 공급체계 (2000년대 중반 이후~)

3세대 사회서비스는 우리나라에서 2000년대 중반 이후에 본격적으로 등장해서 새로운 산업 생산 방식의 공급체계를 형성한다. 이 시기는 저출산 · 고령화, 사회적 배제 등의 신사회적 위험이 본격적으로 부각되었던 때이고, 경제성장과 고용의 이완(decoupling)과 같은 신경제 체제의 딜레마에 대응하기 위해 정부주도의 고용 창출이 현안으로 되어 있었던 때였다. 신자유주의와 정치적 보수주의가 득세했으며, 정부의 기존 개입 역할을 줄이는 모형을 선호하는 정향을 띠었다. 그로 인해 사회서비스의 공급 확대가 신사회 위험의 해소와 고용 확대에 유효한 전략으로 정책적으로 수용되는 결과가 나타났다. 사회복지 부문에서 기존 제도적 개혁보다 '비상구' 전략으로서의 사회서비스 전략의 확대 도모가 일어난 것이다.[57]

당시 정부 부문의 규제자로서의 일반적인 동향은 신공공관리론의 득세로 대표된다. 이는 사회복지 분야 일반에도 성과관리, 거버넌스(governance), 서비스구매계약(POSC), 바우처(voucher) 등의 공급체계 규제 모형이 확산되던 것과 맥을 같이하고 있다. 한편, 우리나라 공공 부문의 규제 동향에 참고가 되어 왔던 일본의 경우에도 「사회복지사업법」에서 2000년 「사회복지법」으로 전면 개정을 통해 이용자 중심

57) 송호근(2011). "복지국가로 가는 비상구: 복지정치의 구조와 한계" [한국사회정책 추계 공동학술대회 기조발표].

주의로 전환하는데, 특히 개호(介護, care) 서비스 분야에서의 공급 방식과 체계에 대한 대대적인 혁신을 시도한다.

우리나라의 3세대 사회서비스는 명목적으로 보편적 휴먼서비스를 지향하는데, 일반 인구에 대한 보육이나 돌봄, 일상생활지원, 다문화가족지원 등을 서비스의 주요 내용으로 한다. 적어도 1, 2세대 사회(복지)서비스의 주요 정체성이었던 '빈곤' 대상자 개념이, 3세대에 들어오는 시기에서 명목적으로는 탈피하게 된다. 이에 따라 3세대 사회서비스에서는 소비자 개념도 전환되는데, 이전 세대에서는 공급자 관점에서 바라보는 '대상자' 개념이었다면, 여기서는 '이용자'가 중심 개념이 된다. 차이는 대상자란 서비스 생산자 관점에서 소비자를 선택하는 대상으로 보는 것이고, 이용자란 소비자 관점에서 서비스 생산자를 선택해서 이용한다는 개념이다.

이용자 개념이 중심이 되는 사회서비스의 공급체계로는 바우처 방식이 일견 유리하다. 바우처 방식의 사회서비스 공급에서는 시장 환경에서 이용자의 선택을 공급체계 효율성의 중심 기제로 둔다. 그래서 서비스 전달을 위한 재정공급의 방향을 1, 2세대의 생산자 지원 방식과는 달리 소비자를 지원하는 방식을 활용한다. 이로 인해 서비스에 대한 선택의 권력이 생산자에서 소비자 부문으로 이전될 수 있기 때문이다. 그 결과 이용자로서의 소비자의 권리와 효용성이 신장될 수 있다는 것이 바우처 방식의 논리다.

우리나라에서는 이 같은 논리가 2000년대 부각된 새로운 유형의 사회서비스 목적과 대상, 서비스 내용의 전달에 적합하고, 한편으로는 대규모 서비스 수요를 기존의 원조 방식의 산업체계로 구축할 정책적 환경도 부재한 탓으로, 영리를 포함하는 민간 부문의 시장 기제를 활용하기 위한 바우처 방식이 3세대 사회서비스의 공급체계의 전형으로 등장했다. 2000년대 중반 이후에 대규모로 확대되는 3세대 방식의 사회서비스 공급은 기존의 보육서비스에 더해서, 노인장기요양, 장애인활동지원, 지역사회투자 서비스 등이 중심이 되어 왔다. 2011년 기준으로도 보건복지부 내 6개 국/관에서 총 28개 사업으로 총 3조 7,000억 원가량의 사회서비스 관련 예산 가운데, 3세대 사회서비스에 해당되는 예산이 2조 8,000억 원가량으로 약 3/4의 비중을 차지하고 있었다.[58] 이는 〈표 7-6〉에서 제시된 것과 같은 3세대 방식의 사회서비스 공급체계에서 작동하는 서비스 생산자와 이용자의 지난 10년간 현황 변화를 통해서도 알 수 있다.

〈표 7-6〉 3세대 사회서비스의 공급자 기관 및 이용자 현황

구분	공급기관(개소)		이용자(명)	
	2006년	2016년	2006년	2016년
보육 (어린이집)	29,233	41,084 (141%↑)	1,040,361	1,451,215 (139%↑)
노인돌봄 (요양시설)	815	3,136 (385%↑)	32,314	126,277 (391%↑)
장애인활동지원 등 15개 전자바우처 사회서비스*	1,274	12,437 (976%↑)	357,000	1,610,000 (451%↑)

* 자료 기준년도는 2007, 2017년.

2000년대 중반 이후 3세대 사회서비스 방식을 확대하기 위한 정부 부문의 역할은 규제자 부문에서 여실히 드러난다. 「사회복지사업법」 제33조에 사회복지서비스의 제공을 바우처 방식 원칙으로 규정하는 것, 2011년 제정된 「사회서비스이용권법」에서 특정 서비스 공급 방식(=바우처 방식)을 장려하는 규정(제4조)을 두는 것 등이 이에 해당한다. 3세대 사회서비스 공급체계의 대표적 특징 중 하나는 서비스 생산자 역할에 영리 부문이 본격적으로 진입하게 되는 것이다.[59]

바우처 방식의 사회서비스 공급에서는 시장기제의 활용을 전제로 하므로, 이론적으로 서비스 생산자는 시장 환경에 민감하게 반응하는 역할자가 보다 경쟁의 우위를 차지할 수 있다. 이러한 논리에서 영리 부문의 시장 진입이 장려되는데, 그러

58) 1, 2, 3세대를 모두 합한 사회서비스의 전체 정부 예산 규모는 보건복지부 이외 사업들(2011년 기준 6개 부처 31개 사업의 2조 원가량으로 추정)까지를 합치면 총 5조 7천억 원가량이 되며, 이는 기초생활보장제도의 현금-이전 급여의 비중에 육박하는 증가세를 보이는 것이다. 참고: 보건복지부(2012). 내부자료.

59) 1997, 2003년 「사회복지사업법」 개정 시에 사회복지서비스에 영리 부문의 참여가 가능한 제도적 규정이 이미 구비되었지만, 구매력을 갖춘 시장의 부재로 참여가 이루어지지 못했다.

므로 3세대 사회서비스 공급체계에서 규제자로서의 정부 부문의 역할은 진입 규제를 푸는 규제를 시도한다. 1997년과 2003년에 이루어진 「사회복지사업법」의 개정에서 영리 부문의 진입을 위한 규제 철폐가 이미 이루어졌다. 다만 시장방식의 서비스 유형이나 공급량이 확충되지 않았기 때문에 영리 부문의 시장 진입이 지체되고 있었으나, 2000년대 중반 이후의 바우처 사회서비스의 확대와 함께 영리 부문의 서비스 생산자로서의 역할 참여는 급격히 늘어났다.[60)]

3세대 바우처 방식의 사회서비스 공급체계의 효율성에 대한 핵심 키는 이용자로서의 소비자RB 역할자가 보유하고 있다. 이 부문이 서비스 생산자와의 시장교환 관계에서 적절히 기능할 것인지가 3세대 사회서비스 공급의 성패를 좌우할 수 있다. 바우처 사회서비스의 각종 통계 현황들에서 제시하는 바와 같이, 서비스 이용자의 본인 부담의 비율이 아직까지는 현저하게 낮게 나타나고 있다. 이것은 여전히 시장 기제의 효과적인 작동 가능성을 낮게 추정하는 원인이 된다. 그 결과, 현재로서는 사회서비스 시장에 참여하는 핵심 역할자인 소비자RB와 서비스 생산자 모두에서, 3세대 사회서비스 역시 정부의 재정지원과 규제에 의해 공급되는 원조 방식의 모형과 큰 차이를 발견하기 힘들 수 있다. 이른바 유사-시장 방식의 바우처 공급 모형이 갖는 한계가 나타나는 것이다.

사회서비스는 공급물 자체의 특성이 표준화되기 어려운 휴먼서비스적 속성을 띤다. 소비자가 서비스 생산자를 선택하기 어렵고, 서비스의 질을 판단하기 어렵다. 그래서 일반 시장 메커니즘과는 달리 사회서비스 체계에서는 규제자의 역할이 중요할 수밖에 없다. 그런데 이러한 규제자의 역할이 강하게 개입될수록 공급체계의 관계는 순수시장의 성격보다는 유사시장의 형태로 진행될 수밖에 없다. 대표적인 예로, 서비스 생산자를 시장 환경에서 육성하기 어렵게 된 재정 공급자 및 규제자로서의 정부가 지역당 서비스 생산자 수를 지정해서 인가하도록 하는 것이라든지(2011년 노인돌봄서비스 사업 지침), 서비스 생산자에 대한 인증 '평가'를 강화해서 허가, 취소 등의 조치를 취할 수 있도록 하고, 심지어는 미리 확보된 이용인원을 서비

60) 김영종, "휴먼서비스 산업체계 모형".

스 생산자에게 할당하는 등이 그러하다. 그로 인해 비록 직접 재정지원의 방향이 바우처 발행을 통해 소비자RB에게 가지만, 서비스 생산자의 입장에서는 정부 부문 재정 공급자와의 역할 관계가 원조 모형에서와 크게 차이나지 않는 것으로 간주하기 쉽다.

5. 평가와 쟁점[61)]

1950년대 이래 60년 이상의 역사적 경로를 통해 형성된 한국 사회서비스 공급체계를 세대별 구분을 통해 설명해 본 결과, [그림 7-6]와 같은 전체 작동 모형이 확인된다. 이는 우리나라 사회서비스 공급의 대표적인 특성으로서의 '적층 구조'를 뜻하는 것으로, 새로운 세대 사회서비스의 등장이 구세대의 사회서비스 공급 모형을 대체하는 방식으로 진행되어 오지 않고, 각 세대가 동거하며 쌓여 가는 구조로 진행되어 왔음을 의미한다.

그 결과 현재는 3가지 세대의 사회서비스 방식이 동시에 작동되면서, 조치에 기초한 민간 생활시설에의 입소 의뢰라는 1세대 방식의 서비스 공급체계, 공공 이용시설 서비스의 민간위탁 운영 방식의 2세대 공급체계, 3세대의 이용자 지원방식의 유사시장 바우처 공급체계가 혼재되어 작동하고 있다. 각각은 각자의 서비스인구 대상과 서비스의 특성, 재정과 규제의 작동 방식에서 독자적인 공급체계의 구성을 보이는 것이나 마찬가지로 작동하고 있다. 이 같은 우리나라 사회서비스 공급체계의 전체적인 특성과 관련해서 현재까지 제기되는 쟁점들은 다음과 같다.

---

61) 이 부분은 〈김영종 · 김은정, 사회서비스 공급체계의 통합적 재설계〉에서 발표된 내용 중 일부를 공동 저자의 동의를 얻어 수록한다. 이에 대해서는 인용을 포함해서 따옴 문장에 대한 재인용 표기를 생략한다.

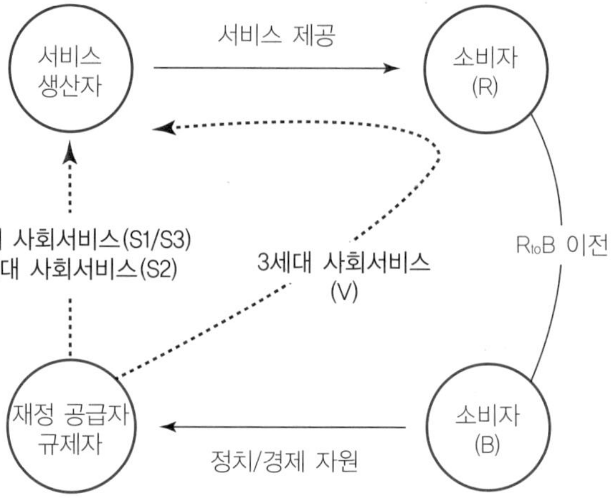

[그림 7-6] **우리나라 사회서비스 공급체계의 세대별 적층**

1) 지역사회-기반 vs. 외부사회-통제

우리나라 사회서비스의 모든 방식, 1세대에서 3세대까지 모두에서 공통적으로 드러나는 것은 지역사회 혹은 커뮤니티적 접근이 철저히 배제되어 있다는 점이다. 이는 재정공급과 규제의 원천이 외원에서 정부보조로 바뀌고, 바우처를 포함하게 된 현재까지도 사회서비스 공급체계에서 재정 공급자와 규제자의 역할은 지역사회 외부의 기반에 의존적인 경향이 지속되고 있다.

2세대 방식에서 3세대로 넘어가는 시점에서 분권교부세의 시도를 통해 지방정부로 일부 1, 2세대 방식의 서비스가 이전되었지만, 그것조차 여태껏 재정과 행정 권한의 정부 간 이전(중앙정부에서 지방정부로)에 불과했다. 지방정부가 이를 처리하는 방식은 여전히 관료제적 정부 조직 방식에 의존한다. 사회서비스 공급 방식에서 지역사회-기반이 배제되어 왔다는 것은 궁극적으로 한국 사회서비스 공급체계가 제도적 의존성을 키워 왔다는 것을 의미한다. 국가적으로 정부 방식을 통한 사회서비스 재정공급이 늘어날수록, 사회서비스 생산에서 자발성과 참여성, 거버넌스에 기초한 지역사회-기반 접근은 약화되는 결과가 초래되어 왔다.

지역사회-기반의 중요성은 사회서비스의 휴먼서비스적 속성에서 대부분 비롯된다. 사회서비스의 상당수 유형은 관계지향적이어서 관계를 맺을 '장'이 서비스 생산에서 필요하다. 이는 휴먼서비스로서의 효과성 제고에 필수적인 공동생산의 특성과 결부되어 그 중요성이 더욱 강조된다. 그럼에도 현재와 같은 산업체계적 모형에서는, 특히 3세대 바우처 방식(V)과 같이 시장교환 관계를 전제로 하는 모형에서는 커뮤니티와 같은 지역사회 공동체의 장이 설정되기 어렵다.

2) 거버먼트 vs. 거버넌스

우리나라에서는 사회서비스 공급의 역사적 궤적에서 공급자 부문이 외원 재정 공급자와 민간 서비스 생산자 조직으로 결합된 이후로, 비록 재정 공급자는 정부 부문으로 대체되었지만 민간 서비스 조직 부문의 물적, 인적 인프라를 유지하거나 확충하는 방향으로 진행되어 왔다. 그 결과 현재에도 민간 부문의 사회서비스 생산자 역할은 대체될 수 없는 잠금(lock-in) 효과를 나타내고 있다.

재정 공급자와 규제자 역할을 주로 수행하는 정부 부문에는 이것이 한편으로는 딜레마적 상황을 초래한다. 현재와 같은 1, 2, 3세대 모든 방식의 사회서비스 공급에서는 정부 부문의 역할(재정공급과 규제에 초점을 두는)이 커질수록, 민간 부문의 생산자적 이해집단 특성(집단화된 서비스 공급자)도 커질 수밖에 없다. 그로 인해 특정한 사회서비스의 도입 시 채택된 서비스 공급방식은 대개 그 자체로 공급체계의 잠금효과가 나타나게 된다.[62]

이러한 효과가 나타나게 된 배경은 공공과 민간 부문 간 '종속적 대행자' 모형에 의해 설명되는데,[63] 이는 정부 부문의 실패와 민간 부문의 실패를 동시에 드러내는

62) 민간 서비스 생산자로 참여하는 쪽에서는 바우처 방식 역시 이제까지 1, 2세대를 통해 제도화된 방식(정부 재정 공급자와 규제자) 중 하나로 인식되고, 적어도 그러한 기대 속에서 잠금이 진행되고 있다. 흔히 3세대 시장기제 바우처 방식의 선행주자 격인 보육서비스에서 서비스 생산자들이 집단적으로 파업을 무기로 정부 측과 협상을 시도하는 경우 등에서 보듯이, 3세대 방식 역시 생산자의 집단적 파워 형성으로 인한 제도적 잠금 효과에서 자유롭지는 못하다.

63) 이혜경, "한국 사회복지 서비스 공급체계의 민 · 관 파트너십".

위험성을 높이는 것이다.[64)] 현재까지의 우리나라 사회서비스 공급 방식은 외형적으로는 이미 오래전부터 거버넌스(governance) 지향인 것처럼 보이지만, 적어도 사회서비스 부문에서는 의존적 대행자로서의 민간 사회서비스 생산자를 양성해서 잠금시키고, 사회서비스 공급에 대한 정부 책임을 민간 부문에 대한 규제와 평가자로서 두고 숨어 왔던 정부(government)적 통제 지향의 성향을 띤다.

이러한 성향이 3세대 바우처 방식 사회서비스에서는 변화될 것으로 이론적으로 의도해 왔지만, 실행적 제도 규범들은 역사적 경로 의존을 크게 벗어나지 못하고 있다. 바우처 사회서비스가 창출해 내고 있는 민간 서비스 생산자들 역시 정부 부문의 재정공급에 기대어 있고, 각종 실행 규칙에 의해 정부 부문의 '보호된 시장'하에 작동되는 경향이 크기 때문이다.

3) 3세대 바우처 방식 일변도의 문제

3세대 이후 진행되는 사회서비스 공급에서는 다양한 서비스들마다의 대상 인구나 목적, 수단에 따른 유형별 특성을 무시하고, 공급체계의 모형을 바우처 방식으로 획일화하려는 경향을 보여 왔다. 이는 기존 1, 2세대의 사회서비스들을 3세대 방식으로 전환하려는 시도에서, 2000년대 중반 이후 새롭게 확대되는 사회서비스들은 유형별 특성을 불문하고 바우처 방식으로 규정하는 시도에서, 혹은 바우처 공급 방식에 들어맞기 힘든 유형의 사회서비스 목적들은 억제하는 시도 등에서 여실히 드러났다.

이러한 문제는 사회서비스의 공급방식을 결정하는 정책이 사회서비스의 목적적 본질과 특성에 의거하기보다는, 경쟁과 시장화 가치를 앞세우는 정치체의 획일적 공급방식 담론을 우선하기 때문에 발생해 왔다. 이는 사회서비스 공급에서 수단(공급방식)이 목적(서비스 내용)을 결정하는 위험성을 초래한다. 그나마 1, 2세대 방식까지는 사회서비스 공급이 차지하는 비중이 크지 않았으므로, 공급 방식은 정치

64) 김영종, "한국 사회복지서비스의 공공과 민간 부문 간 협력관계".

체의 지배담론에 의한 영향을 크게 받지 않았다. 그러나 3세대 방식 사회서비스부터는 막대한 공급 규모의 확대로 인해 정치적 과정의 직접적 영향권에 들어서게 된 것이다.

사회서비스 공급방식의 획일화 시도에서 가장 쟁점이 되는 것은, 3세대 방식에 적합한 서비스 분야들에서만 사회서비스 공급의 확대가 이루어질 수 있다는 점이다. 이 같은 3세대 공급방식에 매몰된 편향성이 1세대와 2세대 공급방식에 적합한 사회서비스들의 위축을 초래하고 있으며(적어도 상대적으로는) 혹은 차세대 사회서비스의 분야와 그에 적합한 대안적 공급방식에 대한 논의 자체를 불가하게 만들 위험이 있다. 근래 이루어졌던 장애인생활지원 서비스의 정책결정 과정에서 이러한 우려가 현실적으로 드러나기도 했다.

현재 3세대 바우처 방식의 유사시장 기제를 활용한 사회서비스 공급에 대해서는 여전히 많은 논란과 쟁점이 있다. 사회서비스 생산에서 시장 기제 활용의 전제가 되는 소비자 부문의 한계로 인해 나타나는 문제, 시장 기제가 시장과 정부 방식의 어정쩡한 결합으로 인해 나타나는 '유사시장' 기제화의 문제, 서비스 생산자들의 제도화로 인한 문제 등이 그것들이다. 불과 짧은 시기에 새로운 서비스 공급체계가 대규모로 확대되었으므로, 이러한 논란들을 제도 정착 과정에서의 문제로 치부하는 시각도 있다. 또한 바우처 제도의 도입으로 인한 공급체계의 문제를 적절히 평가해 볼 수 있을 만한 경험 축적조차 갖추어지지 않았다고 볼 수도 있다. 그럼에도 적어도 3세대 방식의 사회서비스 공급체계가 내포하는 이론적 한계에 대해서는 현재에도 보다 적극적 논의를 필요로 한다.

제8장 규제와 기제

사회서비스를 이해하는 데 규제는 중요하다. 규제란 곧 제도화된 공급체계를 움직이는 프로그램과 같은 것이기 때문이다. 사회서비스는 규제로 생성되고, 규제로서 전달되어 소비되며, 규제로 평가된다. 기제란 특정 시스템 작동에 관여하는 장치를 말하는 것으로, 제도에서 기제란 특정 규제들의 조합을 뜻한다.

1. 사회서비스는 규제의 산업

사회서비스는 규제의 산업이다. 사회서비스를 사회적 과정을 통해 공급되는 휴먼서비스라고 할 때,[1] 그 과정에는 상당한 정도의 규약 즉 규제가 필요하게 된다. 특히 산업 제도화된 사회서비스 체계에서는 역할자 부문의 분화가 확산될수록, 이들 간의 관계 조정을 위한 규제의 필요성 또한 증가한다. 산업적 생산 특성의 사회

1) Cimmino, P. (2004). 'Basic concepts and definitions of human services'. In H. Harris (Ed.), *Human Services: Contemporary Issues and Trends*. Boston, MA: Allyn & Bacon.

서비스가 한편으로는 사회적 책임과 결부되면서, 규제는 그 제도의 핵심적 요소로 된다.[2)]

산업이란 분화된 역할자 부문 간의 교환관계를 통해 물품이나 서비스가 생산되는 방식을 말한다. 규제(regulation)란 제도적으로 조성되는 규칙을 말한다. 사회서비스 산업 제도가 규제를 중시하는 이유는 다음 측면에서 비롯된다.

첫째, **사회적(혹은 공적) 관계에 의해 조성되는 서비스**라는 측면 때문이다.[3)] 시장에서의 사유재 교환관계와는 달리 사회서비스 생산에는 공공재 관계의 특성이 포함되어 있다. 특정 수급자의 서비스 소비에 대한 혜택이 그에게만 나타나는 것이 아니라, 외부 혹은 불특정 다수에게 확산되어 있다는 점에서 사회적인 '부정적 외형의 감소'라는 공공재적 성격을 사회서비스는 가진다. 그러므로 이러한 사회서비스의 조성과 전달 과정에는 다양한 이해관계 부문이 개입되고, 이것이 산업체계화되는 과정에서 부문들 간 거리와 관계의 복잡성을 야기한다. 이러한 체계는 단순한 대인적 신뢰 관계에 의존해 작동될 수 없고, 보다 정형화되고 공식적인 관계의 규약을 필요로 한다. 서비스 공급에 관한 정책 결정에서부터 예산 책정, 수급자격과 대상자 기준 설정뿐만 아니라, 서비스 전달의 과정이나 서비스의 질에 대한 규정, 심지어는 평가의 방식에 이르기까지 사회서비스 제도가 작동하는 전 과정은 숱한 규제들이 지배하게 된다.

둘째, **사회서비스의 대상** 측면에서 규제가 요구된다. 특히 돌봄 사회서비스의 소비자는 대개 아동이나 장애인, 고령자 등과 같이 건강이나 장애, 주거, 커뮤니티 생활과 관련한 결핍이나 취약자들인데, 이들은 스스로가 자유로운 시장 계약의 주체로서 기능하기 힘들다. 시장 활동에 필요한 자원이나 정보의 부족, 인지 역량의 제한 등의 문제를 가지기 때문이다. 예를 들어, 의사와 환자의 서비스 관계가 당사자

2) DiMaggio, P., & Powell, W. (1983). 'The iron cage revisited: institutional isomorphism and collective rationality in organizational fields'. *American Sociological Review*, *48*, pp. 147-160; 김영종(2009). "휴먼서비스 산업체계 모형에 의한 사회복지서비스 동향분석". 한국사회복지행정학, 11(2), 35-73; 양난주(2014). "영리 · 비영리 노인장기요양시설의 차이와 동형화에 대한 연구". 한국사회복지행정학, 16(1), pp. 179-207.

3) 김은정(2013). "사회서비스 정책 현황 분석과 정책적 과제". 한국사회와 행정연구, 24(1), pp. 111-136.

간 자유로운 시장 판매-구매의 계약에 전적으로 맡겨질 수 없는 것과 마찬가지다. 그로 인해 사회서비스는 취약 소비자 부문을 보호하기 위해, 생산자 부문에 대한 제3자 규제(예, 인증평가)와 같이 시장 혹은 산업의 공정성을 담보하기 위한 제어 장치를 둔다.

우리나라에서 사회서비스는 일찍부터 산업 제도의 형태로 출발하게 되었다.[4] 이러한 초기 대응의 특성은 이후 우리나라 사회서비스 공급 양식의 전형(prototype)을 형성해서, 현재까지도 우리나라 사회서비스 제도의 발달 경로에 영향을 미치고 있다.[5] 우리나라에서는 2000년대 이후 저출산 · 고령화 등의 신사회문제에 대한 대응으로 새로운 성격의 사회서비스에 대한 요구와 공급이 급속히 확대되는데,[6] 이 과정에서 서비스 생산물의 내용과 공급 방식이 급격히 바뀌면서 산업 각 체계 부문들 간에 기존 합의되었던 규제들로서는 질서를 찾기 어렵게 되었다. 사회서비스가 규제의 산업이라는 점을 감안한다면, 현재 우리 사회가 당면한 사회서비스의 혼란 현상도 제도적 규제의 작용 측면에서 다루어 볼 필요가 있다.

4) 김영종, "휴먼서비스 산업체계 모형". 1950년 한국전쟁과 곧이어 이루어진 이촌향도의 경제 산업화는 대량의 빈곤과 가족 기능의 와해 문제를 낳았다. 그럼에도 이에 대한 정부 차원의 대응은 미약하게 이루어졌었고, 이 공백은 상당 부분 외국원조단체와 민간 부문에 의한 사회복지서비스를 통해 메꾸어졌다. 이 과정에서 외원과 민간이 주로 취한 서비스 전략은 '시설' 설치를 통한 서비스 생산과 전달이었는데, 이러한 환경이 한국의 초기 사회서비스 공급을 일종의 산업 제도화 체계로 형성시켰다. 이러한 초기 제도적 환경 형성 과정에 대해서는 참고: 김영종(2003). "한국 사회복지조직의 형성 과정에 관한 역사적 연구: 1950-70년대 부산지역을 중심으로". **한국사회복지행정학**, 10, pp. 31-62; 정무권(1996). "한국 사회복지 제도의 초기 형성에 관한 연구". **한국사회정책**, 3, pp. 309-352; 백종만(1996). "해방 50년과 남한의 민간 복지". **상황과 복지**, 1, pp. 39-62; 최원규(1996). 외국민간원조단체의 활동과 한국 사회사업 발전에 미친 영향. 서울대학교 대학원 박사학위청구논문; 이혜경(1998). "민간 사회복지부문의 역사와 구조적 특성". **동서연구**, 10(2), pp. 41-75; 문순영(2000), 한국 민간사회복지부문의 구조적 특성에 관한 연구-정부와의 관계를 중심으로. 연세대학교 대학원 박사학위논문; 남찬섭(2006). "1970년대의 사회복지-1". **사회복지**, 86, pp. 39-45.

5) 김영종, "한국 사회복지조직의 형성 과정".

6) 이봉주 외(2006). 한국 사회복지서비스 제도화의 과제 [일자리 창출을 위한 국가 고용전략과 비전 국제 심포지엄 발표문]; 안상훈(2006). "사회서비스 투자국가로의 전환 논리" [2006년도 한국사회복지학회 추계 학술대회 발표논문]; 김연명(2007). "우리나라 사회투자론 논의의 쟁점". **경제와 사회**, 75, pp. 307-318; 이재원(2011). "사회서비스 정책의 전개과정과 정책과제: 보건복지부 사회서비스 전자바우처 사업을 중심으로". **지방정부연구**, 15(4), pp. 333-359; 원종욱(2011). "우리나라 공공사회복지비지출(SOCX)의 장기전망". **보건복지 Issue & Focus**, 102, p. 1.

2. 규제 분석의 틀

사회서비스 제도의 규제 분석에는 앞장에서 제시했던 산업 체계의 역할 부문 개념이 유용하다. 이에 따르면 산업 체계는 크게 공급자와 소비자 부문으로 나누어진다. 공급자는 다시 합법성 및 재정 제공자 부문과 서비스 생산자 부문, 소비자는 직접 수급자와 간접 수혜자 부문으로 나누어 볼 수 있다. 이들 각 부문은 각기 추구하는 목적이나 작동 방식 등에서 상이하다. 이들 상이한 부문의 조직이나 사람들이 역할 관계의 교류를 통해 사회서비스를 공급, 소비하는데, 그 같은 교류에 필요한 제도적 규칙이 곧 규제이다.

합법성/재정 공급자 부문의 규제 사회서비스는 사회적(혹은 공적) 방식으로 공급되는 급여이므로, 그러한 급여 공급에 대한 합법성(정당성)을 부여하고 서비스 생산에 필요한 재정을 제공하는 역할자가 필요하다. 이를 합법성/재정 공급자 부문이라 하는데, 이 부문은 누구(각종 법인, 개인, 집단 등)로 구성되어야 하고, 그 안에서도 그들 간에는 또한 어떤 조직 체계로 연결되어야 할지에 대한 제도적 규칙이 필요하다. 이 부문의 규제는 대개 사회서비스 체계의 환경이나 전달체계, 서비스 등에 관한 포괄적인 범주를 제시하는 것과 관련되어 있다. 정부 부문은 입법과 재정 활동을 통해 사회서비스 내 · 외부의 환경을 규정하는데, 사회서비스 공급체계가 포획하는 경계선을 만들거나 외부 환경과의 관계를 설정하는 규제들이 이에 해당한다.[7] 서비스 생산자의 자격과 활동을 인정(허가/인가/신고)하거나, 이들에게 재정 자원을 제공하는 근거 등도 여기에 포함된다.

생산자 부문의 규제 사회서비스를 직접 생산하는 역할자 부문으로, 대인적 사

7) 대개 이 부문의 규제는 정부 부문(중앙정부와 지방자치단체)의 책임과 역할 수행의 범주와 관련되어 있다. 우리나라의 경우에 과거 외국원조에 의존해서 사회복지서비스가 공급되던 때는, 외원단체가 이 부문에서 중요한 역할자였으므로 그에 대한 규제가 필요했었다. 현재도 사회복지서비스 공급체계에서는 대규모 민간복지재단이나 사회복지공동모금회와 같은 조직들은 「기부금품모집법」이나 「사회복지공동모금회법」을 비롯한 각종 법제도적 규제에서 작동한다.

회서비스의 경우 교육이나 돌봄, 치료 등과 같이 소비자와의 직접 대인적 관계를 통해 서비스를 제공하는 역할을 한다. 그러므로 이에 대한 규제는 대개 서비스 생산의 방식과 과정에 관한 것으로, 조직적 서비스 생산의 주체, 시설, 인력, 서비스의 내용과 질 등에 대한 규정들이 이에 속한다. 우리나라의 경우에는 초기에는 사회복지법인과 같은 민간 부문의 비영리조직을 사회복지서비스의 주 생산자로 했으므로, 서비스 생산자 부문에 대한 규제는 사회복지법인/시설의 설치나 지원, 통제와 관련된 것들이 주를 이루었다. 그러다 사회복지서비스의 영역과 성격이 분화 확대되면서, 사회복지사나 사회복지전담공무원과 같은 전문 인력 차원의 서비스 생산자 부문에 대한 규제도 발달하게 된다.

소비자 부문 규제 서비스의 대상자 혹은 이용자로서 사회서비스를 소비하는 역할자 부문에 대한 규제다. 사회서비스 이용권을 수급하는 자격에 대한 규정이나 서비스 신청자로서의 역할과 책임, 권리에 대한 명시 등이 이에 해당한다. 사회복지서비스에서의 부양의무자 책임이라든지, 서비스 수급자의 성실 신고 의무 등도 이에 해당한다. 여기에는 또한 여타 역할자 부문들이 취해야 할 소비자에 대한 책임 등도 포함된다. 예를 들어, 서비스 생산자가 준수해야 할 이용자의 개인정보 보호 의무에 관한 규제 등이 그와 같다. 소비자 부문에 대한 규제는 대개 직접 서비스 대상자인 수급자(소비자R)에 한정된 경우가 많다. 간접 수혜자로서의 소비자(B) 부문은 대개 공급체계 내에서 그 실체가 직접 규명되기 힘들기 때문에, 예를 들어 특정 사회서비스 공급에 대해 비용-편익 분석을 하고자 할 때 간접 수혜자의 편익(비록 막대하지만)을 추정하기 어려운 상황과 마찬가지로, 직접 규제의 대상으로 삼기는 어려운 측면이 있다.

3. 우리나라 사회서비스의 법적 규제[8)]

우리나라에서 사회서비스는 제도적으로 형성, 발전되어 왔다. 제도의 양상은 시기별로 달리 나타나게 되었는데, 앞 장들에서 설명했던 바와 같이 크게는 3세대로 구분된다.[9)] 각 세대별 사회서비스는 대상 인구에서부터 서비스 양식, 공급체계 내 역할자 부문들 간의 관계 등에서 확연한 차이를 보이는데, 그로 인해 세대별로 규제의 성격이 달리 나타난다.[10)] 우리나라에서는 이러한 세대별 사회서비스 양식들이 교체되지 않고 적층되어 왔으므로, 현재는 1, 2, 3 세대 사회서비스 방식들을 위한 규제들이 하나의 사회서비스 제도 내에서 동시에 작동하고 있다.[11)]

우리나라 사회서비스가 제도적으로 발전되어 온 경로에서, 특히 1, 2세대의 사회(복지)서비스에 대한 공급을 규율하는 제도적 규제는 「사회복지사업법」에 근간을 두어 왔었다.[12)] 이 법은 사회(복지)서비스가 본격 생성되기 시작하던 1950년대에서부터 논의가 진행되었지만, 1970년에야 비로소 제정되었던 것이다. 그 이전까지는 사회서비스에 대한 규제가 정부 훈령이나 지침 등의 수준에 머물러 있었다면, 1970년

8) 이 부분은 〈김영종(2014). "한국의 사회서비스와 「사회복지사업법」: 규제 관계의 분석". 사회보장연구, 30(4), pp. 57-83〉의 연구 내용을 상당 부분 차용한다.

9) 1, 2세대 사회서비스는 보통 사회복지서비스라고 불렸던 것인데, 이는 수단검증(means-test)을 통한 선별 인구를 대상으로 한다. 사회복지서비스에서는 서비스 생산자를 지원하는 방식을 택하는데, 대상자별 입소 수용비를 지원하거나(1세대) 혹은 이용시설인 경우 운영비를 포괄적으로 지원하는 형태(2세대)로 나누어진다. 3세대 사회서비스는 2000년대 중반 이후로 보편적 돌봄서비스의 공급을 위해 바우처(이용자 지원) 방식을 채택한 것이다.

10) 우리나라에서 사회서비스의 발달은 세대별(generational) 진화의 특성을 가지면서, 현재까지 3세대 사회서비스로 진화해 왔다고 본다. 1950년대 이래 현재에 이르기까지 세대별로 각기 다른 서비스 내용과 전달체계를 가지는 방식으로 사회서비스들이 진화해 왔다는 것이다. 참고: 김영종(2012). "한국 사회서비스 공급체계의 역사적 경로와 쟁점, 개선 방향". 보건사회연구, 32(2), pp. 41-76.

11) 그러면서 이러한 세대별 사회서비스들은 구세대가 도태되고 신세대가 등장하는 것이 아니라, 구세대의 서비스에 더해서 새로운 사회서비스 세대가 보태지는 이른바 적층(積層) 구조의 발달을 나타낸다. 참고: 김은정, "사회서비스 정책 현황 분석과 정책적 과제".

12) 사회복지서비스의 대표적 법제로 이를 든다. 참고: 박석돈(2003). 사회복지서비스법. 삼영사; 김훈(2009). 사회복지법제(3판). 학지사; 윤찬영(2010). 사회복지법제론. 나남; 심재진(2011). "「사회복지사업법」 제정사 연구". 사회보장연구, 27(2), pp. 279-307.

「사회복지사업법」 제정은 규제가 비로소 완성된 법제화를 이룬 것이다.

〈표 8-1〉은 「사회복지사업법」의 제정부터 현재에 이르기까지 경과를 제시하는 것이다. 여기에서의 분석은 단순히 전체 규제의 총량을 조문 수로 보고, 그 가운데 합법성 및 재정 제공자, 서비스 생산자, 소비자에 대한 규정의 비중으로 나누어 본 것이다.[13] 여기에서 볼 수 있듯이 「사회복지사업법」 규제의 기본틀은 서비스 생산자 부문을 근간으로 형성되어 있다. 비록 합법성 및 재정 제공자로서의 공공의 역할에 대한 규정의 비중이 1970년 제정 이후로 상당 부분 증가해 오고는 있으나, 여전히 서비스 생산자에 대한 규제가 50% 이상을 차지하고 있다.

〈표 8-1〉 「사회복지사업법」 주요 제 · 개정의 부문/영역별 조문 수(%) 구분

부문/영역		1970년 제정 법	1992년 전부개정 법	1997년 전부개정 법	2014년 기준 법
합법성 및 재정 제공자	경계 설정	2 (8.0%)	3 (7.9%)	3 (5.8%)	3 (3.7%)
	환경 규정	1 (4.0%)	6 (15.8%)	6 (11.5%)	9 (11.1%)
	전달체계	2 (8.0%)	4 (10.5%)	6 (11.5%)	14 (17.3%)
	공공서비스	0	0	0	8 (9.9%)
서비스 생산자	법인	15 (60.0%)	15 (39.5%)	18 (34.6%)	20 (23.5%)
	시설	2 (8.0%)	3 (7.9%)	10 (19.2%)	14 (16.0%)
	인력	3 (12.0%)	4 (10.5%)	6 (11.5%)	9 (11.1%)
소비자	수급자/수혜자	0	3 (7.9%)	3 (5.8%)	4 (4.9%)
합		25 (100%)	38 (100%)	52 (100%)	81 (100%)

자료 참고: 김영종, "한국의 사회서비스와 「사회복지사업법」", p. 64.

서비스가 비교적 단순한 형태로 진행되었던 1세대 사회서비스에서는 「사회복지사업법」이 주된 규제로 작용했다. 그러다 1980년대 이후 개별 사회복지서비스법들이 새롭게 제정되거나 정비되면서부터는 각 아동, 노인, 장애인 등의 서비스 분야

13) 이 분석은 〈김영종, "한국의 사회서비스와 「사회복지사업법」"〉에서 따온 것이다.

에 대한 규제들은 「노인복지법」이나 「노인장기요양보험법」 「영유아보육법」 「장애인복지법」 등으로 각기 구체화되어 개별화되기 시작한다. 이때부터 2세대 방식의 사회서비스 공급이 본격화되는데, 주로 이용시설 서비스에 대한 정부 지원과 연관되어 있다. 이때에도 「사회복지사업법」은 여전히 기본 규제틀로서의 위상을 유지한다. 2000년대 중반 이후 본격화된 제3세대 바우처 방식의 보편적 사회서비스에서는 마침내 「사회복지사업법」에 근간을 둔 규제가 실효를 잃게 되고, 주요 규제로 「사회서비스이용권법」 등이 이를 대체한다.

1세대 사회서비스와 「사회복지사업법」 규제 우리나라에서 1세대 사회서비스는 수용(생활)시설 서비스가 중심이었다. 1950~1980년대 초반까지 성행했던 이러한 사회(복지)서비스는 주로 보호 가족이 없는 절대빈곤 아동, 장애인, 부랑인, 노인을 수용해서 보호하기 위한 시설의 확보와 운영 자체가 중요한 것이었다. 당시의 대규모 요구호 인구의 문제에 대해, 재정적으로는 무능하지만 권위적이고 간섭적 성향의 정부와 한편으로는 영미권 위주의 외국원조단체에서 전문적인 민간 시설을 대행자로서 선호했던 배경으로 인해 1세대 사회서비스의 생산자 부문은 대부분 민간 주체의 성격을 띠게 되었다.[14] 이와 같은 결합 양상이 이후 근 30년간 우리나라 사회복지서비스 공급체계의 근간을 형성하게 된다.

정부는 1970년에 이들 민간 시설의 설립과 운영에 관한 공공의 규제를 격상시켜 「사회복지사업법」으로 제정한다. 이전부터도 정부 부문의 규제는 단편적인 훈령 등의 형태로 시행되어 왔으므로 이를 규제의 시초라고 할 수는 없다.[15] 그럼에도 이 법 제정을 통해 사회복지서비스 시설의 운영 주체를 사회복지법인이라는 특수법인격에 한정하고, 이를 중심으로 서비스 공급체계의 전반적인 생산 및 전달 활동을 규제하는 방식이 완성되었다는 의미가 있다.

앞서 〈표 8-1〉에서 보듯이 1970년 제정 「사회복지사업법」은 규제의 80% 정도를

14) 최원규, 외국민간원조단체의 활동; 김영종, "한국 사회복지조직의 형성 과정".
15) 이상용(2003). "사회복지서비스전달체계의 변용에 관한 연구-「사회복지사업법」 제·개정을 중심으로-". 연세사회복지연구, 9, pp. 59-97; 김진우(2013). "사회복지법인 제도신설 배경에 대한 탐색적 연구". 사회복지정책, 40(4), pp. 137-156.

서비스 생산자에 대해, 그 가운데서도 75%(전체의 60%) 정도를 법인 요소에 치중하고 있다. 공공 부문의 역할과 책임에 대해서는 거의 없다시피 하는 규제를 설정해 두고 있으며, 당시 입법 상황에서 중시되었던 사회복지공동모금회(제24조)의 설치에 관한 정도가 서비스 생산자 부문에 대한 사회적 지원의 규제로 포함되어 있다. 이 같은 형태로 1970년 「사회복지사업법」이 제정됨으로 인해, 향후 한국의 사회서비스 발달은 필연적으로 이 규제의 기본 틀에서 경로의존적 영향을 받게 된다.

2세대 사회서비스와 「사회복지사업법」 규제 2세대 사회서비스는 이용시설을 중심으로 하는 것인데, 1980년대 후반~2000년대 초반에 이르는 시기에 본격적으로 확장되었다.[16] 2세대 이용시설 사회서비스에 대한 설치와 운영에 대한 규제는 1세대 생활시설과 사뭇 다른 특성을 가진다. 1세대에서는 보통 민간이 사회서비스 생산을 위해 시설에 대한 투자(땅, 건물)를 한 상태에서, 외원이나 정부기관이 후원이나 조치제도 등을 통해 일종의 보조금을 지원하는 방식이 지배적이었다. 그러므로 이때 「사회복지사업법」 등의 주된 규제는 앞서 〈표 8-1〉에서 제시된 바와 같이 이러한 사업 주체(주로 사회복지법인)를 어떻게 통제할 것인지에 초점이 맞추어졌다.

2세대에서는 정부의 사회복지서비스에 대한 투자 확대가 예를 들어, 노태우 정부에서는 전국 모든 시군구 단위에 1개 이상의 사회복지서비스 이용시설을 설치하는 것 등으로 나타났다. 서비스 소비자는 1세대와 마찬가지로 여전히 소득 기준의 수단검증(means-test)의 대상자가 되는 빈곤 개인이나 가족이었지만, 그럼에도 이들은 적어도 지역에서 주거지는 확보되는 대상자들이었다. 그렇지 못한 경우의 대상자는 여전히 1세대 사회복지서비스에 포함된다. 즉, 1세대의 대상자들이 2세대 방식으로 전환된 것이 아니라, 1세대의 대상자에 더해서 차상위 재가 빈곤자가 2세대 방식의 이용시설을 통한 사회서비스의 대상자로 더해진 것이다.

이 시기 정부에 의한 2세대 이용시설 사회복지서비스의 공급 방식은 위탁 제도

---

16) 이 시기에 1세대 (수용)생활시설 서비스가 축소되었다는 증거는 없다. 오히려 이 시기에 사회복지서비스 전반에 정부 재원의 투자 확대가 일어났다는 점을 감안한다면, 1세대 사회복지서비스 역시 서비스 질을 위시한 확충이 있었을 것으로 여겨진다. 다만 1980년대 후반에 시작되었던 종합사회복지관 등의 새로운 2세대 서비스로서의 이용시설의 대규모 증설 등과 같은 확충 노력에는 미치지 못했을 것으로 짐작된다.

로 특징된다. 정부가 시설을 설치(건설)하고, 그 운영만을 민간 사업자에 일정 기간 맡기는 방식이다. 정부의 보조금은 위탁운영비의 형태로 지원된다. 이 경우에 수탁자는 굳이 시설 자산을 직접 보유하고 있는 사회복지법인이 될 필요는 없다. 1세대의 경우는, 예를 들어 정부가 법인이 소유하는 재산인 건물 등을 신축하거나 보수하는데 지원하게 되면, 그것은 공익 재산의 조성 형태로 남아야 하므로 사회복지법인이라는 특수한 기제에 의존할 수밖에 없다. 그러나 공공이 투자해서 단지 운영에 대한 위탁만을 계약의 형태로 지원하는 경우에는, 그와 같은 재산 실체로서의 사회복지법인에 한정될 필요성이 줄어든다. 그래서 2세대 사회복지서비스의 시기에 들어오면 「사회복지사업법」에서 서비스 운영 주체에 대한 규제의 변화 현상이 목격된다.

1997년 전부개정 「사회복지사업법」에서 그러한 규제 변화가 나타난다. 앞서 〈표 8-1〉에서 보듯이 법 조문의 다수(65.4%)가 민간 서비스 생산자에 대한 규제로 구성된 것에는 변함이 없지만, 그럼에도 1970년 「사회복지사업법」의 내용과 비교해 보면 사회복지법인에 대한 규제 비중의 감소(60% → 34.5%), 법인과 분리된 개념으로서의 시설에 대한 규제의 확대(8.0% → 19.2%), 경계/환경과 공공 체계 부문에 대한 규제의 확충(각기 17.3%, 11.5%)과 같은 변화가 나타난다. 소비자에 대한 규제가 등장하는 것(5.8%)도 이용자의 개념이 등장하는 것에 따른 결과로 여겨진다.

1997년 개정 「사회복지사업법」의 핵심적인 규제 성격의 변화는 사회서비스의 시설 설치를 신고제로 전환하는 것에 있다.[17] 이는 사회서비스 생산자 부문에 대한 규제 방향의 상당한 전환으로, 사회서비스 생산에서 탈사회복지법인으로의 경로가 파생되는 결과를 공식화했다. 그 배경은 앞서 설명했던 바와 같다. 1997년 개정 시에 신고제로의 전환이 1980년대 후반부터 이루어졌던 2세대 사회서비스의 확장 도중 혹은 후에 이루어졌다는 사실을 감안해서 보자면, 「사회복지사업법」의 규제가 사회서비스 공급의 방식을 선도하는 규제의 역할을 했다기보다는, 여타 이유로 인해 등장하게 된 새로운 사회서비스 공급 방식에 '지체된 적응'의 양상으로 설정되었

17) 1세대 생활시설 서비스 등에 대해서는 예외 규정으로 제외하거나, 시행령이나 시행규칙 등으로 현실적인 허가 제약을 가하는 경우는 여전히 계속되었다.

다는 설명이 가능하다. 사회서비스 발달에 대한 「사회복지사업법」 규제의 이러한 지체된 적응의 특성은 1970년 제정 시에도 유사한 맥락으로 나타났었던 것으로 여겨진다.[18)]

3세대 사회서비스와 탈 「사회복지사업법」 규제 3세대 사회서비스는 빈곤보다는 인구사회적인 문제에 대한 대응으로 나타났다. 2000년대 중반 이후로 가시화되는 이른바 신사회위험에 대한 정책 드라이브에서 기존의 1, 2세대 사회복지서비스와는 차별적인 형태의 3세대의 사회서비스 목적과 내용, 방식이 등장하게 된다. 이 방식은 비록 소득 기준에 따른 이용료 지원 스케일(scale)을 두기는 하지만, 생계 수단검증을 위한 빈곤 기준이 서비스의 일차적 원리를 형성하지는 않는다. 보육과 노인장기요양, 장애인자립지원 등에 대한 사회서비스는 빈곤이 아닌 인구사회적 문제 기준에 따른 서비스 원리와 방식으로 결정된 것이다.

우리나라에서 이러한 3세대 사회서비스는 바우처(이용권) 방식으로 특징지어진다. 이 방식은 1, 2세대의 시설 보조 방식과는 현격하게 다른 유형의 규제 특성을 가지는 것이다. 사회서비스 공급에서 서비스 생산자 부문이 이윤추구의 시장 환경하에서 작동하게 된다는 점, 소비자 부문이 이용자로서의 선택권을 가진다는 점, 공급체계에서 정부 부문이 재정공급/규제자로서의 역할 전환이 필수적이라는 점에서, 3세대 바우처 방식의 규제는 과거 보조금 방식하에서의 서비스 생산자와 소비자, 정부 부문 간의 역할자 관계에 대한 규제들과는 현격히 다른 성격을 띨 수밖에 없다.

3세대 방식의 사회서비스가 등장하면서, 사회서비스 공급 방식에 대한 포괄적 기본 규제의 성격을 띤 「사회복지사업법」은 그 위상과 정체성에서 혼란이 나타난다. 비록 앞서 「사회복지사업법」 규제의 지체된 적응 패턴을 감안해서 보더라도, 늦어도 2010년대 초반에는 「사회복지사업법」의 전부개정 정도의 확대가 있어야 했

---

18) 1950년대 중반 이후부터 1970년 「사회복지사업법」 제정 이전까지 외원단체의 재정지원에 의존하는 다수의 사회복지서비스 시설이 등장하고 활동하면서 이를 규제할 수 있는 법규들이 산재되어 있었지만(참고: 김진우, "사회복지법인 제도신설 배경"), 이를 일괄된 규제의 틀에서 다루려는 시도가 없었다는 점에서 지체된 적응의 특성으로 간주될 수 있다.

다. 그간 확대된 새로운 방식의 사회서비스 산업에 따른 공급 규모를 감당할 수 있을 정도의 규제 정비가 있어야 하기 때문이다. 그럼에도 이는 실현되지 않았으며, 그보다는 「사회복지사업법」 규제와 사회서비스 공급체계의 관계가 이제까지의 경로 발전에서 벗어나는 사건이 나타난다.

2011년 제정된 「사회서비스이용권법」은 사회서비스와 「사회복지사업법」 간 규제 관계를 획기적으로 전환시키는 계기가 된다. 이 법은 총 6장 40조로 구성되어 있는데, 앞서 〈표 8-1〉과 마찬가지로 사회서비스 산업부문별 분석틀에 의거해서 이 법의 조문들을 분류해 보면 〈표 8-2〉와 같은 결과가 나온다. 여기에서 서비스 생산자는 더 이상 법인과 시설로 구분되지 않는다. 개인도 서비스 생산자가 될 수 있기 때문이다.

〈표 8-2〉의 결과는 「사회서비스이용권법」 역시 기본적으로는 산업적 제도에 부합하는 규제들로 구성되어 있음을 보여 준다. 「사회복지사업법」과의 차이점은 서비스 제공자에 대한 규제보다는 서비스 공급의 환경과 이용권 발급에 관한 전달체계를 담당하는 합법성/재정 부여자로서의 정부 부문의 역할에 대한 규제 비중이 더 크다는 것이다(53.0%). 3세대 사회서비스 방식이 시장의 이용과 선택 원리를 도입함에 따라 서비스 생산자에게 과중되는 경향을 보였던 제도적 규제가 완화된 것이다.

「사회서비스이용권법」은 엄밀하게는 독립된 「사회복지사업법」과도 같은 구성을 가지고 있다. 사회서비스 공급방식을 앞서 설명했듯이 세대별로 구분해 본다면, 이 법은 분명히 3세대 바우처 방식의 사회서비스에 관한 독립된 규제법이라고 할 수 있다. 〈표 8-2〉에서도 볼 수 있듯이, 이 법은 기존의 「사회복지사업법」이 제공하는 '사회서비스의 생산 방식'에 관한 대부분의 규정을 독자적으로 가지고 있다. 이것만으로도 바우처 사회서비스의 공급 관계 대부분이 규제될 수 있다.

여기에다 이 법은 기존의 1, 2세대 사회서비스, 이른바 사회복지서비스들과는 배타적인 관계 설정까지도 규제에 포함하고 있다. 동법의 제1장(총칙) 제4조(국가등의 책무)의 ①항은 "국가와 지방자치단체는 사회서비스의 이용을 활성화하고 이용자의 선택권을 보장하기 위하여 사회서비스 이용권 사용이 장려되는 여건을 조성하

〈표 8-2〉 2011년 제정 「사회서비스 이용 및 이용권 관리에 관한 법률」 (제10998호)

요소	구분	조문 (벌칙 6조 제외)	합 34조 (100%)
합법성 및 재정 제공자	경계/환경	목적(1), 정의(2), 적용범위 등(3), 국가 등의 책무(4), 사회서비스제공계획(5), 이용자의비용부담(6), 사회서비스의 차등지원(7), 이용자의 권익보호(8), 비밀누설금지(33)	18조 (53.0%)
	정부/지방자치단체	신청에 따른 조사(10), 사회서비스이용권의 발급(11), 사회서비스이용권의 기재사항(13), 사회서비스이용권의 표준화(27), 사회서비스 전자이용권의 관리체계구축(28), 제공자에 관한 정보공개(29), 사회서비스 품질관리(30), 보고 및 검사 등(32), 권한의 위임 및 위탁(34)	
서비스 제공자		제공자등록(16), 결격사유(17), 제공자의 휴업 및 폐업(18), 제공자의 준수사항(19), 사회서비스제공비용의 예탁 및 지급(20), 부당이득의 징수 등(21), 제공자의 지위승계(22), 제공자등록의 취소 등(23), 청문(24), 과징금처분(25), 행정제재처분효과의 승계(26), 교육과 훈련(31)	12조 (35.3%)
소비자	이용자	사회서비스이용권의 발급신청(9), 이의신청(12), 사회서비스이용권의 사용(14), 이용자 등의 준수사항(15)	4조 (11.8%)

자료 참고: 김영종, "한국의 사회서비스와 「사회복지사업법」", p. 73.

고 그에 필요한 재원(財源)을 마련하여야 한다"고 규정한다. 이 규정은 3세대 사회서비스를 의도적으로 강화해야 하는 의무를 국가와 지방자치단체에 부과하는 것이나 마찬가지다. 만약 1, 2, 3세대 사회서비스를 경쟁적인 공급 방식의 관계로 보자면, 이 규정은 1, 2세대의 공급방식에 대한 3세대의 배타적인 우위를 주장하는 것과도 같다.

결과적으로는 2011년에 「사회서비스이용권법」이 제정되면서, 3세대 바우처 사회서비스는 실질적으로 「사회복지사업법」의 범주를 벗어나서 독립적인 규제로 작동하는 것이 된다.[19] 3세대 바우처 사회서비스는 생산과 소비가 준시장 혹은 유사시장 방식으로 작동되며, 그러므로 운영 주체나 사업자에 대한 제도적 규제는 1, 2세대 사회서비스의 보조금 방식에 비해 상대적으로 적을 수밖에 없다. 앞서 〈표

19) 만약 「사회복지사업법」을 사회서비스의 공통된 성격과 규제(서비스 공급 방식의 차이를 떠나서)를 규정하는 기본법으로서 보았다면 이러한 선택은 이루어지지 않았을 것이다.

8-2〉에서 볼 수 있듯이 바우처 사회서비스에서는 다만 서비스를 위한 시설과 품질, 이용자와의 관계에 관한 규제가 중심을 이룬다. 이러한 차이로 인해 동일한 법인이 운영하는 사회서비스 기관이라도 1, 2세대 방식의 서비스 생산과 3세대 방식의 서비스 생산은 전혀 다른 규제 체계와 행정 과정을 적용받게 된다.[20)]

어떤 경우든 3세대 바우처 사회서비스가 현재 「사회복지사업법」의 규제 체계에서 벗어나 있음은 분명해 보이지만, 그에 대한 타당성은 적절히 규명될 필요가 있다. 이는 「사회보장기본법」에서 규정하는 '사회서비스'에 관한 기본 규범으로 현재의 「사회복지사업법」이라는 규제 장치가 적합한지, 향후 예상되는 사회서비스의 확대와 발전을 고려할 때 우리나라에서 사회서비스에 대한 규제 체계를 어떻게 위치시킬 것인지 등을 판단하기 위해 중요하다.

4. 민간위탁 기제[21)]

여태껏 민간위탁은 한국의 사회서비스 공급체계를 이해하기 위한 키워드였다. 우리나라에서는 사회서비스가 형성되던 초기에서부터 현재에 이르기까지 일관적으로 서비스 생산을 민간 부문에 위탁하는 제도적 경로를 따라왔다. 1950년대 막대한 빈곤과 구호 욕구에 대응하는 과정에서 설치되어 1980년대까지도 지속되었던 수용시설 서비스, 1990년대를 전후해서 새롭게 확대되었던 이용시설 서비스, 2000년대 이후 저출산 · 고령화의 보편적 사회문제에 대응하는 사회적 돌봄서비스들에 이르기까지, 이들 대부분은 공공 부문의 역할 수행 책임이 민간 부문에게 어떤 형태로든 위임되는 '민간위탁'의 양상을 띠어 왔다. 비록 근래 공공성의 강화나

20) 예를 들어, 「사회복지사업법」의 관할 시행규칙인 「사회복지재무회계규칙」은 3세대 방식만의 서비스 생산 관계에서 규제의 당위나 효력이 없다.

21) 이 절의 내용은 본 저술연구의 기간(2015~2017) 중 수행된 본 저자의 연구 〈김영종(2017), "우리나라 사회복지 전달체계와 담론적 작용: 역사적 형성과 경로, 쟁점". 한국사회복지학, 69(1), pp. 175-197〉과 〈김영종(2017). "우리나라 사회서비스와 민간위탁 제도 연구". 보건사회연구, 37(4), pp. 406-442〉에서 상당 부분을 발췌한 것으로, 포괄적 인용을 포함한다.

커뮤니티 케어 접근 등으로 대안적 경로가 논의되고는 있지만, 민간위탁은 여전히 우리나라 사회서비스 공급의 고유한 특성을 대표하고 있다.[22)]

1) 민간위탁의 개념

민간위탁의 일반적인 개념은 공공의 역할을 민간에게 위탁하여 수행토록 한다는 것이다. 일반 행정 분야에서는 우리나라에서 민간위탁이 본격 활성화된 시기를 1997년 외환위기 이후 공공 부문 구조조정 수단의 하나로서 널리 권장되었던 때로부터 보는 경향이 있다.[23)] 서구사회에서는 1980년대를 전후해서 신자유주의 기조가 본격화되고, 이에 따라 '작은정부론'하에서 공공 부문의 경직성을 완화하고 민간의 효율성 활용이라는 취지로 민간위탁이 활성화되기 시작했다.

이러한 민간위탁에 관한 일반적인 설명이 적어도 우리나라 사회서비스 분야에는 적용되기 어렵다. 우리나라 사회서비스에서는 이미 1950년대 이래 민간위탁에 해당하는 현상이 광범위하게 진행되어 왔었던 바가 있다. 1950년대 한국전쟁 이래 발생했던 대량의 구호 욕구에 대해 무능한 정부가 외국 민간원조단체에 의존하는 과정에서 민간위탁에 관한 독특한 역사적 경로가 형성되었고, 이후 발전주의 지배이념의 정부가 등장하면서 그 같은 제도적 경로는 더욱 강화되어 왔던 바가 있다.[24)] 다른 어떤 분야보다도 정부의 역할에서만큼은 사회복지 분야가 일찍이 '작은정부'의 민영화 행태를 지배적으로 수용하고 있었던 것이다.

민간위탁의 본질적인 개념은 공공 부문의 역할과 책임이 민간 부문을 통해 수행되도록 하는 행위로서, 법이나 관습을 포함한 제반 제도적 여건하에서 이루어졌던 것들을 포괄하는 의미이다. 그렇다면, 우리나라에서 사회서비스 분야는 일찌감치 민간위탁의 실질적인 행위가 이루어져 왔었고, 법제적인 여건도 이미 갖추었던

22) 김영종, "우리나라 사회복지 전달체계와 담론적 작용".
23) 현승현 · 윤성식(2011). "지방자치단체 민간위탁의 경쟁성 및 결정요인 분석: 사회복지분야 민간위탁을 중심으로". 한국지방자치학회보, 23(2), pp. 5-27.
24) 정무권(2007). "한국 발전주의 생산레짐과 복지체제의 형성". 한국사회정책, 14(1), pp. 257-307; 김영종, "우리나라 사회복지 전달체계와 담론적 작용".

것을 확인할 수 있다. 사회서비스 민간위탁에 관한 규정은 1961년「생활보호법」과 「아동복리법」 제정에서 등장했다. 물론 이들 법 제정 이전에도 일제시기에 제정되었던 '조선구호령'과 '조선감화령'이 그간의 법제적 공백을 대신하는 기능을 유지해 왔었다.[25] 그때부터 이미 구호소와 감화소는 대부분 민간 개인이나 법인에 의해 운영되었고, 공공 부문은 이를 감독하거나 규제 혹은 지원하는 역할을 수행하는 것이 일반적이었다.

생활보호와 아동복지 분야에서 출발하는 우리나라 사회복지법제는 서비스의 실행과 책임에서 국가와 민간의 분리된 책임을 전제로 했다. 사회복지서비스는 정부(공공)가 민간에게 '위탁' 조치할 수 있고, 민간 수탁자는 이를 거부할 수 없다.[26] 이때 민간은 뒤에 1970년 제정「사회복지사업법」에서 '사회복지법인'으로 본다. 이때는 사회복지법인을 '민간'이라는 용법으로 볼 것인지에 대한 개념조차 성립하지 않던 때였다. 다만 현재에도 사회복지법인이 공공으로부터의 서비스 위탁 조치를 받고 있으며, 이러한 사회복지법인을 민간으로 규정하고 있다는 점에서 이를 민간위탁의 시작이라고 해도 무방하다.[27]

우리나라 사회서비스 분야에서 주로 행해졌던 민간위탁 기제의 유형은 '서비스 조치 위탁'과 '시설 위탁'으로 구분해 볼 수 있다. 이러한 구분이 필요한 이유는 우리나라의 사회서비스 제도의 발전 과정에서 이 두 가지의 기제가 상이한 양상으

---

25)「생활보호법」과「아동복리법」 제정 시 부칙에 '본법 시행으로 조선감화령' '조선구호령은 이를 폐지한다'라는 조문이 있고, 또한 '본법 시행 당시 조선감화령에 의하여 설치된 감화원과 조선구호령에 의하여 설치된 구호시설은 각각 본법에 의하여 설치된 아동복리시설로 간주한다'는 등으로 되어 있어, 당시 즉 법 제정과 시행 이전까지 일제 법령의 규정이 잔존해 왔음을 유추할 근거가 된다.

26) 이때 민간위탁은 비록 재산 실체로서의 시설을 위-수탁하는 계약은 없었지만,그것으로 민간위탁이 성립되지 않았다고 보기는 어렵다. 공공 부문이 민간 시설에 서비스 대상자를 의뢰하면서 '입소조치 의뢰서'를 발행하고, 이에 준해서 시설에 보조금을 지급하는 것 자체가 명백한 계약(contract) 행위에 해당하는 것이다. 1961년 제정「아동복리법」에서 이미 아동복지시설에 대한 (민간)법인의 설치, 이들 시설에 보호조치 대상자에 대한 '위탁', 또한 이들 시설에 대해 '설치 및 운영에 요하는 비용 또는 수탁보호 중인 아동양육에 요하는 비용'을 보조할 수 있다는 규정이 존재했었다. 이러한 근거에서는 심지어 현재「정부조직법」이나「지방자치법」 규정의 해석으로도 이를 민간위탁이 아니라고 하기는 어렵다.

27) '사회복지법인'을 민간 부문으로 규정할 것인지에 대해서는 상당한 논란이 있다. 여기서는 연구의 초점상 이 문제를 적극적으로 다루지 않고, 현재 공공과 민간의 구분에서 통용되고 있는 기준을 따른다.

로 생성되고 작동해 왔기 때문이다. 서비스조치 위탁이란 예를 들어, 「장애인복지법」[28]에서 복지실시기관(예, 지방자치단체)이 법적 수급자격을 갖춘 장애인에 대해 민간이 설치한 거주시설에 입소하게 하는 조치를 수행하고, 그에 대한 비용을 보조금 등의 형식으로 제공하게 하는 것이다. 이는 공공과 민간 부문이 조성자 역할과 생산자 역할을 서비스 사안별 구매계약의 관계로써 형성하는 것과 같다.

시설 위탁은 지방자치단체 등의 공공 부문이 설치한 사회복지시설의 사무를 통째로 민간 부문에 계약을 통해 일정 기간 위탁하는 것이다. 이것은 서비스 사례별로 위탁 계약을 맺는 방식과는 다르고, 교환관계의 각 부문의 역할이나 규제 장치도 다를 수밖에 없다. 이때 시설은 물리적 공간을 의미할 수도 있고, 그러한 공간을 통해 의도하는 서비스의 내용을 나타내는 것일 수도 있다. 「사회복지사업법」[29]에서 '시설'이라고 하면 대개 두 가지의 내용을 동시에 담는 용법으로 사용된다. 예를 들어, 지방자치단체가 설치한 사회복지관이라는 이용시설을 위-수탁하는 계약을 한다는 것은, 지방자치단체가 사회복지관이라는 물리적 공간을 통해 수행하려는 서비스 사무의 내용까지를 묶어서 계약(contract)을 통해 내보내는(out) 것을 의미한다. 그런 점에서 현재까지 우리나라에서 이루어지는 사회복지관 등의 이용시설의 위-수탁 계약이라는 기제는 일종의 포괄적이고도 느슨한 서비스구매계약(POSC)의 양상을 띤다고도 볼 수 있다.

2) 민간위탁 기제의 현황과 제도적 위상

우리나라에서 사회(복지)서비스 분야는 오랫동안 공공과 민간의 긴밀한 역할 관계를 통해 전개되어 왔다. 위탁 계약이란 그러한 관계를 이어주는 핵심적인 제도 기제였다. 주로 공공 부문이 위탁자가 되어 민간 부문의 수탁자 기관들과의 계약을 통해 사회복지서비스가 대상자들에게 전달되도록 하는 형태였다.[30] 문제는 이 과

28) [시행 2017. 9. 19.] [법률 제14892호, 2017. 9. 19., 일부개정].
29) [시행 2017. 5. 30.] [법률 제14224호, 2016. 5. 29., 타법개정].
30) 김순양(2004). "지방정부 행정서비스의 민간위탁 시스템 분석: 복지서비스를 중심으로". 사회보장연구,

정에서 서비스 생산자 역할과 책임이 민간 부문에 과도하게 집중되어 왔다는 점이다. 〈표 8-3〉에서 나타나듯이, 사회서비스를 공급하는 전체 사회복지시설 중 공공이 직접 설치해서 운영하는 경우는 2.1%에 불과하다. 그것도 특정 이용시설 서비스를 제외하면 거의 0%에 가까운 비중을 차지한다.

여기에서 민간이 설치해서 운영하는 사회복지시설들의 경우도 대부분은 포괄적인 민간위탁의 개념적 범주-서비스 민간위탁에 해당한다고 보면,[31] 우리나라에서 사회복지시설을 기준으로 하는 공공과 민간 운영의 역할은 약 2 : 98이라고 할 수

〈표 8-3〉 우리나라 사회복지 시설 운영의 주체 구분 (2017년 말 기준)

시설 유형별 총수		공공 설치 - 공공 운영	공공 설치 - 민간 운영	민간 설치 - 민간 운영	사회복지법인	여타 법인	비법인 단체	개인
계	60,130	1,240 (2.1%)	3,571 (5.9%)	55,319 (92.0%)	10.8%	7.8%	0.9%	72.4%
노인 *	9,274	61 (0.7%)	765 (8.2%)	8,448 (91.1%)	26.4%	11.9%	0.3%	52.5%
아동	5,061	23 (0.5%)	118 (2.3%)	4,920 (97.2%)	14.3%	13.0%	5.9%	64.0%
장애인	3,429	14 (0.4%)	588 (17.1%)	2,827 (82.4%)	43.8%	27.5%	0.0%	11.1%
정신보건	413	0 (0.0%)	17 (4.1%)	396 (95.9%)	43.6%	17.2%	1.9%	33.2%
노숙인	151	0 (0.0%)	37 (24.5%)	117 (77.5%)	31.1%	27.8%	2.6%	13.9%
결핵 및 한센	7	0 (0.0%)	0 (0.0%)	7 (100.0%)	71.4%	28.6%	0.0%	0.0%
지역자활센터	251	12 (4.8%)	0 (0.0%)	239 (95.2%)	33.9%	45.8%	15.1%	0.4%
사회복지관	460	28 (6.1%)	289 (62.8%)	143 (31.1%)	27.2%	3.9%	0.0%	0.0%
어린이집	41,084	1,102 (2.7%)	1,757 (4.3%)	38,225 (93.0%)	3.4%	4.3%	0.4%	85.0%

* 경로당, 노인교실 제외 자료.
자료 참고: 보건복지부(2017). 보건복지통계연보; 보건복지부 사회서비스자원과; 김영종(2018). "사회복지법인 제도의 형성과 변천에 관한 연구". 한국사회복지학, 70(4), p. 84.

20(2), pp. 27-56.

31) 여기에 정부의 보조금이나 서비스 위탁 혹은 바우처를 적용받지 않아 민간위탁의 범주에 포함되지 않은 시설들도 있겠으나, 현실적으로 극히 소수로 예상한다. 적어도 「사회복지사업법」의 '사회복지시설'의 개념 규정 차원에서는 그러한 시설들이 배제된다.

있다. 민간위탁 가운데서도 시설 위탁과 서비스 위탁을 분리해서 보자면 그 비중은 약 5 : 95 정도라고 할 수 있다.[32] 시설과 서비스 위탁 기제 간 차이는 주로 해당 위탁의 경우가 생활시설 서비스의 제도적 구축 경로를 따랐는지, 이용시설 서비스의 경로를 따랐는지로 분명하게 구분될 수 있다.

우리나라에서는 사회서비스 공급에서 왜 이와 같은 과도한 민간위탁 제도가 성립되었는지, 왜 특정 서비스 유형별로 그 기제가 시설과 서비스조치 위탁으로 뚜렷한 차이를 나타내는지는 일반적인 비교 방법으로 설명되기 어렵다. 우리나라 행정법제와 사회복지법제에 적지 않은 영향을 주었던 일본의 경우도 우리와 현저한 차이를 보인다. 일본은 사회복지 분야에서 이용자 본위의 '계약' 관계를 중시하는 2000년 「사회복지법」 전면개정을 통해 공공 운영 사회복지시설의 비중을 낮추는 시도를 해 오고 있다. 그럼에도 2016년까지도 사회복지시설 운영 주체의 25% 가까이를 공공이 여전히 차지하고 있다. 그것도 유료노인홈(양로원)과 같은 새로운 개호 분야에 민간 영리회사들의 증가로 인한 상대적 비중의 감소를 제외하면, 공공부문의 역할 위상이 크게 낮아졌다고도 보기 어렵다.[33]

이처럼 우리나라 사회서비스의 과도한 민간위탁 현상은 일반적인 비교로 설명되기 어렵다. 그러므로 우리나라 민간위탁 기제 지배적 위상에 대한 이유는 고유한 역사적 제도 경과를 통해 설명되는 것이 적절하다. 우리나라의 사회서비스는 3세대의 각기 분화된 제도적 경로를 추구해 왔음은 앞서 설명되었다. 결과적으로는 현재까지도 우리나라의 사회서비스 공급체계는 이와 같은 세 가지 방식의 부문 간 관계 기제가 적층(積層)되어 작동되고 있다.[34] 이는 [그림 8-1]처럼 제시된다.

---

32) 정부 통계에서 민간위탁으로 잡히는 경우는 〈표 8-4〉에서와 같이 3,571건인데, 이는 시설 위탁에 한정된다. 대부분의 민간설치/운영 시설들은 시설을 위탁받은 것은 아니지만, 수용조치나 바우처 등으로 간접적으로 공공 부문이 민간에게 서비스 생산을 위탁하는 것이나 마찬가지가 된다. 그러면 〈표 8-4〉에서 55,319를 서비스 위탁이라 볼 수 있는 것이다. 그러면 이 두 가지를 모두 민간위탁의 넓은 범주에 넣고 보면 이 가운데 시설과 서비스 위탁의 비중이 3,571 : 55,319가 되는 것이다.

33) 참고: 김영종, "우리나라 사회서비스와 민간위탁 제도", p. 422.

34) 김영종 · 김은정(2014). 사회서비스 공급체계의 통합적 재설계 [사회서비스포럼 2014 보고서].

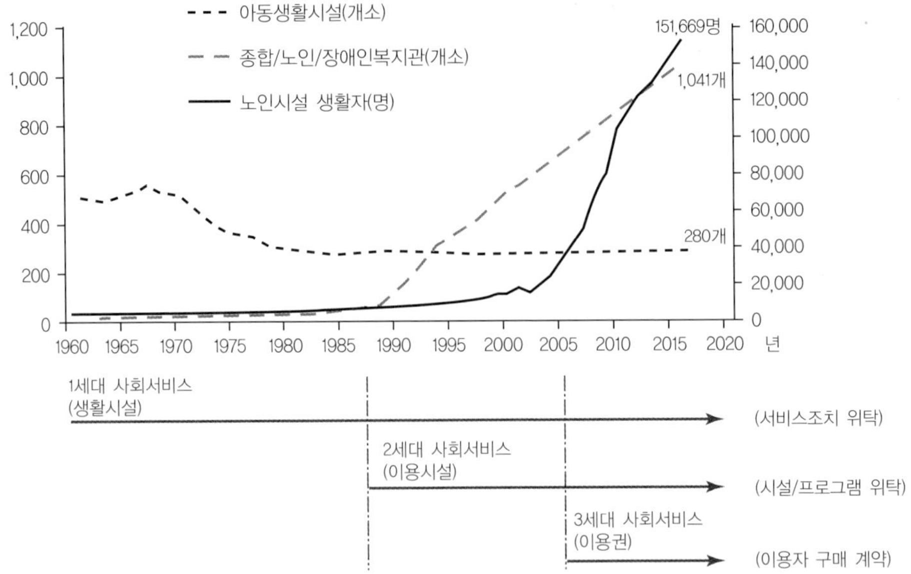

자료: 김영종, "우리나라 사회서비스와 민간위탁 제도 연구", p. 424.

[그림 8-1] 우리나라 사회서비스의 세대별 유형과 제도적 경로, 적층

1세대 사회서비스의 성립과 민간위탁 1950~1960년대에 '고아원'과 같은 수용보호 목적의 서비스가 1세대 사회서비스의 전형으로서 이는 사회복지서비스라고 지칭되었고, 뒤에 「사회복지사업법」의 법제에서 사회복지법인이란 민간 주체의 제도적 기반을 갖추게 되었다.[35] 민간이 사회복지법인과 같은 재산 실체를 통해 자체적으로 사회복지시설을 설치하고, 공공 부문으로부터 입소대상자의 기준을 비롯한 제반 운영에 관한 규제와 함께 한편으로는 정부보조금의 지원을 받는 방식이다.

이 같은 민간위탁의 방식은 공공 부문으로서는 사회복지서비스 공급에 대한 직접적인 책임을 회피할 수 있으면서, 사회복지적 목적과 기능이 수행되게 할 수 있었던 방편이었다. 현재도 생활시설로 분류되는 사회복지서비스 제공기관들은 대개 이러한 민간이 설치해 운영하는 시설에 대해 공공은 운영비를 보조하거나 서비스

35) 김영종, "한국의 사회서비스와 「사회복지사업법」".

위탁 조치 건에 대한 지원비를 제공하는 방식으로 운영되고 있다. 후자를 조치 제도로 하는데, 사회복지서비스 관련 법제들에서 '조치'로서 명기되는 경우는 대개 이들 시설에의 입소를 뜻한다.

우리나라에서는 1세대 방식의 사회복지서비스(주로 거주시설의 이용에 대한 조치)의 위탁계약에서는 여태껏 수용비 혹은 이용료의 산정에 대한 공공 부문과 민간 부문 시설 간의 불일치가 주된 문제로 다루어져 왔다. 민간 부문 서비스 생산자의 입장에서는 이러한 계약 기제의 발전이란 곧 조치비용의 현실화를 의미하는 것으로 여겨졌다. 민간 설치 거주시설들은 여전히 사회복지법인 형태의 재산 실체와 전입금 의무 등이 요구되었는데, 근래 이용자-본위 방식의 거주시설 이용 개념으로의 전환 과정에서 이러한 요구도 변화되는 추세에 있다.

2세대 사회서비스의 등장과 민간위탁 2세대 방식의 사회서비스들은 1980년대 후반부터 대거 출현하는데, (종합)사회복지관을 위시해서 노인 및 장애인 복지관, 각종 여성과 청소년 상담시설, 다문화가족지원센터 등과 같이 대부분 지자체가 설치한 이용시설들이었다. 이 시기는 이미 신자유주의라는 세계적 사조가 지배적이었으므로, 사회복지서비스의 확장기에서 설치된 이들 시설들도 대개 민간위탁 운영이라는 사회복지서비스 분야의 오래되고 익숙한 제도적 경로를 자연스럽게 따르게 되었던 것으로 여겨진다. 이때의 방식이란 공공 부문이 공공 책임의 시설(서비스) 사무를 통째로 위탁하는 것이다. 1세대 방식과의 주된 차이는 공공 부문의 설치라는 점이다. 그로 인해 민간 운영의 기조는 동일하지만, 계약의 내용과 수행 방식에서는 차이가 나타나게 된다.

앞서 〈표 8-3〉에서 보자면, 2017년 기준 민간이 운영하는 사회복지관은 전체 94%에 이른다. 이 가운데 민간이 자체 설치한 경우는 31.1%, 공공으로부터 수탁 운영은 62.8%를 차지한다. 그 나머지 6%가량만 공공 부문이 운영한다. 민간이 자체적으로 설치해서 운영하는 경우에도 1세대 사회서비스의 제도적 기제와 마찬가지로 서비스 위탁(개인 대상자별 서비스 조치가 아닌, 지역사회를 대상으로 하는 포괄적 위탁의 성격)과 그에 따른 보조금 지급의 방식이 적용된다.

2세대 사회서비스 방식은 민간위탁 제도의 유형에서 보자면 시설 위탁에 해당한다. 이때 시설은 물리적 설비에 더해서 이를 통해 의도하는 서비스를 포함하는 개념이다. 시설이란 '사무' 전체를 뜻하는 것이다. 이전에는 사회복지서비스가 주로 물리적 수용 시설이 중심이었으므로, 그것이 법제적 용어에서 지속적으로 쓰이게 된 것이다. 사회복지법제에서의 '시설'이란 공공 사무에서 의도했던 바를 구현하기 위한 직원이나 프로그램 운용을 모두 포괄하는 것이다. 민간이 자체 설치한 이용시설에 보조금을 지급하는 것도 이런 의미에서 민간위탁에 해당한다. 이 경우에는 단지 '물리적 시설'에 대한 위탁 계약이 없을 따름이다. 여전히 시설 사무가 뜻하는 서비스나 프로그램은 보조금 관계를 통해 위탁 계약되는 것이다.

3세대 사회서비스와 민간위탁의 개념 2000년대 중반 이후에 새로운 방식의 공공과 민간 부문 간 공급자 관계 기제가 등장했으며, 현재까지도 확장되는 중에 있다. 일명 바우처 방식의 사회서비스들인데, 이는 기존 1, 2세대 방식이 따랐던 시설 중심의 공공 사무를 민간에게 위탁해서 운영케 하는 방식과는 다르다. 서비스 공급체계에서 계약의 방향을 바꾸어 바우처(이용권)를 소비자 부문에 직접 제공하는 방식을 채택한 것이다. 노인장기요양 분야를 필두로 장애인자립지원, 영유아보육, 기타 지역사회투자사업 사회서비스들에서 이러한 3세대 방식을 채택하고 있다.

이 방식에서는 공급자들 간 위탁계약이 아니라 소비자의 선택권에 의한 생산자와의 계약관계가 중심 기제가 된다. 결과적으로는 공공 부문의 공급자 역할이 민간 부문 생산자에게 위탁되는 것은 마찬가지지만, 이를 제도적으로 합의되는 민간위탁의 개념 범주에 포함시키기는 어렵다. 이는 민영화(privatization)의 개념에서 간주되는 것이 적절하다. 민영화의 여러 제도적 기제(민간위탁, 바우처, 현금지불 등) 중 하나로서, 우리나라에서는 현재 1, 2세대 사회서비스 민간위탁 기제를 가능한 한 바우처와 같은 3세대 방식으로 전환하려는 추세가 등장했다.

2000년대 이후 보편적 사회서비스의 확산과 함께 채택된 바우처 방식의 사회서비스 공급이 의도했던 바는 공급자(공공과 민간 조직) 상호 간 위-수탁 기제의 굴레를 벗어나기 위한 의도였을 수 있다. 정부나 지방자치단체의 입장에서 증가되는 사회서비스의 확장 욕구, 특히 저소득의 기준을 벗어난 인구사회적 기반의 보편적 사회서비스 수요에 대비하는 공급체계를 확보하기 위해서는 막대한 관리 비용이 수

반되는 전형적인 민간위탁의 계약 방식을 고수하기가 어렵기 때문이다.[36)]

바우처 방식으로 작동하는 사회서비스 제공 기관의 재정 수입은 이용권 취득에 따른 이용료에 의존한다. 이는 이용료 상환 기제를 통해 공공 부문이 민간 서비스 생산자 부문과 일종의 계약 관계에 있는 것과도 같다. 만약 시장이 불충분해서 서비스 생산자 간 경쟁이 부재한 상황 등이 되면, 서비스 현장의 관점에서는 보조금 방식과 유사하게 공공 부문과의 계약과 자원 획득으로 간주되기 쉽다. 이런 경우에는 바우처 제도 역시 현실적으로는 민간위탁 기제의 일종처럼 작동하는 것이 된다.

3) 우리나라 민간위탁 기제에 대한 평가

우리나라에서 사회서비스는 세대별 유형으로 각기 다른 작동 기제와 존재 이유를 가지고 있다. 그럼에도 공통점은 공공 부문의 규제자와 민간 부문의 생산자 역할에 대한 분담은 확고하게 지속되고 있다는 것이다. 시장 기제를 추구하는 3세대는 논외로 한다면, 1, 2세대 사회서비스는 민간위탁 기제를 중심으로 구축되어 왔으며, 현재도 그 제도적 위상은 훼손되지 않은 상태로 있다. 이들 사회서비스는 향후에도 시장 기제, 예를 들어 바우처 등으로 대체되기 어려울 것으로 여겨진다.[37)]

사회서비스 영역에서는 현재에도 민간위탁의 기제가 다른 기제들에 비해 유효성이 높다고 보는 이유 중 하나는 휴먼서비스의 원리와 관련해서 민간의 자율성과 전문직 특성으로 작동되어야 할 필요성 때문이다. 관료제적 둔감성의 문제에서 공공

36) 앞서 〈표 8-3〉에서 보듯이 약 6만 개 이상의 수많은 유형의 사회복지시설이 있다면, 그들 중 공공 직영을 제외한 98%가 각기 시설이나 서비스 프로그램으로서 위-수탁 계약의 대상이 된다는 뜻이다. 이들을 보조금 집행 등과 관련해서 관리 · 감독하고, 평가하고, 위-수탁 계약을 체결하거나 선정하는 등에 소요되는 막대한 행정 비용을 감안하지 않을 수 없다.

37) 그 이유는 첫째, 조치 제도가 존속될 필요가 있기 때문이다. 서비스의 합리적 선택 능력이 결여된 인구 대상, 예를 들어 무연고의 아동, 고령자, 중증장애인 등에 대한 사회서비스 공급이 그와 같다. 둘째, 포괄적 위탁의 필요성 때문이다. 지역복지서비스(예, 복지마을 만들기)와 같이 개인차원으로 특정화시키기 어려운 서비스는 개인 단위 공급 계약 기제가 불가능하다. 이는 기관에 대한 포괄적 위임의 형태로 가능해진다. 1980년대 후반 정부가 사회복지관 시설 설치와 이를 민간위탁 방식으로 운영했던 것도 이러한 맥락과 연관된다. 참고: 김영종(2015). "한국 사회복지관의 제도적 정체성 규명에 관한 연구". 한국사회행정학, 17(3), pp. 27-56.

부문의 직영 기제가 가치절하되는 것이 또 다른 이유다. 비록 공공 부문은 재원 확보의 안정성 등의 이유에서 그 역할이 인정되지만, 휴먼서비스 실행 과정의 유연성 구조가 어렵다는 단점이 있다. 그 결과, 민간위탁의 기제는 적어도 사회복지서비스 분야에서는 공공과 민간 부문의 장단점을 결합하는 효과적인 방식으로 인정되어 왔다.[38)]

그러므로 현재와 향후 우리나라 사회서비스에서 민간위탁의 제도적 기제는 여전히 중심적인 위상으로 존재한다. 제도주의적 경로의존 이론에 따르면, 경로의 급격한 전환이 가능하려면 거시적 지배 이념의 전환이 있어야 한다.[39)] 현재 이른바 신공공서비스 접근의 확대가 정치적 지형의 전면적인 변화(발전주의 지배이념의 해체)를 의미하는 것으로 여겨지지는 않는다. 또한 민간위탁 제도가 사회서비스의 확장 영역에서 상대적 비중은 정체된 상태로 진행되어서, 이를 대체해야 할 새로운 방식으로 전환할 필요성도 크게 나타나지 않은 상태에 있다.[40)]

38) 우리나라 사회복지서비스 환경에서는 주요 생산 수단이 시설인데, 여기에는 사업 수행의 법적 권한과 재원까지가 포함된다. 공공 부문은 시설이라는 생산 수단을 조성하고 설치하는 데는 유리하지만, 운용에 있어서는 휴먼서비스적 생산 특성과 관료제적 운영 논리의 부정합 측면에서 불리한 것으로 간주된다. 그래서 민간 부문에 위탁 운영함으로써 이 생산 수단을 공공 부문이 직접 운용하는 것보다 더 높은 효과/효율성을 만들어 낼 수 있다는 근거에서 호혜적 관계(reciprocal relations)가 성립될 수 있다고 보는 것이다. 문제는 사회복지서비스의 민간위탁을 통해 기대하는 '호혜성'을 평가하는 성과 지표가 뚜렷하게 제시되기 어렵다는 점에 있다. 이것이 어떤 분야들에서나 제도적 시스템에서 공공과 민간 부문 간의 작동 방식 차이가 만들어 내는 문제로 작용한다. 그나마 성과의 측정이 상호 합의될 수 있는 기술적 분야의 민간위탁에서는, 예를 들어 쓰레기 수거 사업 등과 같은 경우라면, 부문 간 이해의 차이가 크지 않을 수 있다. 그러나 휴먼서비스처럼 성과가 추상적이거나 유동적 혹은 장기적이거나 과정 소멸적인 특성을 띠는 분야에서는 위-수탁 관계의 부문들 간 호혜적 관계에 대한 이상을 근접시키기가 어렵다. 공공과 민간 부문처럼 각자의 행정 원리와 가치, 규범 체계가 다른 경우에 성과의 불명확성은 부문 간 협업 관계 작동의 어려움을 가중시키는 원인이 된다. 참고: Petersen, O., Christensen, L., & Houlberg, K. (2015). "Contracting out local services: a tale of technical and social service". *Public Administration Review*, *75*(4), pp. 560-570.

39) 정무권, "한국 발전주의 생산레짐과 복지체제의 형성".

40) 기존의 1, 2세대 사회서비스는 공급체계 내에서 나름의 영역 합의(domain consensus)를 구축하고 있다. 그 결과 사회서비스원(안)에 대한 논의에서와 같이 공공 부문의 역할 확장에 대한 시도 역시 민간위탁의 근간을 훼손하지 않은 영역(domain)을 개척하는 정도에서 진행될 가능성이 크다. 그러한 영역이란 대개 시장화 방식의 서비스(바우처 사회서비스) 신규 창출에서 찾기 쉽고, 그것도 과도한 시장화를 억제하기 위한 수단으로서 공공서비스를 보충하는 정도에서 추구되는 경우가 많다.

이제까지의 검토를 통해 우리나라 사회서비스 분야에서는 민간위탁이 여전히 제도적으로 중핵 기제임이 파악된다. 이는 곧 우리나라 사회서비스 공급의 건강성이나 유효성은 상당 부분 이 민간위탁 기제의 적절성과 연결되어 있다는 뜻이다. 이를 확인하기 위해서는 먼저 사회서비스를 공급하는 데 위탁 방식의 기제보다 더 효과/효율적인 대안적 기제가 가능한지를 찾아볼 필요가 있다.[41] 우리나라의 현재와 장래 사회서비스의 공급 환경을 예상해서 공급자와 소비자 제반 부문들을 더 나은 방식으로 연결하는 시스템적 기제가 가능하겠는지라는 의문에 답하는 것이다. 이는 민간위탁 제도를 폐기하려는 의도보다는, 오히려 민간위탁 제도의 경쟁력 제고에 필요한 논리를 확충하는 데 기여할 수 있다.

5. 사회서비스 규제의 대안적 정향

앞서 논의되었던 바와 같이 우리나라에서 사회서비스는 산업 제도의 특성을 초기부터 강하게 띠면서 전개되어 왔다. 그에 따라 산업 제도의 작동에 소용되는 규제의 적절성이 우리나라 사회서비스 공급의 유효성을 가늠하는 중요한 인자가 된다. 현재 우리나라 사회서비스 공급체계의 전반에서 규제 정비의 요구가 커지고 있는데, 이는 1, 2세대 시설 규제에 기반한 기존 제도적 경로에 3세대 방식의 시장과 서비스 품질 위주의 규제 성격이 혼재되는 과정에서 비롯된 것이다.

1, 2세대 생활 및 이용시설 위주의 사회서비스에서는 공급자 간 관계에 대한 규제가 공급체계의 작동에서 핵심이 된다. 여기에서 규제의 전제는 생산자를 적절히 규율하면 소비자에 대한 서비스가 적절하게 공급될 수 있다는 것이다.[42] 이때 생산

41) 예를 들어, 바우처 기제가 일견 저비용/고효과(주로 소비자 만족도)처럼 여겨지지만, '외부효과' 특성을 강하게 가지는 공공재로서의 휴먼서비스를 제공하는 데 적절한 사회적 방식인지를 검토해 볼 필요가 있다. 만약 바우처 기제가 생산자와 소비자 간 사기(fraud) 계약을 통해 사회적으로 의도된 외부효과를 망실하는 만큼의 사회적 비용이 발생한다면, 그럼에도 수행과정상의 가시적인 저비용 성과를 근거로 민간위탁 기제보다 우월하다는 가치 평가를 할 수 있는지를 명확하게 밝힐 필요가 있다.

42) 이와 같은 생산자 통제 방식의 규제는 의료나 법률, 교육, 기타 대인적 서비스들의 광범위한 분야에서

자는 전문가보다는 시설 혹은 전문시설로서의 법인으로 규정해 왔다. 이는 1970년 「사회복지사업법」의 성립을 통해 명시화된 규제로서 등장했고, 현재까지도 '사회복지서비스'로 불리는 공공부조와 사회서비스의 결합 서비스 분야에서는 여전히 사회복지사라는 개인적 전문가 생산자로서보다는 사회복지시설이라는 조직적 전문직 생산자를 일차적인 주체로 간주하는 방식으로 작동하고 있다.[43] 이러한 규제는 시설의 설치에 대한 규정, 위-수탁 관계에 대한 규정, 보조금 지급과 감독, 평가에 관한 규정 등에서 대표적으로 나타난다.

2000년대 중반 이전까지도 우리나라 사회서비스는 대부분 이와 같은 시설 규제의 방식으로 작동해 왔었다고 볼 수 있다. 그러다 바우처 방식의 3세대 사회서비스가 본격적으로 확대되면서, 이에 대한 규제 방식의 성격도 달라지게 된다. 바우처 방식과 같은 소비자 지원을 중심으로 시장 시스템이 작동되도록 만드는 유사-시장의 산업 제도는 앞서 생산자 조직을 직접 통제하는 것이 비효율적으로 간주된다. 이론적으로는 시장의 전제가 갖추어진다는 전제(복수의 경쟁적 생산자, 소비자의 생산자에 대한 완벽한 정보)에서 조성자로서의 규제자인 공공 부문이 생산자 부문을 직접 통제할 이유가 없다고 본다.

그럼에도 현실적으로는 사회서비스에서 시장의 두 가지 전제가 충족되기 힘들기 때문에 사회적 방식, 즉 규제에 의해 서비스가 조성되는 방식을 취할 수밖에 없게 된다. 여전히 바우처 방식의 사회서비스에도 규제의 산업이 적용되지만, 그럼에도 규제의 방식과 성격은 이전과는 확연히 달라지게 된다. 주된 특징은 소비자와의 관계에 대한 규정들 위주로 규제가 형성된다는 것이다. 공공 부문은 소비자의 이용능력을 강화하는 데 필요한 규제(재정지원의 형식과 내용 규제), 시장의 생산자들이 소

통용되고 있다. 이러한 서비스 관계에서 소비자 보호의 방법으로 정보나 지식, 제한된 공급 재화 등으로 소비자의 힘의 열세를 규제자 부문이 합리적으로 생산자 부문을 통제하는 규제를 설치하는 것이다. 소비자를 보호하기 위해 생산자를 규제한다는 것이다.

43) 생산자 부문에서 전문 인력에 대한 규제의 성격은 점차로 강화되어 왔었다. 초기 「사회복지사업법」에서는 대부분의 규정이 시설의 설치와 운영에 관한 규제 일색으로 되어 있었는데, 이때는 시설의 '종사자'에 대한 미약한 규제의 성격만에 그쳤었다. 후에 그 '종사자'는 '사회복지사'를 비롯한 제반 서비스 전문직들에 대한 규정으로 강화되어 왔는데, 그럼에도 생산자 부문에 조성자 혹은 규제자의 일차적인 규제 관계는 적어도 1, 2세대 사회서비스 방식에서는 시설 규제의 성격을 강하게 유지하고 있다.

비자와의 관계에 대한 규제(예, 생산자 시설의 인증과 평가에 대한 정보 공개와 소비자의 접근 규정), 소비자 관점에서의 서비스 품질 규제 등에 주력하게 된다. 이는 '시설평가'를 통해 생산자를 직접 통제하는 방식과 달리, 소비자들의 평가와 선택을 통해 간접적으로 통제되게 하는 방식이다.[44]

적어도 사회서비스 분야에서의 규제는 철폐의 대상이 아니라, 적절한 성격으로 정비 강화해야 하는 성격이다. 다만 그러한 규제가 해당 사회서비스 분야의 목적이나 대상, 공급 방식의 상황과 정합되는지를 확인하는 것은 중요하다. 예를 들어, 3세대 사회서비스 방식의 확대를 꾀하고 있는 공급체계에서 1, 2세대의 시설 통제 방식으로 규제를 강화하는 등과 같은 경우는 적절치 못하다. 우리나라 사회서비스 규제의 강화와 정비를 위해서는 개개 사회서비스 전반에 대한 목적과 대상, 그에 부합되는 성격의 서비스 기술과 방법에 대한 분류 체계에 기준해서, 유형별 적정 규제의 원리를 확인하려는 정책적 노력이 요구된다.

44) 「노인장기요양보험법」에 의한 노인장기요양서비스, 「영유아보육법」에 의한 보육서비스, 「장애인복지법」에 의한 장애인활동지원서비스, 기타 노인돌봄종합서비스나 지역사회투자서비스 등의 제반 사회서비스들이 서비스 품질 위주의 규제 방식을 적용받는다.

제9장 서비스 생산자

사회서비스의 공급이 다원화된 체계로 될수록 서비스 생산자에 대한 이해가 중요해진다. 대부분의 나라에서 사회서비스 공급체계에서 재정공급/규제자의 역할은 공공 부문이 맡지만, 서비스 생산자는 비영리나 영리, 사회적경제 등과 같은 다양한 민간 부문의 주체들이 혼합되는 추세로 진행되고 있다. 이들 각 주체는 서로 상이한 제도적 작동 기제를 가지므로, 그에 따른 문제와 함께 이들을 협력적으로 작용하게 만드는 노력이 더욱 중요해지고 있다.

1. 서비스 조직과 자원의존 이론[1)]

현대 조직 사회에서는 제반 사회적 기능들이 조직 차원에서 일차적으로 수행된

1) 이 절의 내용은 상당 부분은 본 저자의 연구인 〈김영종(2002). "민간 사회복지조직의 재원이 서비스 전달에 미치는 영향". 한국사회복지학, 50, pp. 209-233〉에서 따온 것이며, 제반 인용들도 재인용 표기 없이 포괄적으로 적용된다.

다. 마찬가지로 사회서비스 수행을 위한 역할자들도 대부분 조직 단위를 기본으로 한다.[2)] 그러므로 사회서비스 공급체계란 곧 이들 조직 간의 연결 양상을 의미하는 것과 같다. 공급자와 소비자 부문 등의 다양한 조직들이 연결되어 있지만, 사회서비스 공급에서는 일차적으로 서비스 생산자 조직에 대한 특별한 이해가 필요하게 된다. 휴먼서비스 생산의 제공자와 이용자 간 대면적 관계의 효과성도 상당 부분 이들 조직 차원의 작용을 통해 결정되기 때문이다.[3)]

1) 정치경제 관점과 자원의존 이론

어느 조직에서나 마찬가지로, 사회서비스를 생산하는 조직들 역시 사회적 기능 수행의 목적뿐만 아니라 자기 유지와 생존을 위한 목적도 추구한다. 이를 위해서는 서비스 생산과 조직 유지를 위한 자원의 확보가 필수적인 일이다.[4)] 그중에서도 재정 자원을 확보하는 것은 치명적으로 중요한 것으로, 다른 여타 자원들, 예를 들어 서비스 이용자를 확보하는 것이나 지역에서의 신망을 얻는 등과 같은 '정치적 자산'을 적절히 갖추었는지도 결과적으로는 그것과 연관되어 있다.[5)] 이는 비단 민간 부문의 조직들에게만 해당하는 것이 아니라, 공공 부문의 조직들에도 마찬가지다.[6)]

많은 나라에서 사회서비스의 생산자들은 민간 비영리조직의 형태를 띠는 경우가 많다. 일반 상품을 생산해서 소비자에게 판매하고 그로부터 자원을 획득하는 영리

2) 이때 조직이라 함은 사람들이 특정 목적을 추구하기 위해 기능적으로 묶여 있는 단위를 뜻한다. 이는 남구지역아동센터, 수연재활원, 북구장애인복지관, 국민연금공단, 남천동주민센터, 수영구, 부산시, 보건복지부 등으로 다양한 차원의 크기와 규모로 이해된다. 사회서비스의 관점에서는 이들 조직이 모두 사회서비스 공급체계에서 작동하는 역할자 조직 요소들이 된다.

3) 휴먼서비스의 대인적 관계를 통한 서비스 생산자에 대한 설명은 이 책의 다음 장에서 다루는 전문직 인력과 관련된다.

4) 스타이너(Steiner, 1977)는 '휴먼서비스 조직들의 존재, 생존, 성장, 소멸은 그들이 자원을 좌우할 수 있는 능력에 의존한다'고 보았다. 참고: Steiner, R. (1977). *Managing the Human Service Organization*. Beverly Hills, CA: Sage Publications, p. 152.

5) 정치적 자산이란 조직이 작동하는 사회적 환경으로부터 지지 세력을 획득하는 것을 의미한다.

6) 비록 자원을 확보하는 방식에서는 공공 부문과 민간 부문의 조직들 간에는 확연한 차이가 있지만, 모든 조직들에서 재정자원 확보 자체가 치명적인 것은 마찬가지다.

조직들과는 달리, 비영리조직들은 사회적 가치를 가진 상품을 생산하고 제공한 대가로 사회적인 방식으로 자원을 확보하는 특성을 띤다. 여기에다 사회서비스 조직들은 특히 '휴먼서비스'라는 상품을 생산하는 고유성으로 인해, 자원의 수급 관계가 단순한 시장 계약만으로 이루어질 수 없는 특성이 더해진다.

그로 인해 비영리 사회서비스 조직들로서는 재정 자원의 확보가 소비자와의 직접 관계에서가 아닌 별도의 사회적 과정을 통해 이루어지게 된다.[7] 즉, 조직에 자원을 제공하는 재정 공급자들(정부, 민간후원자 등)과 조직이 생산하는 서비스를 소비하는 자들이 분리되어 있다는 것이다. 한편, 사회서비스의 사유재와 공공재 혼재 특성에 따라 소비자들 또한 수급자와 수혜자 특성으로 분리될 수 있다. 이로 인해 대부분의 민간 비영리 사회서비스 조직들은 서비스 생산과 자기 유지의 목적 추구를 위한 자원 확보의 과정이 복잡성을 띠게 된다.

사회서비스 생산자 조직에게 치명적으로 중요한 자원들은 대개 조직의 외부 환경에 존재한다. 그로 인해 그 조직의 생존 자체나 서비스 행태에 영향을 미치는 요인들은 대개 '조직의 직접적인 통제 바깥에 있는 환경에 있다'고 보아도 무리는 아닌 것이다.[8] 사회서비스 조직들에 대한 외부 환경의 통제라는 특성은 자원의존 이론의 관점을 통해 적절히 설명될 수 있다.

자원의존(resource-dependency) 이론이란 어떤 조직(*a*)이 어떤 외부 환경의 요소(*b*)가 통제하고 있는 자원에 대해 의존하는 정도(D*ab*)가 크면 클수록, 그 요소가 조직에 대해 가지는 영향력의 정도(P*ba*)도 그만큼 커진다고 보는 것이다.[9] 이 이론은 정치경제(political economy) 관점의 골자로서, 사회서비스 생산자 조직들의 행태를 간결히 설명해 준다.[10] 일반적으로 비영리 부문의 사회서비스 조직은 자신을 둘러

---

7) 김영종(2001). "지역 사회복지서비스 조직들의 재정자원 수급 행태에 관한 연구". 한국사회복지학, 3, pp. 64-90.

8) Steiner, *Managing the Human Service Organization*.

9) Pfeffer, J., & Salancik, G. (1978). *The External Control of Organizations: A Resource Dependence Perspective*. NY: Harper & Row.

10) Hasenfeld, Y. (1992). 'The theoretical approaches to human service organizations'. In Y. Hasenfeld (Ed.), *Human Services As Complex Organizations*. Newbury Park, CA: Sage.

싼 환경으로부터의 다양한 이해집단의 상충된 요구에 직면하기 쉽다. 클라이언트나 가족, 지역사회, 정부가 각기 상이한 요구를 할 수 있고, 경쟁 조직들이나 심지어는 조직 내의 다양한 서비스 전문직까지도 각기 상이한 이해관계를 가진다. 정치경제 이론의 관점에서는, 이들 다양한 환경 요소가 특정 서비스 조직의 작동 행태에 미치는 영향은 각 요소가 보유하는 정치적 및 경제적 파워의 크기에 따라 결정된다고 본다. 그러므로 서비스 조직의 행태를 이해하는 단순한 열쇠는 조직이 자신의 이해집단들과의 자원 수급관계를 형성하는 도식에 있다는 것이다.

우리나라 사회서비스 생산자 조직들의 행태를 설명하는 데 이러한 정치경제 관점의 자원의존 이론은 유용할 수 있다. 일반 비영리조직에 관한 이론들에서는 지배집단이 추구하는 이념 및 사명의 영향이나, 조직 내 서비스 전문직들이 추구하는 각자의 고유한 가치나 기술에 따른 이해관계 등에 따라 조직의 행태가 좌우되는 부분이 크다고 본다. 예를 들어, 특정 시민단체가 나타내는 행동이나 태도를 결정하는 것은 대부분 그에 따른다.

그러나 우리나라 사회서비스 조직들의 경우에는 이러한 일반적 비영리조직 이론의 설명력이 제한적이다. 우리나라에서는 사회(복지)서비스 조직들이 산업 제도적으로 형성되던 때부터 집단의 이념이나 전문적 가치보다는 산업 생산에 필요한 재원 확보와 관련된 환경 요소들에 의한 영향을 보다 크게 입었다. 이러한 산업 생산 방식에 의해 주조된 서비스 조직들의 행태는 후에 사회서비스 제도화가 진전됨에 따라 더욱 공고화되어 왔다.[11] 이를 감안한다면, 우리나라의 제도화된 사회서비스 생산 조직들에 대한 행태를 설명하기에는 이념이나 가치 지향 측면보다는 재정자원과의 의존 관계를 일차적 요인으로 두는 것이 적절하다.[12]

자원의존 이론에 따르면, 사회서비스 생산 조직이 특정한 재원을 취득하는 것은 곧 그 개연 효과가 조직의 서비스 생산과 전달 과정에서 나타난다.[13] 이를 조직 내

11) 김영종(2003). "한국 사회복지조직의 형성 과정에 관한 역사적 연구: 1950-70년대 부산지역을 중심으로". 한국사회복지행정학, 10, pp. 31-62.
12) 적어도 지나친 환원주의(reductionism)로 인한 위험은 없을 것으로 여겨진다.
13) Hasenfeld, 'The theoretical approaches to human service organizations'.

서비스전달(service delivery) 체계라 할 수 있는데, 서비스가 기획되어 생산, 전달되는 조직적인 구조와 과정의 전반적인 맥락을 말하는 것이다. 여기에는 클라이언트, 서비스, 인력, 자원 등과 같은 요소들이 조직 내에서 어떤 연결과 흐름을 보이는지를 모두 포함한다. 서비스 생산자 조직이 특정한 재원을 선호하거나 취득하는 것은 곧 그 조직의 서비스 전달체계에 필연적인 영향을 주게 된다. 예를 들어, 특정 정부보조금을 획득하기 위해 조직은 클라이언트 선정이나 우선순위, 서비스의 내용과 질, 인력 구성, 조직 구조 등을 비롯해서 각종 재무회계 절차에 이르기까지 정부보조금에 수반되는 규칙들을 좋든 싫든 조직 내에 내재화할 수밖에 없다. 그로 인해 조직은 이전과는 다른 서비스 전달과 관련된 행태를 보일 수 있다.

2) 비영리 서비스 조직의 재원

민간 사회서비스 조직들은 서비스 제공을 위해 다양한 재원에 접근할 수 있다. 예를 들어, 중앙이나 지방정부로부터의 운영비나 사업비 등의 정부지원금이나 보조금, 개인이나 기업, 단체 등의 민간 부문 지정 혹은 비지정 후원금, 공동모금이나 복지재단 등을 통해 사업별 지원 방식으로 제공되는 사업비 지원금, 기관 스스로 서비스 판매를 통해 확보하는 서비스 이용료, 서비스 이외의 여타 행사 활동 등을 통해 확보하는 수익금, 운영법인의 자체 지원금, 기타 전입금 등이 있다.

일반적으로 이러한 재원들의 성격은 크게 공공과 민간 부문 간 재원의 특성 차이에 따른 것으로 설명된다.[14] 조세 제도를 근간으로 해서 공공조직 체계를 통해 수집되고 일선의 사회서비스 생산자 조직들에까지 배분되는 방식의 재원을 공공 자원이라 하고, 공공 체계를 거치지 않고 기업이나 개인, 단체 등과 같은 민간 부문이 기부나 후원 혹은 서비스 이용에 대한 대가의 지불 등과 같은 형태로 사회서비스 조직들에 제공하는 것을 민간 자원이라 한다.

공공 재원의 대표적인 특징은 자원의 규모나 가용성이 크다는 것과 지속성과 안

---

14) 김영종, "지역 사회복지서비스 조직들의 재정자원 수급 행태", pp. 374-377.

정성이 높다는 것에 있다. 그로 인해 사회서비스 생산자 조직은 대부분 재원의 규모나 안정성이 낮은 민간 재원보다는 공공 재원을 우선적으로 확보하려는 경향을 보인다. 그럼에도 민간 재원은 생산자 조직이 용도 결정의 자율성이나 관리에 따르는 규제나 절차가 덜 통제적이라는 장점이 있으므로, 경우에 따라서는 공공 재원보다 선호될 수도 있다.

재원의 특성이 조직의 서비스 생산과 전달에 미치는 영향을 보다 구체적으로 분석해 보려면 한층 더 세분화된 재원 구분이 필요하다. 한 예로, 그론비에르그(Gronbjerg, 1992)는 민간 비영리 사회서비스 조직이 활용하는 재원의 성격은 제도화의 정도, 예측 가능성, 통제 가능성, 클라이언트와 고객의 구분 가능성이라는 네 가지 속성들의 차이를 통해 구분할 수 있다고 본다.[15] 여기에서 클라이언트는 사회서비스의 소비자 중 수급자(R), 고객은 서비스에 대한 지불 능력을 갖춘 수혜자(B 혹은 RB)에 해당하는 개념이다.

서비스 생산자 조직이 수급하는 재원은 크게 세 가지 주요 유형—이용료, 민간후원금, 정부보조와 계약금—으로 나누어 볼 수 있다. **이용료**란 소비자가 클라이언트이자 고객으로서 서비스 이용의 대가를 직접 생산자 조직에 지불하는 것이다. **민간후원금**은 클라이언트에 대한 서비스 제공을 위해 제3자(일종의 고객)가 비용을 지불하는 형식이다. **정부보조금** 역시 제3자 형식이지만, 재원 수급 관계가 보다 공식적이고 엄격한 틀에서 운용된다는 차이가 있다. 이들 각각의 재원은 민간 사회서비스 조직이 이에 접근하고 관계를 맺는 과정에서 그론비에르그가 제시한 재원의 성격 특성에 따른 개연적 효과를 조직의 서비스 전달체계에 나타나게 한다고 본다.[16]

대부분의 민간 사회서비스 조직들은 복수의 재원을 갖추고 있다. 다양한 재원은 다양한 개연성의 효과를 조직의 서비스 전달 과정에 미치게 된다. 사회서비스 조직들의 성격을 대변하는 휴먼서비스 조직들의 행태에서 쉽게 볼 수 있는 복잡성도 이

15) Gronbjerg, K. (1992). 'Nonprofit human service organizations: funding strategies and pattern of adaptation'. In Y. Hasenfeld (Ed.), *Human Services As Complex Organizations*. Newbury Park, CA: Sage.

16) 김영종, "지역 사회복지서비스 조직들의 재정자원 수급 행태".

러한 다양한 재원관계에 의한 결과로서 나타나는 것으로 볼 수 있다. 그럼에도 모든 재원이 동일한 크기의 효과를 조직에 미치는 것은 아니다. 조직이 특정 재원에 의존하는 정도에 따라 그 재원이 조직에 미치는 영향력의 비중도 달라지게 된다.[17)] 이러한 이론적 관점에 입각해서 본다면, 재원의 성격 분석을 통해 민간 사회서비스 조직들의 현재 행태를 분석하는 것이 가능하고, 그러한 재원의 성격 변화가 조직의 행태, 특히 서비스전달에 어떤 효과를 미치게 될지를 유추할 수 있게 한다.

2. 재원 전략과 서비스 전달[18)]

민간 사회서비스 조직들이 구성하는 재원 관계는 궁극적으로 조직의 서비스 전달에 영향을 주게 된다. 그러므로 특정한 재원을 수급하거나 혹은 수급하기 위한 조직의 노력들이 이들 조직의 서비스 활동과 그 결과로 클라이언트에 대해서는 어떤 영향을 초래하는지를 분석해 볼 필요가 있다. 이를 위해 민간 사회서비스 조직들이 추구하는 재원을 유형별로 구분해서 각각에 따른 영향을 설명한다.

1) 민간후원 추구 전략

민간후원금은 서비스 기관의 입장에서는 활용의 탄력성이 가장 높은 자원이다. 서비스 대상자들을 직접적으로 지정해서 후원하는 결연후원금을 제외하고는, 시설에 대한 기부금이나 위탁금, 복지재단이나 공동모금회의 지원금 등과 같은 민간자원들은 용도의 지정이나 관리 방법 등에서 엄격성(혹은 경직성)이 약하다. 그 결과 자원 운용에 있어서 기관의 자율성이 높아질 수 있다. 다만 기관이 활용하는 민간

17) Pfeffer & Salancik, *The External Control of Organizations;* Hasenfeld, Y. (1983). *Human Service Organization*. NJ: Prentice-Hall.

18) 이 절의 내용은 상당 부분은 본 저자의 연구인 〈김영종, "민간 사회복지조직의 재원"〉에서 따온 것이며, 제반 인용들도 재인용 표기 없이 포괄적으로 적용된다.

자원의 종류 수가 많아지면 그만큼의 관리 부담(각 재원을 개별적으로 관리해야 하기 때문)이 증가한다.

전반적으로는 민간후원 재원의 탄력성 측면에서 사회서비스 조직들은 이를 선호하지만, 이 전략을 추구하는 데는 다음과 같은 한계들이 있다.

첫째, **재원 규모의 빈약함**이다. 현실적으로 민간후원 재원의 절대 풀(pool)이 제한적이고, 개별 서비스 기관에 할당하는 재원의 규모도 대부분 크지 않다. 대부분 민간 재원의 입장에서는 가급적 다수의 기관에 널리 재원이 배포되기를 원할 것이기 때문이다.[19] 그러므로 비록 다양한 형태의 민간 재원이 현실적으로(혹은 잠재적으로) 존재하지만, 이들의 본원적인 지향이나 재원 규모 면 등에서 대부분의 사회서비스 기관들은 이에 의존해서 서비스를 계획하거나 운영하는 전략을 추구하기 힘들다.

둘째, **예측가능성의 문제**이다. 다양한 개별 후원주체의 자발적인 의사에 의존해야 하므로, 당장 내년에 얼마만큼의 후원금이 발생할 것인지를 예측하기 어렵게 한다. 조직의 운영에는 안정성과 예측력이 필수적이다. 상시적이고 고정적인 서비스 프로그램들을 불안정한 민간후원금의 예상되는 수입에 의존하여 계획할 수는 없다. 상시적 서비스 조직들의 운영 리듬에서 보면, 민간후원이라는 재원은 금액의 많고 적음을 떠나 생리적으로 조직의 주된 자원이 되기는 어렵다. 민간후원의 개발이 발달한 미국의 경우에도, 이러한 한계는 유사하게 나타나는 것으로 보고된다.[20]

셋째, 민간 자원을 **확보하는 데는 많은 비용**이 수반된다. 후원금의 개발에 있어서 개발과 관리에 따르는 비용(인건비+사업비)을 묵과하는 경우가 많은데, 특히 투입되는 인력의 비용(몇 명이 전담을 하든 혹은 모든 직원이 업무의 한 부분으로 할당을 받든)은 무시되기 쉽다. 후원금의 개발과 관리를 위해 조직이 투입하는 비용에도 미

---

19) 예를 들어, 기업재단의 경우 기업의 이미지나 홍보의 목적과 결부될 가능성이 크므로, 가급적 다수의 서비스 기관들에 재원이 분배되기를 선호할 것이다.

20) Gronbjerg, 'Nonprofit human service organizations', p. 80. '기관들이 후원금을 확보하기 위해 많은 노력을 쏟아붓지만, 대부분의 개발 전략들이 예측가능한 수입원을 만들어 내지는 못하고 있다. 오히려 매우 급격하고 예측불가능하게 해마다 바뀌고, 이러한 변화는 기관들이 후원금 개발을 위한 체계적인 노력이나 고정적인 후원자들의 확보 가능성과는 상관없이 나타난다.'

치지 못하는 후원금을 확보하는 경우가 많이 나타난다. 이것이 개별 기관으로서는 비용-효율성의 문제를 야기하는 것에 그칠 수 있지만, 그러한 기관들에 서비스 자원을 제공하는 전체 사회적인 관점에서는 자원의 부적절한 사용에 따른 기회-비용이 발생함을 의미한다.

대부분의 민간 사회서비스 조직들은 서비스를 중심으로 특화된 조직이다. 이러한 조직들이 '언제나 부족한' 서비스 자원을 마케팅과 같은 후원개발을 위한 노력에 쏟아붓는 것은, 얼핏 그 자체로서는 PR(Public Relation)의 한 부분이 되는 정당한 노력인 것처럼 보일 수 있다. 그럼에도 한정된 조직 자원의 활용 극대화라는 명제를 놓고 본다면, 그런 노력들이 대개는 '클라이언트에 대한 직접적인 서비스의 희생'이라는 높은 비용을 지불하고서 얻는 것일 가능성이 크다.

후원개발을 위한 노력은 조직의 구조와 과정들, 서비스의 내용 등을 일반 후원자들에게 부합되는 방향으로 변질시킬 수 있다. 모금에 전념하게 되는 기관들은 모금에 유리한 입지를 확보하기 위해서 전시적 혹은 이벤트성 서비스 프로그램들을 강화하는 경향을 나타낼 수 있다. 일시적이고 한정적인 후원금의 성격상 그러한 재원은 장기적인 목적 사업에 쓰이기 힘들기 때문에 후원개발 프로그램들에 재투입될 가능성이 많으며, 그것이 후원금 확보에 긍정적인 보상을 주게 될 때 이러한 성향은 지속적으로 되풀이 될 수 있다.[21)]

사회서비스 조직이 민간후원 자원을 수급하는 과정에서 고객과 클라이언트의 개념에서 분리가 나타날 수 있다. 이때 기부자는 조직의 동기나 서비스 내용을 '사는' 구매자로서 고객이 된다. 이러한 재원을 통해 생산되는 서비스가 전달되는 대상자는 클라이언트가 된다. 만약 서비스 조직이 고객과 클라이언트의 만족 중에서 고객의 편에 치우치게 될 때, 이들 조직은 본래의 목적을 상실하기 쉽다. 클라이언트를 위한 서비스 목적에서 자원이 필요했던 것이지만, 자원 확보의 과정에서 기부자 고

21) 이 과정에서 조직의 인적 구성도 그러한 성향에 맞추어질 가능성이 크다. 1명의 사회복지사보다는 1명의 마케팅 전문가가 더 효용성이 있는 것으로 판단될 것이고, 이러한 인적 구성의 변화는 조직의 서비스 목적상에 있어서의 변화도 수반하게 되어 서비스의 질적인 내용보다는 서비스의 양이나 광고 효과에 치중하는 데 따르는 조직 내 저항도 약화될 수 있다.

객의 욕구에 치중되어 그에 부합되는 서비스 내용과 대상의 성격 변화도 유발할 수 있기 때문이다. 만약 민간 사회복지기관들이 영리추구를 목적으로 하는 조직들이라면, 이러한 행태는 지극히 정상적인 조직 활동으로 간주될 수 있다. 그러나 비영리 목적의 전문적 사명을 표방하는 사회서비스 조직들에서 이러한 현상은 목적전도(goal displacement)라는 역기능으로 간주된다.[22)]

전체 사회적 관점에서 보자면, 개별 사회서비스 생산자 조직들이 민간후원 재원의 확보를 위해 경쟁적인 전략을 추구하는 것은 사회적 자원 활용의 비효율성 문제를 초래할 수 있다. 사회적 자원이 체계 관점의 합리적인 판단에 따라 개별 사회서비스 조직들에 배분되기보다는, 후원자의 자선적 동기나 홍보 목적에 부합하는 조직들에게 편중되기 쉽기 때문이다. 개별 서비스 기관의 관점에서는 그것이 조직 생존의 목적 추구를 유리하게 하지만, 전체 사회의 제도적 목적의 추구라는 관점에서는 불리하게 작용한다. 이로 인해 사회서비스 공급체계에서는 서비스 생산자들이 민간후원 추구 전략에 과도하게 의존되는 것을 제어할 필요가 나타난다.

2) 이용료 추구 전략

이용료 수입은 전통적인 민간 비영리 사회서비스 조직들에서는 가장 선호가 낮은 재원이다. 자원의 확보나 성장가능성, 안정성 등이 용이치 못하기 때문이다. 그럼에도 가능하기만 하다면 서비스 이용료를 통한 재원의 확보는 기관의 제반 활동들을 소비자의 욕구에 가장 충실히 맞추어 나갈 수 있게 해 준다. 자원 제공자로서의 고객이 곧 서비스 수급자인 클라이언트가 되므로, 클라이언트의 욕구에 충실한 서비스 생산만으로도 조직은 유지와 활동에 필요한 자원을 획득할 수 있다. 그 결과 클라이언트 중심의 서비스 전달 과정이 조직의 주된 활동 흐름이 되고, 인적 및 물적 자원의 배치와 관리도 이를 중심으로 이루어진다.

비록 이용료 전략이 소비자 중심의 서비스 전달에 기여할 수는 있으나, 자체 비

22) 김영종, "지역 사회복지서비스 조직들의 재정자원 수급 행태".

용 조달이 어려운 계층을 주된 클라이언트로 하는 사회복지서비스 조직들의 경우에는 이를 채택, 실행하기가 어렵다. 이용료 고객에만 집중할 수 없다는 비영리 사회서비스 조직들의 태생적 한계로 인해,[23] 이용료 수입의 극대화를 위한 조직의 서비스전달 체계를 구축하기가 힘들다. 만약 사회서비스 조직이 유료와 무료 이용자를 함께 클라이언트로 두더라도(대개 지역사회의 통합 목적에서), 역시 이용료 고객에만 집중하는 영리조직과 경쟁하기는 쉽지 않다. 영리조직은 조직의 제반 서비스 전달체계를 철저하게 이용료 고객의 욕구를 중심으로 구성할 수 있다. 그러나 고객과 클라이언트 개념의 이중적 욕구를 감당해야 하는 비영리조직들로서는 고객을 확보하는 경쟁에서 열세에 처하기 쉽다. 설령 비영리 사회서비스 조직이 이용료 고객에 집중하는 사업을 한다 해도, 주변 영리 경쟁조직들로부터 불공정 경쟁(적어도 세금면제)이라는 비난을 면하기 어렵다.

여태껏 이용료 전략은 민간 사회서비스 조직들의 자생력을 강화한다는 명분하에서 사회서비스 공급체계의 대안으로 거론되어 왔지만, 시장 경쟁이나 효율성 극대화 등의 논리가 개별 서비스 생산 조직들의 구조와 과정, 서비스 전달체계에 미치는 부정적 영향에 대해서는 충분한 검토가 이루어지지 않고 있다. 이와 함께 현실적으로 사회서비스 분야에서 이용료 지불 고객 개념이 차지하는 비중이 증가하기 어려운 점도 검토해 볼 과제다. 실제로 이용료 전략을 많이 사용해 왔던 미국의 사회복지서비스 기관들에서도 고비용-지불 이용자들의 서비스 수요는 감소하고 있으며, 저비용-지불 이용자들의 수요는 증가하는 현상이 나타나고 있음이 보고되고 있다.[24]

바우처 전략은 이와 같은 이용료 전략이 가지는 소비자 중심주의의 강점을 활용하려는 것이다. 이용료 전략의 한계가 소비자의 지불능력 부족에서 비롯되는 것이므로, 이를 보충해 주어 마치 이용료 전략과 같은 효과가 서비스 생산 조직들에게 나타나게 하려는 것이다. 비록 의도는 그러해도 바우처는 현금 이용료와는 뚜렷하

---

23) 실제로는 이 한계가 오히려 이들 조직의 사명 형성과 정체성의 기반이 되는 것이다.

24) Kettner, P., & Martin, L. (1996). 'The impact of declining resources and purchase of service contracting on private, nonprofit agencies'. *Administration in Social Work*, *20*(3).

게 차별되는 '사회적'으로 조성되는 '현물'의 특성을 띨 수밖에 없다. 그로 인해 서비스 생산자 조직의 관점에서는 현금 이용료와 바우처 재원이 각기 초래하는 서비스 전달의 내용이나 과정에 대한 영향은 다를 수밖에 없다.[25] 만약 경쟁자 서비스 조직들이 부재하다면, 바우처 재원의 공급은 서비스 조직의 입장에서는 정부보조금과 유사하게 간주된다.

3) 정부보조금 추구 전략

정부보조금은 민간 사회서비스 조직들이 주로 의존하고 있으면서, 또한 기대를 가장 많이 두고 있는 재원이다. 정부보조금은 공공 부문 재원의 한 형태로서, 사회서비스 조직의 입장에서는 이용자를 통해 확보되는 바우처 재원과는 현저하게 다른 특성을 가진다. 정부보조금은 우리나라에서는 사회서비스 공급체계에서 정부와 민간 부문 간의 관계를 형성하는 주 재정 수단이다. 비록 바우처도 현실적으로는 이와 유사하게 작동하는 경우가 있지만, 이론적으로는 서비스 생산자 조직의 입장에서 이용료 추구 전략으로 간주되게 하는 것이다.

어느 나라에서나 마찬가지이지만, 민간 사회서비스 조직들이 정부보조금 자원을 선호하는 주된 이유는 자원공급량의 절대적인 크기에 있다. 대부분의 사회서비스 생산은 공공 부문에서 동원되는 재원에 의해 이루어지고 있으며, 이를 대체하거나 보완할 정도의 재원 규모가 민간 차원에서는 존재하기 힘들다. 어떤 민간 사회서비스 조직이든지 정부 자원을 염두에 두지 않고서 장기간 서비스 제공을 계획한다는 것은 현재로서 엄두를 내기 어렵다.

정부보조금에 대한 또 다른 선호 이유는 안정성에 있다. 어떤 유형의 조직에서든 조직은 생리적으로 안정성을 희구하는 욕구를 갖고 있다. 여기에는 안정적인 서비스를 제공하기 위한 욕구뿐만 아니라, 조직을 구성하는 인력들의 자기-유지를 위

25) 현금 지급자의 서비스에 대한 접근과 바우처 지급자의 접근 자체가 다를 수밖에 없기 때문이다. 현금은 서비스 조직이 생산하는 서비스 자체를 다른 유형의 서비스들과 대안 비교하지만, 바우처 지급자는 동일 서비스 유형 내에서 생산조직에 대한 선택만을 고려한다.

한 욕구도 포함되어 있다. 이것은 일종의 생존을 위한 욕구와도 맥락을 같이하는데, 자연체계론(natural-systems)적 관점에서 조직도 유기체와 같은 유지와 성장의 욕구에 의해 움직인다고 보면, 민간 사회서비스 조직들이 이러한 욕구를 갖는다는 것은 당연한 귀결이다. 민간후원이나 이용료와 같은 재원 전략이 조직의 기본적인 유지 안정의 욕구를 충족시키지 못하면, 비영리 사회서비스 조직들로서도 유일한 안정성 재원인 정부보조금에 집착하게 된다.

정부보조금이 나타내는 안정적인 특성이란 한편으로는 조직이 재원에 진입하는 과정이 그만큼 힘들다는 것을 의미한다. 정부 자원은 자원의 공급량에 있어서도 안정적이지만, 일단은 그 자원의 흐름이 한번 확보되고 나면 그 이후부터는 다른 자원 유형들과 비교할 수 없을 만큼의 지속성을 갖고 있다. 이것은 특히 비영리 사회서비스 조직들이 정부의 법제 사업의 대행자 성격을 강하게 띠는 체계 구조에서 더욱 그러하다. 이런 경우에 서비스 조직들은 합법적 대상자의 확보를 위해 최적화된 서비스 전달 구조의 마련에 총력을 기울이는데, 대상자의 안정적인 확보가 곧 조직의 재정 지속성과 직결되어 있기 때문이다.

사회서비스 조직들이 정부보조금 자원 전략을 선호함에 따라 조직의 서비스 전달 구조에 미치는 개연적인 효과들은 다음과 같다.

첫째, 정부 자원의 **엄격성 혹은 경직성으로 인한 효과**가 나타난다. 이것은 정부 자원을 직접 활용하는 조직들에게 재정지출의 '청지기(steward)'로서의 역할에 충실토록 하는 것이지만, 한편으로는 재량권의 축소를 의미해서 자원의 효율적 활용을 방해할 수도 있다. 정부 자원이 계획, 조달, 집행되는 과정은 관료제적 공공 조직의 틀 안에서 이루어진다. 여기서는 형평성과 일관성의 평가 기준을 중요시하므로, 개별성과 특수성을 통한 탄력적인 자원 활용은 그만큼 쉽지 않다. 자금전용성(fungibility)의 제한이 대표적인 경우이다.

공공 자원을 활용하는 민간 사회서비스 조직들의 입장에서는, 자원의 경직성과 전용성 제한은 자금 관리에 있어서 많은 어려움을 수반한다. 각종 보고 의무와 절차라든지 정기적/비정기적 감사 등과 같은 관리 노력을 증가시키고, 서비스의 수요 변동이나 기관의 환경 변화에 따라 탄력적이고 효율적인 서비스 대응을 저해하고,

재정 공급자의 요구 충족에만 급급한 서비스 전달의 행태가 나타나게 하는 등의 부정적인 결과도 초래된다.[26)]

둘째, 정부보조금은 대개 비영리 기관들의 경우에 조직이 제공하는 서비스에 대한 비용만큼의 **충분한 재정을 제공해 주지 않는다**. 비록 정부보조금이 증액이 되더라도 이는 대개 새로운 목적 사업을 추가하는 방식으로 이루어지는 경우가 많으므로, 개별 서비스들은 여전히 불충분한 비용 재정하에서 운영될 수밖에 없다. 또한 복수의 독립 사업별로 지원되는 정부보조금 자원을 확보하게 되는 조직은 그로 인해 관리 부담이 전반적으로 증가하게 되므로, 개별 서비스들의 차원에서는 실질적인 서비스 투입 재정이 오히려 줄어드는 결과도 초래된다.[27)]

셋째, 정부 자원을 **관리하는 데 따르는 복잡성으로 인한 효과**가 있다. 민간기관들에 다양한 사업이 추가되는 과정에서 각 사업별로 정부의 주관 부서가 다르기도 하고 때로는 섞여 있기도 한다. 공공 자원이 전달되는 체계가 분산되고 복잡하게 되면, 그에 따라 개별 서비스 기관으로서는 그러한 재원의 흐름을 지속적으로 추적해 나가는 데 많은 시간과 노력이 필요하게 된다. 또한 그러한 복잡한 과정을 거쳐 최종적으로 조직에 전달되는 자원은 그 과정에서 각각 보태어지는(때로는 상충하는 요구들도 있으면서) 수많은 요구와 규제(보고, 감사, 지도점검 등)로 인해 운영과 관리에 복잡성이 더해진다. 이런 경우에 그러한 자원을 수급해야 하는 사회서비스 조직으로서는 각각의 재원에 따라 회계 관리를 달리해야 하는 등으로 행정 비용이 늘어나게 된다. 심하게는 다양한 정부보조금을 확보하고 관리하는 데만 조직 행정의 주된 초점이 맞춰질 수 있다. 이는 서비스 생산에 투입될 자원의 감소를 초래하고, 그로 인해 소비자에게 제공되는 서비스의 양과 질이 그만큼 희생되는 결과가 초래될 수 있다.

---

26) 각종 생활시설이나 이용시설 사회복지서비스들에서 나타나듯이, 정부기관으로부터 시달되는 규정이나 지침에 의해 조직의 구조가 획일화되거나(예, 장애인복지관들의 팀제), 서비스의 전달 과정조차 기계적인 경직성을 띠게 된다.

27) 예를 들어, 대도시 지역의 한 장애인복지관의 경우에 고유 사업에 대한 정부보조금 이외에도 10개 넘는 개별 사업별 보조금을 보건복지부, 광역시, 고용노동부, 과학기술부, 교육청 등으로부터 각기 수여받게 되었다. 이는 마치 정부보조금 재원이 크게 확대되는 것처럼 여겨지게 하지만, 단위별 서비스들의 차원에서는 오히려 재원의 불충분성이 악화되게 하는 것일 수도 있다.

4) 제도화와 서비스 생산의 질

이러한 이유들에도 불구하고, 민간 비영리 사회서비스 조직들이 정부 자원을 절대적으로 선호하는 이유는 무엇인가? 이에 대한 답은 '제도화'에서 찾을 수 있다. 앞서 제시된 정부 자원의 단점들은 오랜 제도화의 과정을 거치면서 조직들 나름대로 이를 비켜 나가거나 대처해 나가는 방법을 갖추게 된다. 일단 확보된 정부 자원들은 확보에 따르는 추가적인 비용(예, 민간 재원을 매번 확보하기 위한 노력 비용)이 크게 필요하지 않게 된다.

비록 매년 새롭게 신청하고 지급되는 방식을 취하기는 하지만, 정부 자원은 대개 점증주의 방식으로 큰 하자가 없는 한 자원의 흐름은 계속되고 자원의 신청과 지급은 요식행위가 되는 경향이 있다.[28] 또한 비록 개별 사업 차원의 서비스들을 추가하는 방식으로 정부보조금이 증액되더라도, 그 결과 불충분한 재원의 사업 수가 증가해서 조직 전체의 서비스 자원 부족 현상이 가중되어야 하지만, 이러한 문제를 비켜 가는 방법 역시 조직들은 찾아내게 된다. 이 외에도 정부 재원으로서의 경직성 등과 같은 문제들에 대해서도 나름대로의 제도화를 통해 대처하게 된다.

이러한 제도화는 정부재원의 개연성 효과에 대한 사회서비스 조직들의 대처 능력을 향상시키지만, 문제는 이러한 과정에서 서비스에 대한 부정적인 영향들이 나타나기 쉽다는 점이다. 이를 구체적으로 설명하자면 다음과 같다.

서비스 질의 희생 제도화 과정의 대표적인 문제로서 서비스 질의 희생을 들 수 있다. 대부분의 민간 사회서비스 조직은 정부 자원의 불충분한 사업비 지원에 대해 성토하면서도, 개별 사업들은 어떻게든 따내려는 이중적인 성향을 보인다. 이것은 일단 개별 사업들이 확보만 되면, 그것이 조직 전체의 목적(즉, 유지와 활동)에 어떻게든 긍정적으로 작용하는 측면이 많기 때문일 것이다. 이것은 특히 휴먼서비스 조

28) 점증주의(incrementalism)란 합리주의와 대조되는 것으로, 목적에 부합되는 수단을 추구하는 선택을 하는 합리주의와는 달리, 이전에 했던 선택을 기반으로 거기에서 조금씩 늘려 가는 선택을 하는 것이다.

직들에서 나타나는 특성으로 설명될 수 있는데, 어떤 자원이나 마찬가지로 고객과 수급자로서의 소비자가 분리된 경우에는(정부보조금이나 민간후원금의 경우), 고객 자원은 단지 그 한도 내에서만 소비자에게 서비스될 수 있다.

한 예로, '치매노인센터'를 운영하는 조직이 정부보조를 실제 서비스 생산에 필요한 금액보다 적게 받으면서도 명시된 서비스 양을 제공할 것으로 약조를 맺는 경우가 있다. 이론적으로는 센터를 운영하는 조직은 서비스를 실행하면 그만큼의 손실을 입을 수밖에 없을 것처럼 보이지만, 현실적으로는 그러한 결과를 초래하지 않게 되는 것이 보통이다. 대신에 그 효과는 고스란히 클라이언트에 대한 서비스의 질과 효과성의 손실로 전이되기 쉽다. 이 과정에 대한 가설은 [그림 9-1]과 같은 양상을 띤다.

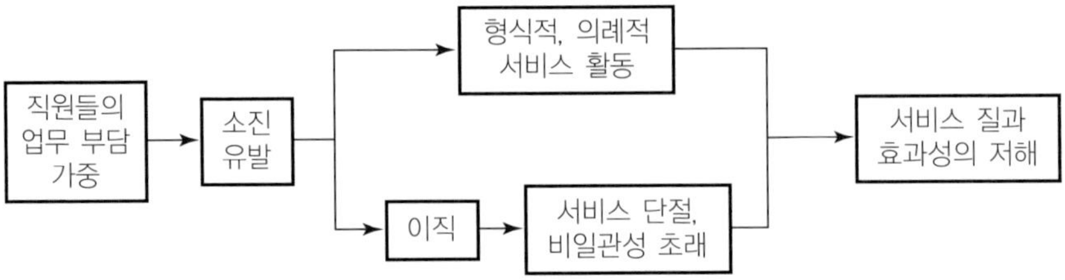

[그림 9-1] 업무자의 부담과 서비스 질

이런 경우는 사회복지서비스 실천 현장에서 쉽사리 목격될 수 있는 현상인데, 직원들의 소진 유발이 초래하는 결과로서 서비스의 효과성이나 질이 저해된다는 것이다. 대개는 의욕만이 앞서는 관리자를 둔 사회서비스 기관들에서 흔히 목격되는 현상인데, 한정된 재원의 한계를 감안해서 생산을 조절하는 대신에 이를 고스란히 서비스 제공자들의 업무 부담 증가로 떠넘기게 될 때 주로 이런 양상이 나타난다.

[그림 9-2]의 경우는 조직이 서비스 제공자들에 대한 업무 부담을 늘리지 않으면서, 한정된 재원 내에서 서비스 생산을 맞출 수 있는 대응 양식에 대한 가설이다.

이러한 양식은 대개 저비용의 클라이언트를 선별하거나 혹은 저비용의 서비스 방법이나 절차들을 채택하는 전략과 관련이 있다. 이런 경우에도 전체 사회 차원에서 서비스의 효과성이나 질은 필연적으로 부정적인 영향을 받게 된다.

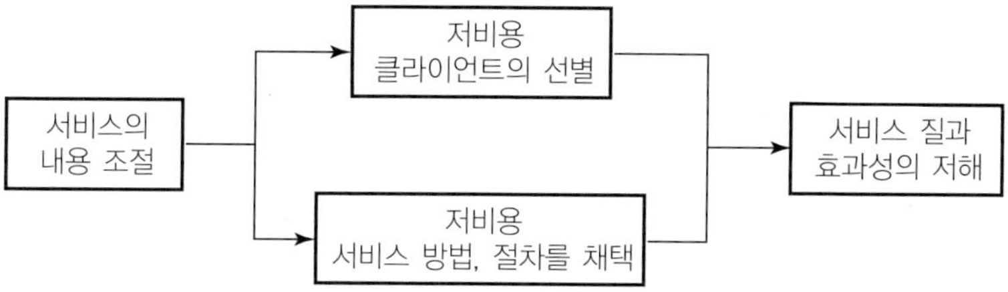

[그림 9-2] 서비스의 내용 조절과 서비스 질

비록 선별된 저비용 클라이언트들(대개는 단순 문제를 가진)에 대해서는 높은 서비스 효과성이 나타난다고 해도, 과연 그들이 사회적으로 의도되었던 최적의 표적 인구들(예, 복합 문제를 안고 있으면서 서비스 자원을 많이 소비하지만, 그래서 더욱 사회적인 서비스 공급이 필요했던)인지를 고려해 본다면, 그러한 선별은 명백히 사회적 서비스의 의도에 따른 효과성에 반하는 것이기 쉽다. 이러한 현상은 크리밍(creaming)이나 덤핑(dumping)과 같은 사회서비스 실행의 관료제적 병폐들로 설명되기도 하는데,[29] 개별 서비스 조직들이 생존의 유리함을 위해 선택하는 전략적 행태가 전체 사회적 관점에서는 자원의 비효율과 남용을 초래하는 결과를 낳는다는 것이다.[30]

사회서비스는 휴먼서비스 생산의 특성상 그 효과성이나 질이 쉽사리 드러나거나 평가되기 어렵다. 반면, 서비스의 투입이나 산출물 혹은 생산성이나 산출-효율성 등은 비교적 확인되기 쉽다. 그러므로 비용을 초과해서 요구되는 산출 기준에 대해 서비스 조직들이 대응하는 방법은 대개 서비스의 질을 담보로 하는 경우가 많다.[31]

29) Kramer, R., & Grossman, B. (1987). 'Contracting for social services: Process management and resource dependencies'. *Social Service Review, 61*.

30) 김영종, "지역 사회복지서비스 조직들의 재정자원 수급 행태".

31) 앞서 치매노인센터의 경우에 사례관리자는 서비스의 질에 굳이 구애받지 않는다면 몇 명의 클라이언트까지를 감당할지 혹은 서비스의 내용에서 가족관계를 빼면 서비스 비용이 얼마나 절감될 수 있을지

이와 같은 양상을 고려함이 없이 현재와 같은 방식으로 사회서비스 체계 내 정부보조금 자원의 투입이 계속되게 되면, 그에 대한 부담은 어떤 서비스 전달의 맥락에서든 결과적으로는 클라이언트에 대한 서비스 질의 쇠퇴로 귀결될 가능성이 크다.

낮은 서비스의 질은 낮은 서비스의 효과성과 밀접히 연관되어 있고, 이는 궁극적으로 사회서비스를 통해 의도되었던 전체 사회적 문제 해결을 저해하게 될 것이다. 그로 인해, 사회는 사회서비스 제도 운용을 위한 투자 증가에도 불구하고 오히려 사회문제들은 해결되지 못한 채로 계속해서 남게 되며, 사회서비스에 투입된 비용은 결국 사회적 자원의 낭비로 귀결될 것이다.

서비스보다 재원 관리에 효과적인 조직 정부 재원의 수급관계가 제도화되면서, 민간 조직들은 서비스보다는 재원의 확보와 관리에 치중하는 문제가 나타난다. 공공자원에 대한 조직의 선호와 함께 관리의 복잡성이 더해지게 되면, 민간 사회서비스 조직들은 조직 활동의 상당 부분을 공공 자원의 확보와 관리를 위한 노력들에 진력하게 되기 쉽다. 서비스의 질이나 효과성에 대한 판단을 우선해서 클라이언트가 확보되고, 서비스의 구조와 과정이 개발되고, 적절한 인력이 배치되는 등과 같은 조직 내 서비스 전달구조가 형성되기보다는 정부보조금과 함께 따라오는 각종 지침이나 규제들에 맞추어 이를 실수 없이 따라하기에 적절하도록 조직의 구조와 절차가 형성되기 쉽다. 이것이 조직의 자원 재창출을 담보하고, 이러한 맥락이 지속되다 보면 그것이 제도적으로 굳어지게 된다. 결과적으로는 효과적인 서비스를 위한 조직보다는 공공 자원의 관리에 유능한 조직이 되는 경향이 내재되는 제도화가 되는 것이다.

민간 자율성 저하와 공공 실패의 전이 정부 자원에 의존된 사회서비스 제도화는 획일화되고 경직된 서비스 전달이 나타날 가능성을 높인다. 민간 사회서비스 조직들에서 나타나는 동형화(isomorphism)는 대개 공공 재원에 대한 의존으로 인해 초

를 고려할 수 있다. 비록 사소하게 보이는 서비스 전달에 관한 이러한 내용들이 막상 휴먼서비스에서는 서비스의 질과 효과성을 결정적으로 좌우하는 요인으로 작용한다. 그럼에도 주어진 비용의 한도 내에서 약속된 서비스의 공급량을 채우는 방법으로는 비가시적인 서비스의 질을 희생하는 쪽이 채택되기 쉽다.

래되는 현상이다. 그로 인해 민간 서비스 조직들이 공공 조직 부문의 동일한 제도적 규칙들을 일관적으로 받아들이게 된다. 이는 현재와 같은 정부 재원에의 의존 정도가 지속되는 한 변화되기 어렵다. 그로 인해 정부 자원 활용의 제도화는 민간 사회서비스 조직들이 서비스 전달에서 민간 고유의 특성과 장점을 발휘하기 어렵게 만드는 개연적 효과를 초래한다. 정부 자원에의 과도한 의존성은 그로 인해 공공 부문의 역할과 책임이 자연스레 민간 부문으로 이전되게 하고, 그런 경우에 공공 부문의 실패 역시 곧바로 여과 없이 민간 부문에의 실패로 나타나게 만든다.[32] 이것은 공공과 민간 부문 간의 협치(governance)의 필요성, 즉 부문 간 분리를 통해 한쪽의 실패가 다른 쪽으로 전이되는 것을 막아 상생의 효과를 높이는 것을 막는다.

3. 우리나라의 사회서비스 생산자

우리나라에서 사회서비스는 고유한 제도적 발달 과정을 거쳐 왔다. 특히 1950~1960년대에 대규모 구호 인구에 대한 사회적 대응이 필요했던 시기에 민간 부문의 사회서비스 생산자 위주로 제도적 경로가 형성되었던 것은, 현재까지도 지속되는 우리나라 사회서비스 공급체계의 고유한 특성인 '민간 생산자 우위성'에 대한 이유가 된다. 비록 사회서비스의 생산자 구성에서 민간 부문이 여전히 절대적으로 높은 비중을 차지하지만, 공급체계 내에서 민간 생산자가 차지하는 제도적 위상은 공공 부문의 역할 확대로 인해 상당히 달라져 왔다.

1) 서비스 생산자 현황

우리나라의 사회서비스 생산자 조직은 대부분 민간 비영리 부문이 압도적인 비중을 차지하고 있었다. 사회서비스 체계 내에서 이들 비영리조직들의 서비스 전달

32) Gronbjerg, 'Nonprofit human service organizations'.

과 관련한 행태는 앞서 설명되었던 바와 같은 정부보조금 수급관계의 제도화를 통해 이해될 수 있다. 근래에는 이러한 비영리 부문 주도의 양상에 변화가 나타나는데, 이른바 바우처 사회서비스 제도의 도입으로 인해 영리 부문의 조직들이 서비스 생산자에서 차지하는 비중이 증가하고 있다.[33)]

〈표 9-1〉 우리나라 사회서비스 생산자 조직 실태 (2016년 기준)

유형	사회서비스 생산자 조직	기관 수	기초지자체당 평균
1세대 (생활시설)	보육시설	262	1.16
	장애인거주시설***	1,457**	6.45
	노숙인 시설	152**	0.67
	양로시설	272**	1.20
	모자시설	41**	0.18
	정신요양시설	59*	0.26
2세대 (이용시설)	종합사회복지관	457	2.02
	장애인복지관	222	0.98
	노인복지관	258	1.14
	다문화가족지원센터	217	0.96
	건강가정지원센터	161	0.71
	정신건강증진센터	224*	0.99
3세대 (바우처 사회서비스)	어린이집	42,517*	188.13
	재가돌봄기관	2,797**	12.38
	요양시설	2,707**	11.98
	요양병원	1,402*	6.20

표 참고: 김영종(2016). "지방자치단체의 주민복지조직: 실태와 과제". 지방행정, 753, pp. 22-23.

* 2015년 기준 ** 2014년 기준 *** 바우처 기관 포함

33) 노인이나 어린이집 등과 같이 보편적 돌봄 사회서비스가 확대되는 영역에서는 이미 개인과 같은 영리 부문의 주체들이 지배적인 점유율을 나타낸다. 이에 대해서는 이 책 8장(규제와 기제)에 제시된 자료 참고.

우리나라의 주요 사회서비스 생산자 조직들을 사회서비스의 세대별로 구분해서 그 수를 제시해 보자면 〈표 9-1〉과 같다.[34] 각 사회서비스 조직들은 각기 속하는 세대별 유형에 따라 체계 내에서 작동하는 기제가 달리 적용된다. 그에 따라 각기 재원 추구 전략과 그에 따른 개연적 효과도 달리 가지게 된다. 1세대 생활시설들은 서비스 위탁(입소 조치 건에 대한 보조금 지급)의 형태로서 공급자 간 재원 관계를 맺어 왔다. 2세대 이용시설들의 경우는 대부분 위-수탁에 따른 운영비보조금을 주된 재원으로 해 왔다. 3세대 사회서비스 기관들은 이용권 상환에 따른 이용료가 주된 재원이 된다.

2) 세대별 서비스 생산자의 재원

우리나라의 사회서비스 생산자 조직들은 세대 유형별로 하나의 공급체계 내에서도 각기 상이한 제도적 기제에 의해 작동한다. 이는 대개 각 조직들이 수급하는 재원의 특성과 수급 관계의 방식 차이를 통해 뚜렷이 드러난다.

1세대 사회서비스 조직의 재원 1세대 사회서비스 생산자의 전형은 1950~1960년대 당시에 '고아원'이나 '재활원'으로 불렸던 수용보호 목적의 시설 조직들이다. 이들은 법인이라는 민간 주체가 「민법」상의 재산 실체로서 사회복지시설을 자체적으로 설치해서 운영하는 경우에 해당한다. 여기에 공공 부문은 이들 민간 시설에 대한 규제자 혹은 재정보조자로서 역할 관계를 한다. 재정보조의 근거는 공공 책임의 서비스 대상자를 이들 시설에 의뢰-조치하는 데 따르는 비용 보전의 맥락에서다. 한편, 이들 생산자 시설은 대상자의 특성상 이용료 재원을 기대할 수 없기 때문에 공공 부문 외에도 외부 후원 자원의 확보에 주력하는 행태를 보인다.

〈표 9-2〉는 1세대 방식의 사회서비스 생산자 조직들이 현재에도 어떤 양상으로 작동되고 있는지를 보여 주는 예다. 이는 한 사회복지법인(가톨릭 수도회)이 설치한 장애인 거주시설의 2016년 수입 내역으로서, 수입의 절대적인 비중이 시설의 수용

34) 여기에서 3세대의 경우는 바우처 사업 단위별 기관 수는 포함하지 않은 것이다.

정원을 기준으로 하는 정부보조금에 의존하고 있음을 보여 준다.[35] 1980년대 이전까지만 해도 정부보조금에 해당하는 몫의 재원 비중은 외원이 차지하고 있었다.

〈표 9-2〉 장애인 거주시설의 수입 현황 (2016년 결산 기준, 이월금 제외) (단위: 천 원)

수입원	액수	비중
정부보조금	2,062,477	90.5%
후원금	175,459	7.7%
법인 전입금	1,500	0.1%
기타	39,195	1.7%
합계	2,278,630	100%

자료: 김영종(2017). "우리나라 사회서비스와 민간위탁 제도 연구". 보건사회연구, 37(4), p. 426.

이 같은 1세대 방식의 사회서비스 제도화는 민간 주체의 서비스 생산자 조직이 공공 재원에 의존하는 양상을 초래해 왔다. 그로 인해 이 제도하에서 제기되어 왔던 주된 문제들은 주로 합법성 및 재정 제공자로서의 공공 부문이 책정하는 수용비 산정의 적절성에 관한 것이었다. 이는 이들 서비스 조직이 제공하는 서비스의 질과 직결되어 있다는 점에서 중요한 이슈로 간주되어 왔다.

2세대 사회서비스 조직의 재원 2세대 방식의 사회서비스는 1980년대 후반부터 급속히 확장된 것인데, 이에 해당되는 서비스 생산자 조직들은 앞서 〈표 9-1〉에 제시된 바와 같이 사회복지관이나 상담시설, 각종 지원센터 등과 같은 이용시설이 대부분이다. 이들 시설은 대개 지방자치단체와 같은 공공 주체가 재산 실체가 되어 설치하고, 그 운영은 민간 주체인 사회복지법인 등에 위탁하는 경우가 대부분이었다. 위탁에는 시설 사업에 부속된 서비스 운영과 그에 따른 책임도 함께 수반되어 있으며, 그에 대한 비용을 정부보조금의 형태로 민간 주체에게 이전한다. 현재에도 이러한 민간위탁 기제에 의해 대부분의 2세대 사회서비스 생산이 수행되고 있다.

35) 이 시설은 가톨릭 재단에서 운영하는 것으로, 후원금의 규모가 상대적으로 큰 편에 속하는 것이다.

2세대 방식의 사회서비스 생산자 조직이 재정 자원을 확보하는 방식은 전형적으로 공공이 설치한 사회복지관을 민간위탁하는 경우에서 잘 드러난다. 사회복지관을 지방자치단체가 민간 주체에게 위탁한다는 것은 단순히 물리적 시설 공간을 운영케 하는 것뿐만 아니라, 해당되는 서비스 사무까지를 포괄적으로 위임하는 것이다. 이 경우에 정부보조금은 그러한 지역사회의 시설에서 지역주민이 서비스를 받을 때 필요한 비용을 보조하는 명목에 해당된다. 이러한 2세대 사회서비스에서는 서비스 수급의 주 대상자를 무주거 절대빈곤 계층에서부터 자가 소유의 차상위 이상으로 확대했기 때문에 서비스 이용자들에 대해 일정한 이용료를 부과하는 것이 허용되었다.

이런 연유로 2세대 사회서비스 생산자 조직들은 재원 확보의 방식이 1세대 조직들과 현저하게 차이 난다. 종합사회복지관의 경우를 한 예로 들면 〈표 9-3〉에서와 같다. 이 기관은 지방자치단체가 설치해서 학교법인에 운영을 위탁한 경우다. 1세대 생활시설들과는 달리 정부보조금의 명목은 포괄적인 기관 운영비로 지원되고(이용자 수 기준이 책정되기 힘들기 때문에), 이용료 수입이 차지하는 비중도 확연하게 늘어난다. 2세대 사회서비스 조직들에서부터는 재원 확보에서 이용료 추구 전략이 유효하게 되는데, 한편 그로 인한 서비스 전달의 구조나 행태에 미치는 개연적 효과들도 앞서 설명했던 바와 같이 나타나는 것이 관찰된다.

〈표 9-3〉 종합사회복지관의 수입 내역 (2016년 결산 기준, 이월금 제외)

수입원	액수(천 원)	비중
정부보조금	3,393,686	73.0%
후원금	287,227	6.2%
법인 전입금	20,000	0.4%
이용료(사업수입)	943,693	20.3%
기타	1,145	0.0%
계	4,072,473	100%

자료: 김영종, "우리나라 사회서비스와 민간위탁 제도", p. 427.

3세대 사회서비스 조직의 재원 우리나라에서는 2000년대 중반 이후에 새로운 방식의 사회서비스가 급격하게 확장되었다. 이른바 신사회적 위험에 대응할 필요에 의한 사회적 돌봄서비스가 확대되는데, 이 과정에서 일명 '바우처' 방식 재정 기제가 주를 이루게 된다. 이를 앞선 세대들의 사회서비스 공급 기제와 구분한다면, 소비자 재정지원의 방식이라 할 수 있다. 생산자 재정지원과는 달리 이 같은 재정 기제에서는 서비스 생산자 조직이 소비자를 마치 이용료 고객으로 간주하고 그에 적절한 고객만족도 극대화를 위한 서비스 구조와 전달전략을 추구할 것이 기대된다.

〈표 9-4〉는 3세대 사회서비스 방식을 대표하는 노인장기요양기관에 대한 재원 현황을 보여 주는 것이다. 이 기관에서는 장기요양보험 제도 도입 이전의 거주자들에 대한 전환 이유로 한시적으로 정부보조금이 잔존하지만,[36] 이를 감안하더라도 수입의 주된 구조가 이용자로부터의 획득되는 이용권(voucher)에 대한 상환 기제(reimbursement)에 기반한 이용료 수입으로 이미 전환되었음을 확인할 수 있다.[37] 또한 이용료 수입의 86.2%가 요양급여에서 발생한다는 점에서 이용료 상환 기제가 이런 방식의 사회서비스 공급에 대한 일종의 제도적 통제 장치로 작용하는 것이 된다. 이들 서비스 생산 조직의 입장에서는 이용료 재원 확보에 따른 전략이 중요하게 간주되고, 그에 의거해서 서비스 전달의 내용이나 양, 질에 대한 판단과 선택에 영향을 미치게 된다.[38]

---

36) 등급외자(2008년 「노인장기요양보험법」 체제 이전 요양원에서 생활하던 무연고자 생활자)에 대해 3등급 수준을 적용해서 1인당 비용의 개념으로 운영비를 지원하는 것이다.

37) 현재 건강보험공단에서 이러한 이용권에 대한 상환기제를 운용하고 있다.

38) 만약 서비스 현장의 관점에서 이것 역시 보조금 방식과 마찬가지로 공공 부문으로부터의 자원 획득이라는 점에서 큰 차별을 느끼지 않는다면, 이는 현실적으로는 생산자 지원 방식 기제의 일종처럼 작동하는 것이 된다. 이는 바우처 방식이 기대하는 공급자들 간 경쟁이 나타날 수 없는 상황, 예를 들어 수요에 비해 공급이 부족한 경우 등에서 잘 나타나는 현상이다.

〈표 9-4〉 노인건강센터(요양시설, 100인 이상)의 수입 예 (2016년 결산 기준, 이월금 제외)

수입원	액수(천 원)	비중
정부보조금	327,600	14.4%
후원금	26,188	1.2%
법인 전입금	79,000	3.5%
이용료	1,802,220	79.4%
(입소자)	(249,600)	(13.8%)
(요양급여)	(1,552,620)	(86.2%)
기타 잡수입	35,246	1.6%
계	4,072,473	100%

자료: 김영종, "우리나라 사회서비스와 민간위탁 제도", p. 429.

4. 사회서비스 재원 전략의 재검토

앞서 설명했던 바와 같이 우리나라 사회서비스 생산자 조직들은 대부분 민간 주체에 의해 운영되고 있다. 그중 1, 2세대 사회서비스는 비영리 부문이 주가 되고, 3세대는 영리 부문의 비중이 높게 나타나는 등으로 차이가 있지만, 공통적으로 이들 민간 주체의 서비스 생산자 조직들은 자기 유지나 서비스 목적을 달성하기 위해 외부로부터 자원을 확보해야하는 과업이 치명적으로 중요하다. 이는 공공 부문의 조직이 조직 체계 내에서 자원을 할당받는 과업 방식과는 현저하게 다르다.

우리나라 사회서비스 생산자 조직들은 외원에 의존했던 초기 사회복지서비스 시절부터 여태까지도 공공(정부) 부문으로부터 민간 자원을 활용하는 당위성이 강조되어 왔다. 이는 여태까지도 일명 '재정화와 시장화' 담론이 우리 사회에 그 유효성에 대한 검증 여부를 떠나 받아들여지게 된 결과로 건재하고 있다. 사회서비스 생산자 조직들이 시장 기능을 통해 재원을 확보하는 재정화 전략(예, 이용료 전략)이 과연 사회서비스 제도를 통해 해결하고자 사회적 통합이나 돌봄과 같은 사회적 기능에 선(善)으로 작용할지에 대한 논의는 배제된 상태에서, 시장화 논리의 보편적

우월성에 대한 강조만이 두드러지게 나타나고 있다.[39)]

사회서비스에 대한 민영화 혹은 시장화 논의에서 주의해야 할 점은 사회서비스를 직접 생산하는 주체들이 자기 유지와 서비스 목적을 극대화하는 전략을 어떻게 할 것인지를 고려해 보아야 할 필요가 있다는 것이다. 사회서비스를 민영화한다는 것과 서비스 생산자 조직의 재원을 민영화한다는 것은 다르다. 대부분의 서구 국가들에서 사회서비스 생산 조직들의 주된 재원은 여전히 정부 자원을 출처로 하고 있다.[40)] 전통적으로 민간 부문의 후원이나 서비스 이용료 등과 같은 재원 비중이 컸던 미국의 사회서비스 조직들에서조차도 정부 자원에의 의존성이 심화되는 것으로 보고된다.[41)]

정부 자원의 공급 방식도 용도지정 지원비, 보조금, 서비스 지급, 서비스구매계약, 서비스 3자 지불, 이용권 등으로 다양한데, 그 가운데서도 이용권 방식이 가장 통제가 적고, 용도지정 지원비 방식이 통제가 가장 많이 수반되는 방식이다.[42)] 미국의 경우는 사회서비스에 대한 정부 자원의 공급 방식이 대부분 서비스구매계약으로 변화하고 있다. 서비스구매계약(POSC)이란 주로 공공기관이 지역사회에 필요한 구체적인 서비스의 내용과 질 등을 명시하고, 그에 따라 이를 이행하려는 의사와 능력을 갖추고서 적절한 비용을 제시하는 민간 사회서비스 기관을 선택해서 계약을 맺어 서비스가 제공되도록 하는 것이다.[43)] 민간 서비스 기관들은 그러한 방식으로 조직 활동을 위한 재원을 확보하고, 공공기관은 이들 서비스 기관을 통해 의

39) 사회복지서비스들을 과연 '시장'의 합리성 기준에 의거해서 수행할 수 있을 지에 대해서는 여전히 많은 의문이 남아 있으며, 실제로 사회복지서비스를 실천하는 민간 사회서비스 조직들에서는 오히려 시장화에 반(反)하는 경향이 나타나고 있다.

40) Kramer, R. (1981). *Voluntary Agencies in the Welfare State*. Berkeley, CA: University of California Press; Eggers, W., & Ng, R. (1993). *Social and Health Service Privatization: A Survey of County and State Governments*. LA: Reason Foundation; Kettner & Martin, 'The impact of declining resources'.

41) Eggers & Ng, *Social and Health Service Privatization*; Kettner & Martin, 'The impact of declining resources'.

42) Kramer, *Voluntary Agencies in The Welfare State*.

43) POSC는 Purchase Of Service Contract의 약자다.

도된 서비스를 클라이언트에게 제공할 수 있다.[44)]

비록 정부 자원의 공급 유형별로 차이가 있지만, 전반적으로는 정부 재원의 수급 전략이 민간 사회서비스 생산 조직들의 서비스 행태나 전달에 미치는 부정적인 효과에 대해서도 관심을 둘 필요가 있다. 현재와 같은 투입물(input) 중심의 보조금 사용에 대한 통제 방식은, 예를 들어 정부보조금의 회계 감사는 예산에 명시된 세부 항목들이 각 항목별로 '정확하게' 쓰였는지와 절차/규정을 '그대로' 순응했는지의 여부를 위주로 통제하는 방식이다. 이는 정부 방식의 관료제적 경직성으로 인해 사회적 자원의 활용에서 막대한 비효율성을 초래하는 원인이 된다.

이러한 문제들에 대처하려면 민간 사회서비스 조직들에 대한 정부보조금 사용에 따른 감사나 평가 방식은 구체적인 투입물에 대한 시비(是非)보다는, 성과나 적어도 산출 기준의 운영 방식이 적절하다.[45)] 이것은 재원 제공자인 공공 부문이 관리나 모니터링 등에 수반되는 비용을 줄일 수 있게 하고, 그러한 재원의 수급 기관인 민간 사회서비스 생산 조직들도 자원의 탄력적 활용을 통해 서비스 목적 달성의 효과성과 효율성을 동시에 제고할 수 있게 한다. 다만 이를 위해서는 예산 할당과 평가 제도에 수반되는 제반 규제들이 보다 정교하게 정비될 필요가 우선한다.

우리나라에서 사회서비스는 세대별 유형으로 각기 다른 작동 기제와 재원 방식을 가지고 있다. 그럼에도 공통점은 공공 부문의 규제자와 재원 제공자로서의 역할, 민간 부문 주체에 의한 서비스 생산자 역할에 대한 분담은 확고하게 지속되고 있다. 유사-시장 기제를 추구하는 3세대 사회서비스까지도 포함할 수 있지만, 적어도 1, 2세대 사회(복지)서비스는 공공 주체가 민간 주체의 생산자에게 시설 혹은 서비스를 위탁함과 동시에 재원을 함께 이전하는 방식을 취하는 형태가 보편적이다. 여러 가지 이유에서 향후에도 이와 같은 사회서비스 공급에 대한 제도적 방

---

44) 이러한 방식을 도입하기 위해서는 자원제공자로서의 공공기관이 지역사회의 욕구 파악과 서비스의 계획, 전달, 평가에 이르는 전반적인 사회복지서비스 기획 능력을 우선 갖추어야 한다. 현재 우리나라에서 중앙정부나 지방정부가 이러한 공공의 기획 능력을 갖추고 있는지는 의문이지만, 이러한 방식으로의 변화를 통해 서비스 전달에의 개연적인 효과가 현재보다는 긍정적으로 변화할 가능성이 크다.

45) 근래 정부 조직들에서 강조되는 성과주의 예산 혹은 수행예산(performance budget)에 대한 취지도 이러한 문제 인식에서 비롯된 것이다.

식의 위상은 크게 훼손되지 않을 것으로 여겨진다. 그러므로 향후 우리나라 사회서비스의 유효성을 제고하려는 어떤 노력에서도 민간 주체 서비스 생산자 조직의 관점에서 공공 재원 확보를 위한 전략 선택과 그로 인한 영향을 파악하는 것이 중요하다.

제10장 사회서비스 전문직

사회서비스가 실천되는 현장은 서비스 제공자와 이용자 간 대면적 인간관계에 따른 휴먼서비스 생산의 속성이 강하게 작용한다.[1] 그로 인해 이 같은 서비스를 생산, 전달하는 과정이나 구조는 다른 물품생산이나 일반행정 서비스들과는 현저히 다를 수밖에 없다. 대부분 산업 제도화된 사회서비스 공급에서는 그 같은 휴먼서비스 생산의 고유한 특성을 다루기 위해 전문직 제도를 부과하는 경향이 있다.

1. 전문직에 대한 논의[2]

전문직이란 개념은 단순하게는 '상급 교육이나 훈련을 요구하는 유형의 직업'으

1) 여기에서의 사회서비스는 광의보다는 협의의 개념에 가깝다. 협의는 휴먼서비스 규정과 유사하게 되는데, 다만 사회서비스는 휴먼서비스가 사회적으로 조성되는 맥락이 강조된다는 뉘앙스 차이가 있다.

2) 이 부분은 본 저술연구의 저자가 쓴 논문 〈김영종(2014). "한국 사회복지전문직의 제도적 전문성 경로와 대안적 정향". 사회복지정책, 41(4), pp. 377-404〉에서 전문직과 전문성의 개념 규정에 관한 내용을 일부 수정된 형태로 차용한 것이다. 인용을 포함한 따옴 문장에 대한 재인용 표기는 생략한다.

로 규정되지만,[3] 구체적으로 들어가면 다양한 정의들이 가능하다.[4] 우리나라에서는 전문직의 개념이 전문가 혹은 전문성이라는 의미와 유사하게 사용되고 있다. 특히 '전문성'의 개념은 일반적으로 남들보다 뛰어나다는 것을 가리키는 탁월성(expertise), 분업화된 특별 역량을 강조하는 스페셜리스트(specialist) 성격을 지칭하는데 사용되는 경향이 있다. 여기서는 전문성이란 전문직의 성격 혹은 전문직주의(professionalism)을 의미하는 것으로 규정하고,[5] 그렇다면 전문직이란 무엇인지를 논의해 본다.

1) 전통적인 전문직 개념

전문직(profession)이란 무엇인지를 규정하는 것은 이 자체만으로도 하나의 연구 영역이 되어 왔다. 그만큼 다양한 논의가 이루어져 왔다는 것인데, 이제까지의 전문직에 대한 개념 정의는 크게 전통적 방식과 2000년대를 전후한 시기에 등장한 새로운 논의 방식들로 양분해 볼 수 있다. 전통적 방식의 전문직 개념에 대한 정의는 다시 특성 모델과 과정 모델, 파워 모델로 분류될 수 있다.[6]

특성 모델(traits model)은 대개 뒤르껨(Durkheim)의 기능주의 접근 맥락을 따르는 것으로, 전문직이 되었던 직업들에서 공통적으로 나타나는 성격들을 확인하여 이를 근거로 전문직의 개념을 규정하는 것이다. 여기서는 전문직이란 명확히 차별화된 과학적 지식 근거를 내세워서 특정 일자리 영역에 대한 배타적 독점과 정체성,

---

3) Collins 영어사전(6th, 2009) / 네이버 온라인사전

4) Rossides, D. (1997). *Professions and Disciplines: Functional and Conflict Perspectives*. Upper Saddle River, NJ: Prentice Hall; Evetts, J. (2006). 'The Sociology of professional groups-new directions'. *Current Sociology, 54*(1), pp. 133-143; Doron, I., Rosner, Y., & Mirit, K. (2008). 'Law, social work and professionalism: Israeli social workers' attitudes towards the 1996 Social Workers Act'. *Journal of Social Welfare & Family Law, 30*(1), pp. 3-16.

5) 스페셜리스트나 탁월성의 의미는 전문직주의가 내포할 수 있는 속성들 중 일부에 해당한다. 전문직이 반드시 스페셜리스트 속성을 갖추어야 하는 것은 아닐 수도 있다. 만약 탁월성만으로 전문성을 규정한다면, 전문직이란 '어떤 일에 뛰어난 능력을 가진 사람들' 정도로 단순하게 제한되어 버린다.

6) 김태성(1997). "사회복지학, 사회복지전문직 그리고 사회복지교육제도". **사회복지연구**, 9, pp. 3-36.

자율적 통제의 필요성을 확보하는 사회적 지위로 본다.[7] 여기에서 지식의 내용은 클라이언트의 사례를 합리적, 윤리적으로 다루기에 충분한 지식과 기술, 경험, 윤리, 외양까지를 갖추었는지가 되고, 이에 따른 탁월성과 그 기술적 근거가 전문직으로서 인정받는 사유가 된다고 본다.[8] 윌렌스키(Wilensky, 1964)의 전문직 발전 단계론은 일종의 특성 모델로서, 어떤 직업이 전문직으로 발전해 가는 데 공통적으로 거치는 단계 혹은 특성이 있다고 보는 것이다.[9] 이를 **과정 모델**(process model)이라고도 한다.

파워 모델(power model)은 1970년대 이후에 등장한 것으로, 전문직이 가지는 '사회적 힘'이나 '독점',[10] 시장이나 관료제/정부 방식과는 다른 독특한 통제적 특성('제3의 논리')에 초점을 두고 전문직을 규정하는 것이다. 통제란 전문가들에 의해 전문적 실천을 제도화/규율화하는 파워를 뜻한다.[11] 전문가들의 연대체인 협회를 갖추거나 활동의 관할권을 확보하는 등은 모두 전문직이 해당 직업적 실천 영역을 보호하는데 필요하다. 전문직은 일 자체가 전문성을 필요로 했기 때문에 제도화되었던 측면보다는, '제도화되었기 때문에 전문직의 일이 되는 것'으로도 보는 것이다.[12] 전문직은 법과 면허제도에 의해서 관할권 자율성을 부여받고, 이를 근거로 지식과

7) 프라이드슨(Freidson, E. 2001). *Professionalism: The Third Logic*. 박호진 역(2007). 프로페셔널리즘: 전문직에 대한 사회학적 분석과 전망. 아카넷. 예를 들어, 특정 직종이 서비스 사명을 구비하고, 구체화될 수 있는 지식 체계를 갖추고 있으며, 자체 통치기구를 통한 진입 규제가 이루어지는 등의 특성을 나타내면 이를 전문직으로 규정하는 것이다. 참고: Greenwood, E. (1957). 'Attributes of a profession'. *Social Work, 2*(3), pp. 44-55; Fook, J., Ryan, M., & Hawkins, L. (2000). *Professional Expertise-Practice, Theory and Education for Working in Uncertainty*. London: Whiting & Birch.

8) 여기에는 단지 기능적 차원뿐만 아니라, 반사적 행동 기술이나 외양(appearance) 등까지도 포함된다고 본다. 예를 들어, '의사들은 단순히 환자를 치료하지 않는다. 의사는 의사처럼 행동한다'는 것이다. 프라이드슨, 프로페셔널리즘, p. 776.

9) Wilensky, H. (1964), 'The professionalization of everyone?'. *American Journal of Sociology, 70*(2), pp. 137-158.

10) Hall, R. (1983). 'Professionalization and bureaucratization', *American Sociological Review, 33*(1), pp. 90-104.

11) Noordegraaf, M. (2007). 'From pure to hybrid professionalism: Present-day professionalism in ambiguous public domains'. *Administration & Society, 39*(6), pp. 761-785.

12) 상게서, p. 767.

기술, 훈련과 직원 선발, 행동 규약 등을 설정하고 강제하는 데 사용한다.[13] 이에 따르면 전문성 혹은 전문직주의란 특정 직업이 지식 기반의 서비스 시장에서 통제력을 확보하거나, 직업 구조를 규제하는 데 쓰는 유용한 도구로 여겨진다.[14]

전통적 혹은 '순수' 전문직에 대한 개념 규정은 대체로 특정 직업 분야가 이러한 특성과 파워 요소들을 두루 갖추는지를 근거로 이루어진다. 전문직으로서 갖추어야 하는 내용적 특성을 갖추었는지, 전문직으로서 행사할 수 있는 배타적 영역에 대한 통제 파워는 확보되었는지를 기준으로 한다.[15]

2) 전문직에 관한 새로운 패러다임

2000년대를 전후한 시기에 이와 같은 전통적인 전문직과 전문성 개념에 패러다임 전환이 일어나면서 새로운 용법과 의미들이 등장했다.[16] 조직화된 현대사회의 특성상 전문직과 전문성이 조직적 통제의 논리에 내포되는 성격, 전문성이 가지는 직업적 통제를 가능하게 만드는 담론으로서의 기능, 전통적인 전문성 개념에 이러한 성격들이 혼재되어 있음을 나타내는 하이브리드 전문직의 개념 등이 그러한 것이다. 이는 21세기 새로운 사회적 질서의 변화가 추동해 낸 것들이다.

21세기 후기현대(post-modern)사회에서는 엄격한 사회적 질서가 붕괴되고, 정보화와 네트워크 사회의 영향으로 지식을 통제하기가 어렵게 된다. 그로 인해 통제된 지식을 기반으로 형성된 직업들 간에도 엄격한 경계가 느슨하고 혼잡해지면서, 이와 동시에 이종 직업들 간 상호작용이나 기능들 간 이합집산은 더욱 빈번해진다. 또한 지식과 네트워크 사회에서는 권위적인 국가 기반의 파워도 약화되기 때문에, 강력한 전문직 연합을 설정하고 유지하는 데 필요한 제도적 기제를 보장받기도 어

13) Abbott, A. (1988). *The System of Professions: An Essay on the Division of Expert Labour*. Chicago, IL: University of Chicago Press.

14) Larson, M. (1977). The Rise of Professionalism. Berkeley: University of California Press; 프리이드슨, 프로페셔널리즘.

15) Noordegraaf, 'From pure to hybrid professionalism'.

16) Evetts, 'The Sociology of professional groups', p. 138.

렵게 된다.[17)]

20세기 후반의 사상적 사조인 신자유주의에 입각한 시장주의와 신공공관리론 역시 전통적인 전문적 논리에 배치되는 힘을 발생시킨다. 시장주의는 시장의 수요와 공급 논리를 우선하는 것이므로, 전문직의 직업적 영역과 권한의 통제를 약화시키는 힘으로 작용한다. 소비자중심주의(consumerism)와 결합된 시장주의는 전문가와 클라이언트 간 파워 관계에 변화를 일으켜서, 전문가에 의한 욕구사정과 진단보다는 소비자에 의한 원함(wants)을 중시하게 만든다. 이는 전문직에 의한 서비스 규정과 공급에 관한 통제력을 약화시키는 결과를 초래한다. 정부 부문에서는 신공공관리론에 의거한 업무 표준화, 수행성과, 성과측정, 관료제적 통제 방식을 추구하는데, 이들 역시 전통적인 전문직이 표방하는 사례-특정의 지식, 전문적 평가, 자율적 통제 등에 배치되는 경향을 초래한다.

순수 전문직의 관점에서 일종의 탈전문직화와도 같은 이러한 현상은 현대 조직적 사회의 특성으로부터도 야기된다. 조직들로 구성된 사회 질서에서 전문직종에 의한 통제력과 자율성은 발휘되기 어렵게 된다.[18)] 기업은 물론이고 공공 영역에서도 관리주의(managerialism)에 의거해서 전문직과 전문가의 역할이 조직 시스템 안에 내장되는 경향이 가속화 되어 왔다.[19)] 이 안에서 전문가들은 자신이 소속된 조직의 논리에 의거한 비용, 표적, 지표, 품질모델, 시장 기제, 가격, 경쟁 등의 개념에 통제받는다. 이러한 조직적 논리에 의한 통제가 전문가들의 전문적 지식에 근거한 판단을 앞서거나 적어도 제한을 가하는 영향력은 불가피하게 된다.[20)] 이러한 전문직의 성격을 '관료적 전문직'이나 '안치된(situated) 전문성'의 개념 등으로 부른다.[21)]

조직화된 현대사회에서는 전문가와 관리자의 역할이 모호해지게 되는 경향도 나

17) Evetts, J. (2003). 'The sociological analysis of professionalism: occupational change in the modern world'. *International Sociology*, *18*(2), pp. 395-415.

18) Larson, *The Rise of Professionalism*.

19) Elliott, P. (1972). *The Sociology of Professions*. London: McMillan.

20) Noordegraaf, 'From pure to hybrid professionalism'.

21) Abbott, *The System of Professions;* Noordegraaf, 'From pure to hybrid professionalism'.

타난다.[22] 건강돌봄, 사회복지 분야, 교육, 경찰 등의 분야에서도 마찬가지로, 현장 전문가(의사, 사회복지사, 교사, 교수, 경찰)들은 대개 조직의 관리자 책임을 함께 맡게 되고, 그러한 조직의 시장-지향적 활동에 따른 역할을 수행하도록 요구받는다. 반대로 전형적인 관리자들도 전문가의 역할을 떠맡도록 요구받는다. 행정 관리자들, 정책결정자들, 서비스 전달체계 등에서도 전문직주의의 모델이 나타난다.[23]

이러한 상황에서 전문직을 특정한 인간 영역의 문제에 대한 우월적인 지식을 보유하고 배타적인 통제력을 행사하는 집단이라고 보는 전통적인 개념은 한계를 보인다. 현대사회에서 전문직들은 조직적/관료제적 현실에 적응하도록 강요된다. 그래서 지위(status)로서의 전문직 대신 직업적(occupational) 전문직으로 변화하고, 소속된 조직의 통제 논리에 귀속되게 된다.[24] 적어도 조직사회의 특성을 감안하자면 전통적인 전문성의 개념은 조직적 맥락과 상황 안에 안치되어 제한된 형태로서 존재할 수밖에 없게 된다. 예를 들어, 종합병원에서 의사가 행사할 수 있는 전문성 논리는 병원 조직의 운영 논리 안에 놓여 있는 것이다.

전통적인 전문직들은 현재 사회적 변화에 따라 여태까지의 자율적, 통제적 직업 영역이 축소되고, 전문직 구성원들은 자기 행위에 대한 효과/효율성을 증빙해야 하는 이른바 책임성(accountability) 이슈에 보다 많이 노출된다. 한편, 역설적이기는 하지만, 사회복지 실천이나 간호 영역에서는 이 같은 책임성 이슈에 대한 강조가 오히려 증거기반이나 성과지향 접근을 강조해서 준전문(quasi, proto, semi) 직업에서부터 전문직화되려는 열망과 노력을 야기한다고 본다.[25]

22) Exworthy, M., & Halford, S. (Eds., 1999). *Professionals and the New Managerialism in the Public Sector*. Buckingham, UK: Open University Press.

23) Reed, M., & Anthony, P. (1992). 'Professionalizing management and managing professionalization: British management in the 1980s'. *Journal of Management Studies*, *29*(5), pp. 591-613.

24) Elliott, *The Sociology of Professions*; Freidson, E. (1986). *Professional Powers: A Study of the Institutionalization of Formal Knowledge*. Chicago, IL: University of Chicago Press; Larson, The Rise of Professionalism.

25) Exworthy & Halford, *Professionals and the New Managerialism in the Public Sector*; Webb, S. (2001). 'Some considerations on the validity of evidence-based practice in social work'. *British Journal of Social Work*, *31*, pp. 57-79.

사회서비스 실천 전문직은 의료나 법률 분야의 기성 전문직에 비해 뒤늦은 신입으로, 전문적 정체성의 확보 과정에 매달려 왔다.[26] 전통적인 전문직 개념에 기초해서 과학적 이론 근거(즉, 지식)에 기초한 교육과 훈련을 통한 지식의 제도화와 통제에 주력해 왔다.[27] 그럼에도 이와 같은 사회복지 실천의 전통적 방식의 전문직주의에 대한 추구를 시대에 뒤떨어진 근대주의적인 사유로 비판하는 입장도 강해지고 있다. 전통적 전문직은 클라이언트 욕구에 대한 정형화되고 과학적인 지식을 갖추고,[28] 객관화된 측정과 사정, 전문적인 판단과 처방을 내리는 입장을 선호한다.[29] 문제는 이러한 방식이 일종의 엘리트 지식주의의 산물이며,[30] 이는 자조(self-help)적 가치의 본질과도 배척되는 관계에 놓이게 해서 사회서비스 실천의 중요한 영역에서 전문직의 위상을 위태롭게도 할 수조차 있다고 보는 것이다.[31]

이와 함께 인간 행동과 문제들에 대한 완벽한 지식과 객관적 원인론을 갖추는 것이 가능한지에 대한 의문이 강하게 제기되고 있다.[32] 후기현대사회에서 지식과 기술은 임시적이고 다원적 본질에 대한 탐색을 의미하는 것이라고도 본다.[33] 그러므

26) Weiss, I., & Welbourne, P. (Eds, 2007). *Social Work as a Profession: A Comparative Crossnational Perspective*. Birmingham, UK: Venture Press; Doron, et al., 'Law, social work and professionalism'.

27) Fook, J. (2000). 'Deconstructing and reconstructing professional expertise'. In B. Fawcett et al. (Eds.), *Practice and Research in Social Work* (pp. 104-119). NY: Routledge.

28) Camilleri, P. (1999). 'Social work and its search for meaning: Theories, narratives and practices'. In B. Pease & J. Fook (Eds.), *Transforming Social Work Practice: Postmodern Critical Perspectives* (pp. 25-39). London & NY: Routledge.

29) Parken, S., Fook, J., & Pease, B. (1999). 'Empowerment: the modernist social work concept par excellence'. In B. Pease & J. Fook (Eds.), *Transforming Social Work Practice: Postmodern Critical Perspectives*. London: Routledge; Parton, N. (2003). 'Rethinking professional practice: the contribution of social constructionism and the feminist ethics of care'. *British Journal of Social Work, 33*, pp. 1-16.

30) Freidson, *Professional Powers*.

31) 예를 들어, 장애인자립생활 등의 분야에서 활동하는 사회복지사의 기능과 역할에 대한 의문을 제기할 수 있다. 참고: Leung, T. (2010). 'Social work professionalism in self-help organizations'. *International Social Work, 53*(4), pp. 474-488.

32) Parton, 'Rethinking professional practice'.

33) Hugman, R. (2003). 'Professional values and ethics in social work: reconsidering postmodernism?'. *British Journal of Social Work, 33*, pp. 1025-1041.

로 이 같은 패러다임에서 전문성이란 단순히 지식을 익히고 적용하는 것이라기보다는, 서비스 이용자들과의 대화와 담소를 통해 전문성이 지속적으로 생산되는 측면을 중시하게 된다.[34] 사회서비스 전문직이란 진리를 주장하면서 문제에 대한 해답을 주는 탁월자(expert)가 아니라, 스스로 탁월자인 사람들(클라이언트)이 활용할 수 있는 자원이 되게 하는 과정을 통해 전문직화 되는 것이 바람직하다고도 보는 것이다.[35]

2. 사회서비스 생산과 전문직 제도

사회서비스는 보통 현금이전 서비스 등과는 다른 대인적 휴먼서비스로 규정한다. 이러한 휴먼서비스를 실천 생산한다는 것은 사전에 표준화될 수 없는 사람들의 문제를 불확정적인 기술 체계로 대응하고, 휴머니즘의 가치를 전제로 개성화와 전일성의 원리가 적용되어야 하는 고유한 성격을 띤다. 이러한 특성의 휴먼서비스가 사회적으로 생산되기 위해서는 관료제적 조직 생산의 방식보다는 전문직을 활용하는 방식 혹은 전문직제가 보다 적합하다고 보는 것이 일반적이다.

전문직제란 현장에서의 개별화된 대응을 중요하게 간주하는 분야들에서 주로 채택하는 조직화 방식인데, 휴먼서비스에 필요한 가치와 지식을 갖추었다고 인정된 사람들 혹은 그들로 구성된 조직들에게 일정한 자율성과 현장에서의 결정권을 부여하는 방식이다. 이는 미리 확정된 표준화된 지식 체계로 작동하는 기술자(engineering) 방식과도 구분된다. 사회서비스를 포함해서 의료나 변호, 교육 등과 같은 대인적 휴먼서비스의 생산 특성을 띠는 분야에서는 대부분 이와 같은 전문직제를 근간으로 서비스 생산체계를 조직화한다.

---

34) Foster, P. (1983). *Access to Welfare-An Introduction to Welfare Rationing*. London: Macmillan.
35) Noordegraaf, 'From pure to hybrid professionalism'.

1) 사회서비스 생산의 특성

사회서비스는 조직을 통해 생산되고 소비된다. 비록 휴먼서비스 실천의 핵심 과정은 서비스를 주고받는 사람들 간의 '대인적' 상호작용 관계에 있지만, 이 관계가 성립되게 하는 것은 조직적 전달 과정에 달려 있다. 예를 들어, 노인돌봄서비스의 직접 실천은 요양보호사와 노인 간의 대인적 관계로 이루어지지만, 그것은 노인장기요양보험과 같은 제도적 틀에서 규정하는 '기관'이라는 조직 체계에서 조성되고 운영된다.

문제는 그와 같은 조직적 체계가 대인적 휴먼서비스의 관계에서 발생하는 일들을 직접 규정하기는 어렵다는 점에 있다. 전형적인 관료제 조직의 방식에서는 체계 내 구성원 혹은 구성 요소들 간의 명확한 역할 분담과 조정(통제)을 위해 사전에 명시화된 규제를 두는 것을 기본 원리로 삼는다. 그러나 휴먼서비스의 불확정적 기술로 인해 사회복지조직에서는 그러한 엄격한 기계적 조직 방식이 적용되기 힘들다는 데 문제가 있다.

휴먼서비스는 서비스 전달의 핵심 과정을 구성하는 제공자와 대상자 모두 인간으로서 무한한 개별성을 갖는 존재로 상정한다. 그러므로 이들이 구성해서 전개해 가는 관계는 사전에 예측되거나 유형화해 두기가 어렵다. 예를 들어, 심리상담에서의 상담자는 내담자와의 상담 과정에서 어떤 이슈가 불거져 전개될지, 그 결과나 효과는 어떻게 될지를 미리 정확하게 예상하지 못한다. 그것은 과정을 통해 매번 새로운 형태로 진전되어 가기 때문이다. 그럼에도 만약 상담자가 이를 예상하는 행동을 한다면, 그것은 자기-실현적 예언이라는 부정적인 사전-확정성의 오류를 범하는 것이 될 수조차 있다. 이를 일반적으로 휴먼서비스 기술의 불확정성 특징이라 한다.[36)]

그럼에도 불구하고 사회서비스가 공급되는 사회적 맥락은 현대사회의 특성에 따라 조직들 간 체계에 의해 이루어지는데, 그 근간 원리는 대개 사전 예측과 확정성

36) Austin, D. (1995). 'Management overview'. *Encyclopedia of Social Work(19th)*, Vol.2, pp. 1642-1658.

을 중시하는 관료제적 방식을 따른다. 문제는 사회서비스가 실천되는 생산 현장에서는 그러한 관료제적 조직 방식이 온전히 작동되기 어렵다는 점에 있다. 어린이집에서 보육교사가 아이들을 돌보는 과정에서 전개되는 구체적인 행위들을 관료제적인 규범집을 만들어서 통제하기란 불가능에 가깝다. 그럼에도 그러한 서비스 과정이 통제될 필요성이 없다는 것은 결코 아니다. 오히려 이러한 과정이 감시의 어려움으로 인해 인권 침해의 사각지대가 될 위험도 크고, 또한 서비스의 질에 대한 객관적인 평가도 어려운 만큼 서비스 과정에 대한 적절한 사회적 통제의 필요성은 더욱 클 수 있다. 문제는 어떤 조직적 통제 방식으로 이를 구현하는 것이 적절할 것인지에 달려 있는 것이다.

2) 휴먼서비스의 전문직

휴먼서비스의 속성을 감안해서, 대부분 사회에서 사회서비스의 실천 과정은 관료제적 조직 방식보다는 '전문직' 조직 방식을 선호하는 경향이 있다. 전문직(profession)이란 사회적으로 필요한 특정한 가치와 지식, 기술을 행사할 수 있도록 권한을 위임받은 집단이다. 전문가란 이러한 전문직에 소속되어 있으면서, 전문직의 가치와 교육을 이수받은 사람을 말한다.[37] 사회복지사, 교사, 의사, 간호사, 각종 상담가 및 치료사 등이 모두 그런 경우다. 휴먼서비스를 수행하는 조직에서는 대개 서비스의 질이나 효과성의 통제를 전문가에게 의존하기 쉽다. 이를 관료제적 조직 통제와 대비해서 전문적 조직 통제라 한다.

사회서비스 실천에서 전문적 방식의 강조가 한편으로는 휴먼서비스 생산의 또 다른 특성인 서비스 제공자와 클라이언트 간 상호작용에서 양자 모두의 긴밀한 참여라는 원칙과 배치되는 것으로 여겨질 수 있다. 상호작용이란 양쪽의 역할

37) 전문직은 확정적인 지식과 기술을 보유한 기술자나 엔지니어 집단과 다르다. 의사를 기술자나 엔지니어라고 하지 않는 이유는, 환자의 상태와 치료하는 방법이 고정되기 힘들기 때문이다. 확정적이지 않다는 것이 지식의 열악함을 의미하는 것은 아니다. 오히려 전문직은 인간 문제의 개별성과 전일성, 비확정성 등에 대처하기 위해 보다 폭넓은 지식과 깊이 있는 숙련을 필요로 한다.

이 동시에 필요하다는 것으로, 특히 클라이언트가 서비스 제공자의 일방적인 처치(treatment) 대상이 아님을 뜻한다. 휴먼서비스 관계에서는 서비스 제공자뿐만 아니라 클라이언트 역시 주체적으로 반응하는 인간으로 간주하기 때문이다. 휴먼서비스의 효과성은 상당 부분 대상자로서의 클라이언트가 서비스 과정에서 얼마나 적극적으로 참여하는지 혹은 얼마나 적절히 반응하는지에 의해 좌우된다.

예를 들어, 교사와 학생, 상담가와 내담자, 의사와 환자, 사회복지사와 클라이언트 관계와 같은 휴먼서비스의 전문적 실천 구조에서 서비스의 효과성은 전문가 제공자의 일방적 처치 능력만으로 결정되지 않는다. 학생, 내담자, 환자, 클라이언트는 결코 '나무 토막'과 같은 무반응적 사물 대상이 아니기 때문이다. 교사의 가르침을 듣는 것도, 상담자의 조언을 신뢰하는 것도, 의사의 처방을 따르는 것도 모두 그러한 서비스를 소비하는 대상자의 몫이다. 이들은 스스로 반응하면서 서비스 효과성의 상당 부분을 결정한다.

휴먼서비스 실천 과정에서 서비스 제공자와 소비자 간 상호작용과 소비자의 능동적인 참여가 중시되는 이 같은 속성을 '공동생산(co-production)'의 특성이라 한다.[38] 이로 인해 사회서비스를 실천하는 조직들은 클라이언트의 참여를 활성화할 수 있는 조직 구조와 서비스 과정을 갖추어야 할 필요가 있는데, 이것이 일종의 클라이언트 임파워먼트로서 자칫 서비스 전문직의 디파워먼트를 의미하는 것처럼 여겨질 수가 있다. 그러나 그와는 반대로 대부분의 휴먼서비스 전문직들은 이 같은 공동생산의 유효성 가치를 오히려 극대화하는 지식과 기술 체계를 내재하는 것을 원칙으로 삼는다. 이것이 휴먼서비스 전문직과 일반사무 기술직과의 차이를 낳는 특수성이다.

3) 전문조직과 전문가

사회서비스에서는 비록 휴먼서비스의 제공자와 소비자 간 관계가 실천의 핵심

38) Austin, D. (2002). *Human Services Management: Organizational Leadership In Social Work Practice*. Chichester, NY: Columbia University Press. pp. 41-42.

이지만, 그러한 실천 관계를 조직하는 것은 다른 차원의 사회 조직화에서 다루어진다. 휴먼서비스 실천의 고유성으로 말미암아 사회서비스의 실천 현장은 대개 전문직제의 성향을 띠지만, 그럼에도 사회서비스의 사회적 관계의 공급 특성이 가미되어 관료적 조직제와의 일정한 결합 양상을 초래한다.

제도화된 사회서비스 공급체계에서는 대인적 휴먼서비스의 실천 관계가 단순히 전문직 서비스 제공자와 수급자로서의 소비자 간 상호작용만으로 결정되지 않는다. 이는 소비자의 성격과 밀접히 관련이 있는데, 만약 소비자가 수급자(R)와 수혜자(B) 개념이 통합된 상태에서 소비에 대한 자기 지불 능력을 갖춘 경우라면 [그림 10-1]과 같은 시장 모형의 서비스 실천 구조가 가능할 수는 있다. 여기서는 일정한 규제의 한도 내에서 전문가와 소비자 간 휴먼서비스 상호작용이 대부분의 실천 과정을 형성한다.

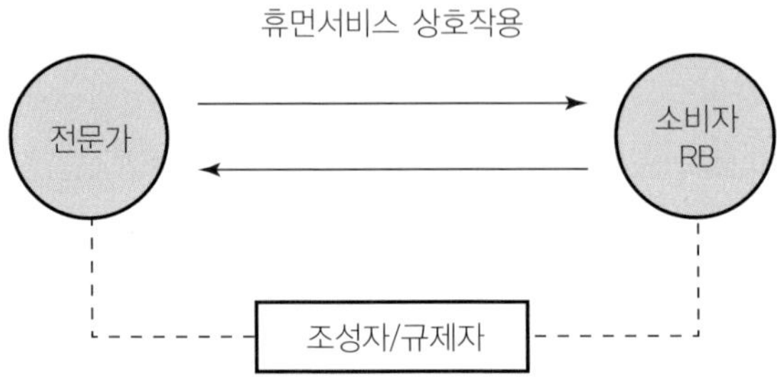

[그림 10-1] 시장 서비스의 생산 구조

대부분의 사회서비스에서는 현실적으로 [그림 10-1]과 같은 구조를 따르기 힘들다. 사회서비스 소비자의 분리 특성으로 인한 것인데, 그로 인해 휴먼서비스가 사적이나 시장 관계가 아닌 사회적 관계로 조성된다는 사회서비스의 특성을 만들어낸다. 사회서비스의 소비자는 R과 B가 일정 정도 분리되는 성격을 띤다. 소비자R이 서비스를 받음으로 인해 직접 서비스를 받지 않음에도 혜택을 보는 소비자B가 존재할 수 있고, 또한 소비자B가 대부분 소비자R에게 지급되어야 할 서비스의 목적과 내용, 전달 과정에 대한 평가를 지배하는 영향을 미친다는 점에서 일반적인 서비스 생산 양식으로서의 생산과정에 특화된 서비스 전문직에 의한 독점 생산 양식과는 구분된다.

특히 앞서 설명했던 사회적 관계의 양상이 제3자 재정지원의 방식이 우세함에 따라 환경적 영향을 강하게 받는 특성이 발생한다. 이는 사회서비스에서 제3자가 재정 지원을 하는 이유가 대부분 소비자B의 욕구를 대변하기 때문이라는 것과도 일치한다. 그 결과 일반적으로 사회서비스를 생산하는 관계의 구조는 [그림 10-2]의 양상으로 형성된다.

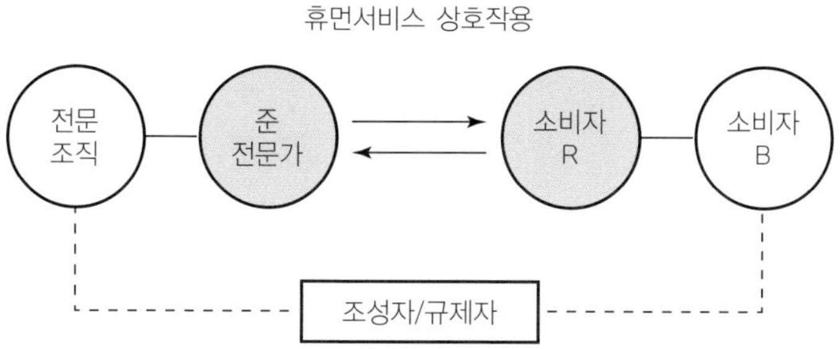

[그림 10-2] 사회적 서비스의 생산 구조

[그림 10-2]에서처럼 사회서비스 생산에서는 흔히 준전문가(para-professional) 형태의 관계 구조를 찾아보기 쉽다. 우리나라의 사회서비스 생산도 대부분 이와 같은 규제의 특성에서 이루어지는데, 이는 전문가 활동을 조직 단위에서 분리시켜 조직 차원을 사회적 조성의 일차적 통제 기반으로 삼기 위한 것이다. 예를 들어, 사회서비스 시설(기관)에 대한 지원/통제를 사회서비스 공급의 일차적인 기제로 간주하는 것이다. 다만 그러한 시설 조직에 전문성의 특성을 부여하는 방식을 취한다. 이때의 전문성이란 대개 시설 조직에게 전문가(준전문가)를 고용하게 하는 것이다. 이를 준전문가라고 하는 이유는 이들 스스로가 생산자 조직의 주체가 될 수 없는 구조이기 때문이다. 이를 통칭하는 용어로 '종사자'라고도 한다. 이는 뒤에서 자세하게 설명한다.

앞서 [그림 10-1]과 같은 전문직 생산 조직의 관계는 이전에 이미 강력한 시장화된 제도적 기반을 구축해 두었던 직종에서는 남아 있다. 예를 들어, 건강과 관련된 사회서비스 분야에서의 의료전문직이 대표적인 경우다. 이들 전문직에서는 소비자와 직접적인 서비스 교환관계를 중심으로 출발했고, 후에 사회적 관계로서의 구조화가 진행되었으므로, 사회 조직화의 영향을 그나마 덜 받을 수 있었다. 이 경우에 조성자/규제자로서의 공공 부문의 역할은 대개 이러한 전문직에 대한 규제를 가급적 늘리는 방향으로 노력하는 것이다.

출발부터 산업제도적 관계로 조성되었던 대부분의 복지나 돌봄의 사회서비스들에서는 상황이 이와 다르다. 그로 인해 관료제적 조직(공공 부문의 지원 효과로 인한 원인이 크지만)의 조성과 규제를 강하게 요구받는 상황에서, 가능한 한 휴먼서비스 본연의 속성 구현에 적합한 전문직 구조를 확보하려는 지향이 나타난다. 그로 인해 관료조직적 기제하에서 전문직의 속성이 구현되어야 하는 한계를 드러낼 수밖에 없게 된다. 이는 대부분의 산업제도화된 사회서비스 생산 양식을 따르는 사회들에서 공통적으로 나타나는 바이지만, 우리나라의 경우에는 특히 이와 같은 경향이 두드러진다. 그 대표적인 경우가 사회복지시설과 종사자에 대한 개념 규정에서 드러난다.

3. 사회서비스 전문직 – 시설과 종사자

우리나라에서 사회서비스 분야의 전문성에 대한 사회적 재가는 실천 전문조직과 실천 전문가라는 이원적인 방식에 기초한다. 빈곤대상에 대한 선별적 사회복지서비스로부터 시작해서 현재 보육이나 노인 돌봄과 같이 보편적 사회서비스로 목적이 확대되는 과정에서 서비스 생산자 조직이나 인력에 대한 규제 역시 변화되어 왔다. 공통적으로는 사회서비스 영역의 일을 전문성의 영역으로 사회적 재가를 두어 왔지만, 전문성의 재가 방식은 사회서비스의 발달 단계별로 달라져 왔다.

우리나라의 사회서비스는 세대별로 확연한 차이를 보여 왔다. 서비스의 목적과 대상, 공급방식 등에서 각기 다른 속성을 가지는데, 특히 사회복지서비스라고 불리는 1, 2세대 사회서비스와 바우처 사회서비스로 통용되는 3세대 사회서비스는 목적에서 빈곤과 돌봄, 대상에서 선별과 보편, 공급방식에서 생산자 지원과 이용자 지원 등으로 현격한 차이를 보인다. 이와 함께 서비스 생산의 조직에 관한 전문직 방식에서도 사회복지서비스와 3세대 사회서비스는 상이한 유형을 나타낸다.

앞서 설명했듯이 전문직이란 사회적 생산의 한 양식을 의미한다. 사회적으로 필요한 재화나 서비스를 생산하기 위해 그에 부합하는 특정한 가치나 지식, 기술을 보유하는 집단에 대해 사회적으로 재가를 하는 것이다. 우리나라의 사회복지서비스에서는 초기에 그러한 전문성이 주로 부여된 곳은 '시설'이라는 조직이었다. 여기에서 인력 개념의 전문직인 전문가는 '종사자'로 규정되었다. 예를 들어, 아동학대의 예방과 방지를 위해서 「아동복지법」에서 '아동보호전문기관'이라는 시설 설치에 대한 규정을 두고, 여기에 배타적인 활동 영역과 고유성을 인정한다. 법제를 통해 아동학대의 피해 아동 및 보호자를 포함한 가족에 대해 상담이나 교육, 의료 · 심리적 치료 등의 필요한 지원을 제공해야 할 일차적인 책임을 이 시설 조직에 부여하는 것이다. 이 조직이 부여받은 사회적 책임을 실천하는 과정에서 필요한 조직 구성 인력은 보통 종사자로 표현된다.[39)]

이처럼 대부분의 1, 2세대 사회서비스, 즉 사회복지서비스는 그 서비스의 사명과 생산에 대한 일차적인 책임이 조직(시설)에 부여되고, 그 조직은 실천을 위해 종사자를 갖추는 방식을 취한다. 이때 휴먼서비스의 실천 특성에 따라 대인적 서비스를 담당하는 치료나 상담, 교육, 훈련 등과 관련된 종사자 인력은 대개 특정한 전문직 교육이나 훈련, 경력 등을 요구한다. 「아동복지법」이나 「장애인복지법」 「노인복지법」 등과 같은 대부분의 사회복지서비스 관련법들에 규정된 제도적 사회서비스들은 그 생산과 실천이 이와 같은 맥락으로 규정되어 있다.

전문조직과는 별도로 전문가가 필요한 까닭은 대인적 서비스의 직접 실행 과정은 규제로 규정하기가 어렵기 때문이다. 예를 들어, 조직 단위의 규제는 생활재활서비

39) 이들 종사자에 대한 자격과 배치기준 등도 법제적으로 정하는데, 「아동복지법」에서는 아동보호전문기관의 경우에는 이를 대통령령(시행령)에서 규정한다. 여기에서 상담원의 자격은 법정 교육과정을 수료한 사람이거나 사회복지사 1급 자격 보유자, 대학에서 심리학과를 졸업한 사람 등으로 한다. 임상심리치료 전문인력은 임상심리사 자격 보유자, 놀이치료나 음악치료, 심리상담의 전문치료 가능한 자 등으로 규정한다.

스를 위해 생활재활교사를 두고, 생활재활교사의 자격은 어떤 것이어야 하고, 최소한 서비스 질의 보장을 위해 대상자 몇 명당 1인을 두어야 하는지 등까지를 둘 수는 있다. 그럼에도 이들이 실제로 아이들과의 대면적 관계에서 어떤 상황에서는 어떤 마음가짐과 자세를 가지면서 몸짓과 눈빛, 대화를 해야 하는지는 규정할 수 없다. 이런 경우에는 대부분 특정 가치나 교육, 훈련을 받은 사람들이면 할 수 있을 것이라는 전제에서 특정 집단(전문직)에게 생산을 위임한다. 이것이 표준화된 공장 생산과 다른 휴먼서비스 생산 고유의 특성으로 인해 기인하는 전문직 위임 현상이다.

이와 같은 전형적인 사회복지서비스 공급 방식에서의 전문조직과 종사자 전문가 형태의 전문직 생산관계는 3세대 사회서비스가 등장하면서 퇴조하게 된다. 이때까지 사회복지서비스의 공급 방식을 규정했던 「사회복지사업법」 체계가 들어맞지 않게 된다. 3세대 사회서비스에서는 이용자의 시장 선택을 주요 서비스 통제 기제로 삼는 까닭에, 생산자 시설에 주된 책임을 부여하는 이전 방식과는 뚜렷이 다른 양상을 띤다. 서비스 기관들은 서비스 이용권에 명시된 서비스의 내용과 질을 담보한다는 사회적 인정 정도가 요구된다. 그럼에도 노인장기요양 등과 같은 심각한 서비스의 내용을 담보해야 할 필요가 있는 경우에는, 여전히 시설 통제와 책임의 방식을 병행한다.

〈표 10-1〉 사회서비스 분야 국가공인, 국가전문 자격증 등 현황

영역	사회서비스 분야 인력
아동·청소년·가족	아동통합서비스전문요원, 심리치료전문인력(아동보호), 생활복지사, 아동복지교사, 보육교사, 청소년지도사, 청소년상담사, 건강가정사
장애인	장애인활동보조인, 사회복지사, 장애인재활상담사, 재활치료사(물리치료사, 작업치료사 등), 직업재활사, 의자 · 보조기 기사, 언어재활사, 점역(點譯)교정사, 수화통역사, 청각장애인통역사(민간)
노인	요양보호사, 사회복지사(사례관리 전문인력)
보건·고용·주거·교육	방문간호인력, 직업상담사, 주거복지사, 평생교육사, 생활스포츠지도사

자료: 강혜규 외(2018). 사회서비스종합대책 수립지원 연구 (미발간).

3세대 사회서비스의 방식에서는 조성자(재정 제공자)나 규제자가 서비스 생산 조직을 직접 통제할 수 있는 방법이 제한된다. 그러므로 더욱 소비자 측면에서의 서비스의 질에 대한 관리를 염두에 둘 수밖에 없게 되는데, 이런 경우에도 서비스 조직에 대해서는 설치 기준이나 서비스 제공 인력에 대한 최소한의 자격 기준은 요구한다. 〈표 10-1〉은 현재 우리나라에서 사회서비스 분야에서 활동하는 서비스 제공자들에 대한 공인 혹은 전문 자격증 제도와 관련한 현황을 보여 준다.

4. 사회복지시설과 사회복지사[40)]

우리나라 사회서비스는 오랫동안 대인적 휴먼서비스를 강조하는 사회복지의 개념을 중심으로 발달해 왔다. 이 과정에서 사회서비스 생산의 전문성에 대한 논의도 대부분 사회복지 전문직의 성격과 관련해서 다루어졌던 경향이 있다. 비록 3세대 사회서비스의 등장으로 이러한 관련성이 이전보다 약화되고 있지만, 여전히 사회복지 전문직에 대한 설명은 우리나라 사회서비스의 전문적 생산 방식을 이해하는 데 필수적이다.

사회복지(서비스) 분야에서 전문직과 전문성에 대한 논의는 오랫동안 계속되어 왔다. 20세기 초 일찍부터 사회사업가(social worker)를 전문직화하려 했던 미국은 여태까지도 사회사업 전문직의 성격 규정에 대한 논의를 하고 있다.[41)] 우리나라를 비롯해 사회복지 전문직화를 추구해 왔던 많은 다른 나라에서도 이 논의는 사회서비스 관련 직종의 정체성과 관련해서 지속적으로 중요한 문제로 다루어지고 있다.[42)]

---

40) 이 절은 본 저술연구 저자의 논문 〈김영종(2014). "한국 사회복지전문직의 제도적 전문성 경로와 대안적 정향". 사회복지정책, 41(4), pp. 377-404〉에서 우리나라 사회복지 전문직의 역사에 관한 내용을 일부 수정된 형태로 차용한 것이다. 인용을 포함한 따옴 문장에 대한 재인용 표기는 생략한다.

41) Austin, 'Management overview'; Fong, R. (2014). 'Framing doctoral education for a science of social work: positioning students for the scientific career, promoting scholars for the academy, propagating scientists of the profession, and preparing stewards of the discipline'. *Research on Social Work Practice*, *24*(5), pp. 607-615.

1) 사회복지 전문직의 제도적 발전

우리나라에서 사회복지 전문직은 「사회복지사업법」 제도의 영향을 받아 사회복지법인과 시설이라는 전문조직의 개념을 중심으로 출발했으며, 사회복지사는 이들 조직의 '종사자'로 대표되던 개념에서 분화되어 고유의 정체성을 확립해 온 흐름으로 이해된다. 즉, 조직 전문직에서 출발해서 전문가적 전문직의 일부가 갈라져서 발전해 온 이중 경로로 형성되어 왔다고 할 수 있다. 현재에도 이러한 이중 경로에 대한 이해는 한국 사회복지 전문직을 설명하는 핵심이 된다.

전통적인 전문직의 개념은 통제 중심(locus of control)이 자연인 전문가와 그들의 연대체인 협회에 귀속되는 것으로 본다. 배타적 교육과정을 통해 전수되는 지식과 기술을 소유하고, 자격과 면허를 통한 진입 통제를 국가로부터 획득하고, 스스로 권리와 의무를 통제하며, 책임과 윤리, 사명을 가지는 이 같은 전문가와 그들의 자율적 통제 집단을 전문직이라고 보는 것이다. 이러한 개념을 대표하는 것은 변호사와 의사 전문직이다. 이들은 제도와 결합해서 전문직을 고수하는 법적 규제를 충실히 갖추어 놓고 있는데, 변호사의 법적 지위는 「변호사법」을 통해, 의사는 「의료법」에 기초해서 진입과 실천(개업), 활동 영역에 대한 통제력을 보장받고 있다. 이 외에도 변호사가 소송법 등과 같은 각종 규제를 통해 법률 행위에 관한 배타적 활동 영역을 보장받고 있듯이, 이들 전통적 전문직에 대한 법제도적 규제 체계는 광범위하게 형성되어 있다.

42) Leung, 'Social work professionalism'; H-U. Otto, A. Schaarschuch (1999). 'A new social service professionalism?: The development of social work theory in Germany'. *International Journal of Social Welfare*, *8*, pp. 33-46; Doron, et al., 'Law, social work and professionalism'; Heite, C. (2012). 'Setting and crossing boundaries: professionalization of social work and social work professionalism'. *Social Work & Society*, *10*(2) [http://nbn-resolving.de/urn:nbn:de:hbz:464-sws-367]; 박종우(1994). 사회사업가의 전문직업적 정체성 연구. 서울대학교 대학원 박사학위논문; 김태성, "사회복지학, 사회복지전문직 그리고 사회복지교육제도"; 이혜경 · 남찬섭(2005). "한국 사회복지학의 고등교육 50년: 사회복지의 제도화와 고등교육의 대중화를 배경으로". **한국사회복지교육**, 1(1), pp. 69-95; 이순민 · 임효연(2011). "전문성 향상의 관점에서 본 미국, 일본, 한국의 사회복지 자격제도 비교". **사회복지연구**, 42(4), pp. 103-136; 이봉주 · 김기덕 · 유태균(2014). 한국 사회복지교육, 무엇을 지향하고 가르쳐야 할 것인가? [한국사회복지학회 추계학술대회 기획주제발표문].

〈표 10-2〉 의료법과 변호사법에서 전문가 vs. 전문조직 규제 조문 수 비교

조문 구분	의료법		변호사법	
	1962년	2014년	1962년	2014년
국가/공통/기타	13 (18.6%)	24 (23.3%)	0 (0%)	19 (11.2%)
의료인 ‖ 변호사	38 (54.3%)	43 (41.7%)	46 (100%)	100 (59.2%)
의료기관 ‖ 법무법인	19 (27.1%)	36 (35.0%)	0 (0%)	50 (29.6%)
조문 수 합	70 (100%)	103 (100%)	46 (100%)	169 (100%)

〈표 10-2〉에서 보듯이 「의료법」과 「변호사법」 규제의 대부분은 여전히 자연인 개념의 의료인과 변호사의 권리와 의무에 관한 조문(각기 41.7%, 59.2%)이다. 비록 근래에는 조직적 사회의 영향으로 이들 전통적 전문직의 활동에서도 조직 단위의 권리와 의무에 대한 규정이 늘어나고 있지만(각기 27.1% → 35.0%, 0% → 29.6%), 여전히 의료와 변호 활동의 영역에서 의료인과 변호사가 배타적 권리와 의무의 일차적 역할 주체인 전문직으로 규정되어 있다.

우리나라에서 사회복지사는 자연인 전문가로서 이와 같은 전통적 전문직에 부합하는 규제 형성에 성공했다고 보기 어렵다.[43] 〈표 10-3〉은 「사회복지사업법」에서 사회복지서비스에 대한 권리와 의무가 조직(법인/시설)과 사회복지사에게 각기 어떻게 주어져 있는지를 조문 수의 비중으로 비교 분석해 본 것이다. 1970년 법제정 시부터 현재까지 전체적으로 자연인 전문직으로서의 사회복지사에 대한 제도적 규제의 비중은 지나치게 작다(6.9%, 6.7%). 이는 앞서 〈표 10-2〉에서 나타나는 의료인과 변호사에 대한 법제도의 전문직 규제 성격과는 판이하게 다르다.

1970년 제정법에서는 총 조문 수가 29개이고, 그 가운데 사회복지사(종사자)에 대한 규정은 2개(6.9%), 사회복지법인과 시설에 대한 사회복지조직 관련 규제가 17개(58.6%)로 되어 있다. 사회복지조직에 관한 규제들에서도 법인 관련 비중이 거의 대다수(88.2%)로 구성되어 있다. 그 후 이러한 규제의 총량 증가와 함께 비중에

43) 김현희(2009). "사회복지사의 법률적 규정에 의한 사회적 위상 비교 분석 연구: 「사회복지사업법」과 변호사법 및 의료법과의 비교를 중심으로". 사회복지정책, 36(2), pp. 263-287.

서의 변화도 나타나는데, 이는 사회복지서비스의 확대와 공급 방식의 변화에 따른 결과로 여겨진다.[44)]

비록 사회복지 전문직에 대한 규제가 조문 수의 양적 증가로 나타났지만, 전체에서의 상대적 비중은 오히려 축소되었다. 2014년 기준 법에서 사회복지사와 사회복지조직이 차지하는 규정의 비중은 오히려 도합 44.9%로 비전문적 규제(국가나 일반, 수요자에 대한 규제 등으로 구성된 49개 조문, 55.1%)보다 비중이 낮아졌다. 사회복지사에 관한 규제는 비중 변화가 크게 없지만, 사회복지조직과 사회복지법인의 비중은 1970년 제정 때와 비교해 상대적으로 크게 낮아졌다(58.6% → 38.2%). 또한 사회복지조직 내에서도 규제의 강조가 법인에서 시설로 이동하는 것이 〈표 10-3〉에 뚜렷이 나타나 있다.

〈표 10-3〉「사회복지사업법」의 사회복지사와 사회복지조직에 대한 규제 비중

조문 구분		사회복지사업법			
		1970년 제정	1983년 개정	1997년 개정	2014년 기준
국가/공통/기타		10 (34.5%)	15 (42.9%)	25 (43.1%)	49 (55.1%)
사회복지사		2 (6.9%)	3 (5.7%)	5 (8.6%)	6 (6.7%)
사회복지조직		17 (58.6%)	18 (51.4%)	28 (43.1%)	34 (38.2%)
	법인	15 (88.2%)	15 (83.3%)	18 (64.3%)	20 (58.8%)
	시설	2 (11.8%)	3 (16.7%)	10 (35.7%)	14 (41.2%)
조문 수 합		29 (100%)	36 (100%)	58 (100%)	89 (100%)

〈표 10-4〉와 〈표 10-5〉는「사회복지사업법」에서 사회복지사와 사회복지조직을 통한 전문직 규정이 어떻게 구성되어 있는지를 조문 명칭을 통해 보여주는 것이다. 〈표 10-4〉에서는 1970년 법 제정 시 사회복지법인 중심으로 사회복지사업의 운영체계가 형성되었음을 알 수 있다. 사회복지사업에 대한 권리와 의무의 주체를 민법의 법인(法人)이라는 조직 개념에 두고, 이를 통해 전문직의 특성을 부여했던 정황

44) 김영종, "한국 사회복지전문직".

〈표 10-4〉 1970년 제정 「사회복지사업법」(법률 제2191호)의 구성

구분		조문
국가/공통/기타		목적, 정의, 사회복지위원회, 지도훈련, 시행령, 사회복지공동모금회 등
사회복지사		사회복지사업 종사자 자격, 자격증 소지자의 정수
사회복지조직	법인	법인의 설립 인가, 정관, 임원, 임원의 결격사유, 궐위임원의 선임, 자산, 보조금 등, 유사명칭 사용금지, 서류의 비치, 검사 감독 등, 수익사업, 수익사업의 정지명령, 합병, 정관변경 등의 허가, 준용규정
	시설	시설의 설치, 허가취소 등

이 뚜렷이 나타난다. 사회복지법인은 민법에서 규정하는 재단법인의 성격으로 간주된다.[45] 초기 수용시설 중심의 사회복지사업은 토지나 건물, 현금 등이 중요 기제였을 것이고, 그에 따라 재산을 중심으로 형성되는 재단법인을 통해 사회복지사업의 권리와 의무가 행사되는 것을 선호했을 것이다. 이 시기에 사회복지전문직의 특성(내용 속성, 통제 파워)은 사회복지법인 조직에 주어졌음을 부인하기 어렵다. 인력 기준의 전문성은 앞서 설명했던 바와 같이(조직에) '종사하는 자'로서의 수준으로 부과되었다.

〈표 10-5〉에서 나타나 있는 바와 같이 2014년 기준 「사회복지사업법」에서는 사회복지법인 규제의 성격이 이전과 비교해 큰 변화가 없으며, 그에 비해 사회복지시설 중심의 사회복지조직에 대한 규제들이 크게 확대되어 있다. 이는 사회복지조직의 전문성 개념이 법인 등의 운영 주체에서부터 서비스 기관 등의 시설로 이동하고 있음을 의미한다. 비록 사회복지사업의 실행 혹은 사회복지서비스 생산에서 사회복지사의 전문성에 관한 규제의 양이 늘어났지만, 앞서 분석했던 바와 같이 규제의 질적 수준(예, 의무채용)이 강화되었다는 뚜렷한 증거는 찾기 힘들다. 다만 사회복지사는 사회복지조직의 활동에 요구되는 다수 직위들에서의 '범용적 종사자' 지위만큼은 유지하고 있다.

이상과 같이 「사회복지사업법」 체계를 중심으로 사회복지 전문직에 대한 법제적

45) 재정경제부(2005). 내부자료.

〈표 10-5〉 2014년 기준 「사회복지사업법」(법률 제12617호)의 구성

구분		조문
국가/공통/기타		목적, 복지와 인권 증진의 책임, 사회복지업무의 전산화, 서비스 대상자의 보호자에 대한 지원, 비용의 징수, 사회복지서비스의 신청, 압류금지, 비밀누설의 금지 등
사회복지사		사회복지사 자격증 발급 등, 사회복지사의 결격 사유, 국가시험, 사회복지사의 채용 및 교육 등, 사회복지전담 공무원, 한국사회복지사협회
사회복지조직	법인	법인의 설립 인가, 정관, 임원, 임원의 결격 사유, 궐위임원의 선임, 자산, 보조금 등, 유사명칭 사용금지, 서류의 비치, 검사 감독 등, 수익사업, 수익사업의 정지 명령, 합병, 정관 변경 등의 허가, 준용규정, 한국사회복지협의회
	시설	시설설치의 방해금지, 사회복지시설의 설치, 시설의 통합설치 운영 등에 관한특례, 보험가입의무, 시설의 안전점검 등, 사회복지관의 설치 등, 시설의 장, 운영위원회, 시설의 서류비치, 시설의 휴지재개폐지신고 등, 시설의 개선, 사업의 정지, 시설의 폐쇄 등, 시설 수용인원의 제한, 시설의 평가, 시설의 서비스최저기준, 종사자

규제의 위상과 경과를 분석해 본 결과, 우리나라 사회복지 전문직의 정체성과 관련한 설명이 몇 가지로 정리될 수 있다.

첫째, 우리나라에서의 사회복지 전문직은 **이중적 경로로 법적 규제가 진전**되어 왔다. 사회복지사를 중심으로 하는 전문가 전문직 경로와 함께, 사회복지법인/시설을 중심으로 하는 조직 전문직의 특성도 추구되어 왔다는 것이다. 이러한 이중 경로의 전문직 추구는 필연적으로 사회복지 전문직의 전문성, 즉 전문직주의란 무엇인가에 대한 정의에서 혼선을 초래하였다. 사회(복지)서비스의 생산에 전문성이 요구된다면, 그에 관한 권리와 의무를 행사하는 일차적인 주체는 '사회복지사' 인가 아니면 '사회복지조직(법인/시설)' 인가의 문제이다.

둘째, 우리나라에서 사회복지 전문직에 대한 법제도적 인정은 **사회복지조직 단위에 일차적으로 부여**되었다. 사회복지사는 그러한 조직에서의 종사자 지위로서의 전문성을 가져왔다. 초기 「사회복지사업법」 규제 체계가 의도했듯이 사회복지사업 실행에 대한 전문성은 법인/시설이라는 조직 차원에 부과되었다. 이러한 정향은

현재의 사회복지서비스 전달체계에서도 유지되고 있다. 사회복지사업의 보조금 이전과 서비스 실행, 책임성, 평가 등을 수행하는 '권리와 의무(민법의 기초)'의 주체는 여전히 조직 단위를 일차적으로 한다. 사회복지사는 여전히 개업의 일차적 주체가 되지 못하고, 개업 조직의 종사자로서의 자격에 요구되는 준전문직의 일종으로 남아 있다.

셋째, 사회복지사 전문직은 제도화의 정향을 **통제적 파워 기준의 규제 확보**에 두어 왔다. 이는 전문직으로서의 자생적 성장(주로 내용적 속성 기준을 강화하는 것) 후에 정치사회적 재가를 확보하는 차원에서 통제적 파워의 규제를 추구하려 했던 미국 등의 경우와 다르다. 비록 한국의 사회복지사 전문직의 뿌리가 미국식 사회사업가에 있지만, 우리나라의 사회사업가와 사회복지사 전문직은 자생적 성장의 과정을 생략한 채 법적 규제를 앞세워 전문직의 내용적 속성 기준까지도 확보하는 압축 성장의 모형을 띤다. 문제는 전문직의 내용적 속성(지식, 기술, 윤리 등)의 요소들은 법적 규제만으로 선도되기 어렵다는 것이다. 가능하더라도 그것은 형식적 구비에 불과하다.

넷째, 사회복지사 전문직은 활동 영역에 대한 법적 규제에서 배타성(only)보다는 **범용성(or)으로 흐르는 경향**이 있다. 이는 사회복지사를 전통적 개념에서의 전문직으로 규정하기 어렵게 한다. 한편, 현재 법적 규정들에서는 대개 사회복지조직의 시설장이나 총무 등과 같은 종사자 관리직의 자격 기준에서만 사회복지사가 보편적으로 포함되어 있다. 이것은 사회복지사 전문직이 특별화된 서비스들에 대한 배타성의 차원보다는 범용성 전문직으로서의 사회적 재가가 우세하게 유지되고 있음을 의미한다.

2) 우리나라 사회복지 전문직 패러다임의 재검토

우리나라의 사회복지 전문직은 현재 도전을 맞이하고 있다. 2000년대 이후 급속히 확대되는 보편적 사회서비스의 환경하에서 사회서비스의 목적과 대상, 서비스 방식에서조차도 전통적인 전문가 방식으로 전문직을 성립하기 힘들게 한다. 비록 내부적으로 내용적 속성의 요건들을 강화하더라도, 국가/관료제의 조직적 통제(표준화, 성과측정, 바우처화)와 시장, 소비자주의의 요소들은 전통적 전문직 논리에 의한 일의 통제력을 약화시키는 힘으로 작용한다. 또한 지식정보와 네트워크 사회의 특성에 따라 전체 사회의 직업들 간 경계가 모호하고 느슨해지는 추세에서, 사회복지사 집단만의 배타적인 지식과 기술 체계에 대한 주장으로 전문직화를 모색하기는 더욱 어려워지고 있다.

그럼에도 다른 한편으로는 사회복지(서비스) 실천의 전문성을 강화할 필요성이 더욱 증가하고 있다. 전통적인 전문직의 성립을 저해하는 동일한 사회적 환경, 예를 들어 가치의 혼잡과 정형화된 지식의 해체, 다직종 간 전문 경계의 모호함 등에 따른 혼란스러움이 오히려 이를 극복해 줄 수 있는 즉발적, 상호작용적, 성찰적 가치와 지식 체계를 갖춘 전문직적 통제의 논리를 더욱 필요로 하게 만든다.[46] 이 같은 역설적인 상황은 우리나라 사회복지(서비스) 실천 상황에도 그대로 적용된다. 사회복지 전문직은 전문성을 약화시키는 힘과 강화의 필요성 요구에 동시에 노정되어 있는 것이다.

이러한 상황을 어떤 새로운 방향의 설정으로 극복해 갈 것인지가 우리나라 사회복지 전문직이 당면한 제도화의 과제가 된다. 문제는 사회복지 전문직이 전문직화를 추구할지 말지가 아니라, 어떤 정향의 전문직화가 바람직할지를 찾는 데 있다. 앞서 제시되었던 제도 분석을 근거로, 향후 우리나라 사회복지 전문직의 새로운 패러다임은 다음처럼 제시될 수 있다.

첫째, 한국의 사회복지 전문직은 전통적 개념의 **'순수' 전문직과 전문직주의 정의에서 벗어나**야 한다. 전통적 정의에서는 사회복지사와 같은 범용성을 가진 직업을 전문직이라고 볼 수 없다. 사회복지사의 영역으로 인정받는 사회복지실천 조직의 기획과 운영, 관리는 전문가의 자율적 통제를 강조하는 전형적 전문성 원리와도 배치된다. 그런데도 한국에서 사회복지사 전문직의 역사와 교육, 표방 가치 등과 같은 내용적 속성 요건들은 전통적 개념의 전문성과 무관하거나 배치되는 제도화 경로

46) 프라이드슨, 프로페셔널리즘.

를 따르고 있다. 그러므로 한국의 사회복지 전문직이 전문성을 강화하려면 무엇보다 전통적인 전문직 개념에서 벗어나는 것이 일차적 과제이다.

둘째, 새로운 전문성의 정향에서 일차적으로 고려해야 할 것은 **전문직에 위임된 서비스 욕구와 문제의 변화**이다. 21세기 한국 사회복지 전문직에게는 빈곤-중심의 욕구 기제에서부터 인구사회적으로 다기화된 서비스 욕구들에 대응하는 기제로 이동해야 하는 과제가 주어져 있다. 이는 사회복지 전문직의 존폐 자체를 의미할 만큼 중요한 사안이다. 1970년 「사회복지사업법」 제정 시에 설정되었던 사회복지조직과 종사자로 구성된 빈곤-중심 지향의 전문직 구성은 한계에 도달했다. 현재는 사회복지실천의 현장이 특별화된 욕구와 서비스들, 다양한 서비스 전문직들이 할거하는 곳으로 바뀌고 있다. 사회복지 전문직에 대한 새로운 제도화의 정향은 이러한 서비스 환경의 변화를 일차적으로 고려해야 한다.

셋째, 사회복지 전문직화 프로젝트는 **거시적 사회 환경의 변화와 조응하는 정향성**을 가져야 한다. 정보통신 기술의 발달, 지식과 네트워크 사회의 도래는 전통적 전문직의 관점에서는 재앙이 되겠지만, 전문성에 관한 새로운 패러다임에서 보자면 희망일 수도 있다. 사회복지실천 현장의 사회적 환경 변화는 클라이언트 집단의 성격 변화에 있다. 자조(self-help) 집단, 지역사회공동체, 사회적 경제 등과 같은 새로운 양식의 클라이언트 조직화 경향에서, 사회복지 전문직의 통제적 지위는 이전의 '병리와 치료개입'과 같은 접근으로 더 이상 확보될 수 없다. 욕구사정과 진단, 개입으로 나타나는 전형적인 전문직의 이미지—우월적 지식과 기술을 보유하는 공동체—는 지식이 개방되는 탈위계적 사회에서 유지되기 어렵다. 이러한 사회에서 새로운 전문직과 전문성의 탐색은 연역적에서 귀납적 인식방법론으로, 진단과 처방에서 즉발적 지식 생산(공동생산)으로, 그리고 이 과정에서 스스로가 클라이언트가 활용할 수 있는 자원으로 화(化)하는 것에서 찾아야 한다. 이는 전통적 관점으로는 '탈전문성'이겠지만, 새로운 패러다임의 사회복지 전문직화 프로젝트에서는 시대적 요구와 조응하는 전문성 정향이다.

넷째, 전문직의 지식체계에 **포스트모더니즘(post-modernism)의 수용**에 관한 것이다. 이는 20세기를 지배했던 연역적 과학주의와 기계적 인과관계론의 영향을 완화시키는 것과 연관되어 있으며, 욕구사정 방식의 전문가에 의한 배타적 지식 및 통제 체제에서 벗어나는 방향과 연관되어 있다.[47] 이는 전통적 전문성 개념에서는 탈전문직화와도 일치하는 것처럼 여겨진다. 그럼에도, 전문직화의 패러다임을 달리해서 보자면, 이는 명백히 전문직화를 강화하는 방향으로 평가될 수 있다. 이러한 관점에서는 전문직이 보유해야 하는 내용 속성에서 가치와 사명, 성찰 등에 입각한 반사적(reflexive) 지식과 기술을 강조한다. 통제 파워의 측면에서도 불평등에서 평등 관계로 발전하는 것, 관계의 지배자에서 협력자로 전환하는 것, 그것을 추구하는 데 있어서의 전문성을 규정하는 것이다. 이러한 성격의 전문성이 사회복지사 전문직에게는 낯선 개념은 아니다. 다만 이를 전문직주의와 전문성의 변화될 개념으로 상정하고 추구하는 것은 한국의 사회복지 전문직에게는 새로운 패러다임의 전문직화 프로젝트가 된다.

다섯째, **조직적 전문직의 개념을 적극적으로 수용**할 필요가 있다. 사회복지사 직종을 전문직화한다는 것은, 직업적 통제력의 근원을 확보한다는 것이다. 직업적 통제력은 배타적 지식과 기술의 보유에서도 가능하지만, 조직(국가, 기업, 비영리조직)이 부여하는 권한을 활용하여 이를 확보하는 것도 유용할 수 있다.[48] 그러므로 사회복지사 전문직화 프로젝트에서는 전통적인 전문가 중심의 전문직 개념에다 조직적 통제 논리를 섞는 것을 강화할 필요가 있다. 달리 말하자면, 관리자적 지식과 기술을 사회복지 전문직의 정체성에서 현재보다 확대하자는 것이다.[49] 이는 현실적 측면에서 사회복지 전문직의 직업적 영역 확보에 대한 활로를 개척하는 데 기여할 수 있다. 현재와 같이 다기화된 사회서비스들이 특별화되어 나가는 과정에서 다양한 서비스 전문직들의 일을 조정하고 통합하는 역할은 조직의 맥락에서 안치(situated)된다. 근래에 다른 나라들에서도 사회복지실천에서 사례관리자 혹은 케어매니저 접근이 활발해지는 것 등이 모두 이러한 조직적 전문직 개념이 인정되고 있다는 것

47) H-U. Otto, 'A new social service professionalism?', p. 45.
48) Reed & Anthony, 'Professionalizing management'.
49) 한국의 사회복지실천 현장은 오히려 일찍부터 이러한 정향성을 띠고 있었으며, 사회복지사의 관리자적 속성이 오히려 고유의 전문성으로까지 인식되는 경향도 있어 왔다.

을 뜻한다.[50)]

여섯째, 한국의 사회복지 전문직은 **전문직화의 추구 자체를 새로운 전문성으로 간주할 필요도 있다.** 이러한 접근을 일명 '하이브리드(hybrid) 전문성'이라고도 하는데, 이는 '결코 전문직이 되지 않으면서도 전문직이 되기 위한 방법을 전문직화한다'는 것을 뜻한다.[51)] 전문직화 프로젝트는 그 자체로서 중요한 의미가 있다고 보는 것이다. 전문직주의는 특정 직업군의 집합적 가치와 의미를 추구해 나가는 데 중요한 역할을 한다. 전문직주의의 기원이 되는 서구 중세의 길드 역시 단순히 일에 대한 것이 아니라, 일꾼들의 사회적 연대와 공동체에 관한 것이었다.[52)] 오늘날 전문직주의에 대한 추구 역시 공동체와 사회적 정체성에 대한 갈구이자, 일의 정체성 찾기에 있다고 본다.[53)] 전문직주의는 새로운 구성원들을 사회화하고, 규율하는 규범적인 가치로 쓰일 수도 있다.[54)] 비록 이를 통해 전통적 의미의 전문직 배타성을 확보하지는 못하더라도, 표준화와 상품화를 앞세우는 지나친 시장화와 국가주의적 통제로부터 특정한 사회적 가치와 목적을 지켜내는 데 필요한 전문직적 통제력의 논리(제3의 논리)로 쓰일 수 있다.[55)] 한국의 사회복지 전문직 역시 전통적 개념의 전문성 추구에 지나치게 함몰되지 않고, 이 같은 전문직화 프로젝트 자체가 내포하는 공동체와 연대, 소속감, 정체성 가치를 보다 중요시할 필요가 있다.

---

50) Lymbery, M. (2000). 'The retreat from professionalism(pp. 123-138)'. In N. Malin (Ed.), *Professionalism. Boundaries and the Workplace*. London: Routledge.

51) Noordegraaf, 'From pure to hybrid professionalism'.

52) Black, A. (2005). *Guild and State. New Brunswick*, NJ: Transaction Publishers.

53) Evetts, 'The Sociological analysis of professionalism'.

54) Evetts, 'The Sociology of professional groups-new directions'.

55) 프라이드슨, 프로페셔널리즘.

제4부 현안 및 과제

제4부에서는 우리나라 사회서비스의 현안과 과제를 다룬다. 먼저, 11장은 사회서비스에 대한 사회적 책임성에 대한 이슈로서 평가와 서비스 질에 대해 다룬다. 12장은 우리나라 사회서비스 공급의 현안인 공공성 이슈와 거버넌스 관련 주제들을 설명한다. 마지막으로, 13장은 우리나라 사회서비스에서의 커뮤니티 케어와 지역복지의 대안적 지향을 제시한다.

제11장 책임성과 평가, 서비스 질

사회서비스는 사회적 맥락에서 조성되고 공급된다. 그에 따라 공급의 책임도 사회적 관계에서 제시될 필요가 있다. 이는 시장의 맥락에서 판매자와 구매자 간 양자 관계를 중심으로 이루어지는 거래의 책임 구조와 다르다. 사회서비스에서의 책임성이란 소비자 부문에 대해서뿐만 아니라 서비스의 공급과 조성에 관여된 제반 체계 부문들을 모두 대상으로 하는 것이다.[1] 현실적으로 책임성 제시의 방법은 평가나 서비스 질 관리 등이 주로 쓰인다.

1) 이때의 책임성이란 accountability의 개념으로 '설명할 수 있는 능력'이란 의미에 가깝다. 설명이란 '누군가에게'라는 대상을 전제로 한다. 이 점에서 대상에 관한 의미를 띠지 않는 responsibility와 다르다. 설명력으로서의 책임성에 대한 의미는 사회서비스의 복잡한 환경 구조에서 중요하다. 다원적인 이해관계로 구성된 체계에서는 특정 동일한 생산물이나 성과에 대해서도 '누군가'에 의해 달리 설명될 수 있기 때문이다. 그러므로 사회서비스의 책임성은 절대적이기보다는 상대적 관점에서의 설명력으로 간주된다.

1. 사회서비스의 책임성과 평가

사회적 체계 맥락을 통해 공급되는 사회서비스에서는 그에 따른 책임성이 공급자와 소비자 부문 체계의 전반에 확산되어 있다. 책임성의 소재는 사회서비스 조성의 목적에 대한 타당성에서부터 전달체계의 적정성, 결과적 성과, 심지어는 소비자 만족도에 이르기까지 다양하게 존재한다. 책임의 주체도 단순히 공급체계의 말단에 위치한 서비스 생산자 조직들에게만 있지 않고, 체계 전반의 공급 역할자들에게 확산되어 있다.

흔히 사회서비스에 대한 책임성 이슈가 일선의 서비스 생산자를 대상으로 하는 평가에 집중되는 경향이 있다. 사회적 자원으로 활동하는 서비스 생산 기관이나 프로그램, 제공자 인력들로서는 그에 따른 유효성 입증의 책임이 있다. 이는 시장 기제에서 작동하는 바우처 사회서비스 기관들에도 똑같이 적용되는데, 이들이 활용하는 자원도 사회적으로 조성된 것이기 때문이다. 그러나 이것이 사회서비스 공급에 대한 책임을 현장 서비스 생산자 부문이 전담한다는 것은 아니다.

예를 들어, 어떤 지역의 장애인복지관이라는 사회서비스가 서비스 제공의 양이나 질적 수준이 낮고, 그 지역 장애인들의 지역사회재활이라는 성과 목적도 낮게 달성된 것으로 평가되었다고 하자. 이 경우에 그 장애인복지관 서비스에서 문제가 나타나는 것은 확인될 수 있지만, 이를 그 장애인복지관의 책임으로만 귀결하기는 어렵다. 그것이 지자체 위탁이었다면, 유능한 수탁 법인을 선정하고 이를 적절히 지원, 관리해서 서비스 수행력을 제고했어야 할 책임은 해당 지방자치단체에게 있다. 보다 근원적인 책임의 원천은 중앙정부에 있을 수도 있다. 장애인복지관이 서비스 유효성을 제고하려면 지역의 특수한 환경을 고려해서 인력이나 재정을 탄력적으로 운용하는 것이 필요한데, 이를 보건복지부가 전국 일괄 표준처럼 제시하는 '장애인복지관 운영규정'[2]이 가로막아 문제가 될 수도 있다.

2) 보건복지부가 지자체 이관 사업으로 인해 지침의 형태로 제시하기 어려우므로 '운영안내'의 명분으로 제시하지만, 그것을 실제로는 운영지침으로 지자체로서는 받아들인다.

또 다른 예로 어떤 노인요양시설에서 이용자의 서비스 만족도가 낮게 나타났다 하자. 쉽게는 해당 시설에 책임을 부과하고, 시설이 무엇을 잘못해서 이용자들의 만족도가 낮게 나오는지를 찾아보려 할 것이다. 그 과정에서 다음과 같은 사실이 드러날 수 있다. 이 기관(예, 가톨릭 교구가 운영)은 다른 요양시설들이 받기를 꺼리는 노인들, 요양수가는 적게 받지만 서비스 일손은 더 많이 요구되는 고활동성 노인들을 기관의 사명에 입각해서 받아들였다. 그 결과 직원들의 업무 부담이 늘어나게 되는데, 그럼에도 획일적으로 책정된 요양수가 체계에서는 이에 대응할 방법이 없다. 직원들의 소진과 잦은 이직이 나타나면서 서비스 연속성도 낮아지고, 그로 인해 이용자와 가족들로부터 높은 만족도 점수를 얻기 어렵게 되었다. 그러면 이 시설은 책임성 제고를 위해 다른 시설들처럼 고활동성 노인들을 받지 말아야 할 것인가?

사회서비스의 책임성은 서비스 생산자 조직들에 대한 평가와 귀책만으로 다루어질 수 없는 문제다. 그럼에도 이러한 경향이 신자유주의 레짐의 국가들에서는 의도된다. 사회서비스의 생산 기제를 민영화한다는 것은, 곧 공급의 책임을 민간 주체들에게 귀속시키고자 함이다. 반면, 사회서비스의 공공성을 강조하는 북유럽 국가들의 경우에는 서비스 공급의 책임성을 공급체계의 통합적인 이슈로 간주한다. 스웨덴의 경우에는 사회서비스의 품질 향상과 관련된 이슈를 다루는 데 있어서, 공급체계에서의 행정적 환경 변화가 어떻게 그와 관련되는지에 초점을 두기도 한다.[3)]

사회서비스 공급의 성과는 공리주의적 입장에서 소비자 만족도 등으로 나타낼 수 있지만, 그럼에도 이것이 사회적으로 조성되었던 목적에 대한 평가를 넘어설 수는 없다. 사회서비스에서 공공성이 강화될수록 사회적 목적 실현에 따른 책임성이 더욱 강조될 수밖에 없다. 책임성의 주체도 단순히 서비스 생산자 부문에만 주어질 수 없는 것이 된다. 이런 이유들에도 불구하고, 사회서비스의 최종 성과는 곧 서비

3) 스웨덴이 2007년에 추진한 사회서비스 품질개혁 프로젝트는 중앙정부에서 8개 분야—이용자 중심주의의 추구, 근무환경의 개선과 전문성 개발, 행정 개혁, 기관 혁신과 서비스 품질 향상, 지역 내 협치구조 형성, 비관료주의화, 서비스 인력확충, 미래투자—주제를 다루었고, 지자체들에서는 리더십(관리), 근로조건 개선, 주요서비스에 대한 질 관리, 행정 및 문서화라는 주제에 중점을 두었던 바 있다. 참고: 아브람슨(P. Abrahamson, 2013). "스칸디나비아와 한국의 사회서비스 정책비교와 한국 사회서비스의 발전 방향" [사회서비스 품질혁신과 지방의 역할강화-2013 경기복지재단 국제심포지엄].

스 생산자와 이를 소비하는 이용자 간 실천 관계에서 드러나게 되므로, 실천 현장의 서비스 조직이나 전문직에 대한 평가가 대개 책임성에 관한 일차적인 이슈로 다루어지기 쉽다.

2. 서비스 생산자에 대한 평가 체계[4)]

사회서비스의 실행에 대한 사회적 책임성은 대개 공식적이고 체계적인 평가 방식을 필요로 한다. 공식적인 평가란 서비스 제공자들 사이의 '감'이나 지역사회의 평판이나 소문 등과 같은 비공식적인 것이 아니라, 외부 사회의 다양한 성격의 이해관계자들에 설명하기에 적절한 공식화된 평가 방법을 채택하는 것이다. 비록 실제적으로는 비공식적 평가 정보들이 더 긴요한 경우도 있겠지만, 사회적 관계로 조성되어 생산하는 사회서비스 운영에 대한 책임성 제시의 방법은 체계적이고 공식적이어야 할 필요가 있다.

사회서비스에서 다루는 공식적 평가의 유형은 다양한데, 이는 '무엇에 대해(대상), 누가(주체), 어떻게(방법)'와 같은 체계 요소들의 다양한 조합에 의해 결정된다. 〈표 11-1〉는 공식적 평가의 체계 요소들에 대한 구분을 보여 준다.[5)]

〈표 11-1〉 평가 체계의 구성

평가 대상	시행 주체	기준 설정 (지표)	활용 자료
• 인력 • 시설 • 프로그램 • 서비스 • 기관	• 내부 • 외부 • 제3자	• 사전 표준 (효과성, 효율성, 서비스 질, 공평성 등) • 사후 설정	• 자기보고 • 이력 • 심의 • 시험 • 현장검증 • 서베이 • 자격증

자료 참고: 김영종, 사회복지행정, p. 353.

4) 이 부분은 본 저술연구 기간(2015~2017) 중 연구된 내용의 일부를 저자의 다른 저작 〈김영종(2017). 사회복지행정(4판). 학지사〉에 반영했던 것과 일치되는 내용이 일부 수정을 가한 채로 포함된다. 이에 대해서는 인용을 포함한 따옴 문장에 대한 재인용 표기를 생략한다.

5) 김영종, 사회복지행정, pp. 353-356.

사회서비스 생산자는 다양한 개념으로 평가될 수 있다. 기관이나 시설, 프로그램, 인력 혹은 제공된 서비스의 내용 자체 등이 모두 이에 해당한다. 그러므로 평가의 **대상**도 이들 개념별로 구분이 가능하다. 비록 전문적인 서비스를 수행하는 시설이라 해도, 시설 대상의 평가와 종사자 인력을 대상으로 하는 평가는 구분될 수 있다. 제도적으로는 이들 대상에 대한 평가가 함께 묶여서 시행되는 경우가 많다. 예를 들어, '어린이집 인증'과 같은 제도에서는 어린이집에 대한 평가 대상이 시설과 프로그램, 서비스, 인력 등을 포괄하는 것이다.[6)]

평가의 **시행 주체**는 시설이나 프로그램에 대해 내 · 외부 및 제3자 주체로 구분될 수 있다. 법이나 계약 과정에서 서비스 생산자에게 의무적으로 부과된 평가는 대개 그것을 요구하는 외부의 법 집행자나 계약 상대자가 평가의 주체가 된다.[7)] 평가의 시행을 내부 주체에서 적절한 절차에 의거 시행토록 요구하는 경우도 있다. 제3자 주체란 평가의 외부 부과자나 내부 대상자 주체도 아니면서, 서비스 생산자에 대해 객관적인 인증을 부여하는 권한을 가진 기관 등을 말한다. 이 경우 내 · 외부 주체는 제3자 주체에 의한 평가를 인정하는 합의가 전제가 되어야 한다.[8)]

평가의 유형을 결정하는 것은 대부분 **기준**에 달려 있다. 평가 시행을 위한 기준은 사전에 설정된 표준(standards)을 선택하거나, 평가의 과정 중에 사후적으로 설정될 수도 있다. 사전 표준이란 평가 항목들과 평점(評點)의 기준선을 미리 명확히 해 두고서 평가의 대상이 되는 서비스 생산자들이 이에 일상적으로 대비토록 하는 것이다. 사회서비스 분야에서는 '기관 인증' 제도의 목적에서 이러한 사전 표준 방식이 적용된다. 사후 기준 설정의 방식은 보통 정형화되기 어려운 프로그램들에 대한 평가에서 많이 사용되는데, 프로그램 시행의 결과를 놓고 사후에 평가 기준을

6) 실제로는 '사회복지시설 평가'에서도 '시설'은 서비스와 프로그램, 인력을 더한 '기관'의 개념에 가깝다. 다만 생활시설 위주로 형성되어 왔던 역사적 맥락에서 물리적 '시설'의 측면이 여태껏 평가에서 강조되고 있다.

7) 다른 평가 전문 기관에 위임해서 실행하는 경우가 많지만, 이 경우에도 주체는 여전히 위임자가 된다.

8) 인증기관(accreditation agency)이란, 예를 들어 학생의 영어실력을 평가하려는 학교 당국이 TOEIC 기관을 제3자 평가 주체로 인정하는 경우다. 비록 완전히 독립된 제3자로 보기는 힘들지만, '어린이집 인증' 평가의 업무를 보건복지부 장관으로부터 위탁받은 '(재)한국보육진흥원'도 이의 일종이다.

적용해야 하는 경우가 많기 때문이다. 평가 기준을 구성하는 지표들은 평가의 목적과 용도에 따라 효과성이나 효율성, 서비스 질, 공평성 등에서 다양한 조합으로 채택된다.

공식적 평가에는 경험적인 자료가 필요하다. 서비스 생산자에 관한 경험적 자료들은 자기보고(self-report)에서부터 평가자들에 의한 심의결과 자료에 이르기까지 다양한 원천을 통해 확보될 수 있다. 이 가운데 어떤 자료원을 채택할 것인지도 평가의 시행에서 중요한 결정 사항 중 하나다. 우리나라에서는 최근 사회복지시설 평가에서 이용자 만족도 서베이의 조사 결과까지도 평가 자료로 채택한다. 어떤 성격의 자료를 수집할지는 대부분 어떤 평가 기준의 지표들이 선택되는지에 달려 있다.

사회서비스 영역에서 현실적으로 이루어지는 공식적인 평가 제도들은 대개 이와 같은 다양한 평가 구성 요소의 조합의 형태를 띤다. 우리나라의 경우를 예로 들어 보면, 현재 사회서비스 생산자(주로 1, 2세대)에 대한 대표적인 평가 제도에는 '사회복지시설 평가'가 있다. 이는 「사회복지사업법」에서 규정되어 있는 바와 같이 모든 사회복지시설이 3년마다 의무적으로 공식적 평가를 받도록 되어 있는 것이다. 이 평가 제도는 시설(기관)을 대상으로 하고, 외부 주체에 의해, 사후검증 기준을 바탕으로 공평성이나 효율성, 효과성, 서비스의 질 등의 지표들이 혼합된 도구에 의해서, 자기보고와 현장검증, 서베이, 심의 등으로 확보된 자료를 통해 평가를 시행하는 유형에 해당한다.[9]

---

9) 1970년 제정 「사회복지사업법」에 시설 평가의 조항이 신설된 것은 1997년 개정 때다. 평가의 기준은 「사회복지사업법 시행규칙」에서 ① 입소정원의 적정성, ② 종사자의 전문성, ③ 시설의 환경, ④ 입소자에 대한 서비스의 만족도, ⑤ 기타 시설의 운영개선에 필요한 사항으로 두었다. 법과 시행규칙이 2012년에 개정되면서, 시설의 평가기준은 현재 '서비스의 최저기준'에 포함된 ① 시설 이용자의 인권, ② 시설의 환경, ③ 시설의 운영, ④ 시설의 안전관리, ⑤ 시설의 인력관리, ⑥ 지역사회 연계, ⑦ 서비스의 과정 및 결과, ⑧ 그 밖에 서비스 최저기준 유지에 필요한 사항으로 바뀌었다.

3. 우리나라 사회서비스 평가의 제도적 유형[10)]

우리나라 사회서비스의 제도적 경로에서는 다양한 평가 제도가 활용되어 왔다. 1, 2세대 사회(복지)서비스에서는 현재에도 시설이나 프로그램을 재정/규제자가 직접 감사, 평가, 인증하는 방식을 사용하고 있다. 사회서비스를 전문직 생산의 활동이라는 측면으로 다루는 방식에서는 전문직 인력에 대한 감독이나 검증도 중요한 평가의 대상이 된다. 3세대 사회(돌봄)서비스 공급 방식에서는 소비자 관점 중심의 서비스 질 혹은 소비자 만족도의 평가가 중요한 비중을 차지한다.

세부적으로 들어가면 이들 안에서도 각기 다양한 목적과 방식의 평가들이 있지만, 크게 제도적 평가의 틀을 구분해 보자면 다음과 같다.[11)]

1) 기관 인증 제도

미리 설정되어 공표된 표준 지표들에 의거해서 평가를 실시하고, 평가의 대상이 표준 점수 이상에 도달하면 인증(accreditation)을 부여하는 방식이다. 주로 표준화된(혹은 가능한) 서비스를 실시하는 기관을 대상으로, 최저 수준 이상의 서비스 요구 사항이나 품질이 가능한지를 평가해서 인증을 수여하는 것이다. 기준 지표들에는 시설의 안전이나 충족 조건, 서비스 과정이나 절차의 질, 프로그램 운용, 이용자와 지역사회 관계 등이 두루 포함된다.

「영유아보육법」 제30조에 따른 '어린이집 평가인증'이나 「의료법」 제58조에 따른 '의료기관 인증' 등이 이러한 기관 인증제의 대표적인 예다. 이와 같은 국가 차원의

10) 이 절은 본 저술연구 기간(2015~2017) 중 연구된 내용의 일부를 저자의 다른 저작 〈김영종, 사회복지행정〉에 반영했던 것과 일치되는 부분이 일부 수정을 가한 채로 포함된다. 이에 대해서는 인용을 포함한 따옴 문장에 대한 재인용 표기를 생략한다.

11) 제도 유형의 구분과 설명 부분은 본 저술연구 기간(2015~2017) 중 연구된 내용의 일부를 저자의 다른 저작〈김영종, 사회복지행정〉에 반영했던 것과 일치되는 내용이 일부 수정을 가한 채로 포함된다. 이에 대해서는 인용을 포함한 따옴 문장에 대한 재인용 표기를 생략한다.

법제적 기관 인증 제도의 경우에는 대개 인증을 위한 전담기구를 중앙정부 차원에서 설치해서 직접 혹은 위탁 운영하는 경우가 많다. 어린이집의 경우에는 (재)한국보육진흥원이 인증 기구와 업무를 수행하고 있고, 의료기관의 인증 경우에는 준정부기구로서의 '의료기관평가인증원'을 통해 독자적으로 운영된다.

기타 사회서비스 분야에서도 기관 인증(혹은 서비스 단위 인증)을 위해 이를 전담하는 기구를 설치하는 안을 상정하고 있다. 사회서비스 바우처 사업에 대한 인증의 경우, 바우처 서비스에 대한 품질평가와 관리를 담당하고 있는 '한국사회보장정보원'에 이를 둘 것인지 혹은 독자적인 인증원을 설치할 것인지와 같은 대안들이 논의되어 왔다. 또한 품질평가의 결과와 한시적 기관 인증을 연동하거나 이에 대한 재정적 인센티브를 결합하는 방식 등에 대해서도 다양한 안들이 거론되고 있다.

사회서비스가 바우처 방식, 사회보험 방식, 생산자재정지원 방식 등 매우 다양한 방식으로 공급되고 있고 그 대상도 광범위하기 때문에 단일하고 통일된 서비스 인증제도의 확립과 운영은 사실상 매우 어렵다. 대표적인 사회서비스인 노인장기요양서비스는 사회보험 방식으로 운영되면서 이미 건강보험공단이 규제와 평가, 인증의 주체로서 역할을 하고 있다. 바우처 방식으로 실행되고 있는 장애인활동지원제도의 경우 수급자격 판정과 관리 역할을 국민연금공단이 맡고 있다. 이 같은 기존 제도들을 새롭게 구상하는 인증 기구와 어떻게 연계할 것인지는 향후 우리나라 사회서비스 인증/평가 제도의 체계적 확립을 위해 풀어야 할 과제이다.

2) 프로그램 평가 제도

일정한 표준과 규격으로 평가될 수 있는 기관 인증과는 달리, 한시적이거나 유동적, 개발적 목적의 프로젝트 혹은 프로그램인 경우에는 사전에 평가 기준을 표준화해두기 어렵다. 가능하더라도 효용적이지 못하다. 이런 경우에 쓰이는 한시적 목적 단위의 서비스를 평가하는 방식을 보통 프로그램 평가(evaluation)라 한다. 이 경우에 하나의 서비스 기관 내에서도 프로그램 대상 단위 수에 따른 만큼의 평가가 필요하게 되는 수도 있다. 전문직이 운용하는 프로그램은 대부분 전문직 자체의 평가

검증의 메커니즘을 내재한다. 외부 자원의 지원을 받은 경우에는 여기에 그 출처에 대해 책임성을 제시하는데 필요한 공식적 평가 수행의 절차가 덧붙는다. 예를 들어, 우리나라에서는 사회복지공동모금회의 지원을 받은 프로그램은 공식적 평가의 수행 절차를 시행하고 그 결과를 제시하도록 되어 있다. 이때 프로그램에 대한 평가 수행은 자원제공처가 직접하거나, 제3자 기관에 의뢰하거나 혹은 프로그램 수행 기관이 자체적인 평가를 인정하는 방식을 취할 수도 있다.

프로그램 평가 제도에서는 일차적으로 효과성이나 효율성 기준과 같은 목적과 수단으로서의 프로그램 내용에 관한 일치를 보는 합리성 근거를 중시한다. 현재 사회서비스 분야에서는 엄밀한 인과관계의 검증을 요구하는 실험디자인 등의 효과성 평가는 현실적 한계의 이유로 극히 제한적으로 사용된다. 프로그램의 계약에서 제시했던 성과(outcome)에 대해 성과측정을 시행하는 수준에서 프로그램 평가를 대신하는 경우가 많다. 프로그램 평가는 대개 전문적으로 위탁된 프로그램에 대한 결과를 사후에 평가하기 위해 동원되는 방식이므로, 1, 2세대 사회(복지)서비스에서는 비록 '평가'를 명시하고 있으나 이를 현실적으로 엄격하게 수행했던 경우는 드물었다.

3) 시설 평가 제도

현재 우리나라의 「사회복지사업법」에서 규정하고 있는 '사회복지시설 평가' 제도에서 나타나는 특이한 평가 유형이다. 동법(2012년 개정 이후)에서는 현재 제43조의2 '시설의 평가' 조항에서 '보건복지부장관과 시 · 도지사는 보건복지부령으로 정하는 바에 따라 시설을 정기적으로 평가하고, 그 결과를 공표하거나 시설의 감독 · 지원 등에 반영할 수 있으며 시설 거주자를 다른 시설로 보내는 등의 조치를 할 수 있다'고 되어 있다.

여기에서 보건복지부령이란 「사회복지사업법 시행규칙」 제27조의2 '시설의 평가'를 말하는데, '① 보건복지부장관 및 시 · 도지사는 법 제43조의2에 따라 3년마다 시설에 대한 평가를 실시하여야 한다'는 조항과 '② 제1항에 따른 시설의 평가기준은 법 제43조 제1항에 따른 서비스 최저기준을 고려하여 보건복지부장관이 정한다'로 되어 있다.[12] ② 항은 2012년 개정에서 새롭게 포함된 내용인데, 이로 인해 시설 평가제가 평가제인지 최저기준 인증제에 해당하는 것인지에 대한 개념 규정이 모호해지는 경향이 나타났다.

우리나라 「사회복지사업법」 체계에서 '시설'이란 '사회복지시설'이라는 명칭으로 정의되고 있으며, 그 내용은 사회서비스(사회복지사업)를 할 목적으로 설치된 시설을 말하는 것이다. 사회복지사업이란 '다음 각 목의 법률에 따른 보호 · 선도(善導) 또는 복지에 관한 사업과 사회복지상담, 직업지원, 무료 숙박, 지역사회복지, 의료복지, 재가복지(在家福祉), 사회복지관 운영, 정신질환자 및 한센병력자의 사회복귀에 관한 사업 등 각종 복지사업과 이와 관련된 자원봉사활동 및 복지시설의 운영 또는 지원을 목적으로 하는 사업을 말한다'로 되어 있는 것이다. 대개 1, 2세대 방식의 사회복지서비스를 수행하는 사회복지 거주, 이용시설의 대부분이 이에 해당한다.

현재 이와 같이 시설을 평가하는 방식이 가지는 문제점은 다양하게 제시되어 왔다. 특히 평가의 대상이나 내용, 방식이 기관인증제에 가까울 수밖에 없고, 실제 운용도 감사나 서비스 시설의 최저기준을 평가 기준으로 삼는 경우가 많다는 점 때문이다. 그럼에도 평가 제도의 목적과 용도에서는 인증제와 달리 대상 기관들에 대한 서열 등급(ranking)을 평가하고, 이를 명시적이든 묵시적이든 상벌 제도와 연결시키는 제도 운용에 대한 문제가 있다.[13] 한편, 2012년 「사회복지사업법」 개정에서 추가되었던 '서비스 최저기준'에 대한 규제는 기존의 사후 시설 평가의 방식(시설 서비스를 수행하고 난 후, 이에 대한 평가를 마치 프로그램 평가 방식과 같이 실시하는 것)을 개선하는 대안적 방향이 될 것으로 간주된다.

---

12) 제43조(시설의 서비스 최저기준) ① 보건복지부장관은 시설에서 제공하는 서비스의 최저기준을 마련하여야 한다. ② 시설 운영자는 제1항의 서비스 최저기준 이상으로 서비스 수준을 유지하여야 한다. ③ 제1항의 서비스 기준 대상 시설과 서비스 내용 등에 관하여 필요한 사항은 보건복지부령으로 정한다.

13) 「사회복지사업법」에서 시설평가의 점수를 근거로 재정지원에 대한 차등을 두거나, 이용자의 전원 조치(다른 시설로 옮기도록 하는 조치) 등에 활용할 수 있게 해 두고 있다.

4) 전문가 자격증 제도

이 제도는 전문직에 진입하거나 잔류하려는 인력이 해당 전문직이 요구하는 가치나 지식, 기술을 적정한 수준 이상으로 보유하는지를 평가해서 자격을 부여하는 것이다. 전문직 자격증(certification)은 대개 해당 서비스 실천을 위한 면허증(licence)과 연결된다. 국가 자격증으로서의 '사회복지사' '보육교사' '간호사' 등은 대부분 시험 방식을 근간으로 평가하고, 이수 교육의 내용이나 범주 등은 사전표준으로 설정된다. 전문가 자격제가 사회서비스 평가의 유형이 되는 것은 사회서비스의 휴먼서비스적 생산 속성으로 인한 것이다.

휴먼서비스 분야의 서비스 공급 구조에서는 대부분 전문직 성향이 나타나기 쉽다. 서비스 대상이 인간이라는 점과 이들의 문제에 대한 해결 혹은 처치를 위한 방법은 사전에 규칙을 설정해 두는 관료제적 방식으로 제도화가 되기 어렵기 때문이다. 서비스의 목표조차도 과정 중에 변화할 수 있는 휴먼서비스의 속성을 다루기 위해서는 일정 정도 혹은 강력한 수준의 전문직 서비스 생산 방식이 공통적으로 요구되는 것이 보통이다.

전문직 생산 방식에서는 전문가 혹은 전문조직에게 서비스 내용과 적용 기술에 관한 선택, 서비스 과정상에서 나타나는 변화에 주체적으로 대응할 수 있는 권한 등을 위임한다. 특정 서비스 영역에서 전문직화 생산 수준의 정도는 이러한 재량권 위임의 범위와 대부분 연관되어 있다. 의료나 제약, 변호사 등과 같은 전통적인 전문직에서는 이 같은 전문가 자격제에 의해 대부분 서비스들의 사회적 통제가 이루어진다. 사회복지서비스를 비롯한 사회서비스 영역에서는 휴먼서비스 전문직제의 필요성을 대부분 전문조직 + 준전문가 방식으로 두어서 재량 위임이 분산되는 경향이 있다.[14)]

14) 예를 들어, 특정 유형의 사회복지시설(전문조직)이 책임 역할을 수행하기 위해 특정 자격을 소지한 종사자들(준전문가)을 두는 것이 이와 같다.

4. 사회서비스의 효과성과 품질 평가

사회서비스의 효과성이란 합목적적 의미에서 사회서비스 조성의 목적을 해당 사회서비스 기관이나 프로그램, 인력 등의 수단이 달성해 냈는지를 의미한다. 모든 효과성 평가에서 그렇지만, 사회서비스에서도 그 목적을 무엇에 두는지에 따라 효과성에 대한 평가의 기준이나 결과는 달라질 수 있다. 예를 들어, 노인요양 돌봄서비스의 경우에 이 목적을 소비자RB(수급자이자 수혜자)의 관점에서 돌봄 욕구의 해소에 둘 수도 있고, 소비자B(비수급 수혜자)와 공급자의 관점에서 가족이나 지역사회의 노인돌봄 부담 완화로 인한 경제활동 참여 증가로 둘 수도 있다. 이 두 가지 목적은 만약 분리된다면 해당 서비스 프로그램에 대한 평가의 기준이나 결과를 확연히 달라지게 만든다.

최근 보편적 돌봄서비스의 확대와 함께 사회서비스 전반의 효과성 개념에 대한 변화가 나타나고 있다. 이전까지 생산자 관점에서 주로 다루어지던 효과성이 이용자 관점의 기준으로 이동하는 것이다. [그림 11-1]은 이 같은 서비스 효과성에 대한 두 가지 관점의 개념 차이를 보여 준다.[15] 여기에서 서비스의 효과성은 결과와 과정, 구조의 차원으로 나누어진다.

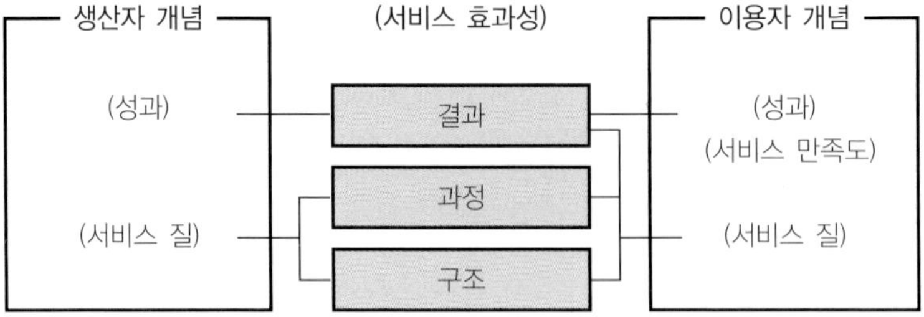

자료: 김영종(2013). 사회복지 프로그램 개발과 평가. 학지사, p. 256.

[그림 11-1] 서비스 효과성의 측면과 개념 구조

15) 참고: 김영종, 사회복지 프로그램 개발과 평가.

결과 차원의 효과성이란 서비스 제공의 결과로 '목표' 혹은 '기대'했던 바가 성취되었는지를 판단하는 것이다. **과정 차원**의 효과성이란 휴먼서비스에서 중시되는 서비스 제공자와 이용자 간 상호작용의 적절성을 의미한다. **구조 차원**의 효과성은 서비스 제공을 위해 시설과 같은 물리적 환경이나 서비스 제공 인력의 역량 등이 적절한지와 관련된다. 서비스의 효과성을 각기 구성하는 과정, 구조, 결과의 측면은 생산자 관점과 이용자 관점의 차이에 따라 각기 달리 측정될 수 있다.[16)]

1) 생산자 관점의 효과성 기준

생산자 관점에서 서비스 효과성을 구성하는 개념은 서비스 생산의 결과 성과와 서비스 구조 및 과정의 적절성을 나타내는 서비스 질이라는 두 가지 측면으로 분해된다. 일반적으로는 앞서 논의되었던 바와 같이, 엄격한 의미에서의 인과성 검증을 요구하는 결과 차원의 성과를 효과성의 기준으로 삼기는 쉽지 않다. 설령 가능하더라도 이를 위해 인과성 검증에 따른 막대한 비용이 소요(所要)되는 것을 감당하기 어렵다.[17)] 그 결과 사회적 책임성의 기제에서 서비스 생산자에게 부과되는 효과성 검증의 요구는 대개 결과 차원의 성과보다는 과정이나 구조 차원의 서비스 질에 주어지는 것이 보통이다.[18)]

---

16) 이용자 관점에서의 서비스 성과와 만족도, 서비스 질 측정이 제시하는 효과성은 생산자 관점의 성과와 서비스 질과는 상이할 수 있다. 같은 서비스 내용이나 결과에 대해서도 생산자와 이용자가 서로 평가를 달리할 수도 있다는 것이다. 예를 들어, 대학에서 강의 결과에 대한 효과성을 학생(이용자)들에게 '만족도'나 '질'로 묻는 것과, 강의자나 동료 전공자(생산자)에게 목표대비 기대 '성과'나 강의 구조와 과정에 대한 '질'을 판단하게 만든 결과가 일치할 가능성은 그다지 높지 않을 수 있다. 그러므로 사회서비스에 대한 품질관리 역시 단지 기술공학적인 차원이 아니라, 누구의 관점과 기준에 의한 것인지에 대한 정치경제학적 차원도 중요하게 간주되어야 하는 것이다. 참고: 김영종, **사회복지행정**.

17) 예를 들어, 특정 행동의 개선(예, 탈중독)이라는 결과를 성과 목표로 잡은 서비스 프로그램이 있다 하자. 이 서비스의 결과 성과에 기준한 효과성을 검증하려면, 행동 변화에 대한 숱한 측정들뿐만 아니라 그 결과적 변화가 과연 다른 원인들이 아니라 이 서비스의 결과 때문에 초래되었는지를 밝힐 수 있어야 한다. 이러한 인과관계의 검증에는 보통 어떤 형태로든 통제집단의 디자인을 필요로 한다.

18) 김영종, **사회복지 프로그램 개발과 평가**; Scott, W., & Meyer, J. (1983). 'The organization of environments: network, cultural and historical elements'. In J. Meyer & W. Scott (Eds.), *Organizational Environments: Ritual and Rationality* (129-154). Beverly Hills, CA: Sage,

서비스 생산자 관점에서 **과정**(process) **기준**의 서비스 질 평가는 서비스가 처리되는 과정 자체를 보는 것으로, 서비스가 이루어지는 기간 동안 이용자에게 행해진 서비스 제공 활동들이 측정 대상이 된다. 이를 측정하는 데 필요한 자료들은 대개 서비스 일지와 같은 기록들로부터 추출되지만, 서비스 활동에 참여한 동료집단이나 수퍼바이저, 외부 평가자 등의 관찰로서 수집되는 경우도 있다.

과정 기준의 서비스 질을 가리키는 지표로는 서비스 이용자들의 문제, 제공된 서비스의 종류, 욕구와 서비스 연결의 적절성, 서비스 의뢰의 성사 여부 등이 포함된다. 이들 지표 자료가 양적 형태를 띤다면, 예를 들어 인테이크 처리된 사례 수, 사례 담당률, 서비스 제공자의 이용자 접촉 횟수, 대면 시간, 서비스 의뢰 건수 등과 같으면, 이를 근거로 평가에서 유사한 서비스들 간의 단순 생산성 비교도 가능해진다.

생산자 관점에서 **구조**(structure) **기준**의 서비스 질은 생산자가 서비스 수행에 관한 잠재적인 역량을 갖추고 있는지를 나타낸다. 과정 기준이 서비스 제공자들의 이용자에 대한 실제 활동 측면을 나타낸다면, 구조 차원의 기준은 서비스 프로그램의 전체적인 조직 특성에 초점을 맞춘다. 서비스 수행의 능력을 나타내는 조직 요인들을 지표로 삼는데, 서비스 형태의 다양성, 시설의 적합성과 접근성, 서비스 담당자들의 자질(교육 수준, 전문자격증 소유 등), 서비스 지원구조의 적합성(정보 및 회계 시스템, 보고 절차 등) 등이 이에 해당한다.

구조 차원의 서비스 질에 대한 평가는 인증(accreditation) 제도 등에서 대표적으로 활용한다. 기관이나 프로그램이 사회서비스 생산자로서 적합한지에 대한 평가는 대개 이러한 구조 차원의 서비스 질과 관련된 지표들을 체크하는 방식의 인증 제도로 이루어진다. 이러한 인증 방식의 평가는 서비스구매계약(POSC) 제도 등에도 유효하게 활용되는데,[19] 성과나 과정 차원에서의 서비스 활동에 대한 효과성을 미리

pp. 75-89.

19) 서비스구매계약(Purchase Of Service Contract)은 서비스 공급의 책임이 있는 쪽(예, 정부)에서 서비스 생산과 전달을 수행할 기관이나 프로그램을 찾아서(공모 등의 방법으로), 적절한 기준에 의한 심사를 거쳐 선정하고 계약하는 것이다. 이 과정에서 대개 구조 기준의 서비스 질 평가가 우선적으로 시행되기 쉽다.

파악할 수 없는 경우(실행 전)에도 예측에 도움이 되는 기준을 제시하기 때문이다.

생산자 관점의 과정과 구조 차원에서 평가되는 서비스 질은 직접적인 결과 성과와는 다르다. 생산자의 서비스 활동이나 역량을 기준으로 서비스 질을 간접적으로 유추하는 것일 뿐이다. 이는 서비스의 질을 이용자에게 발생하는 변화로서 직접 판단하는 기준들과 다르다. 비록 그러하지만, 일반 상품들과는 달리 무형의 일과(一過)적 특성을 띤 휴먼서비스에서는 과정과 구조 차원의 서비스 질에 대한 평가 방식이 어쩔 수 없는 선택인 경우가 많다.[20] 그로 인해 사회서비스 현장에서는 서비스 생산자에 대한 평가를 대개 서비스를 위한 시설은 적절히 갖추어져 있는지, 서비스 제공자의 수와 자질은 충분한지, 서비스에 투입된 시간은 적정한지, 서비스의 목표 설정과 개입방법은 적절한지 등을 근거로 하는 경우가 대부분이다.

2) 이용자 관점의 효과성 기준

이용자 관점에서의 서비스 효과성은 생산자 관점에서처럼 명확히 분리되기 힘든 개념들로 섞여 있기 쉽다. 이용자가 제공받은 서비스에 대한 결과 차원의 성과 개념은 서비스 질이나 만족도의 개념들과 명확히 분리되기 힘든 부분들이 존재한다. 이용자 관점에서 결과적 성과로서의 효과성을 평가하는 데는 의도된 변화 목표의 달성 여부(예, 행동 변화)를 이용자가 판단하는 방식도 있지만, 보통은 이용자의 서비스에 대한 만족 정도를 측정하는 형태로 제시되는 경우가 많다. 서비스 만족도(satisfaction)란 이용자가 서비스를 받은 결과 '무엇이, 얼마나' 만족 혹은 불만족스러운지 평가하는 것이다. 일반 시장의 상황에서는 고객의 서비스 만족도가 곧 서비스에 대한 재구매 의사와 밀접히 관련된 것이므로, 생산자들 자신의 성과(효과성) 평가에도 직결되는 요소가 된다.[21]

---

20) Gates, B. (1980). *Social Program Administration: The Implementation of Social Policy*. Englewood Cliffs, NJ: Prentice-Hall.

21) 김은정 · 정소연(2009). "SERVQUAL 모형에 근거한 사회서비스 품질의 구성차원과 서비스 만족도: 노인돌보미 바우처서비스를 중심으로". **사회복지정책**, 36(2), pp. 191-217.

이용자 관점에서 서비스의 구조와 과정 차원에 대한 효과성 판단은 주로 서비스 질에 대한 측정과 관련된다. 이 관점에서의 서비스 질이란 서비스 생산 시설 등과 같은 구조적 환경이나 서비스 제공자와 이용자 간 대면적 관계의 진행 과정에 대해 이용자가 그 수준을 평가하는 것이다. 비록 구조와 과정 차원에 대해 보고자 하지만, 이용자에 의한 측정의 특성상 결과적 차원에 의한 영향과 뒤섞인 평가가 이루어질 수도 있다. 예를 들어, 결과가 좋았다고 느낀 사람은 구조와 과정까지도 좋았던 것으로 여기기 쉽다.

이러한 이유들로 인해 이용자 관점의 서비스 질에 대한 개념은 여전히 명확히 통일되지 않고 있다. 이 개념의 측정 과정을 고려하자면, 이용자 관점에서의 서비스 질 평가는 서비스의 구조와 과정에다 결과 차원까지도 포함된다고도 본다.[22] 이용자 관점의 서비스 질은 또한 서비스 만족도 개념과도 명확히 구분되지 않는다. 이론적으로는 가능하더라도, 실제 측정의 과정에서는 구분해서 제시되기가 쉽지 않다. 서비스 질이나 서비스 만족도 모두 이용자가 자신의 서비스 경험에서 얻은 종합적인 인지를 바탕으로 응답하게 되므로, 이들은 대개 높은 상호연관성을 나타내는 경향이 있다.

이러한 이유들로 인해 이용자 관점의 서비스 질에 대한 개념 규정과 측정을 어떻게 해야 할 것인지는 대부분 사회서비스 분야에서 중요한 이슈가 되어 왔다.[23] 사회서비스는 휴먼서비스로서의 속성에 대한 평가를 위해 서비스 질에 대한 강조와 그 안에서도 대인적 상호작용 관계의 질이라는 측면을 중요시해야 한다. 또한 사회적 조성이라는 특성에서 이를 사회적 책임성 제시에 적합한 방식으로 나타내야 할 필요성도 있다. 이런 정도의 일반적인 합의를 넘어서서 서비스 질을 구체적으로 어떻게 규정하고 측정할 것인지는 아직까지도 많은 과제가 남겨져 있다.

22) 김은정 · 최은영 · 정소연(2008). "사회서비스 품질접근 동향과 품질표준 설정". 사회서비스 활성화를 위한 품질 및 성과관리체계 구축방안 II [보건복지가족부 연구보고서].

23) 김은정 · 정소연, "SERVQUAL 모형에 근거한 사회서비스 품질".

5. 사회서비스 질의 평가와 측정 제도

근래 사회서비스의 질(품질)에 대한 평가가 중시되는 맥락은 사회서비스 공급 방식의 변화와 관련이 있다. 이전에 시설 서비스를 중심으로 하던 사회복지서비스에서는 책임성과 평가의 기제가 서비스 생산자 조직에 주로 부과되어 있었다. 사회복지시설 평가가 주로 그러한 책임성을 다루었다. 이는 사회서비스의 조성자나 규제자, 위탁자로서의 공공 부문이 수탁자와 생산자로서의 민간 부문에 대해 일정한 서비스 목적과 전달에 관한 기준을 제시하고 그 순응 여부를 확인하는 방식을 취한다. 이와 같은 평가 체계에서는 소비자 관점에서의 기준들이 제시되기가 쉽지 않다.

이러한 공급자 부문 간 평가 기제는 보편적 목적의 사회서비스 공급체계에서는 더 이상 작동되기 힘들다. 바우처와 같은 이용자 본위의 사회서비스 체계에서는 서비스 공급이 공급자 부문 간 위-수탁 기제가 아니라 생산자와 이용자 간 시장 형태의 계약 관계를 중시해서 성립되기 때문이다. 이 경우에 재정공급/규제자로서의 공공 부문은 유자격 소비자에 대한 판정과 바우처 발행 및 상환의 책임에 집중하고, 서비스 생산자들에 대한 통제는 이용자와 시장 기제의 힘을 우선적으로 활용한다. 그래서 공공 부문이 시설이나 프로그램에 대해 직접 평가하는 방식은 바우처 제도의 효용성 취지에 어긋나는 일이 된다.[24)]

그럼에도 사회서비스는 사회적 맥락으로 조성된다는 점에서 생산자와 소비자 간 시장 관계만을 평가할 수는 없고, 또한 휴먼서비스의 속성상 소비자가 생산자 선택을 위한 충분한 정보력도 갖추기 힘들기 때문에 조성자로서의 공공 부문이 최소한의 서비스 생산자에 대한 개입을 책임으로 가진다. 그럼에도 생산 과정 자체에 대

24) 만약 바우처 제도에서 생산자를 직접 통제하는 평가 방식을 취한다면, 이는 제도 운용에서 이중적인 비용을 초래하는 것이다. 바우처 제도 도입의 원래 취지도 생산자를 직접 통제하는 데 따르는 막대한 행정 비용을 시장 기제의 힘을 통해 대체하려는 것이었다. 이용자의 선택을 받기 위해 생산자들이 벌이는 시장 경쟁이 그러한 힘이라고 본다.

한 직접적인 평가보다는, 결과로서의 서비스 질에 대한 평가와 이와 관련된 정보를 소비자에게 제공하는 역할을 책임성의 주된 소재로 삼는 경향이 있다.

이러한 맥락 이외에도 사회서비스의 질 측면에 대한 평가는 휴먼서비스 고유성을 위해 필수적이라는 점에서 전문직들에서는 이전부터 중요시되어 왔다. 휴먼서비스는 목표 성취를 표준화된 성과에 비추어 파악하기 어렵다. 휴먼서비스에서 사람들의 상태나 조건 변화는 일정한 물리적 형태로서 확인되기 어렵고, 설령 가능하더라도 그것이 고정적으로 지속되지 않을 경우가 대부분이다.[25] 이와 같은 '무형의 일과성' 특성을 가진 이들 서비스에 대해 효과성을 확인하기 위해서는 서비스 질과 같은 지표들이 중요하게 간주될 수밖에 없다.[26]

1) 사회서비스 질에 대한 제도적 정의

서비스 질(품질)에 대한 정의는 학문 영역 별로 혹은 서비스 시장의 특성에 따라 다양하게 이루어지고 있다. 이는 학문 분야나 전문 영역 별로 서비스 질을 구성하는 측면에 대한 강조가 각기 다를 수 있기 때문이다. 사회서비스의 질은 또한 본질적으로도 사람들의 주관적 인식에 영향을 받는 측면이 있으므로, 이용자의 인구사회학적 특성뿐만 아니라 공급 과정에서의 다양한 역할자들의 기준에 따라서도 달리 정의되는 상대적 의미를 가진다. 그럼에도 사회서비스를 제도적으로 공급하는 사회들에서는 어떤 형태로든 서비스 질에 대한 일정한 정도의 일관된 정의를 필요로 한다.

미국에서 서비스 품질을 관리하는 제도적 기구인 미국국가표준처(ANSI)와 미국품질협회(ASQ)와 같은 곳에서는 서비스 품질이란 '이용자의 욕구를 충족시켜 줄 수

25) 예를 들어, 자아존중감 향상 목적의 서비스 프로그램에 대한 효과성을 평가하려면, 우선 자아존중감이 무엇인지를 규정하고 측정할 수 있어야 한다. 그래야 프로그램 시작 전과 후의 상태에 대한 경험적인 비교를 통해 효과성에 대한 판단이 가능해진다. 그런데 '자아존중감'이란 도대체 무엇인지, 아동들에게서 이를 어떻게 측정할 것인지가 중요한 이슈로 등장한다. 설령 특정 수단으로 측정했더라도 이것이 일관된 변화 상태로 지속될 것인지는 확신할 수 없다.

26) Gates, *Social Program Administration*, pp. 186-190.

있는 서비스 특성의 총체적인 것'이라고 포괄적으로 정의한다.[27] 이는 서비스 질에 대한 개념 규정의 까다로움을 피하기 위한 것으로, 비록 구체성은 여전히 낮지만 가능한 전 서비스 영역에 걸쳐 공통적으로 적용될 수 있는 일반화된 정의가 될 수는 있다. 즉, '서비스 이용자들의 욕구를 충족시킬 수 있는 능력'이라는 측면에서 품질을 포괄적으로 정의하는 것이다.[28]

조금 더 구체적으로 보자면, 사회서비스의 질은 다양한 접근 방식으로 규정될 수 있다. 대표적으로는 전문가적 접근, 행정적 접근, 시장적 접근, 이용자 중심적 접근 등이 있는데, 이들은 각기 서비스 질에 대한 각기 다른 측면들을 강조한다.[29] **전문가적 접근**이란 서비스 생산자의 질을 중시하며 서비스 생산자 측면의 질 향상이 서비스 이용자의 편익 증진과 직결된다고 가정하는 것이다. 이러한 접근에서는 사회서비스에서 이용자 중심주의에 대한 강조로 인해 지나치게 외부적 규제가 강화되고 질 관리의 기준이 표준화되어 전문적 자율성이 약화되는 것을 문제로 여긴다.

행정적 접근은 주로 명시적인 법이나 권고안, 표준화된 틀에 근거하여 서비스 질을 관리하고 향상시키려는 것이다. 앞서 살펴본 바와 같이 오랜 기간 우리나라의 사회서비스에 대한 품질평가는 거의 전적으로 행정적 접근을 취해 왔다고 할 수 있다. 2000년대에 들어서면서 이러한 행정적 접근 일변도의 품질평가 방식에 새로운 접근이 나타났는데, 이것이 시장지향적 접근이다.

시장지향적 접근은 서비스 질에 대한 정의, 측정, 개선 등의 전 과정에서 소비자의 역할을 우선시하며, 기업 경영에서의 TQM 방식 같은 것을 사회서비스에 적용시키려는 데 관심을 둔다. 극단적으로는 서비스 이용자에 의해 정의되는 품질 외에 객관적으로 존재하는 서비스 질은 없다고 보는 관점이 이에 해당하고, 이용자가 품질 결정의 유일하고 궁극적인 존재이고 조직 내 모든 사람의 참여를 통해 서비스 생산의 전 과정에서 지속적인 노력을 통해 품질 향상이 가능하다는 입장을 견지한다.

이용자 중심적 접근은 시장지향적 접근과 유사하나 서비스 이용자들의 선택권과

27) ANSI는 American National Standard Institute의 약자다. ASQ는 American Society for Quality의 약자다.
28) 김은정 외, "사회서비스 품질접근 동향".
29) 상게서.

자율성을 서비스 질의 가장 결정적 요소로 간주하는 입장이다. 사회서비스가 이용자들이 달성하려는 것을 이루는 데 도움을 주는 것인지, 서비스 전달 과정이 이용자의 자율성과 역량을 강화하는 방식인지 등을 서비스 질에 대한 판단의 중심적 기준으로 삼는다.[30] 2000년대 이후 사회서비스 분야에서 보다 직접적이고 구체적으로 서비스 질의 측정 자체가 강조되는 추세에서, 시장지향과 이용자중심 접근에서 요구되는 품질 지표의 계량화나 표준화 등의 노력이 중시되고 있다.

2) 품질 측정의 모형

사회서비스의 질을 측정하는 데 필요한 개념 구성을 놓고 상당한 논의들이 이루어져 왔다. 이는 단순히 서비스 질의 개념에 대한 학술적 차원의 의미를 다루는 것에 그치지 않고, 사회서비스가 산업-제도적으로 공급되는 상황에서는 일종의 제도적 규제의 성격과 내용을 결정하는 것과도 같다. 이는 사회서비스의 공급체계에 포함된 서비스 생산자, 규제자, 재정 공급자, 수급자, 수혜자 등 전 역할자 부문에 직접적인 영향을 미치는 사안이 된다.

사회서비스에 대한 평가 제도가 이용자 관점의 효과성을 강조하는 추세에서는 사회서비스 생산자가 서비스 질에 대한 규정과 측정, 제고 방법 등에 관한 지식을 제고해야 한다. 재정 제공자나 규제자들의 입장에서는 사회서비스 질의 향상을 이용자의 접근성 및 선택권, 서비스 전달의 효율성, 성과관리의 도입 등과 같은 기준에서 찾으려는 추세도 나타난다.[31] 산업적인 이유로는 품질 측정을 통해 서비스 생산자들은 서비스의 종류나 이용자 특성에 따라 품질 평가와 이용자의 서비스 충성도 간에 어떤 관련성이 있는지 등을 파악해 볼 수 있다.[32]

이러한 이유들로 인해 어떤 사회에서든 사회서비스가 제도화되는 과정에서는 최

30) Beresford, P., & Croft, S. (2004). 'Service users and practitioners reuinted: the key componsent for social work reform'. *British Journal of Social Work*, *34*(1), pp. 53-68.

31) Martin, J., & Kettner, P. (2010). *Measuring the Performance of Human Service Program* (2ed), NY: Sage Publications.

32) 김은정(2013). "사회서비스 정책 현황 분석과 정책적 과제". 한국사회와 행정연구, 24(1), pp. 111-136.

소한의 표준화된 품질 측정의 모형이 필요하게 된다. 현재까지 다양한 모형이 논의되어 왔는데, 이들은 서비스의 질을 어떤 기준에 두고 측정할 것인지를 두고 차이를 보인다. 사회서비스의 품질 측정에 관한 논의에서 흔히 언급되는 척도로는 SERVQUAL과 SERVPERF 모형이 있다.[33] SERVQUAL은 유형성, 신뢰성, 반응성, 확신성, 공감성의 5개 요인의 22개 문항으로 구성된 척도이고, SERVPERF는 여기에서 측정(질문) 방식을 수정한 것이다.

이 외에도 서비스 품질을 구성하는 요인을 다차원으로 두고서 측정하는 다양한 척도 모형들이 있다. 예를 들어, 브래디와 크로닌(Brady & Cronin, 2001)이 제시하는 척도 모형은 사람들이 서비스의 질에 대해 인식하는 것은 3가지 차원으로 구분될 수 있다고 보고, 이를 다시 위계적으로 보아 각각의 차원에서의 하위 요인들로 구분한다.[34] [그림 11-2]에 제시된 구조 모형이 그와 같다.

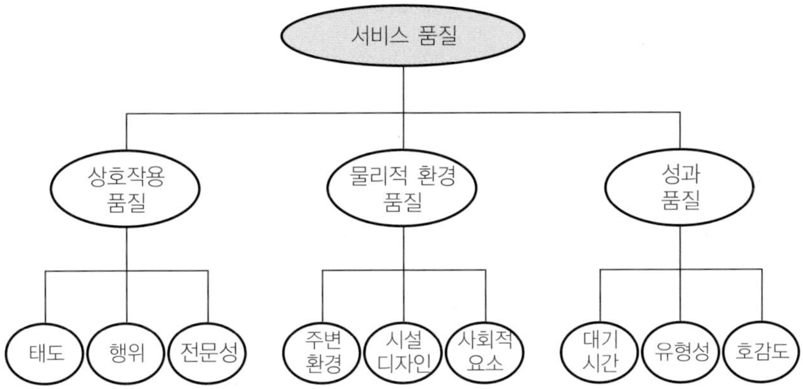

[그림 11-2] 브래디와 크로닌의 품질측정 구조 모형

33) SERVQUAL은 service quality, SERVPERF는 service performance의 축약자이다. SERVQUAL은 참고: Parasuraman, V., Zeithmal, V., & Berry, L. (1988). 'SERVQUAL: A multiple-item scale for measuring customer perceptions of service quality'. *Journal of Retailing*, *64*, pp. 12-40. SERVPERF는 참고: Cronin, J., & Talyor, S. (1992). 'Measuring service quality a re-examination and extention'. *Journal of Marketing*, *56*(3), pp. 55-68.

34) Brady, M., & Cronin, J. (2001). 'Some new thoughts on conceptualizing perceived service quality: a hierarchical approach'. *Journal of Marketing*, *65*(3), pp. 34-49.

여기에서 상호작용 품질은 태도와 행위, 전문성의 하위 요인들로 구성되는 것으로, 다른 품질 모형들에서의 과정 차원과 같은 성격을 띠는 것이다. 물리적 환경의 품질은 분위기와 디자인, 사회적 요소가 그 하위 요인으로 구성된다. 성과 품질은 여기에서 대기시간, 유형성, 가치성 등의 하위 요인으로 구성된다고 본다. 이를 통해서 사람들의 서비스 품질에 대한 인식 과정은 단순히 평면적이기보다는 위계구조와 하위 차원의 요소들로 복잡하게 구성되어 있음을 알 수 있다.

3) 우리나라의 사회서비스 품질 측정 제도에 대한 논의

우리나라에서도 사회서비스 영역에서 서비스의 질에 대한 관심이 증대되어 왔다. 최근 사회서비스 품질에 대한 측정 개념은 소비자주의 방식의 사회서비스 공급이 의도하는 이용자 만족도 요인과의 결부를 중심으로 적극 검토되고 있다.[35] 그 가운데서도 연구자의 초점에 따라 사회성, 확신성 혹은 보증성, 응답성 혹은 반응성, 공감성, 신뢰성, 유형성 등의 다양한 차원을 조합적으로 구성해서 파악하려는 연구 노력들이 진행되고 있다.

제도적 차원에서는 사회서비스 품질관리를 위한 총괄 기제를 설치하는 방안이 검토되고 있다. 영국이나 미국의 경우를 벤치마킹하여 국가 차원의 '사회서비스 품질평가원(가칭)'에 대한 설치와 운용이 거론되어 왔다. 비록 이러한 기제를 인증 제도에 기반할 것인지, 아니면 사후 서비스 프로그램에 대한 평가까지를 담당하게 할 것인지 등에 대해서는 여전히 상당한 논의가 남아 있다. 또한 전반적인 사회서비스의 기획과 실행 차원이 지역으로 이관되는 추세에서 이러한 기제가 어떤 차원의 정부나 공공 부문에 부속되어야 할지 등도 미결의 과제로 남아 있다.

---

35) 김은정 · 정소연, "SERVQUAL 모형에 근거한 사회서비스 품질"; 김은정 · 정은아(2012). "지역서비스 이용자의 서비스 품질평가와 지속이용 의향: 대구시 문제행동아동조기개입서비스를 중심으로". **지방정부연구**, 16(1), pp. 331-352; 김선희(2016). 사회서비스 질이 이용자 충성도에 미치는 영향에 관한 연구. 경성대학교 대학원 박사학위논문.

제12장 공공성과 거버넌스

우리나라 사회서비스 공급의 유효성은 상당 부분 공공과 민간 부문 간 협력관계에 의존한다. 근래 전통적인 복지국가들에서도 복지혼합 추세로의 이행에 따라 이러한 협력관계가 보다 중요해지기 시작했다. 우리나라에서는 사회서비스 제도의 생성 초기부터 민간 부문의 생산자가 지배적 위상을 차지해 왔으므로, 서구의 민영화 추세와는 맥락을 달리한다. 그럼에도 근래 공공의 사회서비스 역할 확장과 같은 일견 공영화로 보이는 추세가 오히려 거버넌스나 민관협력의 이슈를 새롭게 부각시킨다.

1. 사회서비스의 공공성 이슈[1)]

우리나라에서 사회서비스는 1950년대에 제도적 성립이 이루어진 이래 현재까지

1) 이 절의 내용 중 일부는 〈김영종(2018). 사회보장 공급체계와 광역 지자체 [제3차 지역사회보장 균형발전포럼]〉에서의 발표에 사용되었다.

도 공공성 확장에 대한 요구를 지속적으로 받아 왔다. 민간 부문의 자선과 구호 목적의 기구들이 초기 우리나라 사회(복지)서비스 조직의 원형을 형성한 이래, 정부 등의 공공 부문은 이들에 대한 적극적인 지원이나 투자자로서보다는 규제자로서의 역할에 치중해 왔다. 그것이 사회서비스 분야 전반에 현재와 같이 여타 국가들과 비교하기 어려울 만큼의 민간 서비스 생산자 우위를 초래해 왔다.

1) 사회보장 담론과 공공성

근래 우리나라 사회복지 혹은 사회보장 공급과 관련해서 새로운 차원의 현안이 등장했다. 이전까지는 사회복지의 주요 현안들이 모두 복지 공급의 확대와 관련되어 있었다. 복지의 대상자나 복지 급여의 양과 질을 확장하는 것이었고, 그에 따라 공공과 민간 부문 모두에서 복지서비스 공급과 관련된 조직들은 늘 과부하의 문제가 현안이 되어 왔다.[2)]1980년대 국가 차원에서 복지공급 확장 기조로의 전환이 이루어진 이후 현재까지 근 40년에 가까운 시기 동안 우리나라에서 복지공급에 관한 대책은 대개 서비스 전달을 위한 공공과 민간의 조직 기구와 인력을 늘리는 데 치중되어 왔다. [그림 12-1]이 이를 보여 준다.

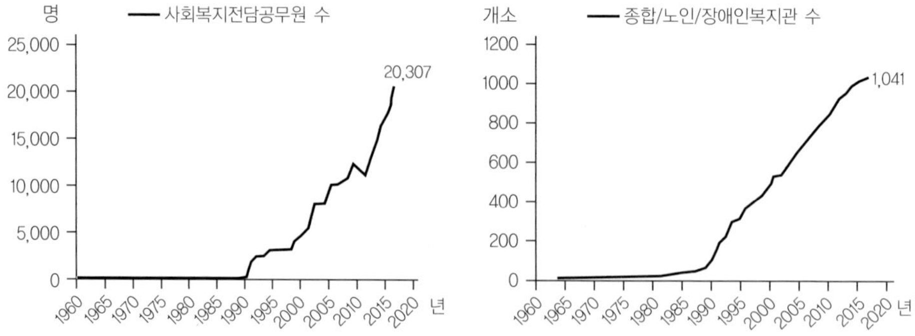

[그림 12-1] 우리나라 공공과 민간 복지의 확장 경로 (2017년 자료 기준)

2) 이것이 실천 현장에서는 서비스 결여나 과용의 문제를 동시에 나타나게 만든다. 복지의 사각지대 이슈와 중복 수급에 대한 이슈들이 동시에 거론된다.

그러나 작금에 등장하는 사회복지 혹은 보장의 이슈들은 이제까지의 모든 공급 부문의 일관된 확장 경로와는 다른 성격을 띠고 등장한다. 이는 사회서비스의 제도적 경로에도 변침을 발생시키는데, 변침의 크기는 마치 1980년대에 사회복지 담론의 제도적 확장 경로가 급격히 나타나던 때에 비견된다.[3] 작금의 제도적 경로의 변곡점은 2012년 「사회보장기본법」의 개정에서 상징되는데, 이를 기존의 사회복지 담론과 구별하자면 '사회보장'의 담론이라 할 수 있다.[4]

새로운 사회보장의 담론에서는 사회서비스 제도의 보편화가 강조되고,[5] 이를 국가와 지방자치단체와 같은 공공 주체의 책임으로 규정한다.[6] 그로 인해 우리나라에서는 2010년대에 사회보장제도 전반의 공공성 확장과 함께 특히 사회서비스 공급체계에서 공공 주체의 역할이 강화되는 추세를 나타내게 된다.[7] 비록 앞서 제시했던 바와 같이 우리나라에서의 특수한 사회복지 발달 경로에 따라, 복지 공급에서 공공성이 확장되는 것은 이미 1980년대 이후 일관적인 추세가 되어 왔다. 사회복지서비스의 대상이나 시설 공급의 확대 등과 같은 공공성 강화의 조치는 지속적으로

3) 1950년대 이래 민간 구호조직들 중심으로 형성되었던 복지 공급이 근 30년 후인 1980년대에 들어서야 의미 있는 변화를 나타냈던 것이다. 이 시기에 들어서서 구호 목적의 민간 수용시설들에 대한 규제나 지원 차원에 머물던 사회서비스에 대한 공공 부문의 역할이 바뀌게 된다. 복지 공급의 대상을 지역에 거주하는 영세민(차상위 등) 계층으로까지 확장하는 과정에서, 대상자 선정과 자활서비스 제공을 위해 공공 부문의 사회복지직 공무원 제도가 확장되었고, 종합사회복지관 등의 비수용 이용시설들이 사회서비스 공급의 새로운 방식으로 급격히 확대된다. 이러한 사회서비스 시설들은 대부분 지자체들이 설치해서 민간에 운영을 위탁하는 방식을 취했다. 이러한 결과 1980년대 후반부터 2000년대에 이르는 시기에 이전에는 존재하지 않았던 각종 공공과 민간 부문의 전문 인력과 기구들이 대폭 확충된다.

4) 사회복지의 담론과 그에 따른 우리나라 사회서비스 제도의 생성과 경과에 대해서는 이 책 6, 7장에서 설명했다.

5) 개정 이전 「사회보장기본법」에서는 보장제도를 사회보험, 공공부조, '사회복지서비스'로 두었는데, 이를 '사회서비스'로 바꾸면서 이전의 빈곤/취약 대상 개념에서 보편적 대상으로 바꾼 것이 핵심이었다.

6) 과거 사회복지 담론의 전달체계 규정을 주도했던 「사회복지사업법」(1970년 제정 이후)이 사회복지법인과 시설이라는 사회복지서비스를 제공하는 민간(적어도 민법의 지배를 받으므로) 기구에 대한 규정을 중심으로 성립되어 현재까지도 원형을 유지하고 있는 것과 대조적이다.

7) 공급체계 공공성 강화의 기조는 2014. 12.에 이루어진 3가지 제·개정법에서 본격화된다. 「사회보장 급여법」 제정은 「사회복지사업법」에서부터 공공 부문의 역할 규정을 독립시킨다. 「국민기초생활보장법」 개정은 개별급여 방식 도입을 통해 공공의 개별 사례 차원의 개입을 강화한다. 「긴급복지지원법」의 개정은 긴급복지 수급요건을 완화하는 과정에서 공공 전달체계의 책임을 증가시켰다.

이루어져 온 것이지만, 지방자치단체나 공단과 같은 공공 주체가 서비스 생산자 역할에 직접 참여하는 방식의 공공성 확장 경로는 2010년대 후반에 비로소 발생한다.

우리나라 사회복지(보장) 공급에서 공공성 확장의 경로는 크게 3차 시기를 거친다. 1차 공공성의 확장은 1980~1990년대에 이루어졌는데, 기존의 부수거 절대빈곤층에 한정되었던 복지 공급이 차상위 계층으로 서비스 대상 확대되면서 공공의 인력과 시설 설치 확대를 통해 공급체계에 변화를 주었다. 2차로 공공성이 확장되었던 시기는 2000년대 초반부터 시작되었으며, 이때부터 사회서비스 인구 대상의 보편적 확대가 나타났다. 이른바 '바우처' 방식의 사회서비스 공급도 이 시기에 본격화된다.

현재의 3차 공공성 확대의 기조는 1, 2차 시기 때와는 사뭇 다른 양상으로 전개되고 있다. 이제까지의 공공성 확장의 방식이 모두 공적 목적과 대상을 확대하는 데 공통적인 초점을 두었다면, 2010년대 이후 3차 시기에서는 공공 부문이 직접 서비스 생산자 역할을 증가하는 등의 가장 강화된 방식의 공공성 확대를 추구한다.[8] 이와 병행해서 기존 민간 주체들에 대한 공공화(민주적 절차와 참여, 사회화 등에 대한 압력)를 추구하는 방향도 함께 전개되고 있다.

왜 이 시기에 공공 부문이 생산 주체로서 역할 확장을 시도하는지, 그로 인해 사회서비스 공급체계에 어떠한 구조 변화의 정도까지를 초래할지에 대해서는 아직 설명되기 어렵다. 다만 그에 대한 상황적 배경은 이미 드러나 있는 바와 같다. 2000년대 이후 아동이나 노인 돌봄과 같은 이른바 보편적 사회적 돌봄서비스의 필요와 공급이 급격히 확대되었는데, 이는 기존의 저소득/취약계층을 중심으로 했던 복지 패러다임에서부터의 대전환을 초래했다. 이는 공적 서비스의 공급량 확대라는 측면에서 우리나라 사회서비스의 대폭적인 공공성 신장이라 할 수 있다.

8) 공공부조의 영역에서는 이미 공공 주체의 확대가 1980년대 이래 일관적으로 지속되어 왔다. 공공부조와 사회복지서비스의 본격 분리에 대한 논의가 일어난 1980년대 초반부터, 1980년대 후반 사회복지전담공무원의 채용과 그 이후 확대의 과정 내내 공공부조의 공공성 확대는 전달체계에서 공적 주체의 증가를 초래했다. 이러한 분리가 공공부조의 공적 주체, 사회서비스의 민간 주체라는 분화를 지속하면서, 전체적으로 공공성의 확장에 기여하게 되는 역사적 제도 경로를 따라왔다. 그러다 2010년대의 공공성 확대 시기에 들어오면서, 서울시 찾동이나 부산시 다복동, 사회서비스원(안) 등의 경우에서 나타나는 바와 같이 공공 부문 조직들이 사회서비스의 직접 공급 주체로서의 영역 확장을 시도하게 되는 과정이 본격화된다.

다만 급격히 확대되는 서비스 수요를 감당하기 위해 이른바 '바우처' 시장 기제를 사용하게 되었는데, 그것이 공공의 '생산 주체'로서의 책임성 측면에서는 오히려 공공성의 약화를 초래하게 된다. 그 결과 공공어린이집 설치 확대의 요구들에서 보여지듯이, 시장화된 민간 주체들에게만 사회서비스를 맡기는 것이 온당한지에 대한 비판이 나타나게 되었던 것이다. 이러한 비판에 대한 대응으로 2010년대 후반에 이르러서는 정치적 기류의 변화와 함께 공공성 확장의 방법 자체가 이제까지와는 달리 공공 주체의 직접 생산자로서의 역할이 강조되는 추세로 나타난다.

현재 복지공급 전반에서 서비스 생산자로서의 공공 주체의 역할 확장은 읍면동의 서비스센터화 추진과 보건복지 공공인력의 확충, 사회서비스원 설치(안) 등에서 엿볼 수 있다.[9] 이처럼 사회서비스의 공공성 확장 경로가 서비스 생산 주체의 공공화라는 변곡점에 이르게 되면서, 이제까지 우리나라 복지공급의 단순 확장이라는 제도적 경로에서는 경험되지 못했던 새로운 현안과 이슈들이 등장하게 된다. 그 가운데서도 이제까지 사회서비스의 생산자로서 지배적 위상을 점유해 왔던 민간 부문 주체들과 공공 부문의 역할 관계를 재정립해야 하는 문제가 대표적이다.

2) 우리나라 사회서비스의 공공성 논의

우리나라에서는 그간 사회서비스 분야에서 공공성 확장이란 그 자체로서 '선(善)'으로 당연시되어 왔던 바가 있는데, 이는 그간 공공성이 과도하게 억제되어 왔던 까닭에서 연유했었다.[10] 그러나 현재와 같이 공공 주체가 직접 서비스 생산자로서의 역할을 확장하는 방식에서는, 이제까지 다루어지지 않았던 새로운 공급체계에

---

9) 사회서비스원(안)의 설치는 사회서비스 분야의 일자리 상당 부분을 공공화하는 것과 관련이 있고, 읍면동 복지허브화 등은 시군구/읍면동 지자체나 공단과 같은 공공 주체가 사례관리나 돌봄서비스의 직접 생산자로서 기능하게 하려는 것이다.

10) 사회서비스에서 공공성의 확대는 일견 그 자체로서 당위적인 것처럼 보인다. 사회서비스라는 것은 곧 가족과 같은 자연 공동체가 감당하지 못하게 된 돌봄 역할을 사회적 방식으로 수행하자는 것이므로, 넓은 의미의 공공성 맥락과 합치된다. 유럽 국가들 중에는 실제로 '사회적'이라는 의미와 '공공적'이라는 의미를 굳이 구분하지 않는 경우도 많다. 다만 우리나라는 '사회복지'와 '공공복지'의 뉘앙스가 확연히 달리 느껴지는 것에서 알 수 있듯이, 사회서비스에서 공공성이 일정 정도 분리된 채로 인식되어 왔다.

관한 이슈들이 등장하게 된다. 기존 사회보장 공급체계의 확장 경로(즉, 공공과 민간 조직들의 동시 확장 방향성)와는 달리, 전체 복지 공급의 총량이 일정한 상태에서 공공 공급 주체의 확장은 민간 체계의 상대적 축소를 의미한다. 이에 따라 한정된 공간의 공급체계에서는 공공과 민간 주체들 간 관계 구조와 역할의 재설정에 관한 논의와 대책 마련이 불가피하게 되는 것이다.

현재 이슈가 되고 있는 사회서비스원(안)에서도 공단 설치의 찬성이나 반대 입장 모두에서 사회서비스의 공공성 확대 자체를 반대하는 경우는 드물다. 다만 우리나라 사회서비스의 현실에서 '어떤' 공공성이어야 하는가에서 사회서비스원(안)에 대한 찬반이 엇갈린다. 이런 경우라면, 정당한 절차를 통해 충분한 논의의 장을 확보하는 것이 중요하다. 공공성을 규정하는 요소에는 '공정한 절차'가 들어 있고, 이는 보통 민주적 방식을 의미한다.[11] 광역 단위의 사회서비스원(안)이 사회서비스의 공공성 확대를 의도하는 것이라면, 민주적이고 공정한 절차를 따라야만 그 목적이 달성될 수 있는 것이다.

전체 사회의 차원에서 사회서비스는 '어떤' 공공성이어야 하는가를 중심에 두고 보면, 여기에는 많은 논의가 여전히 남겨져 있다. 유연성과 공동생산을 주요 생산 특성으로 하는 사회서비스의 휴먼서비스적 본질이 공단과 같은 관료제 조직 체계에서 구현될 수 있을 것인지, 어떤 유형의 사회서비스에서는 가능할지, 향후 전개될 지역(공동체)중심의 사회서비스 재편이라는 국가적 전략과는 어떻게 조응될 것인지 등이 정당하게 논의될 필요가 있다.

'공적 주체가 사회서비스 공급의 속성상 직접 서비스 전달의 주체로서 민간 부문 주체들보다 우월한가?' '공적 주체와 민간 주체의 역할 분담과 한편으로는 협력관계의 양상은 어떻게 구성되어야 할 것인가?' 이러한 질문은 이제까지의 당위적 차원의 공공성 확장 이슈과는 달리 사회 부문들 간 갈등을 유발할 수 있는 뚜렷한 논쟁점을 가진 주제이므로, 숙의(熟議) 절차 등과 같은 논의 과정 자체에서의 공공성 확보도 중요하다.

---

11) 신진욱(2007). "공공성과 한국사회". 시민과 세계, 11, pp. 18-39.

2. 사회서비스 공급의 거버넌스

우리나라 사회(복지)서비스 제도에서 거버넌스는 오랜 역사적 맥락을 가지고 있다. 거버넌스(governance)란 사회 체제의 공조 역학과 관련된 것으로,[12] 정부(government)의 역할을 일방적으로 강조하던 것에서부터 정부와 제반 시민사회 부문이 파트너십 및 네트워크를 통해 역할을 공유하는 개념으로 보통 받아들여진다.[13] 이에 의거하면, 우리나라에서의 복지 거버넌스란 사회복지 공급에 있어서 정부와 시민사회 간 파트너십과 네트워크, 이와 연관된 사회 체제의 공조 방식을 의미하는 것이다. 서구 복지국가들이 탈복지국가의 일환으로 복지 거버넌스를 다루는 것에 반해, 우리나라의 경우는 근대적 의미의 복지공급이 시작되었던 1950년대에 이미 복지 거버넌스의 외형적 구조는 선행되었다고도 볼 수 있다.

우리나라 복지에서 거버넌스가 강조되는 현상은 특히 사회서비스 부문에서 두드러지게 나타난다. 전형적으로 빈곤 계층에 공급되어 왔던 사회복지서비스가 2000년대를 전후해서 부각된 저출산 · 고령화라는 보편적인 사회문제에 대응하기 위한 보편적 사회서비스로 확장되는 과정에서도, 우리나라의 사회서비스 공급은 민간 비영리와 정부, 영리, 지역사회 등 제반 부문이 다원 · 다선화된 구조적 양상의 제도화를 유지 혹은 강화한다. 즉, 한국의 사회서비스 제도와 공급체계는 외형적으로는 언제나 복지 거버넌스를 자연스런 전제로 해 왔던 것이다.

2000년대 초에 사회서비스 공급의 지방분권화가 다루어지기 시작한 때에도 이러한 거버넌스의 이슈가 등장했다. 이때는 사회서비스 공급의 역할에서 중앙정부와 지방자치단체 간 역할 나눔을 전제로 하는 것으로, 기획과 규제자 혹은 재정 제공자라는 전통적인 공공 부문 역할 내에서의 중앙과 지방 정부 단위들 간 분업과 그에 따른 조정과 협력의 필요성이 다루어졌다. 예를 들어, 국가의 사회서비스 예

12) Pierre, J. (2000). *Debating Governance*. Oxford University Press.

13) 이명석(2002). "거버넌스의 개념화: 사회적 조정으로서의 거버넌스". 한국행정학보, 36(4), pp. 185-205.

산을 포괄보조금(block grant)의 형태로 중앙정부가 지자체로 넘길 것인지, 아니면 범주별 보조금(categorical grant)으로 중앙정부의 재정 권한을 존속하면서 실행 차원의 업무를 사무위임 등의 방식으로 지자체로 넘길 것인지 등이 이와 관련된 이슈들이다.

이러한 이슈들은 대개 사회서비스 공급체계에서의 규제적 권력의 관계 구조에 대한 변화를 의미하는데, 그로 인해 민간 부문의 서비스 생산자들의 재정 전략과 서비스 전달의 행태 등에도 밀접한 영향을 미치게 된다. 이처럼 우리나라 사회서비스 공급체계의 고유한 공공과 민간 부문 간 얽힘을 고려할 때, 정부 단위 간 거버넌스의 이슈는 곧 공공과 민간 부문 간 거버넌스 이슈와도 긴밀히 연결되어 있는 것이다.

1) 중앙과 지방 정부 간 거버넌스

국가 운영의 전반적인 기조에서 공공성 확장의 기조가 뚜렷하게 나타나고 있고, 이것이 한편으로는 커뮤니티 케어와 복지재정 분권 등의 이슈들과 연결되면서 복지 공급체계 전반에서 중앙과 지방 간 거버넌스의 현안을 야기한다. 이 가운데서도 특히 사회서비스 분야의 중앙과 지방 거버넌스는 여타 분야들과는 다른 독특성을 띠며 강조되어 왔다. 사회보험이나 공공부조와 같은 제도는 국가공동체라는 범주 체계에서 보다 유효하게 작동될 수 있다. 그러나 사람들 간의 인간적 관계가 핵심이 되는 휴먼서비스 생산의 특성이 강조되는 사회서비스에서는 지역사회와 같은 사람들의 생활의 장(場)을 공동체의 중심적인 범주 체계로 할 필요가 있다.

공급체계의 관점에서 보자면, 기초연금이나 공공부조와 같은 국민으로서의 삶의 기초수준(national minimum) 보장을 위한 현금 급여는 중앙정부로부터의 전달체계 방식이 여전히 유효할 수 있다.[14] 그러나 아동이나 노인, 장애인 등을 위한 사회적 돌봄을 위한 휴먼서비스는 사람들의 생활 터전에 가까운 지방자치단체 단위를 중심으로 공급체계가 통합 재구성되는 것이 바람직하다. 그럼에도 비록 서비스의 생

14) 예를 들어, 사회보장청을 설치해서 국민기초수준에 해당되는 현금 급여들은 보건복지부가 지청 등의 독립된 전달체계를 통해 직접 감당하는 방안이 현실적으로 가능하다.

산과 실행 차원에서는 그렇지만, 문제는 재정수급 차원의 공급체계는 이와 무관하게 형성될 수 있다는 점이다. 자치재정의 부족이나 지역 간 재정불균형 등의 문제로 인해 중앙정부로부터의 사회서비스 공급자 역할은 여전히 잔존한다. 다만 이전의 '빈곤'에서부터 현재 '돌봄' 욕구로 사회서비스 중심 관점이 이동함에 따라, 지역사회와 지방정부의 역할이 이전과 다른 크기로 변화할 수밖에 없고, 그에 따라 중앙과 지방 간 사회서비스 거버넌스의 이슈도 새롭게 다루어질 필요가 있다.

근래 이와 같은 국가 차원의 복지 거버넌스에 관한 현안이 보다 실질적이고 구체적인 양상으로 드러나고 있다. 사회정책에서 자치분권을 강조해 왔던 이제까지의 정부 방향으로 볼 때, 제2차 복지재정의 분권은 조만간 현실화될 가능성이 높다.[15) 만약 복지재정의 전면적인 분권화가 이루어진다고 하면, 복지 공급체계 자체의 중심축이 중앙으로부터 지역 차원으로 이동하게 된다.[16) 이는 이제까지 지방자치단체가 국가적 복지 전달체계의 대리자 역할에 불과하다는 위상 인식으로부터의 대대적인 전환을 의미한다.

향후 지역 중심의 사회서비스 공급체계에 대한 논의와 대응 방향은 이제까지와는 차원을 달리해야 할 필요가 있다. 중앙으로부터 이관될 기존의 제도적 법정 서비스들을 운영하는 데 필요한 전문적 체계(시설, 전문성, 계획성)에 더해서, 이를 지역이라는 커뮤니티 속성(생활지역, 참여성, 공동생산)과 결부시켜 구현해야 하는 지역 사회서비스 공급체계의 구축이라는 과제가 대표적이다. [그림 12-2]에서와 같이 지역 차원의 체계는 이중적인 힘의 실체를 통합적으로 다루는 것이어야 한다.[17)

15) 1차 복지재정 분권은 2006년 참여정부에서 분권교부세의 형태로 지역 기반의 사회복지서비스 시설들에 대한 정부 지원을 지자체로 이관하려는 의도에서 이루어졌다.

16) 이는 단순히 중앙정부의 재정 부담을 완화하려는 의도라고 보기 어려운 것이 복지 공급에서의 공공 주체의 직접 생산자 역할의 강화, 커뮤니티 케어와 같은 공공서비스 기반의 강화라는 정책들과 연결되어 있기 때문이다. 지자체에 대한 복지재정의 이관 범위와 방식도 이전과는 확연하게 구분될 만큼의 대규모적인 것이 될 가능성이 크다.

17) 지역 차원에서 사회서비스의 공급체계를 구축하는 데 필요한 지식은 서비스 수요의 합리적 예측기법, 서비스의 기술적 분화와 공급 조직 배열, 전문적 조정과 통제 기술 등도 필요하지만, 커뮤니티의 속성의 추가로 인해 정부 구조와 거버넌스 구조(유연한 참여를 위한 협력 구조) 간 현실적인 충돌을 적절히 소화할 수 있는 지식과 역량을 갖추는 것도 중요하게 된다.

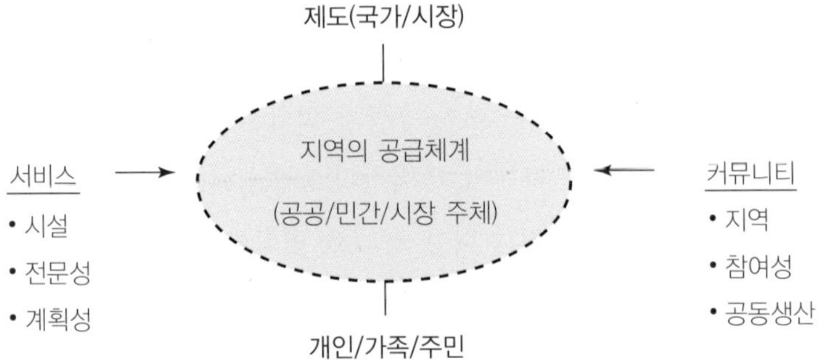

[그림 12-2] 지자체 사회서비스 공급체계에 요구되는 이중적 힘의 방향

중앙과 지방 정부 간 거버넌스가 대부분 중앙 권력의 지역으로의 이동에 관한 이슈라면, 지역 내 혹은 지자체 내에서도 거버넌스의 이슈가 있다. 광역지자체와 기초지자체 간 역할 분담과 권력 이동의 문제가 대표적이다. 이제까지 사회서비스 분야에서는 중앙정부가 개별 기초지자체를 직접 위임 사무의 실행기구로 관리하는 경향이 있었다. 이 과정에서 광역지자체는 적어도 사회서비스 분야에서만큼은 자의적이든 타의적이든 적절한 역할과 위상을 설정하기 힘들었다. 향후 자치분권 시대에서 지역 중심의 복지공급, 특히 사회서비스 공급체계를 재구성하기 위해서는 광역지자체의 적정한 역할 부여와 중앙정부 및 기초지자체와의 관계에 관한 거버넌스 구축이 중요하다. 이전에 중앙정부가 하던 조성과 규제자로서의 역할 상당 부분이 광역지자체 차원으로 이관되는 경우에, 그러한 양방향으로의 거버넌스에 관한 이슈들이 본격적인 현안으로 제기된다.

2) 공공과 민간 부문 간 거버넌스

우리나라에서 사회서비스의 거버넌스는 세대별로 구분되는 제도적 기제에 의해서 이루어져 왔었다. 전형적인 1, 2세대 방식의 사회복지서비스에서는 복지공급에 따른 공공과 민간 부문 간 거버넌스 양상은 역할 분담을 통해 나타났다. 이상적으로는 공공의 조성 및 규제자로서의 역할과 민간의 생산자 역할 간의 호혜적인 협력 관계를 거버넌스의 목표로 삼아 왔었다. 그럼에도 현실적으로는 이와 같은 거버넌스의 상생적 목표가 구현되기 힘들었다. 민간 생산자 부문이 공공 조성자 부문에 재정이나 규제로 의존된 결과, 민간 부문은 공공 부문의 '종속적 대행자'로 역할을 해 왔다고도 평가된다. 이는 사회복지서비스의 공공과 민간 부문 모두에서 거버넌스의 역효과를 유발하는 이유가 되었다. 종속적 대행자 관계에서는 '정부의 실패'와 '민간의 실패'라는 단점들이 보완적으로 상쇄되지 못하고, 정부 부문의 실패가 곧바로 종속된 민간 부문에로 이전되어 오히려 민간 부문 자체의 효과성 동인까지도 억제하는 부정적인 결과를 초래하기 때문이다.

2000년대 이후 3세대 사회서비스 방식에서도 거버넌스 이슈가 등장한다. 이때는 사회적 돌봄과 같은 보편적 사회서비스가 확대되는 과정에서 영리 부문의 시장사업자들도 서비스 생산자로서의 역할 참여가 장려된다. 이로 인해 이제까지 사회복지서비스 공급에서의 전형적인 공공과 민간 간 관계 구조가 변화된다. 형식적으로는 서비스의 수요와 공급이 이용자(공공 부문이 지원하는 이용권 소유자)와 시장사업자 간 계약 관계로 바뀐다. 이 경우에 영리와 공공 부문 간의 거래적 계약 관계를 거버넌스로 간주해야 할 것인지에 대한 의문이 나타난다.

이 문제와 관련된 대안적 접근에서는 '정부의 실패'와 '시장의 실패'를 보완하는 제3의 길, 예를 들어 민간 비영리 부문의 생산자 확대라든지, 사회적 경제나 공동체적 개념의 사회서비스 생산 방식 등이 주목된다. 일반적으로 사회서비스의 거버넌스 이슈를 말할 때는 영리 부문과의 거래적 관계를 의미한다고 보기는 힘들다. 다만 현실적으로는 시장 방식의 바우처 사회서비스 생산에서도 여전히 다수의 생산자가 비영리 부문이라는 점을 감안한다면, 여기에도 우리나라 사회서비스에서의 공공과 민간 간 거버넌스를 통한 서비스 공급의 유효성 이슈가 적절히 다루어질 수 있는 여지가 있다.

3. 사회서비스의 공공과 민간 부문 관계[18)]

사회서비스에서 공공과 민간의 관계는 여태껏 다양한 논의의 대상이 되어 왔었다. 사회서비스 공급의 주체는 공공이나 민간 중 누가 되어야 하는지, 공공과 민간은 각기 어떤 영역과 역할을 담당해야 할 것인지, 공공과 민간의 관계 유형은 어떻게 형성되어야 할 것인지 등이 이러한 논의의 중심에 있었다. 우리나라 복지 제도의 발달 역사는 곧 사회서비스의 다양한 공급 주체, 특히 민간과 공공 부문 간의 관계 변화의 역사라고도 할 수 있을 만큼,[19)] 이 관계에 대한 논의는 특히 중요한 의미를 띠고 있다.

1) 이슈의 등장

서구 국가들의 경우에는 '복지국가의 위기'로 불린 1980년대 이후 전형적인 정부주도의 복지 공급을 지향하는 복지국가 체제에 대한 다양한 비판에 직면하게 되었다. 공산 동구권의 붕괴와 세계화 및 신자유주의로 상징되는 세계 질서의 재편 과정에서, '재정화'와 '시장화'라는 세계경제적 거시 담론의 영향하에 복지국가의 변화는 불가피한 것으로 여겨질 수밖에 없었다.[20)] 1970년대 후반 이후 복지의 수급체계에서 '민영화'로 불린 제반 신자유주의적 조치들의 등장은 이러한 맥락에서 비롯된 것이다.

복지국가의 위기 혹은 후퇴론에 대해서는 여전히 많은 논란이 있다. 실제로 1980년대 초반을 제외하고는 서구 복지국가들의 재정 지출에서 감퇴가 있었는지

18) 이 절은 본 저술연구의 저자가 발표했던 연구논문 〈김영종(2004). "한국 사회복지서비스의 공공과 민간 부문간 협력관계". 한국사회복지행정학, 6(1), pp. 1-33〉에서 발췌한 내용이 포함되어 있다. 이에 대해서는 인용을 포함한 따옴 문장에 대한 재인용 표기를 생략한다.

19) 이혜경(2002). "한국 사회복지 서비스 공급체계의 민·관 파트너쉽 구축의 과제와 전망" [사회복지공동모금회 창립 4주년 기념 심포지엄].

20) Prince, M. (2001). 'How social is social policy? Fiscal and market discourse in North American welfare states'. *Social Policy and Administration*, *35*(1), pp. 2-13.

는 확실치 않으며, 1990년대에 들어서는 오히려 소폭의 지출 증가 현상까지도 나타났던 것으로 보고되기도 한다.[21] 비록 정부의 복지재정 지출은 복지국가의 형성기만큼 왕성한 증가율을 나타내지는 않으나, 그렇다고 뚜렷한 감소세에 있지도 않다는 것이다. 이러한 분석들을 통해 복지국가의 후퇴가 곧 복지 제도의 후퇴를 의미하는 것은 아니며, 현재의 변화는 다만 복지공급 유형에 있어서의 변화라고 보는 견해들도 나타난다. 비록 국가의 복지공급 총량은 변화가 없거나 증감이 있을지 모르나, 복지공급에 필요한 재원 형성, 배분, 서비스 생산/전달 등과 관련한 체계에서는 변화가 나타나고 있다는 것이다.

그러한 변화들의 주류에 '공공에서 민간'으로의 공급 주체 이동을 강조하는 민영화의 담론이 있다. 민영화의 추세에서 제시되는 복지국가의 대안들로는 복지다원주의나 조성국가와 같은 것이 대표적이다.[22] 복지다원주의란 정부의 복지공급 독점을 지양하고, 개인이나 가족, 지역사회, 기업, 각종 자원조직 등과 같은 다양한 공급 주체들을 상정하는 것이다. 복지국가에서는 국가가 자원공급자와 서비스제공자 역할까지도 직접 수행했었다면, 조성국가(enabling state)에서는 다원화된 공급 주체들에게 서비스 수급의 여건을 조성해 주는 데 충실하려는 것이다.

대부분 국가에서 민영화란 사회서비스를 포함한 복지의 공급에서 공공 부문의 역할이 없어지는 것을 뜻하는 것이 아니다. 대개 공공은 여전히 규제자나 재정 공급자로서의 역할을 유지하면서, 다만 서비스 생산자의 역할을 민간 부문으로 이양하는 경향을 민영화라 한다.[23] 대규모적이고 전체 국가공동체의 복지 공급에 관한 사회보험이나 공공부조 분야에서는 공공 부문의 통합적 공급자 역할이 우세하지

21) 강철희 외(2002). "복지국가의 사회복지비 지출변화(1982-1992)에 관한 실증적 연구". 한국사회복지학, 42, pp. 7-40.

22) Gilbert, N., & Terrell, P. (2002). *Dimensions of Social Welfare Policy* (5th), Boston, Allyn and Bacon. 조성국가란 정부가 직접 서비스 제공자의 역할을 수행하기보다는 서비스가 제공될 수 있는 환경이나 체계를 조성하는 역할을 수행한다는 지향을 말한다.

23) Salamon, L., Anheier, H., et al. (1998). *The Emerging Sector Revised: A Summary*. Baltimore: Johns Hopkins University Press; 문순영(2001). "민간 비영리 사회복지부문 연구를 위한 이론적 고찰-정부와 민간 사회복지부문의 협조 관계 유형 모색-". 연세사회복지연구, 7, pp. 33-78; 이혜경, "한국 사회복지 서비스 공급체계의 민 · 관 파트너쉽".

만, 대인적 사회서비스와 같이 전형적으로 민간 부문의 역할이 컸었던 분야들에서는 이러한 민영화 논리와 그에 따른 공공과 민간 부문의 협력 체계에 대한 논의들이 활발하게 나타났다.

비록 우리나라의 경우에는 역사적으로 이들 서구 복지국가들의 제도적 이행 과정과 상이하지만, 사회서비스 분야에서의 공공과 민간 부문 간 역할 분담만큼은 다른 어떤 나라들보다 훨씬 견고하게 구축되어 왔다. 오히려 우리나라에서는 민간과 공공 부문의 협력에서의 주요 이슈는 민영화보다는 공영화에 대한 적정 추구가 줄곧 이슈가 되어 왔을 정도였다. 공공 부문이 어느 정도로 생산 주체의 역할을 맡아야 공급체계에서 공공과 민간의 협력관계가 적절히 성취될 수 있는지 등이 그러한 예다. 어느 방향에서 접근을 하더라도, 우리나라 사회서비스의 제도적 발달에 대한 논의에서 공공과 민간의 역할 분담 혹은 한 차원 더 나아가 양 부문 간 협력체계 구축은 똑같이 중요하다.

2) 민관협력의 관계 모형

사회서비스의 공급자는 크게 공공과 민간 부문으로 구분될 수 있다. 공공 부문은 중앙정부나 지방자치단체 등과 같은 공공기관에 의한 역할과 활동 영역을 포괄하며, 민간 부문은 영리와 비영리 부문을 포괄하는 비공공 주체들의 역할과 영역을 포함하는 것이다. 일반적으로 사회서비스 영역에서 공공과 민간의 관계를 다룰 때, 민간이라 함은 비영리 민간 주체들을 주로 의미하는 경향이 있다. 이들은 비영리조직(NPO)이나 비정부 조직(NGO)으로 보통 일컬어지는데,[24] 정부나 시장 부문으로부터 분리되어 있음을 나타내는 의미에서 독립 섹터 혹은 제3섹터라고도 불린다.

비영리 민간 부문과 공공 부문과의 관계는 다양한 분석 기준에 의해서 유형화될 수 있다. 대표적으로는 기드론 등(Gidron et al., 1992)이 재원부담의 주체와 서비스

24) NPO는 Non Profit Organization, NGO는 Non Government Organization의 약자로서, 시장 기구이나 정부 기구가 아니라는 공통점이 있지만, 출발이 각기 비영리나 비정부에서 비롯되었다는 점에서 지향점은 약간 차이가 난다.

공급의 주체를 기준으로 4가지 관계 모형으로 유형화한 것이 있다.[25] 정부가 재원 부담과 서비스 공급의 주체를 모두 맡는 정부주도 모형과 그 반대의 경우로 비영리 주도 모형이 양극단에 위치하며, 정부와 비영리 부문이 재정과 서비스 공급을 각기 분담하는 양자(duel) 모형,[26] 정부가 재정 부담을 하고 서비스 공급 주체는 비영리 부문이 맡는 협조 모형이 가운데에 위치한다.[27]

살라먼과 안하이어(Salamon & Anheier, 1997)는 정부의 복지지출 정도와 민간 부문의 규모라는 두 개의 분석기준 변수를 교차시켜서, 두 가지의 영합(zero-sum)관계 모형과 두 가지의 협조관계 모형을 제시한다.[28] 영합관계 모형에서는 정부의 복지지출 정도가 크면서 상대적으로 민간 부문의 규모가 위축되는 사민주의 모형과 그와 반대되는 방향의 자유주의 모형이 나타난다. 협조관계에는 정부의 사회복지 지출이 낮으면서 민간의 규모도 작은 국가주의 모형과, 반대로 정부의 지출도 높으면서 민간의 규모도 큰 조합주의 모형이 있다. 이외에도 정부의 태도와 정형화 정도, 정부와 민간 간 파워관계 등의 기준에 의해 억압형에서 공조형에 이르기까지 8가지 모형으로 분류한 코스톤(Coston, 1998)의 연구를 비롯해서,[29] 정부와 비영리 부문 간의 관계 유형화를 다룬 많은 연구가 있다.[30]

---

25) Gidron, B., Kramer, R., & Salamon, L. (Eds., 1992), *Government and the Third Sector: Emerging Relationships in Welfare States*. Jossey-Bass.

26) 이 모형 안에는 보충형(supplementary)과 보완형(complementary)이 포함된다. 보충형 이중 모형은 정부와 민간이 유사한 영역에서 활동하지만 정부의 기초위에서 민간이 추가적인 영역을 담당하는 것으로 확장사다리(extended ladder) 모형과 유사하고, 보완형 이중모형은 민간과 정부가 각기 다른 영역의 서비스 활동을 수행하는 경우로 평행봉(parallel bar) 모형에 일치하는 것이다. 참고: 이혜경, "한국 사회복지 서비스 공급체계의 민 · 관 파트너쉽".

27) 협조 모형은 다시 대행자(vendor) 모형과 파트너(partner) 모형으로 나뉘는데, 서비스 제공자로서의 민간이 재원공급자인 정부와의 관계에서 자율성과 협상능력을 확보하는 정도에 따른 구분이다. 단순 대행자 혹은 종속적 대행자에서부터 동등한 위치의 파트너십 관계 설정으로의 전이가 민간 비영리 부문에서는 중요한 관심사가 되어 왔다.

28) Salamon, L., & Anheier, H. (1997). *Defining the Nonprofit Sector: A Cross-National Analysis*. NY: Manchester University Press.

29) Coston, J. (1998). 'A model and typology of government-NGO relationships'. *Nonprofit and Voluntary Sector Quarterly*, *29*(3), pp. 358-382.

30) 문순영, "민간 비영리 사회복지부문 연구"; 이혜경, "한국 사회복지 서비스 공급체계의 민 · 관 파트너쉽"; 심재호(2004). "한국 사회복지에서의 민 · 관 파트너십: 시 · 군을 중심으로" [한국사회복지학회

이러한 정부와 비영리 민간 부문 간의 관계를 유형화하는 많은 연구들에서 공통적으로 관심을 갖는 것은, 각 나라들에서 정부와 비영리 부문이 어떤 유형의 협력관계를 구축하고 있으며, 어떤 방향으로의 변화가 요구되는지를 추정하려는 것에 있다. 현재까지의 연구 결과들에서는 각 나라, 각 시대, 각 서비스마다 공공과 민간의 협력관계는 다양하게 전개될 수 있음을 보여 준다. 그럼에도 공통적으로는 근래에 들어 공공과 민간 부문 간 파트너십 모형의 협력관계 구축에 많은 관심이 주어지고 있음도 보고된다.

사회서비스 분야에서 공공과 민간의 파트너십 협력관계를 통한 서비스 공급 방식이 복지국가의 대안으로 등장하는 까닭은, 정부와 시장, 비영리 각 부문이 분절적으로 작동하는 데서 비롯되는 한계들 때문이다. 공공 부문은 본질적으로 대규모적이고 관료제적 특성을 가지므로 획일성과 경직성, 그에 따라 대인적 사회서비스 공급에 있어서는 특히 비효율성을 드러내기 쉽다. 이른바 '정부의 실패'라고 불리는 한계가 사회서비스 공급에서는 두드러지게 나타나는 것이다. 반면에 영리 부문은 사회서비스라는 공공재의 생산이 시장에서 이루어질 때 나타나는 불공정 경쟁의 위험성을 내포한다. 이른바 '시장의 실패'라는 한계가 나타나는 것이다.

민간 비영리 부문에 대한 기대는 대개 이러한 정부와 시장의 실패를 보완하는 차원에서 비롯된다. 크래이머(Kramer, 1981)는 자원 섹터(voluntary sector), 즉 민간-비영리 부문이 사회서비스에서 맡는 역할을 네 가지로 제시한다.[31] 첫째, 첨병 역할로서 혁신적이고 선도적인 서비스를 시도해 보는 역할이 있다. 둘째, 개선자 역할로서 공공 부문의 역할에 대한 감시나 비판을 통해 서비스의 확대나 개선을 도모하는 것이다. 셋째, 가치-수호자 역할로서 공동체 내 특정 소수자들의 특별한 이익을 보호하고 가이드하는 역할을 뜻한다. 넷째, 보충 역할로서 공공의 서비스를 보충적으로 제공하는 것이다.

이러한 민간 비영리 부문의 역할이 사회서비스 공급에서 상당한 장점을 초래하지만, 이것만으로 전체 사회의 사회서비스 공급 역할들을 모두 대변할 수는 없다.

2004년도 춘계학술대회 발표문].

31) Kramer, R. (1981). *Voluntary Agencies in the Welfare States*. University of California Press.

그래서 비영리 부문에만 사회서비스 공급을 맡기게 된다면, 또한 이른바 **'자원 부문(voluntary sector) 실패'** 이론과 같은 것을 야기할 수 있다.[32] 이 이론은 민간 비영리 부문의 재원이 자발적이고 자선적 동기의 기부자들의 의지에 좌우될 수밖에 없는 근본적인 한계에 주목해서, 이에 따른 사회서비스 공급의 불안정성과 불충분성을 대표적인 문제로 본다. 또한 특정 기부자의 요구나 가치가 서비스 수급자에게 반영되는 온정적 간섭주의(paternalism)라든지, 특수주의(particularism)로 인한 보편적 자원 활용의 어려움, 재원 부족으로 전문성 확보가 어려워 공공 부문보다 아마추어성을 더 띠기 쉽다는 등의 문제들도 자원 부문 실패 이론에서 제기된다.

이런 이유들로 인해 우리나라를 포함한 대부분의 나라에서 넓게는 공공과 민간, 좁게는 공공과 비영리-민간 부문 간의 협력관계가 중시될 수밖에 없다. 이를 통해 사회서비스 공급에서의 각 부문의 한계 혹은 실패들을 해결하려는 것이다.[33] 복지국가 위기론 이후 서구 국가들에서 정부와 비영리 부문 간 협력 방식이 적극적으로 모색되고 있는 것도 이와 무관하지 않다. 비영리 부문이 가진 대표적인 장점인 비영리 추구의 공익 서비스를 공공 관료조직 기제의 경직성 없이 생산할 수 있다는 것과 정부 부문의 장점인 대규모적이고 안정적인 재원을 공급할 수 있다는 능력이 합쳐져서 각 부문이 가지는 각자의 실패 이론들을 보완할 수 있다는 것이다.

공공과 민간-비영리 부문 간의 결합이 반드시 긍정적인 효과만을 나타낼 것으로 기대되는 것도 아니다. 사회들마다 다양한 방식으로 협력관계를 규정하는 제도적 기제를 갖추지만, 이것이 자칫 각 부문들에서의 실패를 서로에게 전가하거나 혹은 각자의 실패들을 증폭시키는 현상으로 나타날 가능성도 있다. 이러한 점들을 고려할 때, 공공과 비영리 부문 간 결합 혹은 협력의 방식에 대한 논의는 단순히 구호나 주장이 아니라 적절한 기제(mechanism)에 관한 문제로 귀결된다.

---

32) Salamon, L. (1995). *Partners in Public Service: Government-Nonprofit Relations in the Modern Welfare States*. Baltimore: Johns Hopkins University Press.
33) 문순영, "민간 비영리 사회복지부문 연구".

4. 우리나라 사회서비스의 민관협력 과제[34)]

사회서비스 공급에 있어서 공공과 민간(영리 및 비영리)이 긍정적인 협력관계를 형성해야 하는 이유는, 공공과 민간 부문이 각기 따로 서비스를 주도하게 될 때 나타나는 문제점들 때문이다. 비록 우리나라의 사회서비스는 여태껏 외형적으로는 민관협력의 제도적 경과를 보여 왔지만, 이른바 종속적 대행자 모형의 실패 등을 경험해 왔다. 그러므로 이를 극복하기 위한 대안적 민간협력 관계의 모형과 그에 적합한 제도적 기제를 갖추는 것이 중요한 과제가 되어 있다.

1) 대행자 모형의 한계

우리나라에서는 1970년대 이전의 시기, 즉 사회복지서비스에 대한 정부의 방치와 외원에의 의존을 통해 서비스가 전달되던 시기를 제외하고는, 1970년 「사회복지사업법」이 제정되어 정부의 재정지원과 함께 개입이 늘어나는 당시부터 공공부문은 민간 비영리조직들과의 관계를 일종의 '종속적-대행자' 모형으로 설정했던 것으로 보인다. 이는 민간 비영리조직들이 정부의 서비스 정책을 대행해 주는 역할을 수행하며 그 재원을 정부에 의존하게 되는 과정과 밀접하게 관련되어 있다.[35)]

이러한 공공과 민간의 관계 역할이 오랜 기간 제도화되고 고착화되면서, 기존의 민간 조직들에서는 이러한 종속 심화 현상이 별다른 저항감 없이 받아들여진다. 그럼에도 몇몇 사회복지서비스 분야들에서는 이러한 전형적인 종속적 대행자의 양상이 약하게 나타나기도 했다. 80년대 이래 폭발적인 성장을 경험한 보육 사회서비스의 경우가 한 예다. 이는 출발에서부터 시장 기제의 수용을 전제로 했기 때문이었는데, 보육서비스라는 재화의 가치에 대한 논쟁(공공재, 사유재) 가운데서도 서비스

34) 이 절의 내용은 〈김영종, "한국 사회복지서비스의 공공과 민간 부문간 협력관계"〉에서 일부 수정한 형태로 차용한 것이다. 인용을 포함한 따옴 문장에 대한 재인용 표기는 생략한다.

35) 이혜경, "한국 사회복지 서비스 공급체계의 민 · 관 파트너쉽".

이용자 측면에서는 이를 사유재로 인식하는 경향이 많았다는 점이 민간 주도형의 시장 기제를 가능케 했던 것으로 여겨진다.[36] 한편, 사회방어적 목적을 강하게 띠는 서비스들의 경우에는 정부주도형으로 나타나는 경우들도 있는데, 과거에 부녀복지관련 서비스들이라든지 교호목적의 서비스 분야들이 그에 해당된다.

전반적으로는 대부분의 생활서비스 및 이용서비스 시설(각종 사회복지관, 상담 및 치료시설 등)들뿐만 아니라, 1990년대 들어 본격적으로 등장하기 시작한 일종의 혼성형 시설(단기보호, 주간보호, 보건복지 혼합형 서비스 등)들의 경우에도 대개는 대행자 협력 모형을 따랐던 것으로 보인다. 백종만(1994)은 이를 '민간활용형' 모형이라 불렀는데,[37] 공공이 민간을 활용하는 관계를 통해 서비스를 제공해 왔다는 것은 사회복지서비스들이 반드시 공공재만도 아니고 그렇다고 사유재로도 볼 수 없는 일종의 혼합재(mixed goods)라는 성격 규정에 따른 결과로 여겨진다.

그렇다면 이러한 전형적인 민간활용형 대행자 모형이 향후에도 여전히 유효하게 적용될 것인가? 제도적 경로의존 이론에 근거하면 현재의 지배적인 제도 유형이 급격히 변화할 것으로 예상하기는 어렵다.[38] 여기에다 현재까지도 복지국가들에서 지속되는(혹은 강화되고 있는) 사회서비스 생산자 부문에서의 복지혼합의 추세는 종속적 대행자까지는 아니더라도 민간 부문을 공공 부문이 활용대상이나 대행자로 설정하는 것이다. 우리나라에서도 또한 현재와 같은 대행자형의 구도에 반하는 내부 정치경제적 역학도 크게 드러나지 않는 것처럼 보인다.[39]

반면, 새롭게 등장하는 사회서비스의 영역에서는 기존의 공공과 민간 부문 간의

---

36) 이 경우에도 정부는 여전히 규제자로서의 역할에는 소홀하지 않았으나, 재원과 서비스 공급의 측면에서만 보자면 공공의 대행자 모형보다는 공공에서부터 비교적 자유로운 민간주도형을 허용했다고 볼 수 있다.

37) 백종만(1994). 사회복지서비스에서 국가와 민간 간의 역할분담유형 개발과 적용에 관한 연구. 서울대학교 대학원 박사학위논문.

38) 특정 서비스 분야에서의 제도화된 규칙들이 오랜 기간 유지되어 왔다면, 제도의 견고성마저 보태지게 된다. 그로 인해 점진적인 서비스의 변화는 가능하겠지만 급격한 제도의 파괴를 수반하는 변화는 선불리 시도되기 힘든 정치적 모험이 된다.

39) 사회복지서비스의 주된 내부 세력을 구성하는 사회복지전문직, 서비스 이용자, 운영법인, 관련 전문직 협회 등에서도 한결같이 "정부 투자의 확대, 민간의 운영 자율권 확대"라는 일견 '모순된 구호'를 견지하고 있다는 점에서 그렇다. 이 구호가 곧 대행자 모형의 강화를 주장하는 것이다.

관계 설정이 새롭게 개척되기 쉽다. 기존에 형성된 이해관계가 약하게 작용하므로 그만큼 제도적 잠금 효과도 크지 않을 것이기 때문이다. 그 결과 사회서비스 공급체계에는 새로운 방식이 기존 방식들에 더해 적층되게 된다. 우리나라에서는 2000년대 중반 이후 보편적 돌봄 사회서비스라는 새로운 영역이 등장하는 과정에서 바우처 방식이 3세대 형태로 공급체계에 추가 탑재되는데, 이 경우 기존 방식과는 다른 민관의 관계 모형이 모색될 수 있다.

현재까지도 우리나라 사회서비스 공급의 주요 골격은 넓은 의미의 민간활용 혹은 대행자 모형을 따르고 있다. 그 제도적 견고성은 오랜 역사적 경로에 의해 구축되어 왔다. 비록 시장 기제의 도입을 통한 새로운 사회서비스 공급 방식의 구축을 의도하더라도, 생산자 부문만큼은 기존에 구축된 민간의 인프라(예, 법인 보유 시설이나 재산)를 활용하지 않고 공공 투자만으로 이를 재구축하기는 어렵다. 현재와 향후 예상되는 막대한 서비스 수요 확대를 감안하면 더욱 그러하다. 그러므로 적어도 우리나라의 현실에서는 사회서비스 분야에서 대행자 모형을 탈피한 민관협력형 모형이 정부주도나 영리주도형보다 확장되어야 할 소지가 크다. 과제는 어떠한 협력 모형의 기제이어야 하는지에 달려 있다.

2) 대안을 위한 과제

사회서비스와 같은 휴먼서비스 속성이 강하게 지배하는 곳에서는, 서비스의 목적과 성과들이 불분명하게 드러나고 평가되기가 쉽다.[40] 더욱이 공공과 민간 부문이 '협력' 운영한다는 명분의 사회서비스 분야에서는 자칫 그러한 효과나 책임성의 불분명함이 더욱 심해질 가능성이 높다.[41] 우리나라 사회서비스 공급의 유효성은 향후에도 공공과 민간 부문 간 협력관계의 적절성에 달려있는 만큼, 이를 위한 제

40) 김영종(2001). "지역 사회복지서비스 조직들의 재정자원 수급 행태에 관한 연구". 한국사회복지학, 3, pp. 64-90.

41) 예를 들어, 민간은 서비스 실행의 실패를 공공 부문의 '재정지원 부족'의 탓으로, 공공은 민간의 '비리와 무력함' 탓으로 돌려 버리기 쉽다.

도적 관계 기제의 변화는 다음처럼 제안될 수 있다.

종속적 대행자 관계에서 동반자적 협력관계로 사회서비스 분야에서 공공과 민간 부문이 '종속적-대행자' 관계에서 '동반자적-협력' 관계로 지향해야 하는 이유는 분명하다. 종속적 대행자 모형에서는 공공의 실패가 곧 민간의 실패로 쉽게 연결되어 버리기 때문이다. 즉, 공공이 실패하면 민간도 따라서 실패할 수밖에 없다는 것이 종속적 대행자 모형의 대표적인 결함이다. 민간활용형 협력모형의 본래의 의도는 공공 부문이 갖기 쉬운 경직성이나 비효율성 등과 같은 공공 부문의 약점을 보완하기 위해 민간을 활용하려는 것이었다. 그럼에도 이 과정에서 민간이 자칫 공공에게 지나치게 종속되는 의존적 관계가 형성되면, 그로 인해 민간은 공공의 실패를 감시하거나 억제하는 기능을 수행하지 못하게 된다.

이런 점에서 종속적 대행자 모형을 통한 공공과 민간의 협력관계는 유용하지 못하다. 이런 모형의 장점은 단지 공공보다는 민간이 저렴한 서비스 비용으로 공급을 가능하게 한다는 것뿐이다. 이마저도 전체사회적 측면에서는 긍정적이지 못하다. 민간이 공공보다 저비용으로 서비스를 실행한다면, 민간은 저렴한 비용으로 서비스를 실행하기 위해 낮은 질의 인력 혹은 자원봉사자들을 동원하는 등의 서비스의 질을 낮추는 것으로 해결할 수밖에 없다. 낮은 서비스의 질로 인한 효과는 다시 전체사회적 문제의 미해결로 돌아가고, 클라이언트의 고통 연장으로 전가되는 과정을 거친다.[42] 여기에다 자원 부문의 실패까지가 나타나면 공공 부문이 민간활용을 통해 의도했던 저비용의 효과마저도 상쇄되고 말며,[43] 궁극적으로는 서비스 저활용으로 인한 사회적 비용만 눈덩이처럼 불어나게 된다.

이러한 종속적-대행자 모형과는 달리, 동반자적-협력관계 모형은 공공과 민간 부문의 강·약점을 서로 보완하는 관계가 될 수 있다. 동반자 관계란 공공 부문과 민간 부문이 대등한 위치에서 협력관계를 형성하는 것을 뜻한다. 따라서 종속적 관

42) 김영종(2002). "민간 사회복지조직의 재원이 서비스 전달에 미치는 영향". 한국사회복지학, 50, pp. 209-233.
43) Salamon, *Partners in Public Service*.

계에서와 같이 공공의 실패가 쉽사리 민간 부문으로 이전되는 효과를 막을 수 있다. 민간은 공공에 대한 견제자, 감시자의 역할도 수행할 수 있어, 공공의 실패를 예방하는 기능도 수행할 수 있다. 민간 서비스 부문의 장점으로 간주되는, 소규모 조직을 통한 신속하고, 탄력적인 접근(관료세적 절차에 묶이지 않으므로 인해), 창의성, 현장에 대한 밀접한 이해를 통해 서비스의 효과성/효율성이 증진되는 효과는 공공의 종속적인 지배에서 벗어나면서 가능하게 된다.

서비스 공급체계의 제도적 규범 변화 동반자적 협력관계를 구축하기 위해서는 우선적으로 민간의 공공에 대한 지위와 협상력에 있어서의 변화가 있어야 한다. 이를 위해 사회서비스 공급체계의 구성 요소들에서 주요 변화가 있어야 하는데, 특히 사회서비스는 규제의 산업이라는 속성을 감안한다면, 협력관계의 변화는 제도적 규범의 변화에서부터 비롯될 필요가 있다. 특히 1, 2세대 사회서비스 관련 규범들의 우산 역할을 하는「사회복지사업법」체계의 변화가 주된 부분이다. 이를 통해 서비스 통제방식에 대한 변화가 모색될 수 있다.

사회서비스가 민간 부문에서 생산되면 장점들만 있는 것이 아니라, 민간의 실패라 불리는 부정적인 현상들이 나타날 수도 있다. 따라서 이를 예방하거나 극복하기 위해서는 공공 부문 역시 민간 서비스 생산자들에 대해 적절한 제어력을 유지해야 할 필요가 있다. 그럼에도 그러한 목적을 달성하는 데 따르는 통제 방식은 이제까지와는 다른 것을 선택하는 것이 적절하다. 이제껏 사회복지서비스 영역에서는 공공 부문이 다수의 개별 법인, 시설들을 대상으로 점조직의 형태로 통제(혹은 제어) 해 왔었다. 비록 단순명료하게 민간 서비스 조직들을 공공의 통제하에 두는 데는 편리했겠지만, 이러한 방식은 다양하면서도 개별화된 서비스 욕구들에 대해 민간 서비스 조직들이 적절히 대처토록 하는 데는 부적절하다. 오래된 대행자 모형의 제도적 관계 형성으로 사회복지법인과 같은 민간 주체들이 준공공화되도록 만들어서, 민간 활용 모형의 장점들을 오히려 손상시킬 가능성도 크다. 따라서 다자간 파트너의 인정, 네트워크 관리방식, 민간 조직의 우산기구 등을 통한 다원화된 시스템의 복잡체계를 수용하는 방향으로 서비스 통제 방식이 변화되는 것이 바람직하다.

사회서비스 공급 전반에서 신뢰 시스템의 구축도 필요하다. 확대되는 사회서비스의 영역에서 공공이 민간 부문 생산 조직들의 서비스 과정을 일일이 모니터링하고 통제하려면, 그에 따르는 비용만으로도 이미 막대해서 실행은 애초부터 불가능하게 된다. 또한 명령과 지시에 의한 통제는 휴먼서비스 전달체계에는 적절히 기능하지 못하다는 점도 감안될 필요가 있다. 각종 보고 의무와 감사 등으로 통제하는 것은 통제하는 측에서의 비용과 인력도 문제지만, 통제 대상자의 입장에서도 자유로운 서비스 생산 활동이 제약되는 결과를 초래한다. 그나마 규정에 충실한 서비스(방어적 서비스)만을 선호하게 되어, 서비스 본연의 목적에서 벗어나 수단으로서의 사무 절차 등에 더욱 충실하게 되는 이른바 목적-전도(goal-displacement) 현상까지도 유발할 수 있다.

따라서 이러한 전형적인 관료제적 통제시스템을 지양하고, 신뢰에 기반한 통제시스템으로 변화될 필요가 있다. 신뢰시스템은 공공과 민간 부문 간의 상호적 믿음에 기반하는 것으로 서비스 직접 통제에 따르는 막대한 비용을 절감할 수 있게 한다. 신뢰 메커니즘을 구축하기 위해서는 서비스에 대한 직접 통제는 완화하는 대신 신뢰에 저촉되는 서비스 조직이나 운영 주체에 대한 벌칙은 한층 강화하는 것이 필요하다. 이런 방식을 취하면 다수의 민간 서비스 조직들의 자율성의 범위는 넓어지게 되는 효과를 볼 수 있다.

사회서비스 공급체계 내에서 핵심 자원과 책임성이 공유될 수 있는 기제를 확보하는 것도 중요하다. 동반자적 협력관계를 유도하기 위해서는 핵심 자원에 대한 일방(주로 공공)의 지배를 지양할 필요가 있다. 공공의 재정자원 배분 과정에 민간 부문이 어떤 형태로든 참여를 확대하고, 서비스 전달에 대한 책임성 소재를 공유하는 것도 필요하다. 공공 조직은 제반 법제에 명시된 지도와 감독과 같은 과정적인 권한만이 아니라, 서비스의 조성자 혹은 규제자로서 결과적 차원의 책임성도 함께 질 수 있어야 한다.[44] 현재와 같이 공공기관이 민간기관을 일방적으로 평가하는 시스

44) 지역사회의 문제가 해결되지 않거나 대상자들의 욕구가 충족되지 못하고 있음에 대해, 보조금을 지급하는 공공기관이나 그 보조금으로 지역사회의 문제 해결에 나서겠다고 약속한 민간기관이 공동으로 책임을 지는 제도적 장치가 필요하다.

템으로는 사회서비스의 동반자적 협력관계가 성립되기 어렵다.[45)]

민간 서비스 조직들의 역량 강화 개별 민간 서비스 조직들이 공공 부문과의 관계에서 대등한 지위를 확보하는 일차적인 방법은 자원동원의 역량에서 공공 부문과 대등해지는 것이다. 자원의존 이론에 의거하면, 우리나라의 공공과 민간 부문 간 종속관계는 법적(규제적), 재정적 자원의 불평등한 보유상태에서 초래된다.[46)] 이는 만약 민간 부문이 공공에 대한 자원의존에서 벗어나게 되면, 종속적 관계에서도 벗어날 수 있다는 것을 의미한다. 민간 부문이 적어도 공공 부문과의 협상력을 제고할 수 있는 수준까지라도 민간 자원을 스스로 확보할 수 있는 역량을 갖춘다면, 민간과 공공의 동반자적 협력관계는 가능하게 된다.

비록 바람직하기는 하지만 그럼에도 대부분의 민간 서비스 조직들은 그러한 역량을 갖추기가 쉽지 않다. 현재로서는 민간 재원의 주요 구성인 이용료나 수익사업, 민간후원금 확보 등에서 뚜렷한 대안이 제시되기 어려운 형편에 있기 때문이다. 또한 개별 민간 조직들이 스스로 자원 확보에만 몰두하게 되면, 사회복지서비스 조직들의 본질적인 사명이 왜곡되어 결과적으로는 사회서비스 제도 전체의 목적을 저해할 위험도 있다.[47)] 민간 재원의 활용을 위한 전략들의 무작정 도입이 궁극적으로 전체 사회서비스 체계의 통합을 저해하고, 한정된 재원의 비효율적인 남용을 초래하게 될 가능성에 대해서도 고려해야만 한다. 무엇보다도 민간 재원은 공급의 안정성이 낮다는 점 때문에, 안정적인 서비스를 필요로 하는 클라이언트나 서

45) 핵심자원의 배분구조와 평가를 통한 책임성의 문제는 공공과 민간 조직 공히 치명적인 관심을 갖는 사안이 된다. 따라서 공공과 민간의 협력관계의 양태를 변화시키는 노력에 이 두 부분의 하부구조 변화를 거론하지 않은 채 단순 협의체의 구성이나 의사소통의 증진 방식 등만을 거론한다면, 그것은 마치 사회의 구조적 문제조차 개인들의 의식 변화로 해결할 수 있다고 믿는 '바르게 살기' 운동과도 같은 것이 되고 만다.

46) 자원의존 이론은 〈D*ab* = P*ba*〉로 요약되는데, 요소 *a*가 요소 *b*에 대해 의존하는 정도(특히 중요 자원들에서)는 곧 요소 *b*가 요소 *a*에 대해 갖는 권력의 크기와 일치한다고 설명하는 것이다. 현재 개별 민간서비스조직(*a*)이 정부 조직(*b*)에 대해 사회복지서비스 전달체계 환경에서 맺고 있는 관계는 D*ab*〉D*ba*이며, 그로 인해 P*ba*〉P*ab*, 즉 두 부문 간의 의존과 종속 관계가 불균형하게 된다는 것이다. 이에 대해 참고: Hasenfeld, Y. (1983). *Human Service Organizations*. Englewood Cliffs, NJ: Prentice-Hall.

47) 김영종, "민간 사회복지조직의 재원".

비스 조직 모두에게 치명적으로 중요한 자원으로 인식되지 못하고 있다.[48] 그에 따라 현재로서 사회복지서비스들에 있어서만큼은 민간 재원은 공공 재원을 보충하거나 탄력적인 용도로 활용하는 것이 바람직한 것으로 보인다.

민간 재원의 확대를 통해 공공 부문과의 대등한 관계를 형성하는 전략은 현실적으로 실현가능성이 크지 않다. 따라서 민간 서비스 조직들의 역량을 강화시키는 대안적인 방안들에 대한 모색도 필요하다. 현실적으로 공공 부문은 우월한 법적 규제 자원을 보유하고 있으며, 단일 관료조직 체계를 갖추고서, 거기에다 막강한 재원까지도 보유하고 있다. 그러한 재원은 또한 민간 조직들이 결정적으로 선호하는 안정성까지 갖추고 있다. 그에 반해 민간 사회복지서비스 조직들은 공공 부문이 치명적으로 중요하다고 생각할 만한 자원들을 보유하지 못하는 경우가 많다. 설령 있다 하더라도 민간 부문의 특성상 경쟁조직들이 있기 마련이므로, 공공 조직의 입장에서는 희소한 가치의 자원이 되지 않는다. 민간 서비스 조직들은 클라이언트의 보호에 따르는 사회적 위신과 그로 인한 자원할당의 정당성, 선의적 행동에 대한 사회의 도덕적 평가 등과 같은 정치적 자산이 잠재적으로 활용가능한 자원 정도로 대부분 주어진다.

민간 부문의 입장에서 이러한 지나치게 불균등한 관계를 극복하고 동반자적 협력관계로 나아가기 위해서는 자원 의존 관계에서의 변화가 있어야 하는데, 이러한 관계 변화에서 모색될 수 있는 전략으로는 크게 권위적, 경쟁적, 협조적, 와해 전략이 가능하다.[49] 이 가운데 현재와 같이 민간 조직들의 자원 불균형 보유에 따라 공공과의 관계에서 열세가 나타난다는 측면을 고려한다면, 민간 조직들이 취하기에는 협조적 전략이 가장 현실적이고, 우세한 것으로 여겨진다. **권위적(authoritative) 전략**은 민간 조직이 공공조직보다 우세한 파워를 보유할 때에만 가능하기 때문에 어렵고, **경쟁(competitive) 전략**은 공공과 민간의 파워가 비등한 경우에만 가능하다.

48) 상게서.

49) Benson, J. (1981). 'Network and policy sectors: a framework for extending interorganizational coordination'. In D. Roger & D. Whitten (Eds.), *Interorganizational Coordination*. Ames, Iowa: Iowa State University.

와해(disruptive) 전략은 공공 부문에 혼란을 초래함으로써 공공이 민간 부문에 일종의 양보를 할애하도록 하는 것으로, 이제껏 자주 쓰이지는 않았으나 2000년대 이후에는 쓰임이 늘어나는 전략이 되고 있다.[50)]

협조(cooperative) 전략이란, 현재 사회복지서비스 전달체계에서 개별 조직과 공공 부문 간의 관계에 가장 근접한 것으로, 각자가 취약한 부분을 협동을 통해 보완해 나가는 것이다. 민간 조직이 안정적으로 오랜 기간 동안 서비스를 제공하게 되면, 공공 부문으로서는 쉽사리 무시할 수 없는 서비스 제공자로서의 지위가 발생하게 되고, 그로 인해 민간 조직들은 한편으로는 자발성의 약화를 초래하지만 한편으로는 안정적인 서비스 공급에 대한 가능성을 높일 수 있다는 것이다.

네트워크화된 민간 서비스 조직 연합 개별 민간 서비스 조직들이 안고 있는 심각한 파워의 열세를 극복하기 위해서는 협조전략의 일종으로 연합 전략을 취할 필요도 있다. **연합(coalition) 전략**이란 민간 서비스 조직들이 개별적으로는 공공 부문과의 관계에서 취약하기 때문에, 연합세력을 구축해서 상대적 파워의 열세를 극복하려는 것이다. 일종의 공동사업(joint venture)인데, 이 전략은 개별 서비스제공 조직들이 자원통제 세력과의 관계에서 개별적으로는 무기력할 때, 이들 조직 간의 공통된 이해관계가 형성될 때, 공동사업 참여에 따르는 비용이 지나치지 않을 때 가능한 것으로 보고된다.[51)]

연합 전략을 안정적으로 추구하기 위해서는 연합을 유지시킬 수 있는 기구가 필요한데, 현재 사회복지협의회나 사회복지관협회 등과 같은 서비스 종별 기관연합회 조직이 그런 기구로서의 역할을 이미 일부분 감당하고 있는 중에 있다. 개별 서비스조직들이 이러한 연합회를 통해 결집된 세력으로 공공과의 관계를 시도함으로써, 파워가 증가하고 그로 인해 종속적-의존관계가 줄어들 수 있다. 그런데도 아직 그와 같은 기구, 일종의 우산기구가 사회서비스 분야에서는 취약하다는 점이 널리 인정되고 있다. 그러한 기구 조직의 구성에 있어서도 문제이지만, 그것 역시 대개

50) 이 전략은 비록 관계의 열세를 단기적으로 만회하기에는 유리할 수 있으나, 역공의 위험을 항상 안고 있고 장기적으로는 불리함을 초래하기 쉬우므로 신중하게 쓰여야 하는 것이다.

51) Hasenfeld, *Human Service Organizations*.

공공의 제도적 규제에 의해 좌우될 가능성이 큰 탓도 크다. 그로 인해 일종의 또 다른 종속적-대행자 모형의 대행자 기능을 수행할 위험성도 있다.

연합 기구가 연합의 목적을 위해 또 다른 복잡-관료시스템을 만들어 내면, 민간 조직들의 자율성을 확대시키려는 본연의 목적에서 오히려 역행할 수도 있다. 그로 인해 저비용으로 실행가능성 또한 높은 네트워크 구조의 민간 조직 연합 기구화를 추진하는 것이 보다 바람직한 것으로 보인다. 이것 역시 서비스 통합 전략의 일종이지만, 서비스 통합에서 가장 큰 걸림돌이 되는 개별 조직들의 영역(domain)의 문제, 자율성의 침해에 대한 우려, 자원 배분과정의 경쟁과 충돌 등의 문제를 완화할 수 있기 때문에 실현가능성은 한층 큰 것으로 평가된다.

네트워크 조직화는 21세기 정보사회의 정보기술적 혁명이 초래한 새로운 가능성이다. 공공과 민간, 민간과 민간 간의 관계에서 과거에 관료제적 유지구조가 필요했던 이유는, 그것 말고는 다자간 평면적인 의사소통의 방법이 부재했었던 탓도 크다. 다수를 묶어 공통된 목적을 추구해 나가기 위해서는 관료제적 조직구조는 어쩌면 불가피한 현상이었다. 그러나 현재와 같은 SNS 소통 방식의 확산은 다수를 물리적, 공간적 제약 없이 평면에 두고 서로를 연결하는 토큰링(token ring) 형태의 조직구조까지도 기술적으로 가능하게 한다.

즉, 서비스 전달체계의 정치경제적 영향요인을 배제한다면(할 수만 있다면), 기술적으로는 종속적-지배구조를 수반하지 않더라도 지역사회의 문제 해결을 위해 다수의 조직들이 서비스 전달체계의 과정에 함께 참여할 수 있는 가능성은 크게 열려 있다. 이러한 네트워크 조직화를 적절히 활용할 수만 있다면, 특히 지역사회 서비스의 기획에 필수적인 정보와 개발 능력을 공유하는 것만으로도 개별 서비스 조직들은 공공 부문과의 파워 균형에 다가갈 수 있다.

정부지원 방식의 변화 민간 서비스 조직들이 정부 자원에 의존하는 현재와 같은 현상은 이미 대부분의 국가에서도 보편화되는 추세에 있다. 그럼에도 정부 자원에의 의존이 단순한 종속적-대행자 관계를 양산해서는 안 된다는 점에서, 정부지원 방식에 있어서도 다양한 유형의 변화가 검토되고 있다. 동일한 규모의 정부 자원이라도 이를 어떤 방식으로 서비스에 투입하느냐에 따라 그 효과는 달리 나타나게 되고, 이를 통해 민간 서비스 조직들의 행태(특히, 서비스의 조직과 클라이언트 선별, 조직 구조 등과 같은 서비스 전달의 치명적인 조직 결정들)에도 중요한 영향을 미치게 된다.[52)]

정부 자원의 공급 방식은 운영보조, 사업비보조, 서비스비용지급, 구매계약, 이용권상환 등으로 다양하게 있는데, 각각은 자원 공급자로서의 공공과 수급자로서의 민간 부문 간 관계의 양상을 확연히 달리 규정한다. 사회서비스 공급체계에서 전달되는 재정자원의 흐름 대부분이 정부 자원에서 비롯된다는 점을 감안한다면, 이 같은 정부 자원의 공급 방식에 대한 변화가 실제로는 사회서비스 공급을 둘러싼 공공과 민간 부문 간 협력관계의 양상을 결정하는 열쇠가 된다.

정부 자원의 지원 방식에 대한 결정에서 함께 고려되어야 하는 것은 자원 운영의 통제 방식이다. 현재와 같은 투입물(input) 중심의 통제 방식은, 예를 들어 회계감사에서 예산에 명시된 항목별로 '정확하게' 예산이 쓰였는지와 절차/규정들에 대한 순응여부를 위주로 통제하는 방식은 민간 부문의 휴먼서비스 생산에 따른 실효성을 오히려 억압하는 기제로 작용할 수 있다. 따라서 이러한 문제들에 대처하기 위해서는 공공 부문이 민간 사회서비스 조직들에 대한 감사나 평가 방식을 성과 기준으로 전환하는 등이 바람직하다.[53)]

52) 김영종, "민간 사회복지조직의 재원".

53) 상게서.

제13장 커뮤니티 케어와 사회서비스

커뮤니티 케어는 사회적 돌봄의 한 방식으로 커뮤니티를 사회서비스의 '사회'에 대한 실천 개념으로 삼는 것이다. 비록 우리나라에서는 이 용어를 사용하는 정책 논의들이 근래에 활발해지고 있지만, 이전부터도 커뮤니티는 사회적 돌봄에 관한 정책에서 중요하게 다루어져왔던 것이다. 커뮤니티는 지역과 공동체를 의미하는 것으로, 이를 통해 사회서비스 공급의 과도한 시장-산업주의를 억제하고 휴먼서비스 가치를 신장시키려는 의도가 커뮤니티 케어에 있다.

1. 커뮤니티 케어란

커뮤니티 케어란 단순하게는 커뮤니티를 중심으로 사회적 돌봄을 수행한다는 것이다. 비록 개념적으로는 단순하지만, 여기에서 커뮤니티란 무엇을 의미하는지 그리고 이를 통한 돌봄 수행의 접근 방식에 대해서도 다양한 논의들이 있어 왔다. 커뮤니티 케어가 단지 이념적 지향에 그치지 않고 실행 정책화되는 과정에서는 이들 논의가 현실적인 과제가 된다. 무엇보다 정책이 의도하는 커뮤니티의 실체를 규정하는 것이 급선무가 되는데, 이때 커뮤니티란 전통적인 의미로 지역성(locality)에 기반한 지역사회로서 혹은 지역을 전제하지 않는 공동성(communality) 기반의 공동체로서도 규정될 수 있다.

여태껏 커뮤니티 케어에서는 전통적으로 지역을 중심으로 하는 커뮤니티 개념을 설정해 왔다. 그럼에도 현대 도시산업사회의 특성상 지역성을 초월하는 커뮤니티 개념이 확대되고 있는데, 예를 들어 이념이나 시민사회 목적의 자발적 연대나 자조집단(self-help), 사회적 경제 공동체를 비롯해서 온라인 공동체 등이 그에 해당된다. 비록 케어(돌봄)의 기능 수행과 관련해서는 거리적 특성의 지역이 중요한 까닭에 이제까지 커뮤니티 케어 정책은 지역사회의 개념에 천착해 왔으나, 그럼에도 단지 신체적 측면만이 아니라 정서적이나 심리사회적 돌봄도 중요해지는 추세에서 대안적 커뮤니티에 대한 고려도 요구된다.

정책적으로 커뮤니티 케어는 사회들마다 다양한 맥락에서 등장하고 다루어졌다. 그에 따라 커뮤니티의 개념과 이를 돌봄 실천에 적용하는 양상에서도 달리 나타났다. 1960년대 영미 중심으로 나타났던 커뮤니티 케어의 정책은 장애인에 대한 과도한 시설수용을 문제로 삼았고, 탈시설화와 정상화를 위한 대안으로 지역 중심의 커뮤니티 개념에 접근했다. 일본에서는 1970~1980년대 인구고령화에 따른 노인 돌봄의 사회적 수요가 급격히 확장함에 따라, 이에 대응하는 과정에서 지역사회의 개발과 주민참여를 강조하는 지역복지(地域福祉) 방법론이 등장했다.

우리나라에서는 근래 노인 돌봄을 중심으로 과도한 영리-시장화 제도의 확장이 나타나고, 사회적 돌봄의 대상인구들이 시설수용 위주의 비정상화로 내몰릴 위험성이 커지는 상황에 있다. 그에 따라 우리나라에서도 영국이나 일본에서 나타났던 커뮤니티 중심의 케어라는 대안적 정책 개념에 대한 관심이 등장한다. 근래 이것이 새삼 강조되는 까닭은 이제까지의 문제, 즉 사회적 돌봄의 절대적인 공급 부족(시설이든 커뮤니티이든)이 어느 정도 해소되면서, 돌봄의 형식이나 질과 같은 본질적인 문제에 대한 정책적 관심이 주어지게 된 때문이다.

정책 개념으로서의 커뮤니티 케어는 두 가지의 접근 방향을 가진다. 하나는 케어

(돌봄)가 시설이 아닌 커뮤니티, 즉 지역사회 안에서 이루어지도록 하자는 것이다. 이를 '**인더커뮤니티**(in the community)' 케어 접근이라고 할 수 있다. 이는 탈시설화나 정상화를 추구하는 입장에서 선호되는 것으로, 시설이 아닌 지역사회에서 거주하면서 돌봄을 받는 것을 강조한다. 우리나라에서는 이러한 접근이 일찍부터 장애인 복지 분야에서 자립생활(IL) 지원 등의 정책 분야에서 강조되고 있었다. 다만 그 같은 탈시설 자립생활의 패러다임과 현재의 커뮤니티 케어는 '커뮤니티'의 성격 규정과 관련해서 일정한 차이를 보인다.

커뮤니티를 단순히 돌봄이 이루어지는 장소(시설이 아닌)로서보다는 돌봄의 주체이자 방법으로 설정하는 접근도 있다. '커뮤니티가 돌본다'는 의미가 이와 같은 것으로, 이를 '**바이더커뮤니티**(by the community)' 케어 접근이라 할 수 있다. 커뮤니티가 돌봄 생산의 주체가 된다는 것은 커뮤니티에서 이루어지는 돌봄에 관한 정책 수립에서부터 행정, 실천을 주민 주체나 지역사회 조직 기구 등이 주도한다는 뜻이다. 이때의 조직 기구란 단일한 통합 케어의 조직이나 네트워크 방식의 케어 연합 혹은 조정 기구 등 다양한 형태로 가능하다.

커뮤니티를 돌봄의 방법으로 본다는 것은 커뮤니티의 속성을 돌봄을 위한 수단으로 삼는다는 뜻이다. 이때의 커뮤니티 속성이란 '사람들 간 관계'의 의미에 가깝다. 사람들을 돌보는 일에는 사람들 간 관계의 장(場)이 중요하다. 돌봄이란 단순히 신체적 수발만이 아니라, 외로움이나 소외 등과 같은 심리사회적인 욕구에 대응해야 하는 것이다. 이러한 보다 고차원의 휴먼서비스 욕구(needs)가 다루어지려면 돌봄의 대상자가 커뮤니티의 일원이 되는, 즉 사람들 간 관계에 속하게 되는 것이 필요하다. 이러한 측면의 커뮤니티 케어를 단지 주체로서의 성격을 강조하는 바이더커뮤니티와 구분해서 '**위드더커뮤니티**(with the community)' 접근이라고 하는 경우도 있다.[1)]

이처럼 커뮤니티 케어는 실행 정책의 개념에서는 서로 간에 상당한 차이를 보일 수 있다. 비록 사회적 돌봄에서 탈시설화와 정상화 이념을 실현하기 위해 커뮤니티

1) 참고: 히라노 타카유키(平野隆之, 2019). "일본의 지역복지와 커뮤니티 케어" [한국사회복지행정학회 2019춘계학술대회, 한중일특별세션 발표문].

를 전제로 한다는 점은 일치하지만, 커뮤니티의 어떤 속성을 강조하는지에 따라 상이한 커뮤니티 케어 정책 접근들이 나타날 수 있다. 인더커뮤니티 접근에서는 지역 내 돌봄 인프라 마련을 위한 서비스 연계나 통합과 같은 전달체계의 문제에 초점을 맞추지만, 바이더커뮤니티 접근은 상대적으로 지역의 공동체적 속성 혹은 복지 역량의 강화를 주된 과제로 하기 쉽다.[2)]

커뮤니티를 장애인이나 아동, 노인을 포괄하는 의존인구에 대한 사회적 돌봄의 주요 기제로 삼는 커뮤니티 케어의 정책 개념이 등장하면서, 사회서비스 공급체계에서의 변화도 동시에 요구된다. 커뮤니티 속성을 활용하는 사회서비스의 생산과 전달 방식에서는 기존의 시장-산업체계에서 작동하던 주요 요소들(예, 영리사업자)은 역할이 축소되기 쉽고, 주민이나 시민 차원의 집단 혹은 지역화된 비영리 조직과 같은 비산업적 영역의 요소들이 강조되기 쉽다. 이러한 체계 요소들의 성격 변화로 인해 이들 요소들 간 관계를 규율하는 제도적 규제의 양상도 달라지게 된다. 사회서비스 공급체계 내 공공과 민간 부문 간 역할과 책임, 재정 수급의 방식에서 그러한 양상의 변화가 구체적으로 드러난다.

2. 기존 사회서비스 공급 제도의 문제

우리나라에서는 여태껏 사회서비스 공급과 관련된 현안들은 개인과 가족, 시장을 통해 해결될 수 없는 사회적 문제에 대해 국가의 개입을 가능한 확대하는 것에 대부분의 초점이 맞추어져 왔다. 그러한 사회문제의 성격이 빈곤에서 돌봄으로 패러다임이 전환되는 과정에서도 국가의 역할은 확장 그 자체만으로 당연한 선처럼 간주되어 왔던 바도 있다. 문제는 이와 같은 복지국가의 역할 확장 과정에서 우리

2) 중앙정부 차원에서는 행정안전부와 보건복지부가 커뮤니티 케어 정책에 주로 관여하는데, 여기에서도 행정안전부는 커뮤니티의 공동체적 속성을 돌봄에 적용하는 것에, 보건복지부는 케어를 커뮤니티 단위에서 실행하는 것에 주된 관심을 둔다. 이렇게 본다면 지방자치와 마을만들기 등을 강조하는 행정안전부는 바이더커뮤니티, 읍면동이나 시군구 단위의 통합적 돌봄체계 구축을 강조하는 보건복지부는 인더커뮤니티의 접근에 가까운 것으로 분류될 수 있다.

나라 사회서비스의 초기 형성 조건이었던 산업-제도주의 방식의 공급체계가 더욱 견고해지게 되었다는 점이다. 이것이 현재 우리나라가 당면한 복지국가의 딜레마와 연관되고, 휴먼서비스 속성의 사회서비스 공급을 저해하는 문제도 야기한다.

1) 복지국가의 딜레마

20세기 복지국가들에서 사회복지의 역사는 국가의 역할 확대에 대한 역사였다. 서구 사회에서는 대표적으로 영국이 2차 세계대전 이후에 베버리지(Beverage) 보고서를 기초로 한 사회보장 체제로 전환하면서, 국가(정부)의 역할이 획기적으로 확대되었다. 우리나라에서도 1950년 한국전쟁 이후로 현재에 이르기까지, 비록 시기에 따른 차이는 있지만 사회복지 영역에서 국가의 역할이 확대 방향으로 진행되어 왔다. 비록 1980년대 이후 신자유주의와 탈복지국가라는 세계적 사조가 유입되었음에도 불구하고, 국가에 의한 복지 확대의 기조가 실질적으로 후퇴했다는 증거는 찾기 어렵다.

현재까지도 영국을 비롯하여 복지국가 축소를 표방한 나라들에서조차 복지 공급 자체가 축소되었다고 볼만한 증거는 많지 않다. 그보다는 대부분의 국가들이 복지 공급의 양에 대한 축소보다는 공급의 방식에 대한 문제에 직면했으며, 그에 대한 변화를 시도하고 있다는 것이 오히려 정확하다. 즉, 국가가 거대 관료제 정부를 중심으로 하는 제도주의적 복지 공급의 방식을 확대하는 것이 현재와 같은 신사회문제의 시대에 해법이 될 수 있겠는지를 고민하고, 그에 대한 대안 마련의 방향으로 움직이고 있다는 것이다.[3)]

21세기에 들어 우리나라를 비롯한 현재 복지국가들이 안고 있는 어려움은 일종의 딜레마적 상황과 같다. 경제 성장과 배분의 효과가 동떨어져서 작동하는 이른바 신경제의 기조 하에서 새로운 형태의 빈곤 문제(상대적 빈곤과 양극화)가 발생한다. 정보통신기술 등의 신산업이 초래하는 고용의 성격 변화로 인해 절대적인 일자리

3) 김영종 · 구인회(2011). "새로운 사회복지 행.재정 패러다임: 중앙에서 지방으로" 서상목 · 양옥경 공편, 그들이 아닌 우리를 위한 복지. 학지사.

수가 감소하고, 다수의 사람들이 고용의 불안정을 상시적으로 경험하게 된다. 인구사회적인 구조는 인구고령화의 속도만큼이나 돌봄이 필요한 인구수가 늘어난다. 이러한 현상들이 사람들의 삶에서 상호부조의 공동체 기능이 어느 때보다 중요해지게 만들지만, 전통적 공동체로서의 가속은 더 이상 기능할 수 없게 된다.

그 결과 대부분의 복지국가들이 가족을 대신하는 국가 사회의 기능을 강화해 왔던 바가 있다. 그러나 근래에 이르러 이러한 복지국가의 방식이 필연적으로 거대국가-관료제적인 조직 체계의 비효율성을 수반한다는 점, 그러한 제도를 세금이나 보험료 등으로 떠받칠 안정된 국가재정의 확보가 더 힘들다는 점, 무엇보다 새로운 양상의 사회문제들이 등장하면서 이를 관료제적 복지국가의 조직 방식으로 대응하는 것이 적합한지에 대한 의문이 제기된다.

예를 들어, 아이나 노인을 돌보는 일을 사회적 방식으로 수행하는데 중앙정부의 관료제 조직 기구에 의한 서비스 기획이나 공급 실행이 어떤 위상을 가질 수 있는지에 대한 의문이다. 아동의 양육이나 청소년 육성, 노인과 장애인의 돌봄 등을 비롯해서, 사회적 배제나 차별의 시정, 사회적 약자 인구에 대한 사회적 지지와 옹호 등과 같은 일들은 대개 그 핵심적인 서비스의 성과가 사람들 간의 대면적 관계에서 발생하는 휴먼서비스적 속성을 가진다. 이는 단순히 현금 등의 급여가 대상자에게 이전되는 것만으로 성과가 인정되는 여타 서비스들의 속성과는 현저하게 구분된다.[4] 사람들을 사회적으로 돌보는 일의 성격은 기존의 단순 급여-지급의 성과로써 파악되기 어렵다. 이는 경제적 자본과 다른 '사회적 자본'의 성격을 가지고, 사람들의 주관적 행복감과도 밀접히 관련되어 있다.

특정한 사회문제는 경제적 자본보다는 사회적 자본과 행복론의 관점에서 다루어질 필요가 있다. 예를 들어, 개인들에 대한 현금 급여의 이전을 확대한다고 해서, 사람들이 아이를 더 많이 낳게 되거나 노인들이 더 행복하게 돌봄을 받을 것이라고 기대하기 어렵다. 그러므로 이러한 문제들에는 대개 휴먼서비스적 속성의 사회서비스 전략이 현금-이전보다는 우월하게 다루어지는데, 이러한 서비스의 특성상 단

4) 상게서.

지 공급의 양을 확대하는 것만으로는 효과를 기대하기가 어렵다. 휴먼서비스의 효과성은 인간관계의 질적 속성이 적절히 다루어지는 것에서 성패가 결정되기 때문이다.

기축된 복지국가의 관료적 조직체계의 방식으로는 단지 서비스 공급의 양적 확대까지만 의도할 수 있다. 관료제적 조직 방식이 사회복지 공급에서는 대규모 사회 자원을 동원하고, 이를 통해 대규모 사회 문제를 안정적으로 해결해 나가는 데는 도움이 되어 왔었다. 특히 기계적 산업사회의 복지 문제를 해결하는 데 필요한 현금 급여의 확보와 배분을 위해서는 나름대로의 효율성을 가져왔었으며, 현재에도 그러한 문제 양상의 복지공급에서는 대규모 관료조직 체계의 필요성은 인정되고 있다. 문제는 이러한 관료제적 조직체계가 새로운 사회적 위험의 양상에 대응하는 방식으로 적합한지에 있다.[5)]

구사회적 위험을 중심으로 구축되어 왔던 기존의 복지국가의 제도적 접근에서는 정책의 성립이 중요했다. 자원의 재분배에 대한 정치경제적 의사결정 자체가 곧 정책의 성과인 것과 마찬가지로 간주되었다. 제반 사회보험료율의 책정이나 급여율의 결정, 공공부조에서의 수급자격 기준과 급여액 수준 등에 대한 정책적 결정이 대표적으로 그러한 것이다. 그러한 정책의 실행 성과는 대개 개인들에 대한 급여 지급의 완료로서 평가된다. 현금 급여 방식의 특성상 그로 인해 어떠한 사회적 영향(impact), 예를 들어 개인들의 삶의 질 제고(혹은 사회통합의 증진)가 이루어졌는지는 비록 중요하나 적절히 다루어질 방법이 없는 것이다.

사회서비스는 사회적으로 제공되는 휴먼서비스다. 휴먼서비스 속성의 사회서비스에서 성과를 좌우하는 것은 공급에 대한 결정보다 생산의 과정 측면에 달려있다. 무엇을 얼마나(what)보다는 어떻게 할 것인지(how)가 보다 중요한 이슈가 되는 것이다. 사회서비스에 대한 국가 재정의 투자 혹은 재원 이전이 곧 그러한 사회서비스가 의도했던 목적을 반드시 달성하는 것과는 무관할 수 있다. 사회서비스 정책은 '사람들의 행동이나 의식 변화' 목적을 의도적으로 갖추는 것으로, 이러한 목적은

5) 상게서.

개인들에 대한 재원 이전의 완료만으로 달성될 수 없다. 사람들에 대한 재원 이전만으로 출산율이 증가한다거나, 장애인이 차별받지 않고 살고, 사람들의 정신건강 상태가 좋아진다는 보장이 없는 것이다. 이 점에서 사회서비스 정책은 기존의 현금 급여 방식과 차별성을 띠고, 그로 인해 단순히 재원분배에 관한 정치적인 의사결정만으로 성과를 다루기 어려운 영역으로 들어간다.

이처럼 복지국가의 전형적인 제도주의적 복지 공급이 초래하는 한계는 우리나라에서도 이미 목격되고 있다. 근래 보편적 복지 공급이 시장-산업제도의 생산 방식으로 확대되는 과정에서 이러한 문제가 한층 증폭되어 나타난다.[6] 산업-제도주의 방식의 사회서비스 공급의 문제는 사람들의 필요에 대한 대응을 과다하게 개인별 환원주의적 방식으로 흐르게 한다는 점에 있다.[7] 그에 따라 개인의 욕구가 산업 생산에 적합한 단위로 세세하게 쪼개어 지고, 이를 생산하는 분절된 산업 조직 단위들이 무수히 생겨나게 된다.[8] 이는 사회서비스 혹은 사회복지가 추구하는 공동선의 이상에 오히려 역행하는 결과를 초래한다.

2) 국가 산업-제도주의 방식의 휴먼서비스 생산에 따른 문제

국가 제도주의적 방식의 복지 공급이 가지는 한계는 일차적으로 관료제적 조직과 사회서비스 수행의 부정합 문제에 기인한다. 국가 차원의 제도적 복지를 구현하기 위해서는 국가적 단위의 통일성 있는 제도적 장치가 필요하다. 이는 「헌법」을 위

6) 김은정(2013). "사회서비스 정책 현황 분석과 정책적 과제". 한국사회와 행정연구, 24(1), pp. 111-136; 김영종(2012). "사회복지의 대안적 공급 패러다임으로서의 지역복지 체계와 정부의 역할" [한국지방정부학회 동계학술대회 발표문]; 김형용(2013). "지역사회기반 서비스와 사회복지관: 사회서비스 공급체계에 대한 비판과 대안 찾기". 한국사회복지행정학, 15(1), pp. 169-195.

7) 김영종, "사회복지의 대안적 공급 패러다임".

8) 2011년 총리실의 한 조사 결과, 우리나라 복지 공급 프로그램은 중앙정부의 부처 및 부서들에서 출발한 것만으로도 13개 중앙부처에 의한 292개로 나타났다. 이들 프로그램에서 공급된 재정이 지역 현장에 도달되기 전 사업화되는 단계에서는 전체 규모가 파악되기 힘들 정도로 분절되는 경향도 밝혀졌다. 2010년 서울시의 한 조사에서는 약 500여개 가량으로 분절된 복지 사업의 종류가 파악된 바 있으며, 2007년에 실시된 부산 지역의 조사에서는 민간 복지 서비스 기관들에서 수행하는 독립 프로그램이 1만개를 훨씬 넘는 수로 추산되기도 했다. 참고: 김영종, "사회복지의 대안적 공급 패러다임"

시한 국가의 제반 법체계를 고려하고, 위계화된 정부조직의 각 단계에 따라 성문화된 규정(법, 시행령, 규칙, 조례, 지침 등)들이 제정되고, 이를 집행하는데 막대한 수의 관료들이 필요함을 의미한다. 비록 대규모 사회악을 척결하는 데는 이러한 대규모 국가 조직의 방식에 의한 제도화가 장점이 되지만, 이러한 조직 체계에 필수적으로 부과되는 관료제적 운영 원리는 특히 휴먼서비스 속성으로서의 사회서비스 생산과는 부정합되는 측면을 야기한다.

현재의 사회서비스 공급체계는 공공이나 민간 부문 모두에서 관료제적 행정체계의 제도적 특성을 기본 전제로 하고 있다. 이것은 사회문제(대개는 개인에게 귀속된 문제로 규정)를 범주화(분업화의 목적)하고, 세분화된 문제 각각을 중심으로 그것을 수행할 조직체계를 결정하고, 예산 할당 과정을 거쳐 하향식 행정 과정을 거친다. 관료제적 조직은 사전 목표를 설정하고, 그것을 실행할 사전 규칙에 의해 움직인다. 이와 같은 관료제적 조직 특성은 휴먼서비스 속성의 사회서비스와 조화되지 못하는 측면을 숱하게 야기한다. 〈표 13-1〉이 휴먼서비스 생산의 고유한 특성과 관료제적 조직 체계에서의 부정합 이유를 대조되는 특성들로 제시한다.[9)]

〈표 13-1〉 휴먼서비스 생산과 관료제 조직 체계의 부적합

휴먼서비스 생산의 고유 특성	관료제 조직 체계의 특성
• 개별성 (individuality)	• 표준성 (standardization)
• 전일성 (holism, 全一性)	• 분업성 (division of labor)
• 가변성 (variability)	• 규칙성 (regularity)
• 공동생산 (co-production)	• 전문성주의 (professionalization)
• 가치지향성 (value-oriented)	• 몰가치성 (wertfreiheit)

여기에서 **개별성**이란 개개 인간은 모두 독특한 개성과 욕구 구성을 가지고 있다는 것이다. 이것은 관료제 조직의 **표준과 규격화**를 통한 업무 수행의 원리와 충돌한

9) 김영종(2013). "韓國의 新社會 위험성에 대한 制度化 접근의 限界와 地域福祉 대안에 관한 검토" [일본사회복지학회 第61回추계국제학술대회심포지움 기획주제 발표, 2013. 9. 22.]

다. **전일성**이란 인간 욕구의 총합성을 의미하는데, 사람은 개별 욕구나 문제들로 쪼개어서 각각으로 이해되기 어렵다는 것이다. 이것은 관료제 조직의 **분업적 생산**을 통한 효율성 원리와 부정합하게 된다. **가변성**이란 인간 욕구의 비고착성으로 욕구는 변화되어 전개(展開)한다는 것이다. 이는 안정되고 **규칙적인 원리**를 추구하는 관료제 조직 방식과 부정합하다. **공동생산**이란 인간 상태의 변화를 의도하는 휴먼서비스가 효과적(목적 달성)이 되려면 서비스 대상자인 사람이 서비스 과정에 적극 참여해서 공급자와의 긴밀한 상호작용이 가능해져야 함을 의미한다. 이는 일견 **전문적**(전문지식 주도의) 조직 생산의 원리와 충돌한다. **가치지향성**이란 인간 존재의 가치와 이를 다루는 방법이 일종의 합의된 믿음을 따라야 한다는 것인데, 관료제적 조직 체계의 원리는 **몰가치성**에 기반해야 하는 것이므로 부정합이 발생하게 된다.

현재 우리나라의 사회서비스 공급 제도는 사회서비스의 확대가 곧 산업-제도주의 방식의 관료제적 조직 체계의 확대와 저절로 연결되는 맥락에 놓여 있다. 여태껏 우리나라 사회서비스 공급체계의 구조와 과정은 분업에 의거한 분절적 관료제적 위계 체계의 특성을 띠고 있다. 중앙정부로부터 공단이나 지방사무소 등을 통해 직접 수요자에게 전달되는 라인, 광역이나 기초지방자치단체를 거치는 전달 라인, 이들 가운데서도 민간 공급자에게 위탁으로 전달되는 라인, 민간이 다양한 차원에서 직접 전달체계를 형성하는 라인 등으로 복잡하게 구조화되어 있다. 이것은 사회서비스가 일찍부터 민간 생산의 산업 제도화되는 경로를 추구해 오면서, 한편으로는 국가 관료제적 조직 방식에 귀속되어 나타난 결과이다.

현재와 같은 상황에서는 사물이나 법 등과 같은 사회적 산물(artifacts)이 아니라 인간의 속성이나 조건 변화를 직접 서비스 대상으로 삼는 휴먼서비스적 속성의 사회서비스가 적절히 구현되기 어려운 상황에 처해있다.[10] 그로 인해 사회보장 제도에서의 사회서비스가 차지하는 제도적 역할과 위상에 대한 정책적 효용 가치가 심각하게 의문시될 수 있다. 또한 이와 같은 산업-제도 방식의 관료제적 사회서비스 공급이 향후에도 계속된다면, 우리나라 사회서비스 제도에서는 다음과 같은 목적

10) Austin, D. (1988). *The Political Economy of Human Service Program*. Greenwich, Connecticut: JAL Press.

전도 현상이 불가피하게 발생하게 된다.

첫째, 복지 공급이라는 명분과 목적에서 **제도나 규칙들이 오히려 개인들을 소외시키고, 일방적인 의존에 빠지게** 할 수 있다. 이를 '제도주의 함정'이라 하는데, 비인격적이고 공식적인 조직을 통한 제도주의적 복지 공급에서 나타나기 쉬운 부작용이다. 이는 대인적 사회서비스에서뿐만 아니라 단순 급여이전 정책들의 수행에서도 쉽게 발견되는 문제다. 예를 들어, 공공부조 제도의 목적은 사람들을 빈곤 상태에서 벗어나게 하는 것이지만, 그 수단이 되는 제도주의적 방식의 절차들(생계수단이 없음을 확인되어야만 대상자로 선정)로 인해서, 빈곤 상태의 영속화에 머무르게 만드는 목적으로 전도될 수도 있다.

둘째, 분화된 단위 서비스들의 공급이 확대될수록 **개인들의 전일적 욕구는 더욱 파편화**되어 가고, 그로 인해 사회서비스 제도가 의도하는 휴먼서비스 욕구 해결을 위한 사회적 목적은 더욱 달성하기 어렵게 된다.[11] 전형적으로 강력한 국가주의 방식의 필요성이 인정되어왔던 빈곤 문제와 관련해서조차, 이와 같은 국가 방식의 관료제적 조직에 따른 한계가 인정된다. 빈곤이 부의 불평등이나 재분배의 문제를 다루거나 혹은 거시적 경기 침체에 대응하는 부분 등에 있어서는 국가 제도주의적 방식에 의한 대규모 조직적 접근이 합리적일 수 있다. 그러나 빈곤을 자활이나 돌봄, 치료 등과 같이 개인이나 집단의 변화를 필요로 하는 측면과 연결시켜 보면, 여기서는 대규모 관료제적 조직 방식의 유효성이 인정되기 어렵게 된다. 오히려 분절과 파편화된 서비스들이 경직된 조직 체계를 통해 양산되는 과정에서, 휴먼서비스적 욕구 해결을 통한 사회 문제의 개선이라는 정책적 목적은 성취가 더욱 요원해진다.

셋째, 산업-생산 방식의 개인별 급여 서비스 체계가 확대될수록, **인간관계의 '장(場)'을 통해 해결될 수 있는 사회문제나 욕구들(예, 소외)은 더욱 불충족**되기 쉽다. 심하게는 산업주의 방식의 서비스 공급이 기존의 비공식적이고 자연스런 상호돌봄 공

11) 현재와 같은 사회서비스 공급체계의 산별화/파편화는 사회서비스의 효과성과 책임성 제시에서 가장 큰 걸림돌이 되는 문제이다. 이것이 사회서비스를 일자리 창출을 위한 정책 수단으로 간주할 때는 문제가 되지 않지만, 돌봄 등의 사회문제를 해결하는 정책 수단이라는 관점에서는 치명적인 문제가 된다.

동체를 오히려 해체하는 데 기여할 수도 있다. 사회정책의 수단으로서의 공식적인 개인 서비스 급여가 오히려 사회정책의 목적이 되는 사회적(인간관계적) 돌봄의 실현을 저해하는데 기여할 수도 있는 것이다. 사회서비스 공급에서 개인 단위의 선별적 제공 방식이 증가하면, 세로섬(zero-sum) 효과에 대한 인식으로 계층 간 재원 배분을 둘러싼 갈등이 초래될 가능성도 존재한다. 이는 사회자본의 근간이 되는 사람들 간 상호의존과 신뢰의 확산을 저해해서, 사회통합이라는 목적 실현에도 걸림돌로 작용할 수 있다.

넷째, 산업 생산 방식으로 사회서비스 제도가 일관되게 확대되면, 이는 필연적으로 **제도적 잠금(lock-in) 효과를 초래**할 수 있다. 제도적 잠금이란 제도를 구성하는 서비스의 조성자와 생산자, 수급자와 수혜자 등 체계 역할자들 간 이해관계가 고착되는 것으로, 이로 인해 현재의 제도적 구성은 그 자체로서 존재해야 할 목적이 되는 제도적 견고함을 띠게 한다. 특히, 이러한 측면의 목적전도의 문제는 우리나라 사회서비스 공급체계의 변화를 위한 정책적 노력에서 간과될 수 없는 부분이다.

대부분의 사회에서는 이 같은 복지국가의 산업 제도주의적 관료조직화의 함정을 피하는 대안을 찾기 위해 노력해 왔는데, 그 가운데서도 커뮤니티는 보편적으로 그 중요성이 인정되어 왔다. 사회적 돌봄에는 일정 정도 이상의 커뮤니티(공동체) 기능이 필수적으로 수반되어야 한다. 사람들의 삶은 물리적이든 심리적이든 일정한 인간적 관계를 통해 영위되는데, 돌봄이라는 삶의 영역에서도 그것은 마찬가지의 중요성을 가진다. 제도주의 방식으로 마련되는 공식적 조직들은 비록 현대사회의 개인들의 삶에서 뗄 수 없는 것이지만, 그럼에도 사람들은 이를 통해 사회적 관계를 형성하거나 소속감이나 정체감(identity)을 가지는 등과 같은 인간 삶의 필요부분을 직접 실현할 수는 없다. 그래서 제도적인 공식 조직들과 개인들의 삶을 연결시켜 주는 중재자적(intermediary)인 장(場)으로서라도 커뮤니티 혹은 지역사회가 중요하게 간주되는 것이다.[12)]

12) Berger, M., Neuhaus, R., & Novak, M. (Eds., 1996), *To Empower People: From State to Civil Society* (2nd), American Enterprise Institute for Public Policy Research.

3. 대안적 사회서비스와 커뮤니티

다른 복지국가들에서와 마찬가지로 우리나라에서도 새로운 사회문제의 등장으로 인해 사회서비스의 생산과 공급 확대가 필연적인 일이 되고 있다. 그럼에도 이를 위한 수단으로서의 공급 체계와 방식, 기제가 새로운 사회 문제와 사람들의 필요에 정합되는 방향으로 구축되지 않으면, 오히려 사회서비스 제도 본연의 목적을 저해할 위험조차도 초래한다. 이러한 인식에서 대안적 사회서비스 공급 방향에 대한 논의가 필요하다.

사회서비스 공급의 건강성은 서비스의 목적과 특성에 적합한 공급체계를 확보하는 것에서 비롯된다. 이를 위해 사회서비스에 관한 정책 기획 및 결정 과정은 공급량과 재원 원천, 서비스의 유형별 특성 등을 고려해서 다양한 대안의 공급체계 방식들이 등가적으로 고려될 수 있어야 한다. 개별 내용의 사회서비스들마다 공급체계 내에서 정합적 모형 선택의 자유도가 부여될 필요가 있다. 문제는 이러한 자유도가 현재와 같은 중앙정부 지배의 관료제적 경화 구조 하에서는 어렵다는 점에 있다. 그로 인해 대안적 사회서비스 체계의 노력에서는 일차적으로 적절한 구조의 정부나 거버넌스 방식으로의 개선이 모색된다.

앞서 논의되었듯이 산업-제도화 방식의 사회서비스 생산은 공급체계의 역할자들 간 거리를 멀어지게 만드는 경향을 발생시킨다. [그림 13-1]의 왼편 그림에서 보듯이 체계 부문 간 거리가 멀어질수록 이들 부문 간 거래나 관리에 따르는 비용은 그만큼 증가할 수밖에 없다. 또한 서비스 공급의 총합적 효과성을 기대하기도 더 어렵게 된다. 부문 간 거리에 비례해서 이들 관계에는 공식적인 계약과 거래의 형태(예, 문서, 공증, 감독 등)가 양이나 질적으로 증가하게 될 것이고, 그로 인해 부문들 모두에게 교환관계의 비용 지출을 높이게 된다. 예를 들어, 재정 공급자인 정부 부문이 민간 서비스 생산자들을 공식적인 규정에 따라 통제하고 관리하려면 행정비용이 막대하게 소요된다. 민간 생산자들 역시 그에 대응하는데 인력이나 물질적으로도 똑같이 많은 비용이 지출된다. 이러한 비용 증가는 곧 사회적 관계의 신뢰

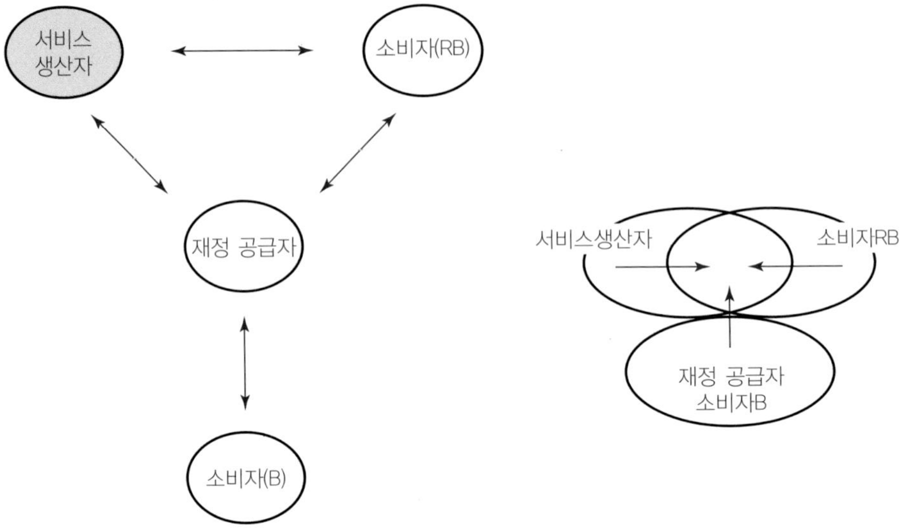

[그림 13-1] 사회서비스 공급체계의 역할자 간 거리 관계

를 기반으로 하는 사회자본의 감소를 의미하고, 그로 인해 사회서비스 공급의 본연의 목적을 전도시킬 위험도 초래한다.[13)]

사회서비스 공급체계가 이와 같이 산업-제도화 방식으로 확대되게 될 때, 사회 전체적으로는 오히려 고비용의 사회서비스 제도를 가지게 되는 것이다. 우리나라에서도 현재와 같은 산업-제도화 방식은 공식적인 일자리 확보나 거래 비용의 산정으로 인한 경제 지표(예, GDP)의 향상에는 도움을 줄 수 있으나, 그것이 의도로 했던 사회서비스 생산의 사회적 목적(예, 행복감, 휴먼서비스)에는 기여하지 못하거나 오히려 훼손하는 결과를 초래할 수 있다.

[그림 13-1]에서 오른편 그림은 부문별 역할자 간 관계가 산업-제도화의 반대 방향의 힘으로 거리를 줄이는 것을 나타낸다. 만약 이들 부문이 하나로 합쳐져서 개별 부문 간 차이가 없어지게 되면, 이는 더 이상 산업 방식의 사회서비스 생산이라

13) 가네코 외(金子郁容 · 玉村雅敏 · 宮垣元, 2009), Community Solution: 커뮤니티 과학-기술과 사회의 이노베이션, 勁草書房.

할 수 없다. 그것은 마치 과거 가족과 같은 통합된 자연 공동체가 된다. 그러므로 현실적으로는 이와 같은 완벽한 공동체 형태까지를 기대할 수는 없다. 오른편 그림의 의미는 왼편 그림과 같은 부문 간 분화력 확장 추세에 대한 대안적 노력의 방향 정도를 나타내는 것이다. 산업-제도화 방식과는 반대 방향으로 오른편 그림을 지향하는 대안적 접근 유형은 예를 들자면 다음처럼 분류될 수 있다.

- 사회적 경제 방식: 사회적 기업, 사회적 협동조합, 공동체 및 연대
- 지역복지 방식: 지역과 주민자치, 마을
- 소비자 참여 방식: 공동생산이나 공급자 감시 및 지원, 자조집단

현재 상태에서 사회서비스 체계의 공동체적 접근이란 기존의 산업-제도 자체를 부정하기보다는 그 안에서 가능한 정도의 공동체성의 확대 추구가 보다 현실적인 의도가 된다. 예를 들어, 돌봄 서비스의 다양한 성격(대상, 목적, 서비스 내용 등)을 고려해서 그중 어떤 부분이 오른편 그림으로의 체계 이전이 유효하고 또한 실현 가능한 부분은 무엇인지를 찾아내는 것이다. 만약 일상 케어 중심의 특정 사회서비스를 지역공동체 차원에서 주민참여를 통해 수행하는 것과 같은 공동체적 정책 방식이 현실적으로 추진된다면, 이는 해당 사회서비스의 효과성을 제고시킬 뿐만 아니라 사회 전체적으로도 거래 비용의 감소에 따른 사회자본의 확충을 기대할 수 있다.

4. 지역복지와 커뮤니티 케어라는 대안

현재까지 사회서비스 공급 방식에 관한 대안 논의들은 대부분 커뮤니티 속성과 사회서비스의 결합에 초점을 두고 있다. 서구나 일본의 경우에서도 이는 마찬가지인데, 기존의 산업-제도 방식 일변도로 공급되는 사회서비스의 문제를 기능공동체나 지역사회 의미의 커뮤니티적 대안을 통해 줄이려는 의도를 나타내 왔다. 우리나라와 같이 커뮤니티의 복지적 기반이 현저히 취약한 사회에서는 정작 이러한 의도

의 커뮤니티를 어떻게 형성할지가 보다 중요한 과제로 되어 있다.

1) 지역복지 접근과 커뮤니티

지역(사회)복지는 '커뮤니티를 기반으로 하는 사회복지의 실천이나 여러 모양'을 의미하는데, 이는 커뮤니티를 기반으로 하지 않고 개인 기반의 분절적 단위 서비스를 공급하는 방식과 차별되는 개념이다. 여기에서 커뮤니티 혹은 지역사회란 일정의 규칙을 자발적으로 공유하는 사람들의 집합을 의미한다.[14] 우리나라에서 지역사회복지의 실천 개념은 도입된 맥락에 따라 다음과 같은 다차원적인 의미를 내포해 왔다.[15]

첫째, **지역사회보호** 혹은 커뮤니티 케어의 차원에서 시설보호의 대응 개념으로서의 지역복지를 의미한다. 1960년대 영국과 미국을 중심으로 이러한 개념이 발전했으며, 1970년대 일본 사회복지계에서 이를 받아들이면서 지역복지(地域福祉)라는 용어로 사용되기 시작했던 것이다. 둘째, **지역사회개발**의 의미가 내포되어 있는데, 지역 공동체에 집점을 두는 것으로 우리나라에서는 이전의 1970년대 새마을운동이나 근래 마을재생사업 등에서의 마을만들기(일본의 경우, 마찌츠쿠리まちつくり) 등에서 다시 나타나는 개념이다. 지역사회복지에서는 지역의 복지를 위해 선행되어야 할 지역(혹은 커뮤니티)이라는 마을 공동체를 어떻게 형성 혹은 복구할 것인지의 맥락에서 이 개념을 다룬다. 여기에서는 지역을 일종의 '복지 역량'을 위한 조건으로 간주한다.

마지막으로 근래 지역사회복지에 추가되는 개념은 **커뮤니티협약**(community compact)인데, 이는 2000년대 전후 영미를 중심으로 복지의 분권화 과정에서 도입되었던 것이다. 지역의 자치체와 중앙정부 간 협약 관계를 강조하는 것으로, 중앙정부가 사회서비스의 공급을 위해 정부 단위 간 이전보다는 커뮤니티와의 협약을 통해 재원과 서비스 실행이 이루어지게 하는 것이다. 이를 위해서는 지역(커뮤니티)

14) 가네코 외, Community Solution.
15) 김영종, "사회복지의 대안적 공급 패러다임".

차원에서의 공공과 민간 거버넌스, 지역공동체의 형성이나 재생 노력이 중요하게 대두된다.

이와 같은 지역복지 접근의 대안들이 활발하게 모색되고 있지만, 그럼에도 커뮤니티 자체에 대한 단일한 개념 정립이 어려운 까닭에 이를 복지에 결합하는 지역복지 접근의 방법들도 다차원적인 접근을 띨 수밖에 없다. 커뮤니티라는 개념은 크게 보자면 지역성(locality)의 강조 여부에 의해 두 가지의 급격히 다른 의미로 해석될 수 있다.[16] 전통적으로는 지역성을 전제로 하는 지역사회의 공동체를 의미해왔지만, 현재는 대안적인 커뮤니티 개념을 포함해야 할 필요성도 늘어나고 있다.

지역성의 강조가 없는 상태에서의 커뮤니티 개념은 개인들의 삶에 필요한 안전망, 정체성과 귀속감, 가치의 공유 등과 같은 것들을 제공하여 주는 기능중심 공동체적 의미를 띈다. 가드너(Gardner, 1991)는 과거 대가족, 지역공동체 등과 같은 지역중심의 생활공동체가 오늘날 전통적인 신뢰 제도와 사회적 집단들의 붕괴로 인해 더 이상의 공동적 성격이 어렵다는 것을 주장하면서, 새로운 형태로 출현하는 공동체를 '학교나 모임, 촌락, 외곽도시, 일터, 이웃 등의 다양한 무대에서 나타나는 일련의 성향들(attributes)'로 규정한다.[17] 이는 오늘날 다양한 모습으로 변모하고 있는 공동체가 옛날과 같은 지역성을 전제 기반으로 해서 이해될 수 없음을 분명히 하는 것이다.

사회복지관련 문헌들에서 등장하는 커뮤니티는 지역성을 전적으로 부인하지는 않고 있다. 오히려 보다 전통적 의미로서의 지역사회라는 개념을 중심으로 대부분 설명하고 있다. 이러한 정의들에서는 커뮤니티의 범주를 지역성과 결부시켜 놓고 있기 때문에, 일정 지리적 범위를 전제로 한 지역에서의 공동체(local community)라는 의미에 가깝게 사용된다. 워런(Warren, 1983)은 커뮤니티 개발의 필요성을 강조하는 연구에서, 커뮤니티를 '지역적 관련성을 가지면서 주요한 제반 사회 기능들을

16) 지역사회의 개념에 대한 정리는 〈김영종(1994). "한국적 지역사회의 성격과 복지서비스 전달체계". 사회과학연구(경성대), 10, pp. 73-86.〉에서 일부를 일부 수정한 내용으로 포함한다. 이에 대해서는 인용을 포함한 따옴 문장에 대한 재인용 표기를 생략한다.

17) Gardner, J. (1991). *Building Community*. Washington D.C.: Independent Sector.

수행하는 사회 단위들과 체계들의 결합'이라고 규정한다.[18] 이러한 규정은 커뮤니티를 생산-분배-소비, 사회화, 사회통제, 사회참여, 상호부조 등의 사회적 기능을 실현하는 단위로 규정하고는 있지만, 그 안에 지역성이 일차적으로 전제되고 있음을 나타낸다.

비록 지역성을 전제로는 하지만, 대부분의 커뮤니티 연구들은 현대사회에서 지역성을 전제로 하는 생활공동체들이 많은 한계를 갖고 있음을 인정하고 있다. 워런은 '지역사회 삶의 많은 측면들은 부분적이나 혹은 전적으로 지역 외부에서, 국가적 조직들의 정책이나 집행 과정에 의해, 정부의 법들에 의해, 국가경제의 발전에 의해 만들어 지는 결정들에 의해 지배받는다'고 보았다.[19] 그러므로 지역 외부에서 존재하는 전체 사회가 지역사회에 주는 영향의 크기를 무시하는 것은 커뮤니티에 대한 성격을 이해하는 데 도움이 되지 않는다는 것이다.

이처럼 커뮤니티에서 지역성을 어떤 정도와 방식으로 다루어야 할지는 향후 우리나라 커뮤니티 케어의 정책적 전개 과정에서 보다 많은 주의와 연구를 필요로 한다. 이것은 특히 커뮤니티 케어의 제도적 기제에 포함되는 사회서비스 기관들이 향후 어떻게 행동하고 규제되어야 할지와도 관련해서 중요한 과제가 된다. '지역 외부의 원조가 증가할수록 외부 사회의 통제도 증가한다'는 자원의존 이론의 맥락에서, 토리니와 밀러(Tourigny & Miller, 1981)는 지역에 위치한 대부분의 사회복지기관들이 지역 외부 환경으로부터 재정이나 규제 등이 발생하는 상황에서 지역의 공동체적 주체로서 행동하는 것에 한계가 있음을 밝힌다.[20] 이것은 비록 커뮤니티 케어를 의도하더라도 국가 제도주의적 공급체계와의 결부 효과를 중요하게 고려해야 함을 의미한다.

---

18) Warren, R. (1983). 'A community model', in R. Kramer & H. Specht (Eds.), *Readings in Community Organization Practice* (3rd), Englewood Cliffs, NJ: Prentice-Hall, p. 28.

19) Warren, R. (1956). 'Toward a typology of extra-community controls limiting locla community autonomy', *Social Forces*, *34*, pp. 338-341.

20) Tourigny, A., & Miller, J. (1981). 'Community based human service organizations: theory and practice'. *Administration in Social Work*, *5*(1), pp. 79-86.

2) 우리나라의 지역복지 전개[21)]

우리나라에서 근대적 의미의 사회서비스가 해방과 한국전쟁이라는 두 가지 역사적 사건을 통해 시작되었다고 본다면, 이들 사건이 제시한 커뮤니티에 대한 환경적 요구와 관련해서 한국적 지역사회의 성격 형성을 살펴볼 수 있다. 1945년의 해방이후 수백만 귀환동포를 비롯해서 1950년 한국전쟁으로 인한 대량의 피난 이재민에 대한 막대한 구호 필요가 일시에 등장했다.[22)] 이로 인해 긴급구호 위주의 사회서비스 공급이 이루어지게 되는데, 주로 빈곤 아동, 미망인, 장애인, 부랑인 등을 수용해서 보호하는 시설이 일반적인 서비스 방식이었다.

전국가적인 재난에 의한 결과로 나타나게 된 수용시설 중심의 사회서비스 공급은 특정 지역사회에서 나타나는 문제를 중심으로 자생적으로 형성하는 사회서비스들과는 그 조성 경과와 서비스 내용, 전달체계 등에서 확연히 다를 수밖에 없다. 이 경우 이러한 수용시설들은 단지 특정 지역에 격리되어 있었을 따름이고, 그 지역의 커뮤니티(공동체)적 속성과는 무관한 외부 사회의 자원으로 외부 사회의 문제에 관한 서비스를 수행했다.[23)] 이 같은 지역에 단순히 '위치한' 사회서비스의 상황은 1960년대에서 80년대 초에 이르기까지 크게 변화하지 않았다.[24)]

---

21) 이 부분은 〈김영종, "한국적 지역사회의 성격과 복지서비스 전달체계"〉에서 일부를 일부 수정한 내용으로 포함한다. 이에 대해서는 인용을 포함한 따옴 문장에 대한 재인용 표기를 생략한다.

22) 1952년에 전국에 3,935,152명의 피난민과 4,583,974명의 이재민이 등록하였으며 이들 등록된 이재민 중 피구호자는 3,040,389명, 이들 피구호자중 399,739명이 1,207개소의 시설에 수용되었다고 기록은 전하고 있다. 참고: 김만두(1985). 사회복지와 법. 홍익제, p. 41; 이성기(1988). "사회복지관련 법률과 정책의 변천에 관한 일고찰-해방이후 제5공화국까지-". 한국복지연구회 편. 『한국의 사회복지』, pp. 7-22.

23) 〈이혜경(1993). "권위주의적 자본주의 사회에서의 복지국가의 발달: 한국의 경험". 한국사회복지학, 21, pp. 172-180〉은 지역사회에 대한 강조가 유일하게 나타난 것으로 1947년의 미군정의 각서를 든다. 여기에서는 지역사회적 기능에 대해 언급하고 있으나, 실현가능성이 없었던 것으로 평가하고 있다. 오히려 이 경우는 한국사회에 부적절한 방법론의 이식이라는 또 다른 측면의 사회사업 방법론의 성찰에 대한 교훈을 제공하는 것이다.

24) 이 기간은 한국사회가 경제개발을 통한 절대빈곤의 문제에 매달리던 시기였다. 절대빈곤 문제를 해결하기 위한 이 시기의 방법론은, 5 · 16 쿠데타 이후에 등장한 군부세력에 의해 제시된 중앙정부 주도형의 개발독재였다. 이러한 방법은 전체 국가사회를 중앙정부가 장악하면서 경제개발을 주도하자는 것

당시 정부의 복지공급의 방향도 경제개발 관련 중앙부처의 계획에 의해 전달되는 것이 보통이었으며, 커뮤니티의 속성 즉 지역성을 고려한 지역복지 체계에 대한 관심은 빈약했다. 비록 1962년 목포사회복지관의 창설과 같은 지역사회복지 접근이 시도되었지만, 대세적 흐름을 형성하지는 못했다. 민간 부문에서도 마찬가지로 이들 서비스 시설들의 운영주체가 대부분 지역성보다는 종교성을 배경으로 했으므로,[25] 이들 민간 부문에서 커뮤니티 접근을 기대하기 힘들었다. 이 경우에 지역이란 지역 외부의 주체가 선교나 자선의 대상으로 간주하는 것이 되기 쉽다.

우리나라에서 지역과 커뮤니티를 복지공급에서 강조하는 정책적 경향은 1980년대 중반 이후 비로소 제기된다.[26] 이 시기에는 사회서비스 공급의 대상이 재가 영세민에까지 확대되는데, 이들을 위한 사회서비스 형태는 지방자치단체 중심으로 설치되는 이용시설들이 대표한다. 사회복지관 등과 같은 이용시설들은 그 대상이 주로 지역 주민들로 하고, 이들 대상자의 특성 또한 지역에서 생활하는데 따른 제반 문제나 어려움을 가지는 경우이므로, 이들은 지역공동체적 특성으로 접근될 필요가 있게 된 것이다.[27]

우리나라에서 지역사회 중심의 복지공급이 실질적인 정책 이슈로 등장한 것은 2005년 분권교부세 제도의 시행과 관련되어 있다. 지방재정 분권을 목적으로 시행되었던 분권교부세는 사회복지서비스 관련 국고보조 사업들을 대부분 지방에 이양하는 결과를 초래했다. 원래 우리나라에서는 사회복지서비스 사업들이 외원단체의 후원을 기반으로 생성되었는데, 이들 외원단체는 민간 주체들로 하여금 사회복지서비스의 조직 설립을 장려하였다. 그 후 외원이 축소되면서 1970년대 후반 이후로는 이들 사회복지서비스 민간 조직들에 대한 지원은 정부보조금으로 대체되어갔

이었으며, 분배와 관련한 지역사회적 욕구는 최대한 억제하자는 정책이었다.

25) 김종해(2008). “사회서비스 시장화, 무엇을 위한 것인가” [한국사회복지학회, 2008년 춘계 학술대회 발표문].

26) 서구사회에서 등장한 신보수주의적 정치경제적 이념의 유입에 따른 영향과 탈시설화등의 복지적 이념 변화에 의한 영향 등으로 지역사회의 기능을 강조하는 복지서비스 전달체계가 거론되기 시작했다는 견해도 있다. 참고: 김용택(1991). “선진제국의 지역사회복지”. 아산, 51, pp. 16-22.

27) 그럼에도 그것이 이상적인 필요성 차원을 크게 벗어나지 못한다.

다. 지방자치가 도입되기 전까지 이러한 정부보조금은 전적으로 중앙정부의 관할일 수밖에 없었다.

2005년 분권교부세를 기점으로 사회복지서비스 공급에서는 '중앙에서 지방으로'라는 전환이 본격적으로 시작되는데, 실질적으로는 10년 뒤 2014년 말 「지방교부세법」 개정을 통해 전환이 완성되었다. 그 결과 2015년부터는 장애인거주시설, 노인양로시설, 정신요양시설 등 국가사업으로 환원된 몇 개를 제외한 나머지 대부분의 사회복지서비스 사업은 보통교부세 재원 체제하에 놓이게 되었다. 보통교부세는 지방자치단체의 폭넓은 용도 지정의 재량을 허용하므로, 이제 주민복지 전반과 그것을 실행하는 수단으로서의 주민복지조직에 대해 지방자치단체의 역할과 기능이 중요한 관심 사항으로 다루어질 수밖에 없다.

현재 제기되는 커뮤니티 중심의 사회서비스 과제는 단순히 재정 문제에 귀속되는 것이 아니다. 그보다는 지역복지를 바라보는 새로운 관점을 여하히 지역들에서 성공적으로 도입할 것인지가 보다 중요한 과제다. 그것은 현재 우리나라가 처한 저성장 성숙사회의 현실에서 새로운 발상의 사회발전의 길과도 통하는 것이다. 정부의 해법(위계적 통제)과 시장의 해법(계약적 자유)이 모두 한계적으로 작동하는 상황에서, 복지 수행의 주된 방식을 지역과 당사자 참여에 의한 커뮤니티적 해법에서 찾으려 하는 것은 어쩌면 필연적이다.[28] 우리나라 사회서비스의 산업-제도적 경로의 변곡 방향도 그래서 커뮤니티 해법의 지역복지에서 찾으려는 것이다.

5. 커뮤니티 사회서비스를 위한 제도적 과제

커뮤니티 기반의 사회서비스 공급체계로의 정립을 위해서는 체계를 구성하는 부문 요소들에서의 상당한 변화가 요구된다. 일차적으로는 재정 공급자와 규제자로서의 정부 부문의 성격 변화가 필요한데, 사회서비스 공급의 권한과 책임을 둘러싼

28) 이에 대해 참고: 가네코 외, Community Solution.

중앙과 지방 간 역할 기제의 재정립이 대표적이다. 이외에도 새로운 체계 요소들의 진입이나 민간 부문 주체들의 성격 변화 등도 요구되는데, 이들은 모두 공급체계의 제도적 근간을 재정립하는 것과 관련된다. 사회서비스의 관계지향적 속성과 커뮤니티리는 '장'을 필요로 하는 본질을 고려한다면, 커뮤니티로의 권한 이행을 위한 제도적 과제들은 다음처럼 제시된다.

1) 정부 재정 방식의 변화

일차적으로는 정부보조 방식의 변화가 전제되어야 하는데, 이것이 사회서비스의 제도적 규제 성격을 바꾸는 핵심이 되기 때문이다. 사회서비스포괄보조금(Social Service Block Grant: SSBG) 등과 같이 사회서비스 관련 중앙정부와 지방자치단체 간 재원이전의 주된 규제를 통합, 확대 운용하는 방식의 구조 변화가 요구된다. 포괄보조금 방식은 중앙정부의 각 부처가 사회서비스 공급 방식을 채택하는 정책을 수립할 시(보건복지부를 포함한 모든 부처의 사회서비스 방식 정책), 중앙정부 부처의 역할은 정책 기획과 재원확보, 성과 평가에 대한 책임을 맡고, 이를 사회서비스포괄보조금 배분에 관한 적정 공식에 근거해서 지방정부에 포괄(block)해서 이전하자는 것이다. 지방자치단체는 중앙정부와의 사회서비스 성과 계약에 입각해서, 보조금을 할당받아 이를 집행하고 결과에 대한 성과를 평가받는다.

물론 포괄보조금 제도만으로는 사회서비스의 지역사회-기반 특성 강화를 위한 목적이 저절로 실현된다고 보기 어렵다. 오히려 지방정부로의 기획과 실행 권한 이전이 오히려 배타적이고 낙후된 지방정부의 관료제적 조직 권한을 강화시켜 오히려 그 실행의 효과성을 떨어뜨릴 소지도 다분히 있다. 따라서 사회서비스포괄보조금 제도에는 반드시 추가적인 요소들의 확보가 필요하며, 이를 통해 복지재정 분권의 본래 목적인 커뮤니티-기반 강화를 통한 관계적, 유연적, 참여적 사회서비스의 공급이 가능하게 만들 필요가 있다. 영국의 신노동당 정부가 채택했던 LAA(Local Area Agreement) 등과 같은 전략이 중앙정부와 지방정부간 재원이전 방식이면서도, 지역사회 개발을 촉진하고 참여적 방식의 지역사회-기반 사회서비스 공급 방식을 확대시키는 데 도움이 되는 정책 요소를 개입시킨 예다.

2) 사회서비스 산업제도와 지역복지의 결합

사회서비스의 커뮤니티-기반 정책으로의 전환에서 가장 걸림돌이 되는 것은 '상상력'의 부재다. 기존의 환원주의/제도주의/관료주의적 접근에 가려져 있던 커뮤니티에 대한 상상력을 복원하는 노력이 필요하다. 지역복지의 정당한 역할에 대한 가능성을 상상한다는 것이 반드시 기존의 제도적 방식의 복지 공급 축소를 의미하지는 않는다. 상상력의 초점은 상당 부분 새로운 성격의 사회문제에 대응하기에 적합한 정책적 대안으로서 기존 제도적 접근을 보완하거나 혹은 결여에 따른 간극을 메꾸는 것에 있다.

지역복지의 정당한 영역을 설정하기 위해서는 일차적으로 기존 제도 하에서의 주요 사회서비스들에 대한 정책적 목표를 재검토해보는 작업이 필요하다. 사회서비스들을 다양한 목적과 원리, 수단 등으로 유형화하고, 이를 기준으로 산업제도나 지역복지 영역과의 정합성을 검토해보는 것이다. 이 과정에서 지역복지적 접근의 대안에 대한 상상이 가능해질 수 있다. 지역복지와 제도적 복지공급 접근과의 접합 지점에 대한 고려도 중요한데, 이는 한편으로 지역복지적 접근이 기존 사회서비스의 산업제도에 편입되는데 있어서 핵심적인 과제이기도 하다.[29)]

그러한 접합 지점은 대개 관료제적 조직 체계에 입각한 산업제도적 방식의 사회서비스 재정 공급이 지역복지의 실행 방식을 지원하게 되는 맥락에서 발생한다. 산업제도적 사회서비스 공급과 지역복지적 공급 방식은 이념에서부터 실행 전략 등에 이르기까지 많은 차이를 보인다. 그럼에도 지역복지 강화를 의도하기 위한 정부의 역할은 관료제적 재정지원 방식에 기반할 수밖에 없는데, 그로 인해 작동 원리가 상이한 지역복지 방식과의 접합 지점에서 흔히 문제를 야기한다. 정부 재정지원 방식은 자칫 지역(공동체)을 재정적 지원에 따른 성과나 평가로 '대상화'할 수 있고,

29) 히라노(平野隆之, 김영종・박유미 공역, 2012). 일본의 지역복지: 정책 및 방법, 학지사.

그로 인해 지역복지의 지원이라는 명분이 오히려 지역복지의 해체를 초래할 위험성도 상존한다.

접합 지점에서 나타나는 작동 기제와 관련해서는 보다 많은 연구 노력이 필요하다. '제도에서 지역'으로, '지역에서 제도'로의 방향성에 관한 이론과 적절한 경험의 확보가 필요하다. 이를 위해서는 일본 사회가 오랫동안 시도해왔던 지역복지 지원에 관한 정책적 노력들을 참고해 볼 필요도 있다. 예를 들어, 일본 시코쿠 지역의 고치현 사례와 같은 것이 좋은 예가 될 수 있다.[30] 여기서는 현청 소속의 공무원이 아예 지역에 주재하면서 마을 사람들이 주도하는 커뮤니티 조직화 사업의 보조자 혹은 마을과 현청을 포함한 외부 사회와의 매개자 역할을 수행한다. 이와 같은 다양한 지역복지적 접근들에 대한 검토와 시행 연구를 위해서는 이에 적합한 연구방법들도 새롭게 도입될 필요가 있는데, 액션리서치(action research)와 같은 참여적 연구방법들도 이러한 맥락에서 유용하다.

3) 지방자치단체의 커뮤니티 역할 강화[31]

근래에는 정부 차원에서도 커뮤니티의 기능을 강조하기 위해 현장에 보다 가까운 지방자치단체를 주민복지와 관련된 사회서비스 기능의 주체로서 삼으려는 추세가 나타나고 있다. 그와 함께 지방자치단체 스스로도 중앙정부 복지서비스 전달체계의 하위 집행기구에서 탈피하여 명실상부 주민복지 서비스를 주도해야 할 필요성 요구를 높여 왔다.[32] 우리나라에서 지방자치제도의 도입은 이미 1990년대 전후에 이루어졌지만, 여태껏 사회복지 관련 사업은 지방자치단체의 주요 관심이 될 수 없었다. 복지는 중앙정부의 일이었고, 지방자치단체는 중앙정부의 전달체계 하위

30) 참고: 김영종(2014). 복지사회의 개발: 지역 및 공동체 접근. 학지사.

31) 이 부분의 내용은 〈김영종(2016). "지방자치단체와 주민복지조직: 실태와 과제". 지방행정, 753, pp. 20-23〉에서 일부를 차용했다. 이에 대해서는 인용을 포함한 따옴 문장에 대한 재인용 표기를 생략한다.

32) 지방자치단체는 주민에 의해 선출된 지방의 정부로서, 특히 주민 상호간의 부조(복지)를 위한 기능이 본원적이라는 인식이 확산되고 있기 때문이다.

조직으로서의 업무 부담도 감당하기 어려운 환경이었기 때문이다. 그로 인해 여태껏 지역에 있는 복지관련 기제(지방자치단체 포함)들은 대부분 '주민'보다는 '국민'이라는 개념을 앞세워 작동해 왔다.

지방자치단체의 사회서비스 관련 기능이란 주민에 대한 순수 자치적인 서비스 분야에서부터 국가로부터의 위임 사무 성격의 서비스에 이르기까지 광범위한 범주를 가진다. 지방자치단체는 한편으로 국가복지의 위임 사무를 수행해야 하고, 또 다른 한편으로는 자치의 이념에 입각한 지역복지를 추구해야 하는 이중적인 역할을 안고 있다. 그에 따라 특히 국가사무로서의 서비스와 자치사무로서의 서비스를 실행하는데 필요한 조직화의 성격은 차이가 나게 된다. 전자가 관료제적 기제의 성격을 띤다면, 후자는 커뮤니티 특성의 작동 기제를 필요로 한다. 그에 따라 각기 다른 기제의 특성 원리들이 하나의 지방자치단체 사회서비스 공급체계에서 혼재되는데, 탈지역성과 지역성, 통제성과 참여성 등의 대조되는 원리들이 한 체계 내에서 동시에 작동되어야 하는 것이다. 그로 인해 지방자치단체의 사회서비스 공급 관련 업무는 흔히 내부적 긴장(혹은 갈등)의 역학이 발동되기 쉽다.

현재 우리나라의 사회보장 급여가 제공되는 체계는 [그림 13-2]와 같다. 2012년 개정 「사회보장기본법」에서는 국가가 수행하는 사회보장 혹은 복지의 기능을 사회보험, 공공부조, 사회서비스로 크게 나누고 있다. 이에 의거해서 지방자치단체의 역할은 「사회보장급여법」에서 국가와 함께 사회보장급여의 제공 기관으로 규정되어 있다. 여기에서 지방자치단체는 지역 주민들에 대해 중앙정부로부터 전달되는 급여의 단순 전달자(예, 중앙부처 공공부조 관련 지원조직의 업무)에서부터, 지역 소재 서비스 생산 기관들에 대한 협력자(예, 사회보험 공단 조직의 업무), 지역 사회서비스 조직의 설치 및 운영자(예, 종합사회복지관), 지역주민에 대한 서비스 조성 및 지원자(예, 바우처 발행) 등의 역할에 이르기까지 지역에서 다양한 사회서비스 관련 업무를 수행한다.

지역의 주민복지 관련 사회서비스 업무는 지속적으로 증가할 것으로 전망된다. 그것이 중앙정부와 차별되는 지방자치단체 본연의 기능과 관련되어 있기 때문이다. 지방자치단체는 지역과 자치를 근간으로 작동한다. 그렇다면 국가복지 전달체

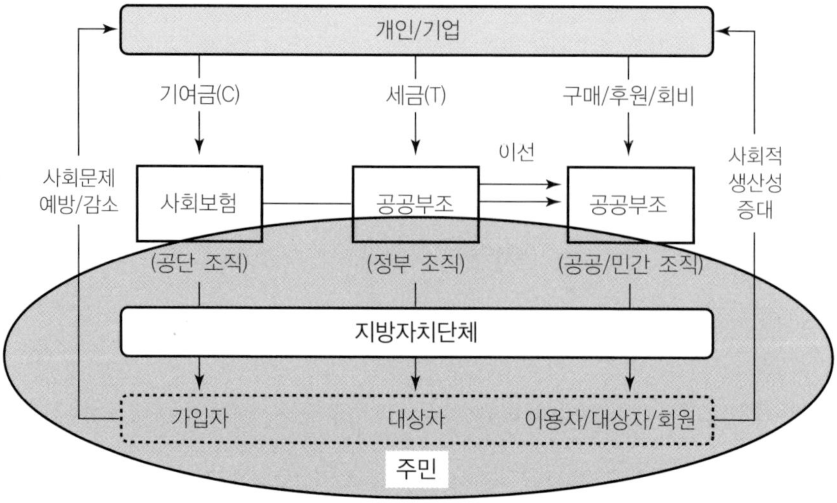

자료: 김영종(2016). "지방자치단체와 주민복지조직: 실태와 과제". 지방행정, 753, p. 21.

[그림 13-2]「사회보장기본법」에서의 지방자치단체 역할 영역

계 조직 위주로 구성되고 기능해왔던 사회서비스 관련 조직 구성을 어떻게 지역사회 본연의 좌표에 걸맞게 전환할 것인지가 향후 지방자치단체 사회서비스의 핵심 과제가 된다. 여기에는 기존의 국가복지 전달체계의 조직 일환으로 익숙해져 왔던 지방자치단체와 민간 사회서비스 조직들을 지역복지의 커뮤니티 조직화로 어떻게 이동시킬 것인지, 이제까지 소홀히 해왔던 자생적 지역복지 커뮤니티 조직들을 어떻게 생장시킬 것인지, 그리고 이를 통해 보다 효율적이고 효과적인 주민복지의 사회서비스를 어떻게 구현해 낼 것인지와 같은 세부 과제들이 들어 있다.

이제까지 커뮤니티 혹은 지방자치단체 중심의 사회서비스 공급체계로의 전환은 그 논리적 당위성에도 불구하고,[33] 현실적으로는 많은 문제들에 가로막혀 왔었다. 대표적으로는 지방재정이 불충분한 상태에서 중앙정부가 지역에 사회서비스 기능을 떠넘기려 한다는 것, 지방자치단체별 재정자립도의 차이로 인해 지방 간 복지

33) 빈곤이 아닌 돌봄, 사회 '복지' 서비스에서 사회 '돌봄' 서비스로의 패러다임 전환에서는 서비스의 생산에서 휴먼서비스의 특성과 사회적 관계망의 장(場)이 중요하므로, 커뮤니티 개념에 가까운 지역이 중시된다는 논리다.

수준의 불균형이 초래된다는 것, 혹은 선출직 지방자치단체장이 사회서비스를 선심성 사업 목적으로 왜곡시킬 위험성이 있다는 것 등이 문제로 거론되어 왔다. 이러한 문제들 역시 지역복지와 커뮤니티-기반 사회서비스로의 본격적인 제도적 이행에 앞서 해결되어야 할 과제다.

참고문헌

가네코 외(金子郁容 · 玉村雅敏 · 宮垣元) (2009). Community Solution: 커뮤니티 과학-기술과 사회의 이노베이션. 勁草書房.

강철희(1999). "한국 모금 문화의 현재와 선진화 과제" [국회보건복지포럼 발표문].

강철희 외(2002). "복지국가의 사회복지비 지출변화(1982-1992)에 관한 실증적 연구". 한국사회복지학, 42, pp. 7-40.

강철희 · 최명민(2007). "사회복지사와 타분야 원조전문직 간 대중이미지 비교연구". 한국사회복지학, 59(1), pp. 171-197.

강혜규(2007). "사회서비스 재정 관련 동향과 과제". 보건복지포럼, 129, pp. 72-81.

강혜규 · 김형용 · 박세경 · 최현수 · 김은지 · 최은영 · 황덕순 · 김보영 · 박수지(2007). 사회서비스 공급의 역할분담 모형개발과 정책과제: 국가, 시장, 비영리민간의 재정분담 및 공급참여방식 [한국보건사회연구원 연구보고서 2007-12].

고마쯔(小松理佐子) (2006). '일본 사회복지 제도 · 정책의 전개과정'. 복지국가의 형성 · 재편과 사회복지정책. 中央法規.

구인회 · 손병돈 · 안상훈(2012). 사회복지정책론. 나남.

권기창(2012). "사회복지 공공전달체계의 변화 과정-역사적 제도주의 분석". [한국행정학회 하계학술대회발표논문집].

김광병 · 박소영(2009). "사회복지사의 법적 지위에 관한 탐색적 연구". 한국사회복지행정학, 26, pp. 103-127.

김만두(1985). 사회복지와 법. 홍익제.

김명희(2007). 공공부조 정책변화의 역사 제도주의적 분석: 미국, 영국, 한국의 근로연계복지를 중심으로. 이화여자대학교 대학원 박사학위논문.

김선희(2016). 사회서비스 질이 이용자 충성도에 미치는 영향에 관한 연구. 경성대학교 대학원 박사학위논분.

김순양(2004). "지방정부 행정서비스의 민간위탁 시스템 분석: 복지서비스를 중심으로". 사회보장연구, 20(2), pp. 27-56.

김연명(2007). 우리나라 사회투자론 논의의 쟁점. 경제와 사회, 75, pp. 307-318.

김영종(1994). "한국적 지역사회의 성격과 복지서비스 전달체계". 사회과학연구(경성대학교), 10, pp. 73-86.

김영종(2000). "한국 사회복지조직들의 혁신을 위한 과제와 조건". 한국사회복지행정학, 2, pp. 75-102.

김영종(2001). "지역 사회복지서비스 조직들의 재정자원 수급 행태에 관한 연구". 한국사회복지학, 3, pp. 64-90.

김영종(2002). "민간 사회복지조직의 재원이 서비스 전달에 미치는 영향". 한국사회복지학, 50, pp. 209-233.

김영종(2003). "한국 사회복지조직의 형성 과정에 관한 역사적 연구: 1950-70년대 부산지역을 중심으로". 한국사회복지행정학, 10, pp. 31-62.

김영종(2004). "한국 사회복지서비스의 공공과 민간 부문간 협력관계". 한국사회복지행정학, 6(1), pp. 1-34.

김영종(2007). 사회복지 전달체계의 재구축에 관한 연구 [KDI 보고서].

김영종(2008). "휴먼서비스 수요 · 공급의 산업체계적 모형 분석" [한국사회복지행정학회 2008 추계학술대회 기획주제발표].

김영종(2009). "휴먼서비스 산업체계 모형에 의한 사회복지서비스 동향분석". 한국사회복지행정학, 11(2), pp. 35-73.

김영종(2010). "한국사회복지행정학의 역사적 평가와 과제". 한국사회복지행정학, 12(1), pp. 177-203.

김영종(2012). "사회복지의 대안적 공급 패러다임으로서의 지역복지 체계와 정부의 역할" [한국지방정부학회 동계학술대회 발표문].

김영종(2012). "한국 사회서비스 공급체계의 역사적 경로와 쟁점, 개선 방향". 보건사회연구, 32(2), pp. 41-76.

김영종(2013). "韓國의 新社會 위험성에 대한 制度化 접근의 限界와 地域福祉 대안에 관한 검토" [일본사회복지학회 第61回추계국제학술대회심포지엄 기획주제 발표, 2013. 9.

22.].
김영종(2013). 사회복지 프로그램: 개발과 평가. 학지사.
김영종(2014). "한국 사회복지전문직의 제도적 전문성 경로와 대안적 정향". 사회복지정책, 41(4), pp. 377-404.
김영종(2014). "한국의 사회서비스와 「사회복지사업법」: 규제 관계의 분석". 사회보장연구, 30(4), pp. 57-83.
김영종(편, 2014). 복지사회의 개발: 지역 및 공동체 접근. 학지사.
김영종(2015). "한국 사회복지관의 제도적 정체성 규명에 관한 연구". 한국사회복지행정학, 17(3), pp. 27-56.
김영종(2016). "지방자치단체와 주민복지조직: 실태와 과제". 지방행정, 753, pp. 20-23.
김영종(2017). "우리나라 사회서비스와 민간위탁 제도 연구". 보건사회연구, 37(4), pp. 406-442.
김영종(2017). "우리나라 '사회복지' 전달체계와 담론적 작용: 역사적 형성과 경로, 쟁점". 한국사회복지학, 69(1), pp. 175-197.
김영종(2017). 사회복지행정(4판). 학지사.
김영종(2018). "사회보장 공급체계와 광역 지자체" [제3차 지역사회보장 균형발전포럼 발제문].
김영종(2018). "사회복지법인 제도의 형성과 변천에 관한 연구". 한국사회복지학, 70(4), pp. 69-92.
김영종 · 구인회(2011). "새로운 사회복지 행 · 재정 패러다임: 중앙에서 지방으로". 서상목 · 양옥경 공편, 그들이 아닌 우리를 위한 복지. 학지사.
김영종 · 김교정 · 염동문(2011). 사회정책서비스 전달체계 개선에 관한 연구 [사회통합위원회 연구보고서 2011-11].
김영종 · 김신열(2007). 민간복지 활성화 방안 연구 [기획예산처 보고서].
김영종 · 김은정(2013). 사회서비스 공급체계: 통합적 재설계 [제5차 사회서비스 발전포럼 발표문, 보건사회연구원].
김영종 · 김은정(2014). 사회서비스 공급체계의 통합적 재설계 [사회서비스포럼 2014 보고서].
김용득 · 김은정 · 유태균(2017). "사회서비스 10년: 경험, 쟁점, 미래(55-82)" [2017년 한국사회복지학회 추계학술대회 발표문].
김용득 · 김은정 · 조남경 · 이동석 · 황인매 · 오홍진(2013). 사회서비스 재정지원방식과 공급 주체의 성격 및 품질관리기제에 대한 국가 간 비교연구 [OECD 정책센터/성공회대 산학협력단 보고서].

김용택(1991). "선진제국의 지역사회복지". 아산, 51, pp. 16-22.
김윤권(편, 2008). 스웨덴의 행정과 공공정책. 법문사.
김윤수 · 류호영(2014). "영국과 프랑스의 사회서비스 제도변화 비교 분석: 돌봄서비스의 지방재정과 품질관리를 중심으로". 한국지방재정논집, 19(3), pp. 145-174.
김은정(2011). "미국의 사회적 돌봄서비스 제공주체 구성의 변화". 계명사회과학논총, 30(1), pp. 67-88.
김은정(2011). "주요 국가의 사회적 돌봄서비스 정책현황과 특성: 재택 아동돌봄서비스 정책을 중심으로". 사회과학연구, 27(2), pp. 163-186.
김은정(2013). "사회서비스 정책 현황 분석과 정책적 과제". 한국사회와 행정연구, 24(1), pp. 111-136.
김은정(2014). "미국 재가돌봄서비스 정책 변화와 한국 정책에의 함의: 재정지원 및 품질 관리방식을 중심으로". 지방정부연구, 18(3), pp. 335-354.
김은정(2014). "주요 국가의 사회서비스 공급 주체 성격변화와 정책적 쟁점". 한국사회와 행정연구, 25(1), pp. 169-195.
김은정(2016). "지역적 환경과 제도적 특성을 고려한 사회서비스 공급체계 분석". 사회복지연구, 47(3), pp. 5-33.
김은정 · 정소연(2009). "SERVQUAL 모형에 근거한 사회서비스 품질의 구성차원과 서비스 만족도: 노인돌보미 바우처서비스를 중심으로". 사회복지정책, 36(2), pp. 191-217.
김은정 · 정은아(2012). "지역서비스 이용자의 서비스 품질평가와 지속이용 의향: 대구시 문제행동아동조기개입서비스를 중심으로". 지방정부연구, 16(1), pp. 331-352.
김은정 · 최은영 · 정소연(2008). "사회서비스 품질접근 동향과 품질표준 설정" [사회서비스 활성화를 위한 품질 및 성과관리체계 구축방안 II-보건복지가족부].
김이배(2014). "사회복지전담공무원 직렬통합 논의의 쟁점과 향후 과제". 한국사회복지행정학, 16(3), pp. 147-179.
김종해(2008). "사회서비스 시장화, 무엇을 위한 것인가" [한국사회복지학회, 2008년 춘계 학술대회 발표문].
김진우(2013). "사회복지법인 제도신설 배경에 대한 탐색적 연구". 사회복지정책, 40(4), pp. 137-156.
김태성(1997). "사회복지학, 사회복지전문직 그리고 사회복지교육제도". 사회복지연구, 9, pp. 3-36.
김현희(2009). "사회복지사의 법률적 규정에 의한 사회적 위상 비교 분석 연구: 「사회복지사업법」과 변호사법 및 의료법과의 비교를 중심으로". 사회복지정책, 36(2), pp. 263-287.

김형용(2013). "지역사회기반 서비스와 사회복지관: 사회서비스 공급체계에 대한 비판과 대안 찾기". 한국사회복지행정학, 15(1), pp. 169-195.
김훈(2009). 사회복지법제(3판). 학지사.
나인호(2011). 개념사란 무엇인가: 역사와 언어의 새로운 만남. 역사비평사.
남찬섭(2006). "1970년대의 사회복지-1". 사회복지, 86, pp. 39-45.
모토다 히로키(元田宏樹) (2014). "복지사무소에 있어서 직원의 현황과 과제". 公共政策研究, 2014-2, pp. 171-181.
문순영(2000). 한국 민간사회복지부문의 구조적 특성에 관한 연구-정부와의 관계를 중심으로. 연세대학교 대학원 박사학위논문.
문순영(2001). "민간 비영리 사회복지부문 연구를 위한 이론적 고찰-정부와 민간 사회복지부문의 협조 관계 유형 모색-". 연세사회복지연구, 7, pp. 33-78.
문인숙(1990). "1950년대 사회사업 소고". 사회복지의 이론과 실제, 인석장인협교수 퇴임기념논집 간행위원회.
민현주 · 강민정 외(2007). 사회서비스 분야 여성일자리 창출을 위한 정책 과제 [한국여성정책연구원 2007-7].
박석돈(2003). 사회복지서비스법. 삼영사.
박세경 · 김혜원 · 강혜규 · 박찬임 · 오은지 · 은수미 · 김은지(2009). 사회서비스 인력선진화 방안연구 [보건복지가족부/한국보건사회연구원/한국노동연구원 보고서].
박종우(1994). 사회사업가의 전문직업적 정체성 연구. 서울대학교 대학원 박사학위논문.
백종만(1994). 사회복지서비스에서 국가와 민간간의 역할분담유형 개발과 적용에 관한 연구. 서울대학교 대학원 박사학위논문.
백종만(1996). "해방 50년과 남한의 민간 복지". 상황과 복지, 창간호, pp. 39-62.
보건사회부(1971). 보건사회행정백서.
사회복지사양성강좌편집위원회 편(社会福祉士養成講座編集委員会編)(2016). 新 · 社会福祉士養成講座12: 社会保障(第5版). 中央法規.
사회복지법령연구회(社会福祉法令研究会 編, 2001). 社會福祉法の解設. 中央法規.
서울대사회복지학과 50년사편찬위(2009). 서울대학교 사회복지학과 50년사: 1959-2009. 서울대학교출판부.
성민선(2010). "Rekkebo의 기록을 통해 본 한국 사회사업의 초기(1955-1965)". 사회복지리뷰, 15, pp. 129-156.
송호근(2011). "복지국가로 가는 비상구: 복지정치의 구조와 한계" [한국사회정책 추계 공동학술대회 기조발표].
신광호 · 신동균(2007). "소득분포 양극화의 특성과 경제 · 사회적 영향". 한국경제의 분석,

13(1), pp. 63-111.
신원식 · 이경은(2005). "현장사회복지사들의 사회복지전문직에 대한 주관적 인식 유형: Q 방법론의 활용". 사회보장연구, 21(1), pp. 59-84.
신진욱(2007). "공공성과 한국사회". 시민과 세계, 11, pp. 18-39.
신창환 · 상상경(2010). "한국의 지역사회서비스투자사업의 공급구조와 바우처 작동기제에 관한 연구". 한국사회복지학, 62(2), pp. 399-420.
신필균(2011). 복지국가 스웨덴, 국민의 집으로 가는 길. 후마니타스.
심재진(2011). "「사회복지사업법」 제정사 연구". 사회보장연구, 27(2), pp. 279-307.
아브람슨(P. Abrahamson, 2013). "스칸디나비아와 한국의 사회서비스 정책비교와 한국 사회서비스의 발전 방향" [경기복지재단 2013 국제 심포지엄/사회서비스 품질혁신과 지방의 역할 강화].
안상훈(2006). "사회서비스 투자국가로의 전환 논리" [2006년도 한국사회복지학회 추계 학술대회 발표논문].
양난주(2014). "영리 · 비영리 노인장기요양시설의 차이와 동형화에 대한 연구". 한국사회복지행정학, 16(1), pp. 179-207.
양난주 · 임세희 · 한성윤(2012). "사회서비스 제공기관의 비영리성과 서비스 질에 관한 실증연구" [한국사회정책연합 학술대회발표문].
양성욱 · 노연희(2012). "사회서비스의 공공성은 무엇을 의미하는가?-서비스 주체에 따른 공공성의 내용을 중심으로". 사회복지연구, 43(1), pp. 31-57.
양재진(2008). "한국 복지정책 60년: 발전주의 복지체제의 형성과 전환의 필요성". 한국행정학보, 42(2), pp. 327-349.
오하시(大橋謙策) (2002). '지역복지계획과 커뮤니티소설워크. 地域福祉計画とコミュニティソーシャルワーク'. 소셜워크연구. ソーシャルワーク研究, 28(1), pp. 4-10.
오하시 · 시로자와(大橋謙策 · 白澤政和 編) (2014). 지역포괄케어의 실천과 전망-先進的地域の取り組みから学ぶ-. 中央法規, pp. i-ii.
우국희(2006). "영국 재가노인보호서비스 공급확대를 위한 민간 영리 부문의 참여와 한국에의 시사점". 노인복지연구. 32, pp. 223-245.
원종욱(2011). "우리나라 공공사회복지비지출(SOCX)의 장기전망". 보건복지 Issue & Focus, 102, p. 1.
유현종(2013). "사회복지서비스 전달체계의 비교복지국가론적 분석: 한국 복지전달체계의 발전, 정답은 알지만 해결되지 않은 문제" [한국행정학회 2013 동계학술발표문].
윤영진 외(2011). 사회서비스 정책론. 나눔의 집.
윤영진 · 이인재(편, 2007). 복지재정과 시민참여. 나남출판사.

윤영진 · 장승옥 · 지은구 · 김은정(2009). 사회복지서비스 재정지원방식. 청목출판사.

윤찬영(2010). 사회복지법제론. 나남.

윤홍식(2012). "사회서비스 정책과 공공성: 공공성을 둘러싼 논란과 적용" [참여연대 보편적 복지확대를 위한 공공성 강화방안 토론회 자료집].

이동석 · 김은정 · 김용득 · 조남경(2015). "돌봄서비스 재정지원방식과 공급 주체의 성격 및 품질관리기제에 대한 국가비교". 한국사회와 행정연구, 25(4), pp. 161-181.

이명석(2002). "거버넌스의 개념화: 사회적 조정으로서의 거버넌스". 한국행정학보, 36(4), pp. 185-205.

이봉주 외(2006). 한국 사회복지서비스 제도화의 과제 [일자리 창출을 위한 국가 고용 전략과 비전 국제 심포지엄 발표문].

이봉주 외(2008). 사회서비스 수요 · 공급실태 정밀조사 연구 [기획예산처 보고서].

이봉주 · 김기덕 · 유태균(2014). "한국 사회복지교육, 무엇을 지향하고 가르쳐야 할 것인가?" [한국사회복지학회 추계학술대회 발표문].

이봉주 · 김용득 · 김문근(2008). 사회복지서비스와 공급체계: 쟁점과 대안. 서울: EM커뮤니티.

이봉주 · 김용득 · 김은정 · 서정민 · 김낭희(2013). 사회서비스 공통품질 최저기준 마련 연구 [보건복지부/서울대학교산학협력단].

이봉주 · 김용득 · 여유진 · 강혜규 · 남찬섭(2006). "한국 사회복지서비스 제도화의 과제" [일자리 창출을 위한 국가 고용전략과 비전 국제심포지엄 발표문].

이상용(2003) "사회복지서비스전달체계의 변용에 관한 연구-「사회복지사업법」 제 · 개정을 중심으로-" 연세사회복지연구, 9, pp. 59-97.

이성기(1988). "사회복지관련 법률과 정책의 변천에 관한 일고찰-해방이후 제5공화국까지-" 한국복지연구회 편, 한국의 사회복지.

이순민 · 임효연(2011). "전문성 향상의 관점에서 본 미국, 일본, 한국의 사회복지 자격제도 비교". 사회복지연구, 42(4), pp. 103-136.

이재원(2010). "사회서비스 정책의 지향가치와 활성화 과제". 사회서비스연구, 1, pp. 33-81.

이재원(2011). "사회서비스 정책의 전개과정과 정책과제: 보건복지부 사회서비스 전자바우처 사업을 중심으로". 지방정부연구, 15(4), pp. 333-359.

이토(伊藤淑子) (2001). 現代日本の社會サービス. 日本経済評論社.

이현주 외(2003). 공공부조와 사회복지서비스의 체계분석 및 재편방안 [한국보건사회연구원 보고서].

이형하 외(2009). "「사회복지사업법」 제2조의 사회복지사업에 포함되는 법률에 관한 연구". 사회복지정책 , 36(4), pp. 369-392.

이혜경(1993). "권위주의적 자본주의 사회에서의 복지국가의 발달: 한국의 경험". 한국사회복지학, 21, pp. 172-180.
이혜경(1998). "민간 사회복지부문의 역사와 구조적 특성". 동서연구, 10(2), pp. 41-75.
이혜경(2002). "한국 사회복지 서비스 공급체계의 민 · 관 파트너쉽 구축의 과제와 전망" [사회복지공동모금회 창립 4주년 기념 심포지엄].
이혜경(2008). "세계화와 복지국가의 재편" [기획예산처 강연자료, 2008. 2. 25.].
이혜경 · 남찬섭(2005). "한국 사회복지학의 고등교육 50년: 사회복지의 제도화와 고등교육의 대중화를 배경으로". 한국사회복지교육, 1(1), pp. 69-95.
이홍직(2006). "사회복지사의 전문직업성에 대한 인식 연구". 사회과학연구(경성대학교), 23(3), pp. 151-172.
일본지역복지연구소(日本地域福祉研究所) (2015). コミュニティソーシャルワークの理論と實踐. 中央法規.
임혁백 외(2007). 사회적 경제와 사회적 기업. 송정.
정경희 외(2006). 한국의 사회서비스 쟁점 및 발전전략 [한국보건사회연구원 연구보고서 2006-18].
정근식 · 주윤정(2013). "사회사업에서 사회복지로: '복지' 개념과 제도의 변화". 사회와 역사, 98, pp. 5-40.
정무권(1996). "한국 사회복지 제도의 초기 형성에 관한 연구". 한국사회정책, 3, pp. 309-352.
정무권(2007). "한국 발전주의 생산레짐과 복지체제의 형성". 한국사회정책, 14(1), pp. 257-307.
정영훈(2015). 사회보장에 대한 헌법상 권리의 참여 여부에 관한 심사기준 [헌법재판연구원 보고서(헌법이론과 실무 2015-A-8)].
정진주 외(2012). 돌봄노동자는 누가 돌봐주나. 한울아카데미.
조영훈(2006). 일본 복지국가의 어제와 오늘. 한울.
주윤정(2012). 한국 시각장애인 직업권 형성에 관한 법사회학적 연구. 서울대학교 대학원 박사학위논문.
최경수 외(2007). 사회복지 수행체계의 정립 방안에 관한 연구 [기획예산처 보고서].
최균 · 김성미(2016). 사회복지시설 민간위탁 개선방안 연구 [사회복지연구평가원 보고서].
최성재 · 남기민(1993). 사회복지행정론. 나남출판사.
최원규(1996). 외국민간원조단체의 활동과 한국 사회사업 발전에 미친 영향. 서울대학교 대학원 박사학위논문.
최원규(1998). "초기 사회사업 개념 형성에 미친 외원단체 활동의 영향: 〈카나다 유니테리안 봉사회〉의 사례를 중심으로". 사회복지연구, 11, pp. 161-203.

최재성(2005). "사회복지서비스 전달체계의 민영화 쟁점과 과제: 서비스 수요증가와 국가, 시장, 가족의 역할 분담" [한국사회복지학회 2005 추계학술대회 발표문].

카바40년사편찬위원회(1995). 외원사회사업기관활동사. 홍익제.

프라이드슨(Freidson, E., 2001). *Professionalism: The Third Logic*. 박호진 역(2007). 프로페셔널리즘: 전문직에 대한 사회학적 분석과 전망. 아카넷.

하상락(1997). 한국사회복지사론. 박영사.

한국사회복지연구소(1972). 한국사회복지연감. 농원문화사.

함세남 외(2001). 사회복지 역사와 철학. 학지사.

허수(2011). "개념사: 해석과 정의 사이". 역사비평, 2011. 8, pp. 384-392.

현승현 · 윤성식(2011). "지방자치단체 민간위탁의 경쟁성 및 결정요인 분석: 사회복지분야 민간위탁을 중심으로". 한국지방자치학회보, 23(2), pp. 5-27.

후루가와(古川孝順) (2002). 사회복지학(社會福祉學). 誠信書房.

후생노동성(厚生労働省・新たな福祉サービスのシステム等のあり方検討プロジェクトチーム) (2015). 誰もが支え合う地域の構築に向けた福祉サービスの実現—新たな時代に対応した福祉の提供ビジョン.

히라노(平野隆之) (2012). 일본의 지역복지: 정책 및 방법. (김영종 · 박유미 공역). 학지사.

히라오카(平岡公一ら) (2011). 社會福祉學. 有斐閣.

히라노 타카유키(平野隆之) (2019). 일본의 지역복지와 커뮤니티 케어: 금일적 과제 [한국사회복지행정학회 2019 춘계학술대회 한중일특별세션 발표문].

Abbott, A. (1988). *The System of Professions: An Essay on the Division of Expert Labour*. Chicago, IL: University of Chicago Press.

Abrahamson, P. (1995). 'Welfare pluralism: towards a new consensus for a European social policy?', *Current Politics and Economics of Europe, 5*(1), pp. 29-42.

Anderson, G., & Karlberg, I. (2000). 'Project and developments integrated care for the elderly: The background and effects of the reform of Swedish care of elderly'. *International Journal of Integrated Care. 1*. November.

Anthony, R., & Herzlinger, R. (1975). *Management Control in Nonprofit Organizations*. Homewood, IL: Irwin.

Ascoli, U., & Ranci, C. (Eds., 2002). *Dilemmas of the Welfare Mix: The New Structure of Welfare in an Era of Privatization*. NY: Kluwer Academic.

Austin, D. (1988). *The Political Economy of Human Service Program*. Greenwich, Connecticut: JAL Press, Inc.

Austin, D. (1995). 'Management overview(pp. 1642–1658)'. *Encyclopedia of Social Work(19th)*, vol.2.

Austin, D. (2002). *Human Services Management: Organizational Leadership In Social Work Practice*. Chichester, NY: Columbia University Press.

Badura, B., & Gross, P. (1976). *Sozialpolitische Perspektiven. Eine EinFuhrung in Grundlagen und Probleme sozialer Dienstleistungen*. Muenchen: Piper.

Bahle, T. (2002). Changing Social Service Systems in England, France and Germany: Towards De-institutionalisation or Institutionalisation? [EUI Working Paper SPS No. 2002/8].

Benson, J. (1981). 'Network and policy sectors: a framework for extending interorganizational coordination'. In D. Roger & D. Whitten (Eds.), *Interorganizational Coordination*. Ames, IW: Iowa State University.

Beresford, P., & Croft, S. (2004). 'Service users and practitioners reuinted: the key componsent for social work reform'. *British Journal of Social Work, 34*(1), pp. 53–68.

Berger, M., Neuhaus, R., & Novak, M. (Eds., 1996). *To Empower People: From State to Civil Society* (2nd), American Enterprise Institute for Public Policy Research.

Black, A. (2005). *Guild and State*. New Brunswick, NJ: Transaction Publishers.

Blomqvist, P. (2004). 'The choice revolution: privatization of Swedish welfare services in the 1990s'. *Social Policy & Administration, 38*(2), pp. 138–155.

Brady, M., & Cronin, J. (2001). 'Some new thoughts on conceptualizing perceived service quality: a hierarchical approach'. *Journal of Marketing, 65*(3), pp. 34–49.

Burchardt, T. (2005). 'Comparing incomes when needs differ: equivalising for the extra costs of disability in the UK', *Review of Income and Wealth, 51*(1), pp. 89–114.

Cameron, C., & P, Moss. (2007). *Care Work in Europe: Current Understanding and Future Directions*. Routledge.

Camilleri, P. (1999). 'Social work and its search for meaning: theories, narratives and practices'. In B. Pease & J. Fook (Eds.), *Transforming Social Work Practice: Postmodern Critical Perspectives* (pp. 25–39). London & NY: Routledge.

Center for Medicaid Service (2010). Home Health Study Report [L & M Policy Research].

Chism, S. (1997). Measuring Customer Perceptions of Service Quality in Human Services [Dissertation, University of Texas at Austin].

Choi, S., & Davitt, J. (2009). 'Changes in the Medicare home health care market: The impact of reimbursement policy'. *Medical Care, 47*(3), pp. 302-309.

Cimmino, P. (2004). 'Basic concepts and definitions of human services'. In H. Harris (Ed.), *Human Services: Contemporary Issues and Trends*. Boston, MA: Allyn & Bacon.

Cooper, B. (2001). 'Constructivism in social work: towards a participative practice viability'. *British Journal of Social Work, 31*, pp. 721-738.

Coston, J. (1998). 'A model and typology of government-NGO relationships'. *Nonprofit and Voluntary Sector Quarterly, 29*(3), pp. 358-382.

Cronin, J., & Talyor, S. (1992). 'Measuring service quality a re-examination and extention'. *Journal of Marketing, 56*(3), pp. 55-68.

CSCI (2009). *The State of Social Care in England 2007-2008.*

Daniels, R., & Trebilcock, M. (2005). *Rethinking the Welfare State: Prospects for Government by Voucher*. Routldge.

David, P. (2000). 'Path dependence, its critics and the quest for Historical Economics' [Working paper, All Souls College, Oxford University].

DHHS (2004). 45 CFR(Code of Federal Regulation).

DiMaggio, P., & Powell, W. (1983). 'The iron cage revisited: institutional isomorphism and collective rationality in organizational fields'. *American Sociological Review, 48*, pp. 147-160.

Doron, I., Rosner, Y., & Mirit, K. (2008). 'Law, social work and professionalism: Israeli social workers' attitudes towards the 1996 Social Workers Act'. *Journal of Social Welfare & Family Law, 30*(1), pp. 3-16.

Edwards, R., & Yankey, J. (1991). *Skills for Effective Human Services Management*. Silver Spring, MD: NASW Press.

Eggers, W., & Ng, R. (1993). *Social and Health Service Privatization: A Survey of County and State Governments*. LA: Reason Foundation.

Elliott, P. (1972). *The Sociology of Professions*. London: McMillan.

Esping-Andersen, E. (1990). *The Three Worlds of Welfare Capitalism*. Princeton University Press.

Esping-Andersen, E. (1999). *Social Foundations of Postindustrial Economies*. Oxford University Press.

Etzioni, A. (1969). *The Semi-Professionals and their Organization: Teachers, Nurses and Social Workers*. NY: Free Press.

European Commission DG for Employment, Social Affairs and Inclusion. (2011). Study on

Social Services of General Interest [VC/2009/0184 Final Report].

Evers, A., & Olk, Th. (Eds, 1996). *Wohlfahrtspluralismus. Vom Wohlfahrtsstaat zur Wohlfahrtsgesellschaft*. Opladen: Westdeutscher Verlag.

Evetts, J. (2003). 'The Sociological analysis of professionalism: occupational change in the modern world'. *International Sociology, 18*(2), pp. 395-415.

Evetts, J. (2006). 'The Sociology of professional groups-new directions', *Current Sociology, 54*(1), pp. 133-143.

Exworthy, M., & Halford, S. (Eds., 1999). *Professionals and the New Managerialism in the Public Sector.* Buckingham, UK: Open University Press.

Ferguson, H. (2001). 'Social work, individualization and life politics'. *British Journal of Social Work, 31,* pp. 41-55.

Fitzsimmons, J., & Fitzsimmons, M. (1994). *Service Management for Competitive Advantage*. NY: McGraw-Hill.

Flexner, A. (1915). 'Is social work a profession?' [Proceedings of the National Conference of Charities and Corrections].

Fong, R. (2014). 'Framing doctoral education for a science of social work: positioning students for the scientific career, promoting scholars for the academy, propagating scientists of the profession, and preparing stewards of the discipline'. *Research on Social Work Practice, 24*(5), pp. 607-615.

Fook, J. (2000). 'Deconstructing and reconstructing professional expertise'. In B. Fawcett, B. Featherston, J. Fook, & A. Rossiter (Eds.), *Practice and Research in Social Work* (pp. 104-119). London: Routledge.

Fook, J., Ryan, M., & Hawkins, L. (2000). *Professional Expertise-Practice, Theory and Education for Working in Uncertainty*. London: Whiting & Birch.

Foster, P. (1983). *Access to Welfare-An Introduction to Welfare Rationing*. London: Macmillan.

Fournier, V. (1999). 'The appeal to professionalism as a disciplinary mechanism'. *Sociological Review, 47*(2), pp. 280-307.

Freidson, E. (1986). *Professional Powers: A Study of the Institutionalization of Formal Knowledge*. Chicago, IL: University of Chicago Press.

Freidson, E. (1994). *Professionalism Re-Born: Theory, Prophecy and Policy*. Cambridge: Polity Press.

Gans, S., & Horton, G. (1973). *Integration of Human Services*. NY: Praeger.

Gardner, J. (1991). *Building Community.* Washington D.C.: Independent Sector.

Gates, B. (1980). *Social Program Administration: The Implementation of Social Policy.* Englewood Cliffs, NJ: Prentice-Hall.

Gidron, B., Kramer, R., & Salamon, L. (Eds., 1992). *Government and the Third Sector: Emerging Relationships in Welfare States.* Jossey-Bass.

Gilbert, N. (1993). 'From welfare to enabling state'. In Evers & Svetlik (Eds.), *Balancing Pluralism: New Welfare Mixes in Care for the Elderly.* Ashgate Publishing.

Gilbert, N., & Terrell, P. (2002). *Dimensions of Social Welfare Policy* (5th), Boston: Allyn and Bacon.

Gilbert, N., & Terrell, P. (2005). *Dimensions of Social Welfare Policy* (6th). Boston, MA: Allyn & Bacon.

Glennerster, H. (2003). *Understanding the Finance of Welfare: What Welfare Costs and How to Pay for It.* The Policy Press.

Gowdy, E. (1994). 'From technical rationality to participating consciousness'. *Social Work, 39*(4), pp. 362-371.

Greenwood, E. (1957). 'Attributes of a profession', *Social Work, 2*(3), pp. 44-55.

Gronbjerg, K. (1992). 'Nonprofit human service organizations: funding strategies and pattern of adaptation'. In Y. Hasenfeld (Ed.), *Human Services As Complex Organizations.* Newbury Park, CA: Sage.

Gronroos, C. (1988). 'A service quality method and its marketing implication,' *European Journal of Marketing, 18*(4), pp. 36-44.

Hall, P. (1993). 'Policy paradigms, social learning, and the state: The case of economic policymaking in Britain'. *Comparative Politics, 25*(3), pp. 275-296.

Hall, R. (1983). 'Professionalization and bureaucraatization'. *American Sociological Review, 33*(1), pp. 90-104.

Hanlon, G. (1998). 'Professionalism as enterprise: service class politics and the redefinition of professionalism'. *Sociology, 32*(1), pp. 43-63.

Haque, A. (2001). 'GIS, public service and the issue of democratic governance'. *Public Administration Review, 61*(3), pp. 259-265.

Hasenfeld, Y. (1983). *Human Service Organizations.* Englewood Cliffs, NJ: Prentice-Hall.

Hasenfeld, Y. (1992). 'Theoretical approaches to human service organizations'. In Y. Hasenfeld (Ed.), *Human Services as Complex Organization.* Englewood Cliffs,

NJ: Prentice-Hall.

Hasenfeld, Y. (1992). *Human Services as Complex Organizations*. Newbury Park, CA: Sage.

Hasenfeld, Y., & English, R. (1974). *Human Service Organizations: A Book of Readings*. Ann Arbor, MI: Univ. of Michigan Press.

Heite, C. (2012). 'Setting and crossing boundaries: professionalization of social work and social work professionalism'. *Social Work & Society, 10*(2), [http://nbn-resolving.de/urn:nbn:de:hbz:464-sws-367].

H-U. Otto, & A. Schaarschuch. (1999). 'A new social service professionalism?: the development of social work theory in Germany'. *International Journal of Social Welfare, 8*, pp. 33-46.

Huber, M., Maucher, M., & Sak, B. (2006). 'Study on social and health services of general interest in the European Union' [Final Synthesis Report. DG EMPL/E/4, VC/2006/0131].

Hugman, R. (2003). 'Professional values and ethics in social work: reconsidering postmodernism?'. *British Journal of Social Work, 33*, pp. 1025-1041.

Immergut, E. (1992). *Health Politics: Interests and Institutions in Western Europe*. Cambridge: Cambridge University Press.

Kahn, A., & Kamermans, S. (Eds., 1976). *Social Services in International Perspective: The Emergence of the Sixth System*. Washington, D.C.: Government Printing Office.

Kaiser Commission. (2012). *Medicaid and Uninsured: Medicaid Home and Community-based Service Programs* [Kaiser Family Foundation Issue Paper].

Kendall, J., et al. (2006). 'Social care and the nonprofit sector in the western developed world'. In W. Powell & R. Steinberg (Eds.), *The Nonprofit Sector: A Research Handbook*. Yale University.

Kettner, P., & Martin, L. (1996). 'The impact of declining resources and purchase of service contracting on private, nonprofit agencies'. *Administration in Social Work, 20*(3).

Kirk, S., & Reid, W. (2002). *Science and Social Work: A Critical Appraisal*. NY: Columbia University Press.

Kramer, R. (1981). *Voluntary Agencies in the Welfare State*, Berkeley, CA: University of California Press.

Kramer, R. (1998). *Nonprofit Organizations in the 21st Centry: Will Sector Matter?*.

Washington, D.C.: Aspen Institute.

Kramer, R., & Grossman, B. (1987). 'Contracting for social services: Process management and resource dependencies'. *Social Service Review, 61.*

Kramer, R., & Lorentzen, H., et al. (1993). *Privatisation in Four European Countries. Comparative Studies in Government-Third Sector Relationships.* London: Sharpe.

Larson, M. (1977). *The Rise of Professionalism.* Berkeley: University of California Press.

Lepsius, M. (1990). *Interessen, Ideen und Institutionen. Aufsätze zur Makrosoziologie.* Opladen: Westdeutscher Verlag.

Leung, T. (2010). 'Social work professionalism in self-help organizations'. *International Social Work, 53*(4), pp. 474-488.

Lipsky, M. (1980). *Street-level Bureaucracy: Dilemmas of the Individual in Public Service.* NY: Russell Sage Foundation.

Lymbery, M. (2000). 'The retreat from professionalism(123-138)'. In N. Malin (Ed.), *Professionalism, Boundaries and the Workplace.* London: Routledge.

Mallinson, V. (1963). *Power and Politics in Belgian Education 1815 to 1961.* London: Heinemann.

Martin, J., & Kettner, P. (2010). *Measuring the Performance of Human Service Program* (2nd). NY: Sage.

Milward, H., & Francisco, R. (1983). 'Subsystem politics and corporatism in the United States'. *Policy and Politics, 11,* pp. 273-293.

Munday, B. (2007). 'The United Kingdom's Approach to a Mixed Economy of Social Services' [International Symposium, Social Service Provision System: The issues of public-private Partnership in Korea]. pp. 7-30.

Munday, B., & Ely, P. (Eds., 1996). *Social Care in Europe.* London: Prentice Hall.

Najam, A. (1996). 'NGO accountability: A conceptual framework'. *Development Policy Review, 14*(4), pp. 339-354.

NCQA (2010). States Using NCQA Accreditation for Medicaid Plans.

Noordegraaf, M. (2007). 'From pure to hybrid professionalism: present-day professionalism in ambiguous public domains'. *Administration & Society, 39*(6), pp. 761-785.

North, D. (1990). *Institutions, Institutional Change and Economic Performance.* MA: Cambridge University Press.

OECD (Ed., 1994). *Private Sector Involvement in the Delivery of Social Welfare Services: Mixed Models from OECD Countries*. Paris: OECD.

Parasuraman, V., Zeithmal, V., & Berry, L. (1988). 'SERVQUAL: A multiple-item scale for measuring customer perceptions of service quality', *Journal of Retailing, 64,* pp. 12-40.

Parken, S., Fook, J., & Pease, B. (1999). 'Empowerment: the modernist social work concept par excellence'. In B. Pease & J. Fook (Eds.), *Transforming Social Work Practice: Postmodern Critical Perspectives*. London: Routledge.

Parton, N. (2003). 'Rethinking professional practice: the contribution of social constructionism and the feminist "ethics of care"'. *British Journal of Social Work, 33*, pp. 1-16.

Pease, B., & Fook, J. (1999). 'Postmodern critical theory and emancipatory social work practice'. In B. Pease & J. Fook (Eds.), *Transforming Social Work Practice: Postmodern Critical Perspectives*. Londonk: Routledge.

Petersen, O., Christensen, L., & Houlberg, K. (2015). "Contracting out local services: a tale of technical and social service". *Public Administration Review, 75*(4), pp. 560-570.

Pfeffer, J., & Salancik, G. (1978). *The External Control of Organizations: A Resource Dependence Perspective*. NY: Harper & Row.

Pierre, J. (2000). *Debating Governance*. Oxford University Press.

Pierson, P. (2000). 'Increasing returns, path dependence, and the study of politics'. *American Political Science Review, 94*, pp. 251-267.

Prince, M. (2001). 'How social is social policy? Fiscal and market discourse in North American welfare states'. *Social Policy and Administration, 35*(1), pp. 2-13.

Reed, M., & Anthony, P. (1992). 'Professionalizing management and managing professionalization: British management in the 1980s'. *Journal of Management Studies, 29*(5), pp. 591-613.

Robbins, S. (1980). *The Administrative Process* (2nd). Englewood Cliffs, NJ: Prentice-Hall.

Rodrigues, R., Huber, M., & Lamura, G. (Eds., 2012). *Facts and Figures on Healthy Ageing and Long-term Care: Europe and North America* [European Centre for Social Welfare Policy and Research].

Rossides, D. (1997). *Professions and Disciplines: Functional and Conflict Perspectives*. Upper Saddle River, NJ: Prentice Hall.

Salamon, L. (1995). *Partners in Public Service: Government-Nonprofit Relations in the*

Modern Welfare States, Baltimore: Johns Hopkins University Press.

Salamon, L., & Anheier, H. (1997). *Defining the Nonprofit Sector: A Cross-National Analysis*. NY: Manchester University Press.

Salamon, L., Anheier, H., et al. (1998). *The Emerging Sector Revised: A Summary*. Baltimore: Johns Hopkins University Press.

Savas, E. (1987). *Privatization: The Key to Better Government*. NJ: Chatham House Publishers.

Schon, D. (1983). *The Reflective Practitioner-How Professionals Think in Action*. NY: Basic Books.

Scott, W., & Meyer, J. (1983). 'The organization of environments: network, cultural and historical elements(129-154)'. In J. Meyer & W. Scott (Eds.), *Organizational Environments: Ritual and Rationality*. Beverly Hills, CA: Sage.

SFI The Danish National Centre for Social Research (2011). LIVINDHOME. Living Independently at Home: Reforms in Home Care in 9 European Countries. Copenhagen.

Socialstyrelsen(National Board of Health and Welfare). (2013). *Stimulansbidrag LOV*: delrapport 2013.

Somers, M., & Block, F. (2005). 'From poverty to perversity: Ideas, markets, and institutions over 200 years of welfare debate'. *American Sociological Review*, *70*, pp. 260-287.

Spicker, P. (2008). 'An Introduction to Social Policy' [www.rgu.ac.kr/publicpolicy/introduction/socadmin.html].

Steiner, R. (1977). *Managing the Human Service Organization*. Beverly Hills, CA: Sage Publications.

Stolt, R., & Winblad, U. (2009). 'Mechanisms behind privatization: A case study of private growth in Swedish elderly care'. *Social Science & Medicine*, *68*, pp. 903-911.

Stolt, R., Blomqvist, P., & Winblad, U. (2011). 'Privatization of social services: quality differences in Swedish elderly care'. *Social Science & Medicine*, *72*, pp. 560-567.

Swedish Institute (2007). *Fact Sheets on Sweden*. The Swedish Institute(Si).

Swedish Institute (2012). *Facts about Sweden: Elderly Care*. The Swedish Institute(Si).

Taylor-Gooby, P. (Ed., 2004). *New Risks, New Welfare: The Transformation of European Welfare State*. Oxford Univ. Press.

The Information Centre for Health and Social Care. (2013). *Community Care Statistics,*

Social Services Activity Report, England, 2011-12.

Tourigny, A., & Miller, J. (1981). 'Community based human service organizations: theory and practice'. *Administration in Social Work, 5*(1), pp. 79-86.

US Department of Health and Human Services. (2012). The Affordable Care Act for Americans with Disabilities [Newsroom].

US Department of Health and Human Services. 45 CFR(Code of Federal Regulation) (2004). HIPAA Administrative Simplification: Standard Unique Health Identifier for Health Care Provider [Final Rule].

Warren, R. (1956). 'Toward a typology of extra-community controls limiting locla community autonomy'. *Social Forces, 34*, pp. 338-341.

Warren, R. (1983). 'A community model'. In R. Kramer & H. Specht (Eds.), *Readings in Community Organization Practice* (3rd). Englewood Cliffs, NJ: Prentice-Hall.

Webb, S. (2001). 'Some considerations on the validity of evidence-based practice in social work'. *British Journal of Social Work, 31*, pp. 57-79.

Weiner, M. (1990). *Human Services Management: Analysis and Applications* (2nd). Belmont, CA: Wadsworth Publishing.

Weiss, I., & Welbourne, P. (Eds., 2007). *Social Work as a Profession: A Comparative Crossnational Perspective*. Birmingham, UK: Venture Press.

Wilensky, H. (1964). 'The professionalization of everyone?'. *American Journal of Sociology, 70*(2), pp. 137-158.

Wilson, A., & Beresford, P. (2000). 'Anti-oppressive practice: emancipation or appropriation?'. *British Journal of Social Work, 30*, pp. 553-573.

Winston, et. al. (2002). Privatization of Welfare Services: A Review of the Literature [Mathematical Policy Research MPR 8834-002].

Wuthnow, R. (Ed., 1991). *Between States and Markets. The Voluntary Sector in Comparative Perspective*. Princeton, NJ: Princeton University Press.

Zald, M. (1970). 'Political economy: a framework for comparative analysis'. In M. Zald (Ed.), *Power in Organizations*. Nashville, TN: Vanderbilt University Press.

Zald, M. (1978). 'The social control of industries'. *Social Forces, 57*, pp. 79-102.

찾아보기

〈인명〉

〈내용〉

저자 소개

김영종 (Kim, Young Jong)

현 경성대학교 사회복지학과 교수 (yjkim@ks.ac.kr)

경북대학교 사회학과를 졸업하고(1984년), 미국 텍사스-오스틴 대학교에서 사회복지학 석사 및 박사 학위를 받았다(1989년). 학위논문은 「The impact of industrialization and other social changes on the development of social welfare institution in South Korea」이다. 경성대학교 사회복지학과 부임(1990년) 후 사회복지행정을 주 전공으로 연구와 교육을 해 오고 있다. 한국사회복지학회(2014년)와 한국사회복지행정학회의 회장을 역임하였고(2006~2008년), 경성대학교운영 남구종합사회복지관 관장(2003~2004년), 기획예산처 사회통합정책관(2007년), 행정안전부 정부합동평가위원(2009~2011년), 부산광역시 다복동추진운영위원장(2016년) 등 사회복지 정책과 행정, 실천 현장에서도 다양한 활동을 해 왔다. 근래에는 커뮤니티 케어와 사회서비스의 결합 주제에 연구 관심을 두고 있다.

〈주요 저 · 역서〉

사회복지 조사방법론(2판, 학지사, 2008)
사회복지 프로그램 개발과 평가(학지사, 2013)
복지사회의 개발: 지역 및 공동체 접근(학지사, 2014)
사회복지행정(4판, 학지사, 2017)
일본의 지역복지: 정책 및 방법(공역, 학지사, 2012) 외 다수

〈주요 논문〉

우리나라 사회서비스와 민간위탁 제도 연구(2017)
우리나라 '사회복지' 전달체계와 담론적 작용: 역사적 형성과 경로, 쟁점(2017)
사회복지법인 제도의 형성과 변천에 관한 연구(2018) 외 다수

한국의 사회서비스
- 정책 및 실천 -
Social Services in Korea

2019년 3월 20일 1판 1쇄 인쇄
2019년 3월 29일 1판 1쇄 발행

지은이 • 김영종
펴낸이 • 김진환
펴낸곳 • (주) 학지사
04031 서울특별시 마포구 양화로 15길 20 마인드월드빌딩
대표전화 • 02)330-5114 팩스 • 02)324-2345
등록번호 • 제313-2006-000265호

홈페이지 • http://www.hakjisa.co.kr
페이스북 • https://www.facebook.com/hakjisa

ISBN 978-89-997-1875-5 93330

정가 20,000원

저자와의 협약으로 인지는 생략합니다.
파본은 구입처에서 교환해 드립니다.